도덕적 민주적 역 량

어떻게 기를 것인가

저자 | 게오르그 린트(Georg Lind)

역자 | 박균열 · 정창우

도서출판 양서각

도덕적 민주적 역량 어떻게 기를 것인가
저자 | 게오르그 린트(Georg Lind)
역자 | 박균열·정창우

가격 | 15,000원
초판 인쇄 | 2017년 8월 31일
ISBN | 978-89-5568-458-2

펴낸곳 | 도서출판 양서각
펴낸이 | 신대영
주소 | 서울특별시 도봉구 도봉로 135길
전화 | 02-991-6234~5
팩스 | 02-907-2114

총괄 책임자 | 신동해
표지 디자인 | 정수진
편집 디자인 | 하해란

이 책을 단 하나 뿐인 이 지구의 인류에게 바친다.

이 책은 콘스탄츠 딜레마 토론 방법Konstanzer Methode der Dilemma-Diskussion: KMDD에 대한 기본 정보를 제공하기 위한 것으로 이 책에 설명된 KMDD 세션과 KMDD 훈련 프로그램에 실제로 참여하는 것을 전제하고 집필된 것은 아니다.

출판 시에 정보의 정확성을 보장하기 위해 노력했다. 저자와 출판사는 이 정보의 사용, 또는 응용에 따르는 역기능에는 책임이 없다. 딜레마 토론은 도덕적 정서를 불러 일으켜, 참여자들이 그것들을 효과적으로 다룰 수 있는 법을 학습하도록 설계되었다. 잘 훈련되고 자격증을 갖춘 KMDD 교사들만 딜레마 토론을 수행해야 한다. 잘못 적용되었을 경우 이 방법은 효과적이지 못할 것이며, 참여자들에게 부정적인 효과를 남길 수도 있다. KMDD는 국제적으로 등록된 상표이고, KMDD 훈련을 받은 사람 혹은 KMDD 교사 자격증을 보유한 사람들에 의해서만 소개되고, 활용될 수 있다.

이 책은 Logos, Berlin에 의해 출판된 3차 개정증보 독일어판(Lind, 2015) 원고를 사용한다. 독일어판의 초기 버전(Lind, 2003)은 그리스어와 스페인어로도 역시 사용 가능하다.

Konstanzer Methode der Dilemma-Diskussion(KMDD)®은 중국, EU, 스위스 그리고 터키에서 등록된 상표이다. 더 많은 국가들에서 등록 대기 중이다.

소크라테스: 하지만 이것이 분명하다면, 선에 대한 욕구는 모두에게 공통된 것이고, 한 사람은 이런 측면에서 다른 사람보다 나을게 없지요.

메논: 맞습니다.

소크라테스: 그리고 만약 한 사람이 선을 욕구하는 점에서는 다른 사람보다 더 나을 것이 없다고 하더라도, 그것을 얻어내는 능력에 있어서는 뛰어남에 틀림없지요.

메논: 정확합니다.

소크라테스: 그렇다면 당신의 정의에 따르자면, 덕이란 선을 얻어내는 능력으로 보입니다.

소크라테스(469-399 BC)

플라톤, 『메논』

그리고 마지막으로, 정부에 힘을 실어줌으로써 평화가 가장 잘 보존되는지, 아니면 국민들에게 정보와 교육을 제공함으로써 그렇게 되는지에 대해 말해봅시다. 후자가 가장 확실하고, 정부의 가장 합당한 엔진입니다. 전체 대중을 교육하고 정보를 제공하세요. 평화와 질서를 보존하는 것이 그들의 이익이라는 것을 그들이 볼 수 있게 하세요. 그러면 그들은 그것들을 보존할 것입니다. 그리고 대중에게 이것을 납득시키는 것은 매우 높은 수준의 교육을 요구하지 않습니다. 그들이 바로 우리의 자유를 보존하기 위한 유일하고 확실한 보루입니다.

*토마스 제퍼슨*Thomas Jefferson(1787)

*제임스 메디슨*James Madison*에게 보낸 편지들,*

(Forrest version) ME 6: 392

한국의 독자들에게

나는 이 책을 통해 독자들에게 어떻게 교육이 민주주의를 유지하고 발전시키는 일에 공헌하는지 보여주고자 한다. 민주주의에서 시민은 주인 없이 자신을 스스로 통치한다. 이에 따라 시민에게는 두 가지가 요구된다. 첫째로, 시민은 그들을 지도할 도덕적 이상이나 원리가 필요하다. 둘째로, 도덕적 이상들을 일상생활에 적용하고, 이러한 이상들이 상충하는 행동 지침들을 요구할 때 불가피하게 마주해야 하는 딜레마에 대한 해결 능력이 필요하다. 분명히 이 능력은 민주주의 국가에서 평화롭게 함께 살아가는 일에 결정적이다. 이런 능력이 없다면 사람들은 문제를 해결하기 위해 폭력과 속임수를 써야만 한다.

기존의 연구를 통해 우리는 세상의 모든, 적어도 대부분의 사람들이 매우 비슷한 도덕적 이상을 가지고 있으며 그에 따라 행동하고자 한다는 사실을 알고 있다. 나는 독자 여러분들도 역시 그렇다고 확신한다. 따라서 교육은 도덕적 가치를 전달할 필요가 없다. 그러나 사람들은 도덕적 역량에 있어서는 큰 차이를 보인다. 즉, 사람들은 폭력이나 속임수가 아닌, 내적 도덕 원리에 기반하여 심의와 토론을 통해 문제와 갈등을 해결하는 능력에서 차이를 보인다. 기존 연구들에 따르면, 낮은 수준의 도덕적 역량이 폭력, 사기, 계약 파기, 부패와 같은 다양한 범죄 행위로 이어진다. 낮은 수준의 도덕적 역량은 또한 의사결정에 걸리는 시간과 낮은 학습 능력에 인과적으로 이어져 있다. 따라서 도덕적 역량을 증진시키는 일은 범죄 행위를 감소시키고 사법체계의 막대한 비용을 줄이며 민주주의에서 삶의 질을 높이는 가장 효과적인 방법이라고 할 수 있다.

이 책의 제1부에서, 나는 도덕적 역량의 성격과 발달, 일상적 행동이나 의사결정과의 관련성에 관해 알려진 바를 설명할 것이다. 이러한 발견들은 도덕적 역량 검사 도구MCT: Moral Competence Test에 의해 성취되었다. MCT는 처음으로 도덕적 역량을 타당하고 객관적으로 평가할 수 있게 만들었다. 이전 검사들은 단지 도덕적 선호나 태도를 측정할 뿐 도덕적 역량을 측정하지는 못했다. 또한 이런 연구들은 주관적인 임상 인터뷰에 의존한다. MCT는 객관적으로(그리고 경제적으로) 도덕교육 기법의 효과를 평가하며, 이는 교육 기법을 개선시키기 위해 매우 중요하다. 여기서 나는 MCT에 대해서 세부적으로 설명했다.

제2부에서, 나는 어떻게 도덕적 역량이 콘스탄츠 딜레마 토론 기법KMDD: Konstanz Method of Dilemma-Discussion과 그 기반 철학을 통해 효과적으로 증진될 수 있는지 설명했다. KMDD 과정은 8세 이상의 모든 연령과 모든 종류의 교육 기관(초·중등학교, 대학교, 대학원, 교도소, 군대 등)에서, 그리고 많은 다양한 국가에서 사용되었다. KMDD는 매우 효과적이다. 한두 번의 KMDD 과정이 몇 년의 학교교육보다 더 강한 효과를 보인다. 그러나 이런 효과는 과정을 감독하는 교사의 철저한 훈련을 통해서만 달성될 수 있다. 이 책은 KMDD 과정에 관한 보고서와 KMDD를 수행하는 데 유용한 자료(일정 계획 양식, 보고서 양식, 이야기 쓰기 지도 양식, 용어 해설)를 담고 있다. KMDD의 일부는 별다른 준비 없이 적용할 수 있다. 자주 사용되는 몇 개의 딜레마를 참고용으로 수록했다.

MCT는 39개의 언어로 번역되었고, 이중 절반 이상이 타당성이 검증되었다. MCT의 한국어판 역시 표준화되어 사용되고 있다. KMDD는 아직 한국에서 쓰이지 않지만, 내가 사는 나라인 독일을 비롯해서 브라질, 칠레, 콜롬비아, 체코, 이탈리아, 멕시코, 폴란드, 스위스, 중국 등 많은 나라에서 사용되고 있다. 이 나라들의 어떤 교사들은 KMDD 교사 자격증을 획득했다. 물론 이 책의 번역자인 박균열 교수도 이 자격증 과정을 이수했다. 나는 이 책의 출판으로 인해 KMDD가 한국의 교육기관에서 더 많이 활성화되기를 바란다.

이 책이 기반으로 하는 접근법은 새로우면서도 동시에 오래되었다. 여기에는 고대 그리스 철학 수업, 특히 도덕적 행동의 성격과 교수가능성에 대한 소크라테스의 통찰과, 독자들이 책을 통해 알 수 있듯이 주요 종교의 창시자들이 보여준 통찰 또한 포함되어 있다. 새로운 점은 이 책에 기술된 통찰과 방법이 단지 종교적 계시가 아니라 모두 많은 연구자들에 의해 실험적으로 그리고 실용적으로 검증되었다는 것이다. 나의 접근법은 나의 지난 40년 간 연구에 기반을 두고 있을 뿐만 아니라 많은 다른 연구자들, 특히 장 피아제Jean Piaget, 로렌스 콜버그Lawrence Kohlberg, 제임스 레스트James Rest의 연구에 기반을 두고 있다. 하지만 그들의 접근법과 나의 접근법 사이에는 중요한 차이가 있으며 그중에는 너무 미묘해서 독자가 알아내기 힘든 것도 있다. 이 미묘한 차이 때문에 내 책을 번역하는 일은 힘든 과제가 되었을 것이다. 이런 힘든 작업을 끝까지 잘 마무리 해준, 나와 오랫동안 알아온 박균열 교수에게 감사를 표하며, 동시에 번역에 참여해준 정창우 교수에게도 감사를 표한다.

2017년 3월 콘스탄츠에서
게오르그 린트

감사의 글

여러 논평과 평론으로 나의 아이디어와 방법들을 풍요롭게 해 주고, 이 책의 원고를 향상시키는데 도움을 주신 여러분들께 심심한 감사의 말씀을 드린다. 감사드릴 모든 분들을 여기에 언급하는 것은 불가능하지만, 몇몇 고인이 된 동료들과 친구들, 특히 로렌스 콜버그Lawrence Kohlberg, 게르하르트 포르텔레Gerhard Portele, 귄터 슈라이너Günter Schreiner, 그리고 롤란트 바켄후트Roland Wakenhut에게 감사드린다. 나의 연구 초기 단계에서 그들의 관심이 없었다면, 나는 연구를 지속하지 못했을 수도 있었다. 편집 작업과 많은 제안들을 해준, 지금은 고인이 된, 파트리시아 크누프Patricia Knoop에게도 고마움을 전하고 싶다.

프리츠 오저Fritz Oser, 지빌레 라인하르트Sibylle Reinhardt, 그리고 앤 히긴스Ann Higgins는 이 책을 통해 제시하는 개념들, 아이디어들, 자료들 개발에 많은 기여를 한 사람들인데, 이들은 나에게 딜레마 토론과 정의공동체 방법을 소개했다.

마그다 폰 가렐Magda von Garrel, 하이디 게릭Heidi Gehrig, 미하엘 고멜Michael Gommel, 카이 헤머링Kay Hemmerling, 베른트 키트치히Bernd Kietzig, 오트프리트 린트Ottfried Lind, 에바 노박Ewa Nowak, 외우기 페차시Övgü Peker, 크리스틴 프렌Kristin Prehn, 마르티나 라이니케Martina Reinicke, 피오나 로스Fiona Ross, 마르치아 쉴링어Marcia Schillinger, 이이든 시슬러Aiden Sisler 그리고 아그니스카 보이타Agnieszka Vojta와 같은 많은 동료들이 하나 이상의 장을 읽고 수정, 논평, 비판을 하면서 이 책은 보완되었고, 확장된 3판이 나오는 데에도 많은 도움을 주었다. 나는 이들 모두에 감사의 말을 전하고 싶다. 또한 이 책의 표지디자인에 도움을 준 로렌스 커리-클락Laurence Currie-Clark, 글렌다 린트Glenda Lind 그리고 라인홀트 리델Reinhold Riedel에게 감사의 말을 전하고 싶다. 이 책의 독일어판을 먼저 쓰도록 독려한 빌헬름 페테르센Wilhelm Peterßen, 번역에 도움을 준 시슬러, 영문판의 수정작업을 멋지게 해 준 짐 펀스Jim Fearns에게도 특별한 감사의 말을 전한다. 혹 남아있는 오류가 있다면, 모두 나의 책임일 것이다.

이 책에서 보고되는 연구와 개입연구들은 콘스탄츠 대학University of Konstanz, SFB 23 일환의 독일 연구 재단the Deutsche Forschungsgemeinschaft, 노르트라인베스트팔렌 주 교육부the Ministry of Education of North-Rhine-Westphalia, 그리고 보고타 교육부Secretary of Education of Bogotá의 지원금으로 실시되었다. 번역은 크라우드 펀딩과 브리기트 쿠슈Brigitte Kusche의 기여로 가능했었다. 모든 기부자들에게 감사드린다. 마지막으로, 지속적인 지지와 인내를 보여준 로고스Logos 출판사의 폴크하르트 부흐홀츠Volkhard Buchholtz에게 감사드린다.

2016년 7월 콘스탄츠에서

게오르그 린트

추천사

인간은 선천적으로 선善하거나 악惡한 존재인가? 아니면 사회를 통해서 선하게 혹은 악하게 되는가? 오랜 시간 동안 도덕 철학자들의 관심의 대상이 되어왔던 이 질문과 상관없이, 학자들은 상당히 낙관적인 관점에서 효과적인 도덕교육을 제공하고, 그것을 교육자들이 쉽게 활용할 수 있도록 할 방법을 찾기 위해 지속적으로 노력해왔다. 도덕성이 교육자들의 당연한 주제로 간주됨에도 불구하고, 그들은 다음의 이중 논지로 그것을 정당화한다. 즉, 인간은 도덕성을 위한 교육에 의존하고 분명히 도덕적으로 교육이 가능하다. 교육의 역사에서 가장 근본적이고 낙천적이며 사려 깊은 접근 방식 중 하나가 헤르바르트Johann Friedrich Herbart, 1776-1841의 비전속에서 제시되는 '사람The People'의 도덕교육 관념이다. 이 고상한 개념은 헤르바르트가 '선은 원하고 악은 혐오하는 것'이라고 의미했던 '도덕성 강화Charakterstärke der Sittlichkeit'라는 구체적인 교육적 목표에 그 기원을 둔다. 헤르바르트는 모든 사람은 교육을 통하여 이러한 상태를 성취할 수 있다고 생각했고, 이것을 목표로 청소년들의 삶에 교육적 개입을 위한 복잡한 시스템 하나를 고안했다. 교육적 사고와 행동에 대해 조금 더 발전한 것이 콜버그의 도덕교육에 관한 개념인데, 게오르그 린트는 그의 이론적인 입장을 개발하는데 이 개념을 건설적으로 적용한다. 콜버그는 인지-지적 학습을 통하여 도덕적 행위를 위한 교육이 가능하다고 생각한다. 그러나 그의 개념은 단지 청소년들의 도덕적 행위에만 적용되는 것이 아니라, 선행된 추론, 달리 말하자면 도덕적 역량에 기반을 둔 행위의 특정한 표현에도 적용된다.

도덕적 역량은 개인의 자발성에 상관없이, 자신의 삶을 의도적으로 만드는 특별한 능력의 일부분이다. 외적 자극이나 내적 충동에 맹목적으로 반응하기보다 사람들은 자신의 생각을 개발하고, 추론된 행동을 위한 청사진을 만들 수 있다. 이러한 선행되는 행위의 도식들은, 결과적 관점에서 수정되기 전에, 사회적 공존 차원에서 도덕적으로 정당화되어야 한다. 바로 이것이 왜 도덕적 역량이 요구되는지에 대한 이유이다. 이러한 방식 속에서, 중요한 도덕적 원칙들을 확인하고 좋은 결정에 도달하는 능력은 개인과 집단의 삶의 질을 향상시킨다. 심지어 도덕적 딜레마의 경우에서 반대되는 원칙들을 직면하는 순간에도 그러하다. 콜버그는 두 가지 교훈적인 제안들을 제시했다. '딜레마 토론'은 청소년들을 도덕적 갈등 속으로 빠뜨려서, 그들에게 결정을 내리도록 요구한다. 그리고 '정의공동체'는 실제 삶과 거의 유사한 지역사회를 배경으로, 청소년들이 도덕적 결정을 내리는데 수반되는 제약사항들에 익숙하게 만든다. 게오르그 린트는 학교와 교육의 필수적인 학습기획을 만드는데 있어 중요한 부분인, 도덕적 역량을 측정, 확인하기 위하여 도덕적 역량 검사 도구인 MCT를 개발했을 뿐만 아니라, 학교와 교육부문에서 근무하는 교사들의 매일의 작업을 위한 보조도구들 또한 국제적인 실험 프로젝트들을 통하여 편집했다. 특별히 그는 딜레마 토론에 의한 수업방식인 KMDD를 개발하는 데 진력했다.

도덕성은 가르칠 수 있다. 이것이 이 책의 메시지이다. 학생, 교사, 그리고 모든 종류의 교육자들의 교육에 관심이 있는 누구라도, 초·중고, 대학교 세미나를 위한 적절한 정보들을 이 책에서 발견할 것이다.

빌헬름 페테르센 박사Dr. Wilhelm Peterßen

바인가르텐 교육대학University of Education Weingarten 전직 총장

목차

제1부 이론적 배경

서장

우리는 반드시 도덕적 역량을 키워야 한다!

어려운 도덕적 문제들이 우리에게 중대한 문제일 때, 우리는 어떻게 그 문제들을 숙고하고 토론할 수 있는가? "선생님. 이것은 죄악입니다. 우리는 이것에 대해 토론해서는 안 됩니다." 어색한 침묵이 잠깐 동안 흐른다. 나는 교육학 박사과정의 학생들에게 장기이식에 관한 한 사례에 대해 토론할 것을 제안하였다. 나는 한 여성에 관한 이야기를 했는데, 이 여성은 3도 화상을 입었고, 다른 사고의 사망자로부터 피부 조직을 이식해야만 살 수 있는 상황이었다. 이 사례에 대한 토론 자체를 거부한 사람은 50살의 성직자였다. 그는 진지하게 이야기했다. 후에 설명하겠지만 이러한 모임들의 규칙을 지키면서 나는 침묵을 유지했다. 왜냐하면 나의 권위를 이용하여 토론을 독려하는 것은 내가 참석자들의 이성과 도덕성을 불신한다는 것으로 보일 수가 있었기 때문이다. 한 여성이 침묵을 깨뜨리려고 애를 쓰면서 말했다. "존,[1] 만약에 이 장기이식의 수혜자가 당신의 어머니라면……." "절대 안 돼요." 존은 단호한 목소리로 그녀의 말을 끊는다. "나의 어머니는 죄를 지음으로써 생명을 연장한다는 데 결코 동의하지 않을 겁니다." 나를 포함하여 많은 사람들은 이렇게 생각했다. "끝났군." 어색한 침묵은 다시 등장했다. 11장에서 나는 이 이야기가 어떻게 전개되었는지를 말할 것이다.

정치학자인 바버Benjamin Barber는 그가 명명한 '강한 민주주의자'를 타인의 말을 제대로 들을 수 있는 사람으로 정의한다. "강한 민주주의는 '나는 듣겠다'라는 것이 약점 파악과 협상을 위해 나의 적들의 입장을 살펴보겠다거나 그가 무엇을 말하든지 관용적으로 허락하겠다는 것이 아니라, '나는 그의 입장이 되

1) 존은 위에서 언급한 성직자의 가명이다.

어보겠다. 나는 이해하기 위해 애쓰겠다. 나는 우리의 공통점을 찾기 위해 애쓰겠다. 나는 공통의 목적이나 공통의 이익을 떠올리는 말들을 듣기 위해 애쓰겠다.'는 것을 의미한다(Barber, 1984: 175)." 덧붙이면, 강한 민주주의자는 합리적인 방식으로 문제를 제기하거나, 더 일반적인 방식으로 제기하는 사람으로, 도덕적 역량을 소유하고 있는 사람이다.

> 도덕적 역량의 정의: 도덕적 역량이란 폭력이나 속임수 대신 내적 도덕 원칙들을 기반으로 숙고와 토론을 통하여 문제와 갈등을 해결하는 능력이다.

이 책에서 나는, 우리가 도덕적 역량을 가르칠 수 있고, 또 가르쳐야 한다는 것을 주장한다. 이것을 위해 나는 강력한 도구인 콘스탄츠 딜레마 토론 방법 KMDD : Konstanz Method Dilemma Discussion을 개발했다. 잘 검증된 도덕 발달 이론을 바탕으로 나는 KMDD를 20년에 걸쳐 개발했고, 이것은 나의 20년 이상의 연구와 현장 검증을 통해 만들어낸 작품이 되었다. 이 방법의 핵심은 우리가 내용을 구두 강의를 통해서 가르치는 것이 아니라 도덕 학습기회를 제공하는 것이다. 다시 말해서, 우리는 학습을 지도하는 것이 아니라, 학생들의 타고난 학습욕구를 채워주는 호의적인 학습 환경을 디자인하는 것이다.

KMDD에 관한 나의 첫 번째 책(Lind, 2003)은 본래의 이론적, 경험적 틀을 확인하는 많은 연구와 응용을 실행하도록 자극했다. 아래 제시한 몇 가지 사소한 수정사항들을 제외하고는, 그 책에서 설명된 이론들과 방법들은 개정을 필요로 하지 않는다. 연구와 실제 경험들을 통해서 KMDD가 기반을 두고 있는 소크라테스의 통찰(모든 사람들은 덕virtue을 원하지만, 덕을 성취할 수 있는 능력은 엄청나게 다르다)에 더 많은 증거를 제시할 것이다(1장, 2장 참조). 소크라테스가 '덕'이라고 부른 것을 오늘날 우리는 '도덕적 역량'이라고 부른다(3장, 4장 참조). 연구에 따르면, 도덕적 역량이란 선천적이거나 스스로 계발되는 것이 아니다. 오히려 학습되어야하는 것이며, 이 학습은 효과적으로 이루어질 수 있다(Lind, 2002). 이러한 이유 때문에 개정·증보판을 내게 되었고, 더 넓은 독자층을 확보하기 위하여 영어판을 내게 되었다.

이 책을 집필한 두 번째 동기는 우리가 처한 입장 때문이다. 요즈음 여러 사건들을 보면서 깨닫게 되듯이, 우리가 평화와 민주주의를 보존하고 발전시키기를 원한다면, 도덕적 역량은 반드시 길러져야 한다. 현대의 다문화, 산업화, 급속한 변화의 세계화가 진행된 우리 사회에서 도덕적 도전들은 꾸준히 증가하고 있으나 도덕 학습을 위한 자연스러운 기회들은 희박해져 가고 있다(Lind, 2006b). 만약 우리가 폭력, 속임수, 권력 남용을 물리치기를 원한다면, 사회 구성원으로서 우리는 반드시 우리의 학교들 그리고 여타 교육기관들에서 도덕 학습을 위한 적절한 기회들을 만들어 내야 한다.

콜버그의 딜레마 토론 방법에 대한 반대 평결에 익숙한 독자라면, 비록 완전히 변형된 형태이긴 해도, 내가 왜 이 방법을 계속적으로 제안하는지에 대해 의문을 가질 수도 있다. 콜버그는 이렇게 말했다. "보통의 학교 교사들이 정교한 훈련 없이도 블래트 효과[Blatt effect]를 재생산해 냈다는 점에서 연구 운영의 결과는 성공적이었다. 하지만, 개입은 성공적이었던 반면에 고객은 사라졌다. 다시 말해서, 일 년 뒤 우리가 다시 학교를 찾았을 때, 단 한분의 선생님도 연구가 끝난 후에 도덕 토론을 계속하고 있지 않았다. 비록 학생들의 1/3이 단계의 변화를 나타냈음에도 불구하고 말이다(Kohlberg, 1985: 33)."

내 생각에 콜버그와 그의 제자들은 원치 않는 것을 없애려다 아주 중요한 것을 잃어버린 것 같다. 우리가 블래트-콜버그[Blatt & Kohlberg]의 딜레마 토론 방법에 수정을 가했을 때, 이 방법은 훨씬 더 효과적으로 바뀌었고, 교사들이 너무 좋아하면서 어떤 다른 외적인 유인 없이도 이 계획서를 고수해 주었다. KMDD를 사용하는 교사들이 나에게 말하기를 이 방법은 학생들에게 학습동기부여와 교실에서의 학습 환경을 만드는데 너무나 긍정적인 효과를 가지고 있기 때문에 그들은 이 방법을 계속해서 사용하겠다고

했다. 이 딜레마 토론 방법을 처음 도입했던 학교를 십년 뒤에 방문했을 때, 교사들은 여전히 이 방법을 사용하고 있었다(10.3장).

이 방법의 수용성, 효과성, 학습적합성을 향상시키기 위해, 나는 블래트-콜버그의 방법에 몇 가지 수정을 가했다. 특히 우리의 새로운 방법은, 학습과정에 참여자들의 더 적극적인 역할을 보장한다. KMDD의 진행은 45분 대신 90분으로 더 길어졌고, 참여자들은 몇 가지의 이야기 대신 한 가지의 이야기에 대해서만 토론하고, 교사들은 말을 적게 하면서 참여자들이 주인공의 결정에 대해 더 생각해 보고 토론하도록 한다. 학생들은 토론 단계에서 토론 주제를 스스로 정하기 때문에 자기효능감을 경험할 더 많은 기회를 가지게 된다. 그리고 가장 중요한 부분은, KMDD 교사들이 과거 블래트-콜버그의 방법에서 소위 "+1" 전략에 따라 교사들이 제시하던 예시 주장들을 참여자들이 모방하게 하는 것이 아니라, 참여자들이 자신의 단어로 주인공의 결정에 대한 도덕적 감정을 표현하도록 격려하고 지지한다는 점이다. 당연히 이러한 수업 방식은 정교한 훈련을 필요로 한다. 그렇지 않으면 교사들이 이 방식으로 성공할 가능성은 낮아지고, 참여자들에게 피해를 줄 수도 있으며, 외부의 지지가 그치게 되면 이 방법을 포기하게 될 것이다.

KMDD는 예상보다 더 적은 시간과 비용으로 더 많은 도덕적·민주적 역량을 효과적으로 육성할 수 있다. KMDD 모임은 총 90분으로만 구성되며, 8세 이상의 모든 연령대와 모든 문화에서 사용 가능하다. 단지 한 두 번의 세션 후에 참여자들의 도덕적 역량뿐만 아니라 그들의 학습동기부여와 사회적 상호작용의 측면에서 측정 가능하고 지속가능한 효과가 만들어 진다. 더군다나, 우리는 학생들과 교사들 모두가 다른 동기부여 없이도 KMDD를 선호하는 것을 보았다.

전 세계의 많은 교사들이 KMDD를 사용해 왔고, 나 역시 교수로 근무할 때와 이후로도 지속적으로 사용하였다. 내 동료들과 나는 몇 가지 수정사항들을 두고 실험을 해 왔는데, 그 결과 이제 우리는 이 방법이 어떻게 그리고 왜 효과가 있는지, 이 방법의 핵심은 무엇인지, 특정한 그룹 혹은 특정한 목표를 위해서는 어떤 방법상의 적응변화가 필요한지를 더 잘 이해하게 되었다. 또한 우리는 교사들이 효과적이고, 책임감 있게 KMDD를 사용하도록 돕기 위하여 어떻게 그들을 훈련시켜야 하는지를 철저하게 이해하고 있다(11장). 하지만 이러한 많은 수정사항들에도 불구하고, 오랜 시간에 걸쳐 검토해 본 결과 이 책의 초판에서(Lind, 2003) 내가 설명했던 원래의 방법이 단연 최고의 방법으로 증명됐다.

이 책에서 나는 콜버그Lawrence Kohlberg, 파워Clark Power, 히긴스Ann Higgins 외 다수에 의해 소개된 "정의공동체" 방법에 대해서도 논의해 볼 것이다. 참여자들이 허구의 주인공의 문제와 갈등에 대해 토론하는 딜레마 스토리와는 대조적으로, 정의공동체 모임에서는 참여자들이 그들 자신의 문제와 갈등을 해결하기 위하여 노력하게 된다. 분명히 이 방법은 모든 사람들이 시민으로서의 적극적인 역할을 할 준비를 시키는 기능이 있다. 하지만 콜버그와 그의 동료들이 믿는 것처럼 정의공동체 방법이 도덕적 역량을 향상시키고, 딜레마 토론을 대체할 수 있는 것인가?(Althof, 2015; Kohlberg, 1985; Oser et al., 2008; Power et al., 1989; Power, 1986, 2013; Zizek et al, 2015) 비록 내가 정의공동체 방법을 매우 좋아하고, 유럽에서 대중화 될 수 있도록 많은 도움을 제공했지만(10.3장 참조), 나는 위의 질문들에 대한 증거를 거의 찾을 수가 없었다(Lind, 2002). 내 생각으로는 게릭Heidi Gehrig이 제안하듯이(10.6장 참조), 두 가지 방법을 함께 활용하는 것이 최적의 결론일 듯하다. KMDD는 정의공동체 모임에서 필요로 하는 학생들의 도덕적·민주적 역량을 육성하는 데 사용될 수 있는 것이다.

도덕성의 의미

시詩와 포스트모더니즘 문학에서 새롭고 창의적인 방식으로 단어를 사용하고 언어유희를 구사할 때, 독자들은 환호할지도 모르겠다. 하지만 교육에서는 우리가 도덕과 같은 중심 용어들을 어떻게 이해하는지 명확하게 진술할 필요가 있고, 그것을 일관되게 사용하여야 한다. 이러한 방식은 종종 내용을 지루하게 만들지만, 그렇게 하지 않으면 교육자들은 다른 사람들을, 때로는 자기 자신들까지도 혼란스럽게 만든다.

도덕성이라는 용어만큼 우리에게 혼란을 주는 개념도 없을 것이다. 도덕적 역량의 성격 혹은 가르침에 대해 반대하는 많은 사람들은, 일상생활은 물론 학문 영역에서도 도덕성이라는 용어를 사람들이 종종 상이하게 이해한다는 사실을 그 이유로 든다. 흔히 저자들은 이 용어에 대한 정의를 책에 적지 않는다. 왜냐하면 독자들이 그들과 동일하게 이해하고 있다고 생각하기 때문이다. 용어에 대한 작가 자신의 이해와 용어의 사용을 기술하지 않거나, 혹은 기술되었다 하더라도 저자가 도덕적 역량과 다른 핵심용어들을 어떻게 사용하고, 측정하는지를 연구해보는 것이 저자가 의미하는 바를 알 수 있는 유일한 방법인 것이다.

나 자신의 원칙을 지키기 위해서 나는 이 책과 나의 다른 출판물들에서 쓰이는 전문용어들의 정의를 포함한 용어목록을 포함한다([부록 7] 참조). 단 주제별 색인은 일반적으로 수용되는 사용법이 없기 때문에 포함하지 않았다. 나의 전문용어들은 주류 심리학과 콜버그학파의 도덕 심리학의 정의를 따른다. 하지만 어떤 경우에는 콜버그학파와 이해를 달리한다. 왜냐하면, 몇몇 부분에서 콜버그의 개념화는 잘못되었고, 도덕학의 진보에 장애가 된다고 생각하기 때문이다.

- 이 책에서 나는 '도덕적'이라는 용어를 내재적인 규칙, 기준, 원칙 혹은 양

심에 순응하는 개인의 행동을 의미하는 것으로 사용할 것이다. 양심이라는 것은 칸트가 그의 저서 『윤리학 강의Lectures on Ethics』에서 설명한 것처럼, “본능, 비자발적이고 저항할 수 없는 우리 천성의 충동, 이것은 우리로 하여금 우리 행동에 미치는 법의 효력에 판단을 하게 만들고, 우리가 악을 행할 때 내적인 고통으로 방문하고, 선을 행할 때 내재적인 즐거움으로 방문한다.” 우리의 행동에 판단과 판결을 행하는 본능, 이것이 양심인 것이다(Kant, 1775-80[1961]; Wren, 1991).

반면에, 많은 연구가들과 교육자들은 한 개인의 행동의 도덕성을 외재적인 기준으로 정의하고 판단한다(다시 말해서, 개인이 사회의 예상, 기준, 법들을 지키는지 아닌지를 의미한다). 교육자들이 외적인 관점으로 도덕을 가르치는 방법의 예는 소위 “+1 전략”에 잘 나와 있다. 이러한 윤리 교과과정에서 사회의 윤리적 가치들과 원칙들이 학생들에게 스며들어가게 하려는 노력의 더 많은 예들을 찾아볼 수 있다. 나는 이 도덕의 외적 정의를 2.1장에서 살펴볼 것이다.

물론, 규칙을 준수하는 사회적 행동들 역시 도덕교육의 중요한 부분을 형성한다. 4.6장에서 도덕적 역량이 어떻게 법 준수, 타인을 돕기, 결정 내리기, 학습 등과 같은 규범순응과 관련이 있는지에 대해서 조사해 보려고 한다.

- 도덕성이란 행위의 한 측면이다. 그것은 구성요소가 아니다. 우리가 “도덕성”이라는 단어를 하나의 명사로 사용하기 때문에, 도덕성이 어떤 사물과 관련이 있는 것이거나, 도덕성이 행동의 다른 구성요소들과 분리될 수 있는 또 하나의 행동 구성요소로 오해된다. 하지만, 도덕성은 사물도, 물건도, 하나의 구성요소도, 행동으로부터 분리될 수 있는 것도 아니다. 따라서 나는 소크라테스와 피아제에 의해 발전된 도덕적 행동의 측면모델aspect model (3장 참조)을 채택하고 정교화시켜 왔다.
- 이 책은 ‘도덕성’에 관한 것이지 ‘윤리’에 관한 것이 아니다. 비록 이 두

단어들이 종종 상호 호환적으로 사용되지만, 그것들이 의미하는 바는 꽤 상이하다. 도덕성은 도덕적 지향을 의미하는데, 실제 개인의 행위 속에서 도덕적 지향은 결정되고 명확해진다. 개인이 도덕적 지향을 인식하는지 못하는지, 개인이 이것들에 대해 설명을 할 수 있는지 없는지는 중요하지 않다. 반면에 윤리는 도덕성에 관하여 철학적으로 논하는 것을 수반한다. 우리의 도덕 원칙들은 무엇인가? 어떤 종류의 행위가 도덕 원칙을 따라 나오는가? 우리는 어떤 종류의 결정들을 어떻게 정당화할 수 있는가? 윤리적 심사숙고는 우리의 도덕적 행동에 영향을 끼칠 수도 있고, 그렇지 않을 수도 있다. 하지만 이것은 하나의 경험적인 의문이다. 3장에서 나는 이 관계를 더 자세하게 다룰 것이다.

- 도덕적 측면[moral aspect]은 하나가 아니라 두 가지인데, 도덕적 지향[moral orientations]과 도덕적 역량[moral competence]이 그것이다. 이 두 가지 상이한 측면들을 소개하는 최고의 방법은 당신에게 다음의 두 가지 질문을 하는 것이다. 첫 번째 질문은, "당신은 선[善]하고 싶은가?"이다. 당신의 대답은 무엇일까? 도덕주의자[moralist]라고 간주되는 것이 난처하다고 생각하지 않는 이상, 확신하기로 그 대답은 "네"일 것이다. 전 세계 어디에서나 나의 워크숍과 강의 참여자들의 거의 100퍼센트가 "네"라고 대답한다. "나는 항상 나 자신이 기대하는 대로 실제로 행동하는가?"라는 두 번째 질문에 대한 당신의 대답은 무엇인가? 나의 비공식적인 설문조사들에서, 몇몇 성인이 되고 싶어 하는 사람들을 제외하곤 모든 참여자들의 대답은 부정적이었다. 나는 당신의 대답 역시 다수의 대답과 다르지 않을 거라고 가정한다. 이 두 가지 측면에 대한 구별은 너무나도 중요한 것이다. 왜냐 하면, 이 두 가지 측면은 행위에 대한 적절성과 교육에 대한 적절성의 관점에서 그 성질과 기원을 달리하기 때문이다. 가치와 동기와 이상을 포함하는 역량에 대한 정의는 유용하지 않다. 그것은 혼란을 초래하고 잘못된 가르침으로 귀결된다. 첫 번째 측면을 구성하는

도덕적 지향들은 타고나는 것으로 보인다. 그것들은 우리의 공통 유산이다. 전 세계의 모든 사람들은 똑같은 기본적인 도덕적 이상들을 공유한다. 그러므로 도덕적 지향들은 가르칠 수도 없고, 가르칠 필요도 없는 것이다. 반면에, 두 번째 측면인 도덕적 역량은 학습할 필요가 있다. 도덕적 역량은 일반적으로 우리가 원하는 것만큼 대단한 것이 아니다. 그러므로 도덕적 역량은 부모님, 학교, 교육기관들을 통해서 양성될 필요가 있다(3-5장 참조).

누가 도덕적 역량을 필요로 하는가?

사이코패스를 제외하고 모든 사람들은 도덕적으로 행동하기를 원하며, 모든 사람들은 그들의 실제 행위가 종종 이러한 기대에 미치지 못한다는 것을 인정한다. 그래서 나는 모든 사람들은 그들의 도덕적 이상들과 그들의 결정들 사이의 차이를 없애기 위하여 도덕적 역량이 필요하다고 가정해 본다. 그러나 몇몇 그룹들을 특별히 언급할 필요가 있는데, 예를 들자면 다음과 같다.

- 좋은 파트너와 친구가 된다는 것은 서로서로를 지지한다는 것을 의미한다. 하지만 이것이 언제나 어떤 상황에서나 파트너에게 동의하고 그들을 보호한다는 의미는 아니다. KMDD 세션 동안 참여자들은 때때로 딜레마 스토리들을 토론하는데, 그 속에 우정과 동반자 관계가 포함된다. 많은 참여자들이 적어도 토론 초반에는 친구를 무제한적으로 돕고 지지해야 한다고 주장하는데, 심지어 그들이 법을 어겼을 경우도 그렇다고 주장한다. 하지만, 몇몇 사람들은 나중에 발생할 더 심각한 문제들을 예방하기 위하여 친구를 검찰에 넘기는 것이 진실한 우정일 수도 있다고 주장한다. 비록 참여자들이 주인공의 결정에 대한 그들의 판단을 항상 바꾸는 것은 아니지만, 내가 관찰한 바로는, 때때로 이 주장을 공유하는 참여자들의 숫자가 토론 중에 약간 증가하는 것을 보게 된다.

성인들의 관계에서 많은 사람들은 그들이 무조건적으로 신뢰할 수 있는 친구들을 가장 편안하게 느낀다. 하지만 몇몇 사람들은 "신뢰라는 것은 파트너가 실수를 하거나 부도덕하게 행동할 때, 서로서로 수정, 비판하는 것을 의미하기도 한다."라고 나에게 말한다. "왜 사람은 반대 의견들에 귀를 기울여야 하나요?"라는 관찰자의 질문에, 10살의 참여자는 잠시 숙고한 뒤에 "그것은 내가 나의 입장을 점검해보는데 도움을 줘요."라고 대답했다. 그렇다면, 친구와 파트너에 대한 사랑과 돌봄은 관용뿐만 아니라, 파트너의 반대 의견들과 계획과 행위에 관한 비판적인 평가를 공유하는 것이기도 한 것이다. 순수한 "관용"은 어떤 두 사람에게도 영원히 지속되지 않는다. 그들의 관계가 얼마나 가까운지에 상관없이, 그들은 같은 믿음과 견해를 완전히 공유하지 못할 것이다. 또한 그들의 입장은 시간이 경과하면서 바뀔 수도 있다.

기본적으로, 동반자 관계에서 사실인 부분들은 사람들 사이의 모든 다른 형태의 관계들에서도 동일하게 적용된다. 다시 말해서, 부모와 자녀, 상사와 부하직원, 선생과 제자, 전문가와 일반인, 경찰과 시민, 군인과 정복당한 적군, 정치인과 그들의 유권자와 같은 비대칭적인 관계들에서도 그러하다. 그러한 비대칭적인 관계들은 그 자체의 도전사항들을 가지고 있다. 때때로 이러한 관계들은 부분적으로는 동반자 관계와 같이 기능할 수도 있다. 하지만 대부분은 나이, 사회적 역할, 법적인 위치, 권력, 지식 등과 같은 것들 때문에, 한쪽이 다른 한 쪽에 대해서 더 큰 책임을 가진다.

부모들은 자신의 역할에 대한 훈련을 거의 받지 않는다. 하지만 그들의 자녀들이 독립적인 성인이 되기를 원할 때, 일련의 아주 어려운 딜레마들을 해결해야만 한다. 심지어 그들의 아이들이 아직 아기라서 음식과 건강 문제들을 완전히 부모에게 의존할 때에도, 그들은 협동적인 사회적 환경에 대한 강력한 도덕적 감각과 필요를 가지게 된다(Hamlin et al., 2007; Hepach et al., 2012).아이들은 나이가 들면서 존중에 대한 그들의 필요와 그들 자신의 의지는 추가적으로 성장한다. 그렇다면 아이들이 스스로 결정하는 것에 대해 부모가 얼마나 통제력을 느슨하게 해야 하고, 아이들이 해로운 경험을 겪지 않도록 얼마나 보호를 해야 하는가? 스스로 결정하도록 완전한 자유를 허락할 가장 적절한 나이는 언제인가? 만약 아이들이 그들의 형제들 혹은 다른 아이들과 갈등을 겪는다면, 부모는 개입해야 하는가, 아니면 아이들 스스로 해결책을 협상하도록 놔둬야 하는가? 분명히 이러한 질문들은 많은 상황들에서 발생할 것이고, 부모들은 딜레마에 빠졌다고 느낄 것이다. 그들이 어떠한 행동을 선택하든지 결과적으로는 잘못된 것이 될 것이다. 종종 부모들은 그들의 양육 노력의 영향들에 대해 즉각적인 피드백을 받지 못한다. 부모에게 단기적인 실패로 보이는 것이 장기적인 성공이 될 수도 있다. 스파이커Betsy Speicher가 콜버그의 종단 연구에서 끌어온 자료들을 사용하여 보여준 것처럼, 자녀의 문제들을 경청하고 말하는 부모를 둔 청소년들은 더 높은 도덕적 역량을 성취한다. 단지 시간이 필요할 뿐이다(Speicher, 1993).

교사와 교수들, 그리고 그들에게 맡겨진 학생들은 특별한 관계를 가지며, 이 관계들은 근본적인 딜레마를 내포한다. 교사와 교수들은 자신의 학생들이 스스로 생각하고, 책임감 있는 결정을 스스로 할 수 있는 성숙한 부모, 관리자, 시민사회의 참여자, 혹은 정치인이 되도록 교육해야 한다. 하지만, 자유의지와 자율적인 판단은 표준시험들과 고부담의 시험으로 만들어지는 것이 아니라, 학습, 책임감 가지기, 심사숙고들을 위한 기회들을 통해서만 길러지는 것이다(Dewey, 1916; Kohn, 1999; Lind, 2001c; 2015a; Portele, 1978). 어떻게 이 딜레마가 매일의 교실에서의 수업과 교육정책 수립의 수준에서 해결될 수 있을까?

내가 독일군의 장교들을 가르쳤을 때, 그들은 '토론'과 '민주주의'에 관한 나의 워크숍이 그들에게 조금이라도 이익을 줄 것이라는 점에 대해 회의적이었다. 그들이 내게 말하기로, 그들의 임무는 '명령과 복종'이라는 원리에 의해 완전히 지배받고 있었다. 말 그대로, 숙고와 토론을 위한 여지는 전혀 없었다. 그래서 나는 그들에게 스나이더 이병에 관한 이야기를 해 주었다. 그는 늦은 밤, 적국에서 탄약 텐트 보초를 서고 있었는데, 어떤 사람이 건물에서 나와, 펜스 쪽으로 뛰어가는 것을 보았다. 멈추라는 경고에도 그 사람은 멈추질 않았고, 스나이더 이병은 망설이면서, 그 사람이 탄약을 훔치는 적군일 수도 있지만, 위스키를 훔치고 있는 동료일 수도 있다고 생각했다. 스나이더 이병은 허공을 향해 총을 발사하기로 결정했다. 그는 옳은 결정을 한 것일까? 즉시 장교들은 매우 격렬한 토론을 시작했다. 군대에서는 토론이 필요 없다는 이전의 믿음은 어디로 갔는가? 장교들은 명령과 지시를 넘어서는, 매우 큰 해석의 여지가 있었다는 사실을 깨달았을 때, 아주 큰 충격을 받았다. 다시 말해서, 그들은 옳고 그른 것을 숙고하고 토론하도록 요구 받았던 것이다. 나중에, 그들은 그들이 해야 하는 아주 어려운 결정들에 대해 이야기했다. 예를 들면, 저격수들을 찾기 위해, 가정집을 수색할 때와 같은 것이다. 임무 중에 문이 열릴 때 마다 아주 짧은 순간 내에 그들은 그들의 생명을 보호하기 위하여 방아쇠를 당길지 아니면 문 앞에 민간인이 서 있기 때문에 쏘지 말지를 결정해야 한다. 그들에게 옳고 그름이란 학문적인 질문이나 사고의 실험이 아니라, 생존이냐 무고한 사람을 죽이느냐의 문제인 것이다. 그리고 이것은 외상 후 스트레스 증후군으로 그들을 괴롭힐 수도 있는 것이다. 그럼에도, 그들이 나에게 보고한 바에 의하면 그들은 이러한 종류의 결정을 내릴 준비가 전혀 되어있지 않았다. 그 주말에 그들은 KMDD 워크숍이 그들의 직업에 아주 유용한 것이었다고 내게 말해 주었다.

도덕적 역량을 위한 학습 기회

이 책에서 나는 도덕적 역량은 가르칠 수 있고, 반드시 가르쳐야만 한다고 주장한다. 이미 지적하였듯이, 모든 교수법들이 다 성공적이지는 않다. 몇 가지 교수법들은 정말 부적절하다.

- 상과 벌을 부과함으로써, 우리는 사람들이 벌을 피하기 위하여 그들의 행위를 변화시키도록 할 수 있다. 하지만 그러한 권위를 가진 사람이 없을 때에도, 그들이 도덕적으로 행동할 수 있는 능력을 기를 수는 없다(4.6장 참조). 우리는 도덕 원칙 위에서 자율적으로 행동하고, 자율적인 행동에 연관되는 문제들을 해결할 수 있는 개인의 능력을 강화시켜야 한다.
- 우리는 도덕 원칙들을 직접적으로 가르치는, 불필요한 일을 자주한다. 대개 사람들은 무엇이 옳고 그른지를 안다. 하지만, 종종 그들은 반대되는 도덕적 주장들 사이의 갈등을 어떻게 해결해야 할 지 모르거나, 어떤 구체적인 결정에 그들의 도덕적 이상들이 연관되는지 정확하게 말할 수 없을 뿐이다.

우리는 사람들이 그들의 도덕적 역량을 사용하고 강화시킬 수 있는 적절한 학습 기회를 제공하여야 한다. 벨필드[Clive Belfield]와 레빈[Henry M. Levin]이 미국을 대상으로 보여준 것과 같이, 일반적으로 모든 연령대의 아이들에게 더 많은 학습기회를 제공하는 것은 개인의 삶의 질(건강, 소득, 범죄성 폭행으로부터의 자유 등) 뿐만 아니라, 정부의 세금 유입에도 엄청난 영향을 미친다. “만약 우리가 고등학교 중퇴자와 대학 졸업자들 사이에 존재하는 이러한 기회의 차이를 1/3만 줄일 수 있다고 가정해 본다면, 그것의 경제적인 결과는 세금절약이 500억 달러가 될 것이고, 사회 전체적으로 2,000억 달러의 사회비용 절감이 있을 것이다. 비교해 보자면, K-12 교육(역자 주: 미국, 유치원에서 12학년까지의 교육)에 들어가는 총 납세자 소비는 약 5,700억 달러이다(Belfield & Levin, 2013: 205).”

저자들은 그들의 계산이 매우 조심스러운 가정 하에 이루어졌다는 사실과 실제 절약 액수는 훨씬 더 클 수 있다는 점을 강조한다. 그래서 그들은 교사들이 더 나은 훈련을 받았을 때 발생하는 더 효과적인 가르침의 이익에 대해서는 고려하지 않았다. 또한 그들은 가정, 이웃, 직장, 국제정치의 분야에서, 더 효과적인 도덕적·민주주의적 교육 프로그램들을 통하여 범죄해결 비용과 역기능적 갈등해결 비용을 감소시키는 부분도 고려하지 않았다. 이러한 프로그램들은 내가 도덕적 역량 향상을 위하여 제안해 왔던 것들로, KMDD를 통해서 만들 수 있다. 이 방법에 대한 두 가지 핵심 아이디어는 다음과 같다.

- KMDD는 도덕적 과업을 잘 다룰 수 있는 기회, 도덕적 딜레마에 대한 느낌을 말로 풀어 놓을 수 있는 기회, 반대 주장을 따져볼 수 있는 기회, 의견을 달리하는 사람들과 도덕적 딜레마 토론을 할 수 있는 기회를 제공한다. 결국 다른 능력들처럼, 도덕적 역량도 빈번한 사용을 통해서 가장 효과적으로 기를 수 있다.
- KMDD는 도덕 학습을 위한 도덕적 감정의 최적수준을 유발한다. 너무 약하지도, 너무 강하지도 않게 말이다.

위의 두 가지 아이디어에 대한 이해는 말로 하기는 쉬워도 행동으로 옮기기는 쉽지 않다. 도덕교육 프로그램을 위하여 무슨 과업들이 적절한가? 학습 그룹 참여자들 모두가 공평하게 혜택을 받기 위하여, 우리는 어떻게 훈련을 만들 수 있는가? 이 책의 두 번째 부분에서, 나는 어떻게 이러한 질문들과 다른 질문들을 해결하였는지에 대해 설명할 것이다.

KMDD에 관한 나의 첫 영감은 '학교에서의 민주주의와 교육[DES: Democracy and Education in the School]'이라는 프로젝트에서 비롯되었는데 나는 그 프로젝트를 나의 동료들(위르겐 라셰르트[Jürgen Raschert], 프리츠 오저[Fritz Oser], 지빌레 라인하르트[Sibylle Reinhardt], 칼-하인츠 쉬러프[Karl-Heinz Schirp], 페터 도벨쉬타인[Peter

Dobbelstein의 도움으로 시작했었다. 여러 해를 거치면서 나는 KMDD 방법을 향상시킬 여러 아이디어들을 시도해 볼 많은 기회를 가지게 됐는데, 단순히 KMDD 세션에서 뿐만 아니라, 여러 기관들과 나라들에서 온 다양한 참여자 그룹들과 함께한 워크숍, 세미나에서도 그런 기회들을 가지게 되었다. 다음과 같은 참여자들도 있었다.

- 독일 콘스탄츠 대학University of Konstanz, 중국 광둥 외국어대학Guangdong University of Foreign Studies, 콜롬비아 보고타 산토 토마스 대학Universidad Santo Tomas, 그리스 세라이 대학University of Serres, 터키 이스탄불 이을디즈 공과대학Yldiz Teknik Universitesi 학생과 교사들
- 독일 콘스탄츠 대학University of Konstanz, 콜롬비아 보고타 산토 토마스 대학Universidad Santo Tomas, 중국 광둥 외국어대학Guangdong University of Foreign Studies 심리학과 학생들
- 스위스 취리히 특수교육 응용과학대학University of Applied Sciences of Special Needs Education, 사회복지대학University of Social Work 학생들
- 독일 바덴-뷔르템베르크 주Baden-Wurttemberg, 라인란트팔츠 주Rhineland-Palatinate, 작센 주Saxony, 함부르크 주Hamburg, 콜롬비아 보고타 지역의 평생교육 관련 과목과 연구 분야(윤리학, 철학, 생물학, 사회학, 독일어) 교사들
- 평생교육의 일환으로 참여한 사회복지사들, 청소년 문제 상담사들, 법집행 공무원들, 컨설턴트들
- 라인란트팔츠 주Rhineland-Palatinate 사범대학Pedagogical State Institute, 폴란드 포츠난Poznan 아담 미츠키에비츠대학Adam Mickiewicz University의 유망한 윤리학 교사들
- 독일 콘스탄츠 대학University of Konstanz, 중국 광둥 외국어대학Guangdong

University of Foreign Studies, 콜롬비아 보고타 산토 토마스 대학[Universidad Santo Tomas], 멕시코 몬테레이 대학[Universida de Monterrey], 몬테레이 공과대학[ITESM: Institute of Technology and Higher Studies at Monterrey]에서 성인교육행사에 참가한 다양한 학과(예: 의학, 심리학, 철학, 교육학, 기계, 공학, 경제학, 자연과학) 교수들

- 독일 군대의 훈련 교관들, 군대 심리학자들, 그리고 정치교육과 윤리교육 분야 군목들
- 사내 연수의 일환으로 참여한 콜롬비아 보고타의 일간지 편집자들, 기자들, 마케팅부 직원들
- 보고타[Bogotá], 콘스탄츠[Konstanz], 드레스덴[Dresden], 몬테레이[Monterrey], 상 파울루[São Paulo]에서 공개적으로 진행된 KMDD 모임에 참석한 혼합 그룹들(부모, 선생님, 학생들, 교수들, 의사들, 경제학자들, 군대와 소방서를 포함한 여러 분야들의 전문가들)

효과성

도덕교육과 인격교육에 관한 많은 프로그램들은 그것이 효과적이라고 주장한다. 하지만 이 주장은 관찰자들의 주관적인 인상에 근거를 두고 있을 뿐, 유효성에 관한 객관적인 테스트에 근거를 두고 있지도 않고, 효과적이라는 결과를 제시하지도 않는다(Hartshorne & May, 1928; Lockwood, 1978; Lind, 2002). 게다가, 많은 경우에 도덕적 역량을 측정할 수 있는 적절한 도구들이 존재하지 않았다. 교과과정의 효과성을 평가하는데 사용되어 온 많은 도구들은 도덕적 역량을 측정하는 것이 아니라, 도덕적 지향(태도, 가치 등) 혹은 규범을 준수하는 행위를 측정한다. 내가 아는 한, 블래트-콜버그의 딜레마 토론 방법의 유효성만이 도덕적 역량의 도구를 사용하여 강력하게 연구되었다(Blatt & Kohlberg, 1975; Lockwood, 1978; Higgins, 1980;

Leming, 1981). 처음에, 효과성은 단지 테스트 점수증가의 "통계적 유의도"로만 정의되었는데, 이것은 개입의 능력을 제대로 보여주지 못했다. 왜냐하면, 유의도는 주로 샘플의 크기에 달려있는 것이지, 효과의 크기에 달려있는 것은 아니기 때문이다. "통계적으로 유의미한 결과가 실제로도 유의미하다는 말은 옳지 않다. 왜냐하면 '유의미한'이라는 단어 자체가 독자에게 그 결과가 자동적으로 크고 중요하며 확실하다는 잘못된 의미를 함축하고 있기 때문이다(Carver, 1992: 288)." 그래서 나는 상대적인 효과크기의 측정을 사용하여 141개의 개입 연구들을 재분석하였다. 알려진 바와 같이, 콜버그-블래트는 매우 효과적이었고, 어떤 개입에 있어서도 부정적인 효과가 발견되지 않았다(Lind, 2002). 그 효과크기는 교육, 심리치료, 업무현장 향상, 의학과 같은 다른 영역들에서 발견되는 개입들의 전형적인 효과보다 더 뛰어났다(Lipsey & Wilson, 1993).

그러나 그들의 연구에도 몇 가지 결점이 존재한다. 첫째, 그들의 측정도구인 콜버그의 도덕적 판단력 인터뷰 검사 도구[MJI: Moral Judgment Interview]의 적용과 채점에 너무 많은 시간이 걸린다는 점이다. 그래서 이 도구의 적용은 매우 값비싸고, 대규모의 적용이 힘들다. 두 번째 결점은 이 도구의 채점에 주관적인 평가가 포함된다는 점이다. 주관적 평가는 비록 매우 표준화되어 있고, 신뢰할 만하지만, 여전히 이 도구의 객관성에 의문을 제기하게 한다. 마지막으로, MJI는 도덕적 지향 타당도와 도덕적 역량 타당도라는 두 가지 측면들을 혼동하게 만드는 점수를 제공한다(Lind, 1989b). 이러한 이유들 때문에, 우리는 교과과정의 효과성을 측정하기 위한 새로운 도구인 MCT를 1970년대 말에 개발하였다(4장 참조). 이 경제적이고, 객관적인 검사를 이용해서 교사들은 교수법의 향상 혹은 새로운 딜레마 스토리의 도입이라는 변화를 시도할 수 있다.

KMDD가 적어도 블래트-콜버그 방법만큼 효과적이라는 사실은 증명되어왔다. 하지만 KMDD의 효과성은 도덕적 역량 평가를 위한 객관적인 방법으로 그 평가가 이루어진다(8장 참조). 강사가 KMDD 훈련을 받았다면, 일반적으로 몇 번의 모임만으로도 충분한 효과 크기를 만들어 낼 수 있는데, 이것은 KMDD가 효과적일 뿐만 아니라 효율적이기도 하다는 것을 의미하며, 적은 비용으로 긍정적인 효과들을 성취한다는 것을 의미한다. 여러 연구들은 또한 KMDD 세션이 지속 가능한 학습 결과들을 생산해 낸다고 말한다. 개입효과들을 몇 주 그리고 몇 달 뒤에도 여전히 관찰할 수 있었다(Lind, 2002; Lerkiatbundit et al., 2006; Hemmerling, 2014).

KMDD 세션 참여자들은 다양한 종류의 학습 경험들을 보고한다. 토론은 종종 KMDD의 공식적인 모임이 끝나고 난 뒤에도 이어지고, 학생들은 딜레마 스토리에 대해 더 토론하기 위하여 휴회 시간에도 모임을 가진다. 모임이 끝난 후 몇 주 뒤에도 참여자들은 나에게 연락해서 그들이 여전히 딜레마 스토리에 대해 생각하고 있으며, 그들의 가족과 친구들과 토론하고 있다고 말한다. KMDD 세션에 참석했던 교사들은 외적 유인이 전혀 없음에도 불구하고, 이 방법을 계속해서 사용하며, KMDD 세션이 학생들의 도덕적 역량을 강화할 뿐만 아니라 교실의 전반적인 학습 환경도 역시 강화한다고 보고한다.

이 방법의 지속가능성에 대한 추가적인 증거는 다양한 기관들로부터의 추천이라고 할 수 있다. 독일 군대의 교육 프로그램을 책임지고 있던 한 장군은 KMDD가 군인들의 민주적 훈련에 대한 개념을 위해 중요하다고 생각했다(Bergmann, 2007). 한 개신교의 주교는 가치관을 가르치는데 KMDD가 유용하다고 단언했다(Weber, 2006). 콜롬비아의 교육부 장관은 전국의 교사들에게 KMDD 방법을 추천했다(Ministerio de Educación, 2004). 몬테레이 의대는 몇 해 전부터 KMDD를 교과과정의 부분으로 제공하고 있다.

KMDD의 수정사항들

비록 KMDD의 기본 개념이 20년 이상의 기간 동안, 다양한 맥락에서 잘 기능해 왔지만, 나는 이 방법에 몇 가지 수정을 가해 왔는데, 상세한 내용은 다음과 같다.

- 지금까지 출판된 나의 출판물에서 나는 일반적으로 도덕적 역량moral competence과 도덕적 판단 역량moral judgment competence이라는 용어들을 동의어로 사용했었다. 이것은 혼란을 야기할 수 있다고 생각한다. 도덕 심리학의 맥락에서, "판단"이라는 용어는 어떤 구두적인 행위를 가리키는데, 한 개인의 행동과 주장에 대한 판단과 평가를 의미한다. 이것은 행위에 대한 도덕적 의식과 숙고에 연결되어 있다. "의식적인 깨달음이란 재구성을 의미하며, 행동에 의해 이미 형성된 구성 위에 겹쳐진 새롭고 독창적인 구성을 말한다(Piaget, 1965: 177)." 그러나 이 책은 행위에서 직접적으로 드러나는 성향disposition에 관한 책이며, 성향은 의식적일 수도 있고 그렇지 않을 수도 있다. 그래서 나는 도덕적 역량 혹은 그 동의어로 도덕적 능력moral ability이라는 용어를 "판단"이라는 단어 없이 사용한다. 그에 따라, 나는 우리 검사의 명칭 또한 '도덕 판단력 검사 도구'(MJT)에서 '도덕적 역량 검사 도구'(MCT)로 바꾸었다(4장 참조).
- 딜레마는 보는 사람의 눈 속에만 존재하는 무엇이다(Lind, 2006a). 다시 말해서, 딜레마는 객관적이지도 않고 우리의 머리 밖에 존재하지도 않는다. 그러므로 우리는 "딜레마"를 쓸 수도 말할 수도 없다. 우리는 참여자들이 우리의 관점을 공유하는지, 우리가 보는 도덕 딜레마를 느끼는지 알 수가 없다. 우리는 단지 우리의 이야기들이 관객들 속에서 딜레마의 감정을 유발하기만을 희망할 뿐이다. 교사의 입장에서 봤을 때, 사람들은 시간이 경과함에 따라 이야기들에 대한 점점 더 나은 감정을 개발하는데, 이 감정이 특정 목표그룹 속에서 특정한 딜레마의 감정을 유발한다. 물론 이러한

모습은 우리와 KMDD 세션을 함께 하는 사람들이 매우 어리거나 매우 나이 들었거나 다른 문화권의 사람들인 경우와 같이, 우리와 이질적일수록 나타나기 더욱 힘들어 진다.

- 예전에는 만약 투표수 때문에 두 개의 토론 그룹이 형성되지 않는다면, 나는 세션 도중에 이야기를 바꿀 것을 추천했다(만약 한 주장에 대해 찬성투표를 하는 사람 수가 아예 없거나 너무 적다면, 그것은 토론을 시작할 의미가 없는 것이다). 내가 뒤에 알게 되기로는, 그것은 좋은 조언이 아니었다. 만약 KMDD 선생님이 참여자들 앞에서 이야기를 변경한다면, 신뢰도를 잃게 된다. 그런 경우에, 참여자들은 효과적인 학습을 위해 중요한 도덕적 감정들을 덜 진지하게 느끼게 된다. 요즘 나는 투표를 통한 토론그룹의 형성이 이루어지지 않더라도, 선생님이 사과할 필요가 없도록, 선생님이 토론에 대한 견해를 밝히지 말 것을 추천한다. 우리는 이제 KMDD 세션을 토론이 아니라 '이야기에 관하여 말하기' 혹은 '말하기와 듣기'로 결정한다. 만약 투표 때문에 토론이 불가능하다면, 선생님은 그 시간을 활용하여 반 학생들과 함께 여러 주제들에 대해 토론하거나 KMDD와 관련된 연습들을 할 수 있다. 예를 들면, 참여자들이 그들의 경험을 바탕으로 가상의 딜레마 스토리를 적어서 반 학생들에게 발표할 수 있다([부록 5] KMDD 워크숍 참조). 나의 경험상, 참여자들은 이 과업에 큰 즐거움을 느낄 것이다.

지금까지 우리가 배운 것

가장 중요한 교훈은, 즉 KMDD 사용자인 우리가 다양한 문화에서 여러 차례의 KMDD 세션 경험을 통해 배운 것은, 소크라테스의 "우리는 모두 선을 열망한다"는 말이 옳았다는 사실이다. 모든 사람은 도덕적으로 행동하기를 열망한다. 지금까지 KMDD 세션에 참여한 어느 누구도 사람이 아닌 논쟁 그 자체에 초점을 맞추어야 한다는 KMDD의 기본 원칙을 깨뜨리지 않았다. KMDD에서는 처벌의 위협을 통해 규칙 준수를 강제하는 것이 아니기 때문에 이 사실은 더욱 주목할 만하다. 교사는 참여자가 규칙을 위반한 경우에만 그 참여자에게 특정 규칙을 상기시킬 뿐이다. 한 참여자가 KMDD 세션 후, 전형적인 방식으로 말했다. "나는 언제나 화내지 않으면서 중요한 문제에 대해 다른 사람들과 토론하고 싶었다. 나는 그것이 가능하다고 생각하지 않았었다."

다음으로, 우리는 또한 소크라테스의 두 번째 주장, 즉 "그리고 만약 한 사람이 선을 욕구하는 점에서는 다른 사람보다 더 나을 것이 없다고 하더라도, 그것을 얻어내는 능력에 있어서는 뛰어남에 틀림없다." 역시 보편적인 진리임을 알게 되었다. 다양한 조사의 모든 데이터는 사람들의 도덕적 역량에 큰 차이가 있음을 보여준다. 또한 우리는 평균적으로 사람들의 도덕적 역량 수준이 낮다는 것도 발견했다. 이 발견을 포함한 여러 연구들을 통해, 소위 악惡이라는 것이 인간의 충동이나 욕구가 아닌, 오히려 도덕적 역량의 부족을 나타낼 것이라는 우리의 믿음은 강화되었다. 우리 몸의 일부 질병이 필수 영양소의 부족이나 결핍을 나타내는 것과 마찬가지로 폭력, 속임수 및 강압 역시 숙고와 토론을 통해 문제와 갈등을 해결할 수 있는 역량이 부족하다는 것을 나타낸다. 그래서 우리는 이러한 문제적인 행동들과 '싸울' 필요가 없는 것이다. 그 대신, 우리는 사람들이 도덕적 역량의 결핍을 극복하여 행동의 선택권을 갖출 수 있도록 그들에게 힘을 줄 필요가 있다.

앞으로 해야 할 일들

도덕성은 반드시 길러져야 한다. 대부분의 아이들과 성인들은 그들의 도덕적 역량을 연습하고 훈련할 학습 기회가 너무 적다. 그러므로 우리가 도덕적 행위의 본질에 관한 새로운 지식을 발표, 전파하고, 그것을 장려하는 것만으로는 충분하지 못하다. 가능한 모든 사람들에게 혜택을 주고, 도덕적 역량의 장려가 단지 몇몇 사람들에게만 제한되지 않도록, KMDD 교사들은 반드시 효과적이고 책임감 있게 증명된 방법들을 실행할 수 있도록 훈련되어야 한다. 모든 사람들이 이 방법으로부터 혜택을 받을 수 있을 때에만, 우리가 함께하는 삶과 우리의 삶의 방식들이 상당히 향상될 수 있다. 모든 청년들과 성인들이 일 년에 한 번 혹은 두 번의 KMDD 세션 참여를 통해서, 그들의 도덕적 역량과 민주적 역량을 훈련할 수 있다면, 우리는 이 세상은 훨씬 더 평화롭고, 비폭력적이며 협동적으로 만들 수 있다고 나는 확신한다.

추가해서, 우리는 KMDD 교사들을 훈련시킬 트레이너들을 교육할 필요가 있다. 이 목표를 위해서 우리는 자격을 갖춘 교수들이 있는 대학에 석사학위 프로그램을 만들 필요가 있다. 이러한 교수들은 반드시 KMDD 세션 운영에 관한 광범위한 실질적인 경험과 심리학, 교육학, 도덕 심리학 등의 과목, 특히 KMDD에 대한 과학적인 자격을 동시에 갖추어야 한다. 개인의 안녕과 전 세계 민주주의에 대한 본질과 적절성에 관해 더 많이 배우고 KMDD를 향상시켜 그것을 다양한 응용분야들에 적용하며, 그것의 배포와 관련된 품질 기준들을 개발하고 모니터링하기 위하여, 이러한 프로그램들의 일부분으로 도덕적 역량과 민주적 역량에 관한 연구 역시 확립되어야 한다.

마지막으로, KMDD의 목표를 상실하거나 그것의 효과성을 감소시키지 않고, 우리는 계속적으로 KMDD를 더욱 다목적적인 것으로 만들기 위해 노력해야 한다(4장, 8장 참조). KMDD의 새롭게 개발되는 사항들은 웹사이트(http://www.uni-konstanz.de/ag-moral)에서 영어, 독일어, 스페인어로 사용 가능하다.

제1장
민주주의, 도덕성 그리고 교육

1.1. 민주주의는 도덕적 이상이다

평화와 공공복지는 민주주의와 도덕성에 의해 유지되는 것이지, 무장한 군대, 경찰, 법원에 의해서 유지되는 것이 아니다. 후자는 단지 민주주의와 도덕성이 잘 발달하지 않았을 때, 공존을 위하여 필요한 것들이다. 이러한 것들의 존재는 우리가 도덕적·민주적 역량을 키우기 위해 더욱 노력해야 한다는 점을 상기시킨다. 민주주의의 핵심적인 도덕적 이상에 따르면, 인간의 공존은 협동, 정의, 자유 그리고 기본적인 인권들과 같은 공유된 도덕 원칙에 기반을 둔 숙고, 상호 협의 그리고 토론에 의해 규제되어야 한다. 도덕 원칙에 의한 지배란 다른 사람에 대한 권력의 자의적인 운용과 반대되는 개념이다. 하지만 이러한 원칙들은 보편적으로 유효할 때에만 도덕적이라고 할 수 있는 것이지, 어떤 조치들을 설득하거나 어떤 결정사항들을 정당화하기 위해 이러한 원칙들을 사용하는 몇몇 사람들의 손에서 타협적 도구로 작동할 때에는 그렇지 않다(Carr et al., 2016; Habermas, 1981, 1983; Kohlberg, 1981; Lind, 2006c; 2011a; Neiman, 2009; Nowak, 2013b; Reinhardt, 2015; Sen, 1999).

민주주의의 도덕적 이상은 인간의 본성에 깊이 뿌리내리고 있는 것으로 보인다. 많은 사람들이 이것을 위하여 싸워왔고, 심지어 어떤 사람들은 이것을 추구하면서 자신들의 건강과 목숨까지도 내어 놓았다. 실증적인 조사들에 의하면, 전 세계의 수많은 사람들이 민주주의를 매우 소중하게 생각한다(Sen, 1999). 맥폴M. McFaul이 진술했듯이 "전 세계적으로, 사람들은 민주주의를 정부

시스템으로만이 아니라 하나의 가치로서도 받아들인다(McFaul, 2004: 152).” “개인들은 어디에서든 권리를 가지고, 지배자들은 어떤 도전에 직면하든 제약 사항을 가진다는 급진적인 생각이 성장하고 있다(McFaul, 2004: 155).”

철학자 스피노자는 민주주의를 자연권의 하나라고 강력하게 주장했다. “내 생각에 민주공화국의 기본 원칙들은 충분히 선명하게 만들어졌다 … 이것은 가장 자연스럽고, 자연이 모든 인간에게 부여한 자유에 가장 근접하는 것으로 보인다(Spinoza, 1670: 202). 미국독립선언의 저자들은 그들의 주장에 스피노자의 말을 그대로 인용했다. “모든 사람은 평등하게 창조되었고, 모든 사람은 창조자로부터 부인할 수 없는 어떤 권리들을 부여 받았는데, 이러한 것에는 생명, 자유 그리고 행복의 추구가 있다.”

민주주의의 이상은 많은 나라들의 헌법과 국제 선언서들에 문서로 남아 있다. 예를 들면, UN 아동권리협약은 민주주의를 정책설정, 법집행 그리고 교육을 위한 궁극적인 기준으로 언급한다. 국가, 문화 혹은 종교에 상관없이 많은 사람들이 민주주의의 이상에 높은 가치를 둔다는 사실은 독재자, 독재정부 조차도 그들의 정권을 ‘민주적’ 혹은 심지어 “민주 공화국” 혹은 “민주주의 인민 공화국”으로 선언하기 위하여 많은 노력을 기울이는 것에서 알 수 있다. 그리고 이러한 것들은 이론적으로 불필요한 것들이다. “정말 대부분의 폭군들과 사이비 민주주의자들이 그들은 민주주의를 행하고 있거나 민주주의로 가는 진화론적 과도기에 있는 것이지, 민주주의에 대한 대안을 주창하는 것이 아니라는 주장들을 했다(McFaul, 2004: 151).”

하지만, 이러한 이상은 성취하기 힘들고, 소위 “진짜 민주국가들”과는 요원하다. 듀이[John Dewey]에게 “민주주의라는 아이디어는 … 모든 개인들이 수동적이지 않고 적극적인 방식으로 고려되어야 하고, 개인이 권위의 과정과 사회통제의 과정의 일부가 되어야 하며, 개인의 필요들과 소망들이 사회정책을 결정하는 과정에서 그들이 중요하게 여기는 방식으로 표명되어야 한다(Dewey,

1968: 35)." 민주주의를 반대하는 사람들은, 대다수의 일반 시민들이 민주적 자치를 위해 요구되는 진정성과 도덕적 인지능력이 부족하다고 주장한다. 사실, 18세기 최고의 민주주의 이론가 중의 한명인 몽테스키외는 시민들이 정치적 결정에 직접적으로 참여하는 것이 아니라, 그들의 대표자인 정치인들을 선출하고, 선택된 소수의 개인들이 사회를 다스리도록 하는 정도로 축소되어야 한다고 주장했다. "대표자들의 큰 장점은 사회문제를 토론하는 능력이다. 사람들이 집단적으로 토론하는 것은 극도로 부적합한데, 이것이 민주주의의 주된 불편사항들 중 하나이다(Montesquieu, 1752, Book XI)."

이것은 사실이다. 왜냐하면 현대 도덕 심리학이 사람들의 도덕적·민주적 역량은 아주 다양하다는 점을 확인했기 때문이다. 그러므로 많은 사람들이 원리로서의 민주주의에는 높은 가치를 두고 있지만, 공존의 방식으로서의 민주주의에는 불편함을 느낀다는 것이 놀랄 일은 아니다(Dewey, 1916). 심지어 많은 사람들은 스스로를 직접적, 참여적 민주주의에 부적합하다고 느끼고, 자신들로부터 출발한 집단적 자치[自治]와 거리를 두면서도 자기결정에 대한 책임을 가진 "대표자, 보호자와 같은 강력한 지도자"의 필요성을 말한다.

하지만 이러한 점들이 민주주의를 포기해야 한다거나 몽테스키외가 제안한 것처럼 민주주의를 간혹 정치 지도자들을 선출하는 것으로 엄격하게 제한해야 한다는 것을 의미하는가? 미국 독립선언서의 공동 저자인 토마스 제퍼슨이 여러 번 주장했던 것처럼, 그렇지 않다. 그는 민주주의를 유지하고 향상시키기 위하여 우리는 모든 시민들에게 적절한 교육을 제공할 필요가 있다고 말했다. "나는 사람들, 바로 그들 이외에는, 궁극적인 사회 권력의 안전한 보관소를 알지 못한다. 그리고 만약 우리가 그들이 건강한 재량권을 통제할 만큼 충분히 계몽되지 않았다고 생각한다면, 해결책은 그들로부터 그것을 빼앗는 것이 아니라, 교육을 통해서 그들의 재량권을 알려주는 것이다. 이것이 헌법적 권력 남용에 대한 진정한 수정사항이다(Jefferson, 1820. ME 15: 278)."

오늘날 우리는 모든 교육이 다 민주주의를 보전하는데 도움이 되는 것은 아니라는 것 또한 알고 있다. 작금의 민주주의의 위기는 민주주의 교육을 희생하면서 개인의 직업계획과 경제적 우위를 향상시키는 교육에 점점 더 몰두하는 것과 밀접한 관련이 있다. 물론 이러한 교육이 일반적인 복지를 위해서 매우 중요하기는 하지만, 민주주의 국가에서 교육이 직업적인 지식의 전달에만 국한되어서는 안 된다. 교육은 반드시 도덕적·민주적 역량을 증진시키는 부분을 포함해야 한다(Carr et al., 2016; Dewey, 1964; Edelstein & Fauser, 2001; Tocqueville, 1976; Turiel, 2002).

우리 시대에서 도덕성 발달과 도덕교육에 대해 생각할 때, 우리는 반드시 우리의 이웃, 우리의 지역, 심지어 우리나라의 경계 너머를 보아야 한다. 마음에 들건 그렇지 않건, 세계는 더욱 더 하나가 되어가고 있다. 세계의 아주 먼 곳에서 일어나는 일들이 우리의 삶에 아주 깊은 영향을 준다. 많은 사람들이 이러한 것들에 대해 듣지도 읽지도 않기 때문에 인식하지 못하지만, 물이 귀해지고, 이방인들이 그들의 이웃으로 이사 오고, 자식들이 다른 지역, 다른 국가, 다른 대륙으로 이사를 갈 때, 그들은 기후 변화, 국제무역, 이민 등의 영향을 느끼게 된다. 이러한 변화들을 무시하는 것은 단기적으로는 안도감을 준다. 담장을 높이고, 이러한 변화들에 폭력으로 대항하는 것은 단지 상황을 악화시킬 뿐이다. 모든 사람들에게 도움이 되는 방식으로 이러한 변화들을 다루는 유일한 방법은 전 세계를 향해 민주주의의 도덕적 이상을 여는 것으로 보인다(Brown & Held, 2010; Nussbaum, 2010; Sen, 1999; Zöpel, 2016).

우리는 전 지구적인 도덕 사회 설립에 성공할 때에만, 세계평화를 희망할 수 있다. 위대한 철학자인 칸트가 18세기에 발견한 것이 오늘날 더욱 의미를 가진다. "세상 사람들은 그 정도만 다를 뿐 모두 지구촌에 진입해 왔고, 세계의 일부에서 발생하는 권리침해는 모든 곳에서 느껴지는 정도로 발전해 왔다(Kant, 1991[1795])." "자연이 인간에게 해결책을 모색하도록 강요하는 문제들 중 가장 큰 것은 보편적으로 정의를 집행할 수 있는 시민사회를 성취하는 것이다. … 이 목적은 최대한의 자유를 보장하여 구성원들 사이의 계속되는 갈등이 존재할 뿐만 아니라, 이러한 자유가 타인의 자유와 공존할 수 있도록 이 자유의 한계에 대한 가장 명확한 설정과 보전을 추구하는 사회에서만 성취 가능하다(Kant, 2010: 20).”

1.2. 왜 도덕적 이상에 따라 행동하는 것이 그렇게 어려운가: 도덕적 딜레마들

만약 우리가 옳음과 그름 사이에서 결정만 하면 된다면 삶은 쉬워질 것이고, 대부분의 사람들 혹은 모든 사람들은 항상 도덕적으로 “선한” 방식으로 행동할 것이다. 권선징악적인 책이나 영화에서, 이 세상은 선한 사람들과 악한 사람들로 분명하게 나뉘어져 있고, 특정한 상황에서 올바른 한 가지 결정이 존재한다. 많은 도덕 이론가들은 인생이 그렇게 쉬운 것이고 누구라도 도덕적 규칙을 위반하면 그 사람은 부도덕하고 도덕적으로 사악하며 가치를 결여한 사람으로 간주되어야 한다고 우리가 믿기를 바랄 것이다. 그들은 우리의 성격을 교육하고, 우리 속의 “악惡”과 싸우고, 우리에게 가치를 주고 싶어 한다.

저명한 철학자들과 심리학자들을 포함하여 이러한 이론가들이 보지 못하는 단순한 사실은, 우리가 영화에서와 같은 선명한 옳고 그름의 해결책들이 존재하지 않는 현실의 삶에서 종종 결정을 내려야만 하는 상황에 직면한다는 것이다. 도덕적 결정들이 선명하게 옳고, 그른 경우는 드물다. 일반적으로 우리는 ‘무언가 잘못됐다.’라는 모호한 감정을 가지면서 딜레마를 겪는다. 우리는 우리의 감정이 무엇을 의미하는지 이해하려고 노력을 한다. 혹은 다른 사람들이 웅얼거리는 소리에서 우연히 그 의미를 알아내기도 한다. 간혹 우리는 그것들을 적절히 해석할 수 없기도 하고, 해결책이 없다고 느끼기 때문에 해석하지 않으려고 하기도 한다. 딜레마는 스스로 풀리기도 하고, 타인에 의해 해결되기도 한다. 무시하려고 할수록, 그것들은 오래가고, 점점 더 커진다. 딜레마가 KMDD 세션에서 우리가 사용하는 이야기들과 같이 명확하게 발생하는 경우는 드물다([부록 6]의 딜레마 스토리 참조). 여기에 몇 가지 이야기들이 있다.

- **수잔**은 가장 친한 친구와 백화점에서 윈도우 쇼핑을 하고 있다. 그들은 서로 다른 드레스들을 살펴본다. 그녀는 친구가 탈의실에서 손에 블라우스를 가지고 있는 것을 본다. 잠시 뒤 그녀는 친구가 탈의실 밖으로 나오는 것을 본다. 친구는 손짓으로 오라고 하더니, 그녀의 코트 안에 블라우스를 잠깐 보여주고는 재빨리 가게를 나간다. 수잔이 가게를 나가려고 할 때, 가게 보안요원이 그녀를 붙잡는다. 수잔은 단지 친구와 가게에 함께 온 것뿐이었다. 그 보안요원은 그 여자가 누구인지 말해 달라고 하면서, "그 여자가 블라우스를 훔쳤어요. 당신은 그녀의 이름을 말해야 해요. 그렇지 않으면 당신은 절도범죄를 도운 혐의로 처벌받게 될 겁니다."라고 위협했다. 수잔은 몹시 당혹스러워 하며 망설인다. 결국 그녀는 자신의 친구 이름을 말하지 않기로 결정한다. 수잔은 어떻게 해야 할지 고민한다. 그녀는 가장 친한 친구의 이름을 말해야 하는가?
- **무스타파**는 심리학 실험실의 대기실에 여러 사람들과 함께 앉아있다. 조사관은 학습실험에 참가하라고 참여자들을 불러들인다. 검사실로 통하는 문이 열렸을 때, 한 참여자가 밖으로 나온다. 그 남자는 갑자기 쓰러지더니 미동도 없이 그들 앞에 누워있다. 무슨 일이 일어났는지 무스타파는 의아해 한다. 남자는 발작을 일으켰는가? 그는 죽었는가? 무엇을 해야 하는가? 도와줘야 하는가? 내가 뭔가 잘못하면 어떡하지?
- **라라**는 16세이고, 가난한 나라에서 산다. 그녀는 훈련을 받지 못했고, 직업을 얻을 수도 없다. 이미 많은 실업자들이 있기 때문이다. 심지어 그녀의 부모들도 직장이 없으며, 그녀의 동생들은 일해야 하고, 학교에

갈 수가 없다. 어느 날, 한 의사가 그녀에게 와서 그녀가 큰 제약회사 그룹에서 근무한다고 말한다. 그들은 생명을 구하는 신약을 개발하기 위해 배아 줄기 세포가 필요한 실정이다. 라라는 큰돈을 벌 수 있고, 그 돈으로 전체 가족을 부양할 수 있으며 교사가 되기 위한 교육을 받기에도 충분하다. 그녀는 5년 동안 해마다 한 번씩 인공수정을 해서, 회사에 그녀의 배아를 넘겨주어야 한다. 그녀는 매우 당혹스럽다. 라라가 고민할 수 있는 기간은 이틀이다. 당신이 그녀의 입장이라면 어떤 선택을 할 것인가?

대부분의 상황들은 이러한 이야기들에 나오는 것들보다 훨씬 더 복잡하다. 하지만, 이러한 이야기들은 "딜레마에 빠진 사람"에게 결정하는 일은 쉬운 것이 아니라는 단서를 준다. 이러한 개인들이 어떤 결정을 내리더라도, 그들이 영화와 소설에서의 "선한" 인물들과 같이 빛나는 영웅이 되기는 힘들다. 어떠한 결정을 내리더라도 부정적인 결과들이 뒤따라 올 것이다. 또 한 가지 주목할 사항은, 그들이 고민하거나 그들에게 도움을 줄 수 있는 사람들과 토론할 충분한 시간을 갖지 못했다는 점이다. 그들이 더 많은 시간과 조언을 가졌다면, "옳은" 결정을 했을지 누가 알겠는가? 몇몇 딜레마들은 너무 복잡해서 여러 세대의 사람들이 아직도 그것들을 풀지 못한 경우도 있다.

1.3. 도덕적 역량이란 무엇인가?

좀 전에 묘사한 것들과 같은 어려운 결정들에 직면할 때, 우리는 도덕적 역량moral competence이라고 부르는 특별한 능력을 필요로 한다. 우리는 복잡한 도덕적 요구사항들과 상황들을 빨리 이해하고, 정확한 결정을 직관적으로 내리기 위해 이 능력을 필요로 한다. 그리고 이 능력은 나중에 자기 평가에도 영향을 준다. 비록 우리가 도덕철학서들을 참고하고, 특정 결정에 대한 모든 가능한 찬반 주장들을 평가하며 적어볼 수 있는 확장된 기회를 갖는다 하더라도, 결국 우리는 우리의 도덕적 직관moral intuition, 다시 말해서 우리의 "직감gut feeling"에 의지하게 된다(Gigerenzer, 2007).

이 말이 그러한 순간에 우리의 감정이 우리의 행위를 결정하고, 이성은 궁극적으로 우리의 비합리적으로 취해진 결정을 방어하는 것에 지나지 않는다는 것을 의미하는가? 하이트J. Haidt와 다른 직관주의자들이 생각하는 것처럼(Haidt, 2001; 2007), 우리의 이성은 우리 안에 있는 감정이라는 개가 흔들어 대는 꼬리에 불과한 것인가? 이러한 질문은 분명히 잘못된 것이다. 이러한 질문은 이성이 단지 언어적 지식에만 존재하고 우리의 감정들은 배고픔, 목마름, 기쁨, 두려움과 같은 생물학적으로 타고난 몇 가지 반응들로만 구성된다는 잘못된 관념을 근거로 한다. 이와 반대로, 이성은 우리가 책, 퀴즈, 테스트들에서 발견하는 의식적이고 언어적인 지식만을 구성하는 것이 아니다. 우리들의 추론의 많은 부분은 무의식적인 "암묵적 지식tacit knowledge"이다(Polanyi, 1966). 특히 우리의 일상적인 행위를 안내하는 지식들이 의식적인 경우가 드물다. 자신의 사용 가능 어휘가 대략이라도 몇 개인지 아는 사람은 거의 없다. 때때로 우리는 어떤 장소로 가는 길을 아주 쉽게 알 수 있음에도 불구하고, 그것을 다른 사람에게 설명하지 못하기도 한다.

우리는 삶의 중요한 순간에 우리의 도덕적 감정에 의지한다. 우리가 잘못된 선택을 한다면, 그 결정을 바꾸기에 너무 늦어버렸을 때에야 우리는 그것을 처음으로 알게 된다. 우리는 종종 그것이 최선의 결정이었는지, 우리가 도덕적으로 잘못된 방식으로 행동했다는 느낌을 영원히 가지고 살아야하는지를 나중에 알게 되거나, 영원히 알지 못하기도 한다. 이러한 감정은 만성적인 것이 될 수 있고, 우리 자신과 타인 및 이 세계에 대한 우리의 관계를 손상시킬 수도 있다. 이것은 우리의 학습조건, 근무조건 그리고 우리의 삶의 질에도 영향을 줄 수 있다. 극단적인 경우에는, 개인이 시간이 지난 후에 도덕적으로 잘못된 결정으로 느낀 것이 의학적으로 외상 후 스트레스 증후군으로 알려진 심각한 정신적 장애로 이어지는 경우도 있다(예: 군인이 아이를 적으로 오인하여 죽였을 때). 불공정하게 대우 받는다는 것과 같은 조잡한 도덕적 감정 또한 폭력, 속임수, 전쟁이라는 결과를 낳을 수 있다(Welch, 1993). 만약 사람들이 자신은 더 나은 생활을 공유할 가치가 있다고 느끼지만, 의사소통을 통해서 그러한 말을 들을 수 있는 방법을 모른다면, 그들은 종종 관심을 받기위해 물리적 공격을 가하거나 사기를 쳐서라도 그들의 권리를 얻기 위해서 노력한다.

하지만 우리가 도덕적 감정에 휘둘린다고 가정하는 것은 잘못이다. 우리는 감정을 교육할 수 있다. 흔히 '이성과 감정은 반대 개념이다.'라는 오해를 한다. 우리가 느끼는 감정이 종종 의식적이지 않고 의사결정 절차가 순식간에 일어난다는 사실을 인정하더라도 감정과 의사결정이 우리의 경험과 이성이 담겨있는 매우 복잡한 인지 시스템의 산물이라는 관점을 반박하지는 않는다. 이것은 감정은 타고나는 것이지만 우리의 경험의 결과로 변하고 발전한다는 것을 의미한다. 다시 말해, 우리는 훈련을 통해 의도적으로 감정에 영향을 줄 수 있도록 우리의 판단력과 이성을 사용할 수 있는 것이다. 우리가 창을 정확하게 던지기 위해서 훈련할 수 있는 것처럼, 우리는 도덕적 감각(역량 혹은 전문지식)도 훈련할 수 있다. 우리는 또한 생각 없이 '맹목적으로' 의지할 수 있도록 우리의 정서/감성/감정을 훈련한다. 바젤Wolfgang Wasel은 일련의 실험들에서, 의식적인 훈련을 통하여 우리가 고정관념을 바꿀 수 있다는 것을 보여주었다(예: 이성異性이나 외국인들에 관한 것 등)(Wasel, 1997). 만약 감정이 우리를 속인다고 믿는다면, 우리는 무의식적인 의사결정 과정에 의식적으로 개입할 수 있다. 우리는 숙고할 시간을 갖거나 타인으로부터 조언을 구할 수 있는 것이다.

이성과 정서는 우리가 생각하는 이상으로 밀접하게 연결되어 있다. 도덕적 역량은 대부분 우리의 무의식에 감추어져 있기 때문에, 우리는 행위자에게 주어진 상황을 설명해보라는 질문만으로 그것을 조사할 수는 없다. 이러한 이유로, 도덕적 역량 검사와 같은 실험적 검사가 반드시 적용되어야 한다(4장 참조). 비록 몇몇 선행연구가 있긴 하지만, 도덕적 역량은 상대적으로 새로운 용어이다. 이것은 소크라테스가 말한 "선善과 덕德을 성취하는 능력"이며, 레비-슐Max Levy-Suhl이 말한 "도덕적 성숙moral maturity"을 의미한다(Levy-Suhl, 1912). 이제 우리는 사람들의 행위의 차이는 주로 그들의 도덕적 역량의 차이 때문이라는 것을 알고 있다. 도덕적 역량은 삶의 많은 영역에서 중요한 기술이고, 적어도 독서, 작문, 산수만큼 중요한 것이다. 우리가 딜레마, 결과로써 생기는 문제 그리고 갈등을 다루는 방식은, 학교, 직장, 공공의 삶에서 뿐만 아니라 가족과 다른 사회적인 관계에서의 우리의 행동을 위해 엄청나게 중요한 것이다. 실험적인 도덕 심리학에서 보여주는 바와 같이, 이 능력은 규칙과 법의 준수, 다른 사람들을 돕는 행위, 기본적인 민주적 권리에의 헌신, 빼앗긴 권위에의 저항, 우리의 학습능력 등을 위하여 매우 중요하다. 이러한 주제들은 뒤에서 훨씬 더 상세하게 다룰 것이다.

도덕적 역량은 개인적 측면과 사회-의사소통적 측면이라는 두 가지 측면을 갖고 있다. 도덕적 딜레마를 다루는 개인의 능력을 볼 때 우리는 도덕적 역량에 대해 이야기하고 있는 것이고, 그들이 타인과 함께 도덕적 딜레마를 어떻게 다루는지 관찰하고 연구할 때 우리는 민주적 역량에 대해 말하고 있는 것이다(Apel, 1990; Habermas, 1981, 1983; Lind, 1993, 2006b, 2006c; Oser, 1986). 이 책에서 나는 이 두 가지 용어들을 혼용해서 쓰거나, 두 가지 모두를 도덕적 역량으로 단순하게 부른다.

1.4. 도덕교육 및 민주주의 교육의 필요성 증가

이전 장에서 우리는 대부분의 사람들이 민주주의 국가에서 살고 싶어 한다는 것을 보았다. 따라서 교육에서 우리가 도덕적·민주적 가치들을 사람들에게 전달할 필요는 없다. 하지만 개개인의 시민들이 숙고와 토론을 통하여 스스로 문제와 갈등을 해결해야 하는 책임을 져야할 때, 그들에게 요구되는 도덕교육 및 민주주의 역량의 수준을 향상시킬 수 있도록 교육이 도움을 줘야한다. 이것은 민주주의가 다음의 세 가지를 요구한다는 것을 의미한다. (a) 특권을 가진 개인 및 그룹만이 아닌 모든 시민들을 위한 도덕교육 및 민주주의 교육, (b) 어떻게 함께 살 것인지를 학습하기 위한 공동 학습, (c) 도덕적·민주적 역량의 의도적인 육성. 본질적으로 이러한 성질 때문에, 도덕적·민주적 역량의 증진은 여느 때보다 더욱 중요하다.

- 새롭게 등장하는 지식들은 우리가 더 많은 돈, 명예 그리고 권력을 가질 수 있는 가능성을 열어준다. 하지만 이러한 가능성은 남용으로 인해 사회정의, 민주주의 그리고 전 세계의 평화로운 공존을 위협할 수 있는 가능성을 크게 가지고 있다. 만약 우리가 직면하고 있는 도덕적 문제들을 합리적으로 해결하는 방법을 배우지 않는다면, 과학적, 기술적 진보는 우리를 도덕적으로 위축시킬 수도 있다. 풍요 자체를 무색하게 만드는 데 기여하는 경제적 불평등, 범죄, 폭력적인 대결에 의해 흔히 부富가 획득될 수 있다. 우리가 이런 부정부패, 착취, 그리고 억압과 같은 권력의 부정적인 결과들을 단지 권력을 사용하여 해결하려고 애쓸 때, 우리가 성취할 수 있는 유일한 결과는 권력의 지배를 강화하는 것뿐이다.
- 분자 생물학, 정보 통신기술, 재정분야의 새로운 기술들은 끔찍한 질병의 치유, 정보장벽의 극복 그리고 세계무역의 활성화라는 상상도 할 수

없는 가능성을 가지고 있다. 하지만 새로운 기술들은 많은 사람들이 그 정도를 가늠할 수도 없는 새로운 도전들도 역시 갖고 있다. 많은 사람들이 권력남용의 유혹 앞에 무릎을 꿇는다. 핵무기, 탄저병, 컴퓨터 바이러스, 내부자 거래, 장기 밀매, 도청, 세금회피 그리고 다른 사악한 일들이 기술 진보 없이는 존재하지 않았을 것이다.

- 세계무역과 금융 시장의 급속한 팽창은 소수의 사람들에게 엄청난 부[富]를 가져오지만, 더욱 더 많은 사람들에게 끔찍한 고통을 가져다준다. 그 결과, 오늘날 "선진 경제권"에 사는 많은 사람들은 식품류, 원자재 그리고 전문가들을 전 세계로부터 공급해 와서 그들의 생활수준을 향상시킨다. 하지만 그들이 살고 있는 사회의 필요는 신경 쓰지 않는다. 그러한 상품들이 어디에서 왔는지는 고려되지 않는다. 그 결과, 전쟁을 통해 자신들을 착취하려는 세력으로부터 자신들을 보호하려고 노력하거나, 생존을 위해 부유한 나라들로 도망가는 사람들이 살고 있는 많은 지역에서 가난이 증가하는 것이다.

이러한 문제들을 다룰 책임이 정치인들과 관리자들에게만 전가될 수는 없다. 왜냐하면, 역사가 지속적으로 보여주듯이, 그들에게는 버거운 요구이기 때문이다. 오히려 이러한 과업은 인간으로써 우리가 반드시 함께 다루어야 하는 것이다. 만약 우리가 교육을 통하여 우리의 기술들을 발전시킬 풍부한 기회와 영감을 얻을 수 있다면, 우리는 이렇게 할 수 있다. 우리는 반드시 우리의 내적 갈등을 해결하기 위하여 스스로 생각할 수 있는 능력, 교육과 매체들에 의해 공급되는 정보를 비판적으로 평가할 수 있는 능력을 개발해야 하고, 토론하는 능력을 훈련시켜야 한다. 그러면 우리는 폭력과 속임수 없이 평화적으로 갈등을 해결할 수 있을 것이고, 타인들과 함께 생산적으로 일할 수 있을 것이다.

도덕 학습은 단지 학교와 대학 그리고 다른 교육기관들에서만 일어나지는 않는다. 우리는 가정(Speicher, 1994), 이웃과 직장(Pircher-Verdorfer &

Weber, 2016), 그리고 공공 모임에서(Nowak & Lind, 2009) 토론을 통하여 학습할 수 있다. 많은 사람들이 매우 드물게 이러한 기회를 가지며 때로는 모르는 사람들로부터의 거부, 적대, 혐오에 대한 두려움을 부담으로 가지기도 한다. KMDD 세션의 끝에, 나는 참여자들에게 이러한 주제들을 그들의 부모, 교사들, 반 친구들, 친구들 등을 포함하여, 다른 사람들과 토론한 적이 있는지 보통 물어본다. "그런 적이 있다."고 답하는 인원이 학급 전체의 1/4 이상이 되는 경우는 드물다. 비록 우리가 자랑스럽게 민주주의 사회라고 부르는 곳에 살고는 있지만, 연령에 상관없이 대부분의 참여자들은 그들에게 중요한 문제를 공개적이고 자유로운 방식으로 토론하는 기회를 KMDD 모임에서 처음 가졌다고 고백한다. 그들을 제한하는 것은 법이 아니라, 그들의 도덕적 역량의 결핍이다. 아이들의 도덕 발달을 제한하는 것은 부모들의 도덕적 판단이 아니라, 아이들의 교육적 경험의 결핍으로 보인다. 이것이 적어도 '오클랜드 성장 연구 Oakland Growth Study'의 광범위한 자료가 제안하는 것이다(Speicher, 1994: 624).

위대한 미국의 철학자이자 교육가인 존 듀이가 예견했듯이, 우리는 여전히 "삶의 방식으로서의 민주주의"에서 명백히 요원한 상태에 있다. "민주주의는 정부의 한 가지 형태 이상이다. 그것은 함께하는 삶의 형태이고, 경험을 공유하고 전달하는 방식이다(Dewey, 1964: 101; Reinhardt, 2015)." 단지 몇 명이 아니라 모든 사람들이 "경험을 공유하고 전달하는 방식"에 참여하는 것을 보장하기 위해서는, 그들이 대부분의 나라에서 서명한 UN 아동권리협약에 준하여 적절하게 훈련받는 것이 필수적이다. 그러나 이 협약은 세계 여러 지역에서 아직 이행되지 않고 있으며, 가난한 부모들의 아이들은 여전히 학교로부터 배제되고 있다. 왜냐하면 그들은 돈을 벌어야 하고, 근처에 학교가 없다. 그들은 수업료를 낼 능력이 없고, 그들은 값비싼 교복을 입어야 하며, 사소한 학칙을 어기게 되고, 그들은 박해 받는 소수에 속해있기 때문이다. UNESCO 보고서에 따르면, 학교를 다닐 수 있는 아이들의 수가 상당히 증가했다고 한다. 하지만 여전히 많은 국가들이 권력유지를 위해서는 많은 지출을 하면서, 교사를 잘 교육하는 데는 너무 적은 지출을 하고 있다.

만약 부유한 국가들이 정말 이러한 사람들을 돕고 싶다면, 그들은 군비軍備가 아니라 모든 사람들의 교육에 더 많은 투자를 해야 한다. 현대 전쟁에 쓰이는 돈의 단지 일부만으로도 전쟁의 원인을 예방하는 충분한 금액이 될 것이다. 전쟁, 폭력 그리고 착취의 주된 원인은, 폭력, 속임수 그리고 강압이라기보다는, 갈등과 문제를 숙고와 토론을 통해서 해결할 수 있는 사람들의 능력이 낮다는 점에 있다. 만약 우리가 그들에게 이런 능력을 획득할 수 있는 교육적 기회들을 제공한다면, 그들은 오래 전 소크라테스가 말한 것처럼 분명히 그것을 적용할 것이다.

1.5. 교육에 대한 도전

개인들이 문제와 갈등을 불공정한 수단이 아닌 숙고와 담화를 통해서 적절하고, 공정하게 풀기를 원한다면, 도덕적 역량을 반드시 학습하여야 한다. 이것은 교육에 대한 높은 수요를 요구한다. 왜냐하면 교육제도는 도덕 학습을 위해 필요한 환경과 기회들을 제공해야 하기 때문이다.

지난 백 년 동안 산업화된 사회에서, 아이들의 도덕 학습과 성인들의 도덕적 역량에 대한 수요는 제각각으로 나뉘어져 진행되어 왔다. 산업화가 되지 않은 사회에서는 아이들이 종종 나중에 성인으로서 그들이 필요로 하게 될 생활 및 노동 과업들에 일찍 직면한다. 아이들은 이러한 것들을 경험이 많은 가족 구성원들과 그들이 속한 지역사회에서 잘 인도해 줄 수 있는 사람들을 통해 습득한다. 반면에 고도로 분리된 산업사회에서는 유년기와 성인기의 삶의 단계들이 분명하게 분리되어 있다. 아이들은 성인들의 일의 세계에 거의 참여하지 못하는데, 만약 참여하더라도 그들이 거기에서 얻은 지식은 자신의 삶에 대한 가치로만 한정될 것이다. 왜냐하면 현대 시장 기반 사회에서는 모든 것이 너무 빠르게 변하기 때문이다. 아이들은 깨어있는 대부분의 시간을 유치원에서 대학까지 교육기관에서 보내거나, 성인지향의 대등물인 "교양 오락 프로그램 infotainment"이라고 알려진 오락매체들에 몰두한다.

현대 산업사회의 분화로 인해, 이제 아이들에게 도덕적, 직업적 학습기회를 제공하는 것은 주로 학교가 담당하고 있다(Lind, 2006b). 이것은 매우 어려운 과업이다. 왜냐하면 아이들은 가족, 친족 그리고 지역사회 중심의 사회에서처럼 일대일의 상황이 아닌, 학교에서의 큰 그룹 속에서 학습하기 때문이다. 게다가 아이들은 예측할 수 없는 도덕적 의무들이 있는 일의 세계와 생활의 세계를 준비할 필요가 있다. 하지만 학교가 그것의 과업을 적절하게 이해할 때에는 가족으로부터의 교육에서 학교교육으로의 변화가 기회를 제공할 수도 있다. 학교는 학습을 방해하는 여러 압력들로부터 아이들을 보호할 수 있고, 가족 내에서의 학습보다 더 다양하고, 효과적인 학습 환경을 만들 수도 있다. 만약 학습을 위한 적절한 기회를 사용할 수 있다면, 분명히 모든 사람들은 스스로 자신의 도덕적 역량을 형성할 수 있다. 만약 내가 외국어를 배우고 싶다면, 반드시 학교를 갈 필요는 없다. 해외로 나가서 스스로 학습할 수도 있는 것이다. 하지만 모든 사람들이 필수적인 전제조건들과 자원들을 가지고 있지는 않으며, 도덕 학습을 위한 많은 '당연한' 기회들이 아이들에게 제공되지 않는다. 많은 사람들, 아마도 대부분의 사람들에게, 유치원, 학교 그리고 대학은 그들의 도덕적 역량을 발전시킬 수 있는 유일한 기회를 의미한다.

전통적으로 도덕교육은 학문적 훈련보다 우선시되었고, 이는 많은 전통적인 사회에서 여전하다. 심지어 산업화되고 세속적인 사회에서도, 학교와 대학은 도덕교육을 제공할 법적인 의무를 가진다. 찰스 다윈은 이렇게 말했다. "대체로 도덕적 능력은 지적 능력보다 더 상위의 능력으로 간주된다(Darwin,

1966[1871]: 270).” 하지만 대부분의 교육기관들이 교육의 도덕적 목표를 상실하고, 더 이상 그것을 그들의 중심 과업으로 여기지 않는다. 오히려 그들은 그들의 주된 과업을 학문적 지식의 전파로 생각하고, 성적 매기기와 승진에 기반을 두고 있는 성취도 검사에서 볼 수 있듯이, 심지어 말로 표현되는 지식의 전달로 제한해버리기도 한다. ‘역량’ 증진에 대한 엄청난 강조에도 불구하고, 학교에서의 학습은 대개 ‘사실들’을 암기하는 것으로만 제한된다. 하지만 역량은 지식의 특정 영역 혹은 과목의 전문지식을 검색하는 것 이상이다. 역량은 또한 사실들을 이해할 수 있는 능력, 지식을 적용할 수 있는 능력 그리고 무엇보다도 자신의 지식에 책임을 지는 능력을 의미한다. 다시 말해서 역량은 도덕적 요소를 가지고 있다. 하지만 내가 이 책의 여러 곳에서 이야기하듯이, 우리는 아이들에게 도덕적 가치를 강요해서는 안 된다. 오히려 우리는 그들이 책임을 지는 능력을 발전시키도록 도와주어야 한다.

평화와 번영의 시대보다 어떤 시대, 특히 전쟁과 폭력적 혁명 뒤의 시대에 학교는 개인의 발전과 민주주의 교육과 같은 목표에 더 높은 관심을 갖는다. 나는 이 변화를 독일의 전후 시대에 목격했다. 나는 제 2차 세계대전 직후에 태어났고, 이 때 우리 사회는 나치독재에서 민주주의로의 변화를 위해 애쓰고 있었다. 이러한 변화를 환영했던 사람들은 교육을 민주주의와 평화유지를 위한 투자로 여겼다.

우리가 전쟁과 독재의 잔혹행위들을 잊어가고, 현재의 번영과 민주주의를 당연하게 여기는 즈음에, 이러한 의도들은 그 역할이 감소되고, 심지어 다른 발전들을 위해 파괴되기도 한다. 교육은 점차적으로 개인의 직업과 경제적 번영을 위한 투자로 간주되고 있다. 따라서 교육은 점점 더 개념화된 지식의 전달로 제한되어 간다. 도덕적 문제들과 나누어지는 것이다. 현재 이러한 경향은, 단지 몇 가지 핵심 과목들에서 배우기 쉽고, 검사 가능한 지식에 집중하는 교육제도의 모든 수준에서 점증하는 수행기반 검사들을 통하여 가속화되고 있다.

이러한 경향은 우리의 민주주의에 거대한 위험을 상징한다. 이것이 가장 분명한 곳이 오늘날의 의과대학인데, 거기에서 학생들의 도덕적 역량은 감소하고 있다. 이것은 독일에서만 일어나는 현상이 아니고(Lind, 2000; Schillinger, 2006; 2013), 핀란드(Helkama et al., 2014), 브라질(Feitosa et al., 2013; Rego et al., 2011; Schillinger, 2006), 칠레(Agurto et al., 2014), 체코 공화국(Slováčková & Slovacek, 2007), 크로아티아와 헤르제고비나(Kukolja, 2014), 이란(Saeidi-Parvaneh, 2011: 68)과 같은 여러 다른 나라 의대생들의 도덕적 역량 연구에서도 나타난다.

이러한 국면의 주원인은 아닐 수도 있지만, 나는 도덕적 역량에 대한 이해의 결핍과 도덕적 역량을 기르기 위한 방법의 결핍이 그 원인이라고 생각한다. 많은 교육가들은 학생들이 도덕적 이상과 원리들을 인식하도록 하는 것으로 충분하다고 생각한다. 많은 교육가들은 아이들에게 이러한 도덕적 이상이 내재되어 있으며, 그렇기 때문에 도덕은 가르칠 필요가 없다고 느낀다. 학교와 대학이 도덕교육 및 민주주의 교육 기술들의 증진을 그들의 목표로 수용하는 한, 그들은 이러한 목표를 성취하기 위하여 노력하는데, 거의 효과가 없는 방법들 혹은 심지어 아펠Karl-Otto Apel이 도덕교육의 목표에 대한 "수행적 자기모순performative self-contradiction"이라고 불렀던 방법을 사용한다. 예를 들면, 그들이 자유의 가치를 주입할 때 그러하다. 강의와 과목의 특정 지식 테스트와 같은 만연된 교수법들은 단지 집중과 경청을 요구할 뿐, 도덕적 역량 발전을 위해 필수적인 숙고와 토론을 저해한다.

학교와 여타의 교육기관들은 반드시 그들의 참된 과업들을 재발견해야 한다. 그들은 직업적지식과 도덕적 지식을 발전시키기 위한 학습기회들을 만들 필요가 있다. 다음의 수학교사 이야기는 오늘날 우리 교육이 당면한 문제점을 보여준다. "나는 학생들이 단지 수학을 잘 하고 테스트를 통과하며 다음 반으로 진급할 뿐 아니라, 그들의 미래를 최대한 잘 준비하기를 원한다. 그것에 더해서,

나는 그들이 개인적으로 일터에서, 혹은 공적으로 그들의 능력과 직책을 책임감 있게 활용하고 남에게 결코 해를 끼치지 않는 책임감 있는 시민 그리고 부모가 되기를 희망한다. 물론 그들은 즐기고 행복해야 한다. 하지만 그들은 자기 자신과 타인에게 빚진 것들을 항상 기억해야 한다. 수업 중에 나는 이러한 주제들을 다룰 수는 있지만 거의 하지 않는다. 내 생각에 학생들은 그것을 우습게 여길 것이다. 부모들은 아이들의 학문적 수행이 안 좋아질까 염려할 것이고, 나는 이런 주제들과 연계할 때, 소재들을 잘 소화하지 못할까 두렵다. 아마도 나는 단순히 교실에서 도덕적, 감정적 문제들을 다루는 것이 두려운 것 같다. 왜냐하면 내가 훈련 받았을 때, 나는 이러한 것에서 무엇인가를 도출하기 위하여, 방법론적으로 어떻게 해야 하는지에 대해 배운 기회가 없었기 때문이다."

이 특정한 교사뿐만 아니라, 많은 사람들이 그들의 직업을 위해 부족하게 혹은 잘못 준비되어 있다고 느낀다. 우리 연구에서 거의 40%의 교사들은 심리학과 교육학 분야에 대한 교육이 "불충분하다"거나 "불만족스럽다"고 답했다. 교사들은 학생들의 학습흥미와 느낌들에 어떻게 반응해야 하는지를 배울 기회를 놓쳤다(Lind & Schumacher, 1998). 이것이 아마 많은 교사들이 그들의 학생들에 대해 잘못된 그림을 그리는 이유일 것이다. 그들은 학생들이 좋은 교육, 공평한 사회적 상호작용, 규칙 준수뿐만 아니라 교육에 대한 더 큰 발언권을 얼마나 원하는지에 대해 과소평가한다(Lind, 2002). 교사들은 이제 학생들의 도덕적 역량을 효과적으로 증진시키기 위해 사용할 KMDD라는 도구를 가지게 됐다. KMDD는 지금까지 산발적으로 교사들을 훈련시킬 방법들을 발견해왔다(Lind, 2002: 139).

1.6. 도덕 학습에 대한 기회들

우리는 어떻게 도덕적 역량을 효과적으로 증진시킬 수 있을까? 우리는 사람들이 도덕적 능력을 시험하고 연습할 수 있도록, 어떤 기회들을 제공해야 하는가? 한 가지 접근 방법은 가치를 직접 가르치는 것인데, 가치는 종종 도덕 원칙, 종교적·문화적 신념, 그리고 개인의 선호 간 혼합으로 이해된다. 이 접근법은 경험에 있어서도 알 수 있듯이, 도덕적 개념들을 설교하고, 도덕적 내용들을 포함한 선전물 혹은 포스터를 부착하는 것 등으로 국한될 때는, 때로는 비효율적이거나 심지어 해롭기까지 하다. 이런 방식으로는, 사람들이 민주주의와 같은 도덕적 이상에 대해 기껏해야 입에 발린 말을 하게하는 정도에 그친다. 만약 가치를 가르치는 것이 사람들을 미성숙하게 유지시키는 기능을 한다면, 그것은 도덕적으로 행동하는 능력 대신 이중 잣대와 반항을 증진시킬 뿐이다. 도덕적 행위는 도덕적 이상과 원리들을 요구한다. 하지만 학교는 학생들이 이미 그러한 것들을 가지고 있다고 믿어도 좋다(이 책의 후반부에 그 증거들이 제시된다).

흔히 알려진 회의론과는 반대로 많은 연구에서 밝혀진 바로는, 독일의 공립학교들과 대학들은 도덕적·민주적 역량을 효과적이고 지속적으로 육성하고 있다(Lind, 2002). 특별히 교육기관들이 제공하는 책임감 가지기, 안내된 숙고하기와 같은 기회들이 도덕적·민주적 역량의 성장을 용이하게 하는 것으로 보인다(Lind, 2000c; 2002; Schillinger, 2006). 민주적으로 조직된 회사들 또한 도덕적 역량 발전을 위한 지지적인 학습 환경을 제공하는 것으로 보인다(Lind, 1989; Pircher-Verdorfer & Weber, 2016). 학교, 대학 그리고 회사들은 목표지향적인 방법이 아닌 "잠재적 교과과정(Jackson, 1967)"이라는 수단으로 이 서비스를 제공한다. 이로 인해 상황이 암울하지는 않다. 하지만 만족스러운 것도 아니다. 몇몇 기관에서의 도덕적 능력의 향상이 이렇게 복잡한 세상에서의 도덕적 삶을 위해 충분하지 않을 수도 있다. 도덕적 역량의 향상 역시 다양한 학교와 과정들에 불균등하게 분배되어 있다. 일부 교육 프로그램의 경우, 학생들의 도덕적 역량이 정체되거나 심지어 퇴행하기도 한다(Lind, 2010c; 2002). 교도소 역시 도덕 학습을 위한 지지적인 학습 환경이 결핍되어 있기 때문에, 도덕적 역량의 퇴행을 야기한다(Hemmerling, 2014). 유사하게 많은 직장들이 숙고와 토론을 금지하는 것으로 보이는데, 이것은 도덕적 역량을 퇴행하게 만든다. 더군다나 최근의 중대한 성패가 걸린 표준화된 시험과 의무적인 일의 추세는 도덕적·민주적 학습에 역행하는 효과를 낳는다(Moses & Rogers, 2013). 이것은 사람들 간의 기회차를 넓힌다(Tienken & Zhao, 2013). 그리고 학교와 교사들이 학생들에게 책임지기와 비판적 사고를 위한 기회를 제공하기 보다는, 시험 준비를 하는데 더 많은 시간과 에너지를 할애하게 만든다. 이러한 연구 결과들은 우려스럽다. 왜냐하면 사람들은 도덕적 역량이 부족할 때 폭력, 속임수 그리고 강압을 통해 갈등과 문제를 해결하려하기 때문이다(Lind, 2010e).

1.7. 도덕 발달과 교과 학습

도덕적 역량은 언어, 수학, 과학, 역사, 지리, 경제학, 스포츠 등과 같은 교과목들로부터 독립적으로 가르칠 수도 없고, 가르쳐서도 안 된다. 하지만 KMDD 세션은 도덕적 역량과 학문적 역량의 성취 기대와는 별개로 유지되어야 한다. 그렇지 않으면 지식이 부족한 참여자들은 사실상 토론 참여에서 배제되어 이로부터 도덕적 역량을 얻을 수 없다. KMDD 세션이 학문적 성취를 염두에 두지 않는다는 것에 대해 부정적으로 생각할 필요는 없다. 한 학년에 2-4시간을 사용하는 이 모임은 교과 학습의 관점에서 볼 때 결과적으로 매우 유용하다. 교사들은 KMDD 세션을 가진 후 대부분의 학생들이 학습에 더 높은 관심을 보이고, 교실 내에 더 나은 학습 환경이 형성되었다고 보고한다.

KMDD 세션은 단지 도덕적인 문제뿐만 아니라, 종종 전문적인 문제들도 다루어서, 참여자들이 지식에 관한 질문을 하도록 한다. 내가 학생들과 KMDD 세션에서 "16세 소녀 라라([부록 6-6] 참조)"에 대한 이야기를 토론할 때, 한 학생이 질문을 했다 "우리는 왜 배아줄기세포가 필요한가요? 우리는 성체줄기세포를 취할 수는 없나요? 그러면 라라와 같은 사람들이 그런 일을 하지 않아도 되고, 도덕적 문제도 발생하지 않을 텐데 말이에요." 나를 포함해서, 그 방의 어느 누구도 그것에 대한 대답을 하지 못했다. 그래서 나는 "나는 이 분야의 전문가가 아니라서 우리가 지금 당장은 그 문제를 해결할 수는 없겠구나. 이 문제에 대해 우리가 답을 할 수 없다는 것을 인정할 수밖에 없어. 하지만 생물 선생님에게 물어보면 되겠구나. 선생님도 기뻐할 거라고 확신해." 이 토론에서 학생들은 전문지식이 도덕적 문제를 해결하는데 도움이 되는지 또는 무익하다고 결정할지를 배운다. 그러한 지식은 시험에 통과하는데 필수적일 뿐 아니라, 절망적인 문제들을 다루는 데도 역시 매우 유용하다. 나는 그 후에 신문을 통해 이 문제에 대한 연구가 실제로 행해졌다는 사실을 알게 되었다. 그들은 배아줄기세포를 성체줄기세포로 대체하여 도덕적 딜레마가 더 이상 존재하지 않도록 노력한다.

비록 같은 딜레마 스토리를 사용했는지는 알 수 없지만, 한 생물교사가 KMDD 세션을 통해 비슷한 경험을 하였다. 요약하자면, "이 토론을 실행할 가치가 있었어요. 나는 3-4주의 '일반적인' 수업에서보다 이 두 시간 동안 더 많은 것을 성취했다는 느낌이 들어요. 나는 학생들 개개인에 대해 많은 것을 알게 됐고, '약하고 조용한' 학생들이 매우 참여적이고, 사회 변화를 요구하고 함께 문제를 다루는 방식에 깜짝 놀랐어요. 매우 활기차고 실용적인 토론이었고, 학생들을 그들의 표현으로 하자면 '숙고적인' 분위기로 휴일을 보내도록 한 것이 기뻤어요. 예전의 나처럼 '귀중한' 두 시간의 수업 시간을 오로지 딜레마 토론을 하면서 보낸다는 생각으로 망설이고 있는 분이 계시다면, 저는 조언을 해 드릴 수 있어요." KMDD 웹사이트(http://www.uni-konstanz.de/ag-moral)에서 더 많은 교사들과 참여자들의 견해들을 확인할 수 있다.

또 다른 한 교사가 나에게 말하기를, 그녀가 KMDD 세션을 가지고 나서 일주일 뒤에, 그녀의 학년에서 수학을 가르치는 동료 교사가 찾아왔을 때, 그녀는 '최악의' 상황을 대비하고 있었다고 한다. 하지만 그 동료 교사는 불평 대신 그녀의 반 학생들이 더 집중하고, 훨씬 더 활발하게 수업에 참여한다고 칭찬하였다. 동료 교사는 KMDD 세션에 대해서는 전혀 알지 못했다.

학교생활과 학습 참여를 제한하는 가장 큰 요소 중 하나는 실패와 사회적 배척에 대한 두려움이다. 종종 학생들은 교사보다 학생들 서로를 더 두려워한다. 학생들은 잘못된 대답에 비웃음을 사거나 올바른 대답과 높은 참여수준 때문에 "고리타분한 인간"이라고 경멸적으로 여겨 질까봐 두려워한다. 교사들은 KMDD 세션이 교실의 분위기를 더욱 원만하게 만들어서 학생들이 "실수"를 통해 약점을 노출하는 것에 두려워하지 않게 한다고 보고한다. 나는 학생들과 비슷한 경험들을 한다. KMDD 세션을 가진 후에 학생들은 대부분 편안해 보이고 더 빈번하게 나서며, 서로 더 많이 대화하고 나에게 더 많은 비판적인 질문을 하는데, 이러한 것들은 학생들이 그전에 거의 하지 않았었던 것이다. 교사들이 매우 내향적인 학급이라고 소개했던 교실에서, 권위주의적인 교육제도를 가지고 있는 나라에서 시행된 KMDD 세션에서도 역시 이러한 일들은 일어난다.

도덕교육은 초학문적超學文的이기 때문에, 윤리수업 혹은 종교수업과 같은 특정 과목들에 제한되어서는 안 된다. 대부분의 과목에서 도덕적 질문들은 발생한다. 다양한 과목의 교사들이 도덕적 질문을 토론하는 것이, 그들의 분야에 대한 학생들의 흥미를 자극한다는 것을 깨닫는다. 일부 교사들은 그들이 적절한 훈련을 받지 않았고, 비교과적이고 도덕적인 문제들에 쉽게 압도당하기 때문에, 이러한 도덕적 성질의 질문들을 회피한다. 이럴 때 그들은 KMDD에 대한 전문지식을 가진 동료 교사들을 초대할 수 있다. 마찬가지로, 도덕적 딜레마에 대한 토론은 종종 전문적 혹은 과학적 질문들을 제기하게 한다. 우리가 두통을 일으키는 도덕적 딜레마 토론에 직면할 때, 우리는 "전문적인" 해결책을 찾는 경향이 있다.

일반적으로, 교사들은 KMDD 세션에 너무 많은 전문적, 특정 교과목 관련 문제들이 다루어지지 않도록 해야 한다. 한편으로는, 참여자들의 관심이 도덕적 문제의 핵심에서 이탈할 수 있는데, 이것은 KMDD 세션이 요망하는 결과를 달성하지 못하거나 완전히 뒤집어 놓을 수도 있다. 이것의 한 예가 "문제지향적인" 윤리적 사례 세미나를 통하여, 의대생들의 도덕적 역량을 증진시키려는 시도이다. 이러한 토론에서 사례 내에 포함되어있는 도덕적 딜레마보다, 사례에 적용되는 의대 교과목 문제에 더 많은 관심이 할애된다. 이러한 경향은 학생들의 특정 교과목 기여도를 평가하는 관리자와 의학 전문가들이 세션에 참여할 때 더욱 증가한다. 따라서 사례 세미나가 도덕적 역량 발전에 주목할 만한 영향을 가지지 못하는 것이 놀랄만한 일은 아니다(Gommel & Kessler, 2006; Rego et al., 2011).

또 다른 면에서, KMDD 세션에서의 전문적인 토론은 참여자들이 토론의 내용을 이해하지 못할 때 스스로를 일반적인 도덕 학습과정에서 배제되었다고 여기는 결과를 낳게 된다. 이러한 세션의 "잠재적 교과과정"은 참여자들에게 "만약 네가 다른 참여자들처럼 특정 교과목 관련 지식을 가지고 있을 때에만 너는 도덕적 토론에 참여할 수 있어."라고 말하고 있는 것이다. 이 경우 참여자들은 조용히 있는 편을 택하고, 더 이상 세션에 참여하지 않으며, 주변사람들과 이야기도 하지 않는다. 이런 잠재적 교과과정은 KMDD가 전념하는 포함[inclusion]이라는 도덕적 이상을 부정한다.

1.8. 포괄성에 대한 도덕적 이상

민주주의의 도덕적 이상은 정책 결정과정에 모든 시민들을 포함하는 것을 의미한다. 이 말은 한편으로는 모든 아이들이 도덕교육 프로그램에 포함되어야 한다는 것을 의미하고, 또 다른 한편으로는, 아이들이 그들을 나누는 모든 경계선들을 가로질러 상호작용 기회를 가질 필요가 있다는 것을 의미한다. 듀이(Dewey, 1964)에게 민주주의는 교육의 방법이자 목표이다. 삶에서 민주주의와 도덕성을 겪어보지 못한 사람들은 그러한 것들이 가능하다고 믿지 않으며, 당연히 그것들을 거의 활용할 수도 없을 것이라고 듀이는 주장한다. 방법으로서 민주주의의 가장 중요한 특징은 교육의 포괄성inclusiveness이다. 사람들은 어린 나이부터 모든 사람들은 동등하게 가치가 있고(Juul, 2005), 어떤 사람도 부모의 수입, 인종의 기원 혹은 물리적, 정신적 능력과 같은 어떤 특징들에 따라 좋은 교육에서 나누어지거나 배제되지 않는다는 것을 경험해야 한다. 이것은 모든 사람들이 다양성을 다룰 기회를 가진다는 것을 의미한다. 하지만 현실은 종종 다르다. 사람들은 그들의 삶에서 상황이 민주주의의 도덕적 이상과는 거리가 멀다는 것과 많은 사람들이 질 좋은 교육과 정치적 과정에의 참여에서 배제된다는 것을 배우게 된다(Schumann, 2007; Lohmann, 2015).

따라서 몇몇 사람에게만 도덕적 학습경험을 제공하는 것은 본질적으로 모순된다. KMDD 세션은 그 시작부터 완전히 포괄적인 학습기회를 제공하도록 설계되었다. KMDD 세션은 공평하고 포괄적인 교육시스템의 대체물이 아니라, 참여자들이 타인에게 자신의 흥미를 제안하는 방법과 그들이 심지어 반대의견을 가진 사람들과도 서로서로를 민주적으로 대하는 것이 가능하다는 것을 보여주는 기능을 한다. 이 방법을 통해서, 그리고 그들 자신의 경험을 통해서 참여자들은 반대의견에 부딪히더라도 심하게 다툴 필요가 없고, 의견을 달리하는 사람과도 평화적으로 잘 지낼 수 있다는 것을 배우게 된다. 세션 후에 한 참여자는 이렇게 말했다. "나는 항상 숙고와 서로 이야기하는 것을 통해서 갈등을 해결하는 것이 옳다는 것을 알고 있었습니다. 하지만 나는 이것을 경험해 보지 못했습니다. KMDD 세션에서 나는 처음으로 이것이 가능하다는 것을 경험했습니다."

참여자들은 다른 의견을 가진 사람들이 자신의 발전을 위해서 소중한 존재라는 것과 그들을 향해 관용할 줄 알아야 하고 평가 역시 해야 한다는 것을 경험할 수 있다. 모든 참여자들이 이런 시각을 가지는 것은 아니지만, 많은 사람들이 그러하다. 10세의 한 참여자는 우리가 KMDD 세션을 통해 성취하고자 하는 바를 아름답게 표현했다. 그 아이는 KMDD 세션 후에 한 TV 기자로부터 참여자들이 자신과 다른 견해를 다시 다루어야 하는지에 대한 생각을 질문 받았다. 그 소녀는 잠시 생각 후에 이렇게 대답했다. "네, 저는 그렇게 하는 것이 좋은 것 같아요. 반대의견을 통해 저는 제 주장이 옳은지, 아닌지를 다시 한 번 생각해야 했거든요."

포괄성을 이루기 위하여 KMDD 세션은 참여자들이 모든 단계에서 대화에 참여하고 있다고 느끼고, 의견 제시까지는 아니더라도 적극적인 역할을 할 수 있도록 설계되어 있다. 방의 배치도 모든 사람들이 서로를 보고 들을 수 있도록 되어 있다. KMDD 교사는 모든 참여자들이 말을 듣고 이해할 수 있도록, 크고 분명하게 말하고 의도적으로 말을 일시 중단시키기도 한다. 친숙하지 않은 용어들 때문에 이야기를 이해하지 못하는 일이 없도록, 딜레마 스토리들은 단순한 언어 규칙들에 따라 설계되어있다. 대부분의 사람들이 단지 몇 개의 정보만을 동시에 기억할 수 있기 때문에, 이야기들은 가능한 짧게 만들어진다. 또한 이야기들은 특정 교과목 관련 지식을 되도록 적게 포함한다. 토론에서 모든 참여자들이 다 적극적인 의견제시를 할 수는 없기 때문에, KMDD 방법에는 세 네 명의 사람들이 소그룹을 이루어서 집중적으로 상호작용하는 단계들이 있다. 정상인 학생들과 학습장애를 가진 학생들이 섞여있는 교실에서, 후자들은 숙고하는 모습을 보이며 큰 그룹 내에서 적극적인 참여를 하였지만, 자신의 의견을 제시하는 것을 두려워했다. 소그룹 모임은 그들에게 자신의 생각을 분명히 말할 수 있는 기회를 제공했다.

KMDD 세션은 모든 사람을 환영한다. 가장 어린 참여자들은 초등학교 2학년 과정을 마친 학생들이었고, 최고 연장자는 노인 전용 아파트에 거주하는 100세 노인들이었다. 많은 KMDD 세션이 다양한 능력수준, 사회적 배경, 인종, 성, 종교가 섞인 참여자들로 구성된다. 몇몇 세션에서는 참여자들의 성적수준, 나이, 사회적 지위가 매우 다양하다. 세션 후에 참여자들에게 이러한 다양성에 대해 어떻게 느꼈는지 물었을 때, 그들은 예외 없이 풍부했다고 말했다.

KMDD 세션은 언어구사가 미흡한 이민자들을 지역사회에 통합시키는데 도움을 줄 수도 있다. 라이니케Martina Reinicke는 구두口頭 소통으로 지역 주민들과 독일어의 거의 기초적인 지식만을 가진 이민자들의 혼합 그룹으로 구성된 KMDD 세션을 성공적으로 실시했다. KMDD 세션은 이러한 기회 없이는 참여자들이 거의 접촉할 기회가 없었을 사람들을 더 잘 알 수 있는 기회를 제공했다. 이러한 기회들은 외국인에 대한 편견과 두려움을 줄이는데 중요한 필수조건이다.

요약

의심할 여지없이, 교육 특히 도덕적 역량 교육은 공존의 민주적 방식을 유지, 발전시키는데 필수적이다. 도덕적·민주적 역량을 충분히 높은 수준까지 발달시킨 시민들이 없으면, 우리는 민주주의의 높은 도덕적 이상에 도달할 수 없다. 만약 우리가 현실에서 진실한 민주주의를 성취하기 원한다면, 우리 모두는 도덕적 이상을 기반으로 타인과 숙고와 토론을 통하여 문제와 갈등을 해결할 수 있는 능력을 발달시켜야 한다.

이 능력 없이는 민주주의의 참된 의미인, 우리가 우리 스스로를 지배할 수 없다. 그렇게 되면 우리는 반드시 타인에게 의지해야 하고, 우리의 갈등과 문제를 해결하는 그들의 능력에 의지해야 한다. 그것이 정당한 권력이건 정당하지 않은 권력이건 상관없이 말이다. 계몽시대 철학자인 임마누엘 칸트는 자치를 찬성하면서 강력하게 주장했다. "인간은 자신의 종種인 타인들 사이에서 사는 한, 주인을 필요로 하는 동물이다. 왜냐하면 그는 타인에 대한 자신의 자유를 반드시 남용하며, 이성적인 동물로서 모든 사람들의 자유에 한계를 놓을 법法을 소망하면서도, 자신의 이기적인 동물적 성향 때문에 자신이 원할 때마다 자신에게 유리한 예외 사항을 만들고 싶어 한다. 그래서 자신의 의지를 막아주고, 보편적인 자유의 가능성을 보장해 줄 보편적 의지에 자신을 복종하게 할 주인을 필요로 한다. 이제 어디서 그의 주인을 찾아야하는가? 당연히 인간들 중에서이다. 하지만 인간인 이 주인 또한 주인을 필요로 하는 동물이다. 한 명 혹은 여러 명이 독점하는 최고의, 무책임한 권력이 그것의 권위를 남용하지 않도록 방지하는 것은 불가능하다(Kant, 1824: 388)." 칸트는 이렇게 말하는 것으로 보인다. "만약 우리가 우리의 권력을 주인들에게 넘겨주는 것으로 더 나은 세상을 만들 수 없다면, 우리에게는 단 하나의 선택사항 밖에 남아있지 않다. 우리 스스로가 문제와 갈등을 해결하는 것이다." 이 목적을 위해서 필요한 도덕적 역량을 모든 사람들 속에 발전시키고, 교육해야 한다. 폴란드 철학자 노박Ewa Nowak은 왜 이것이 필요한지에 대해, "민주주의는 마음에서 시작된다."라고 지적했다(Nowak, 2013).

제1부
이론적 배경

주: 독일의 뒤렌Düren 소재 비르텔토르Wirteltor 고등학교에서 학생들과의 토론에서 로렌스 콜버그(좌)와 함께 한 저자 린트 교수(우)(1986년)

어떻게 도덕성을 효과적으로 증진시킬 것인가에 대해 이야기하기 전에, 우리는 다음의 몇 가지 질문에 대답할 필요가 있다. "도덕성"이란 무엇인가? 도덕성 개념은 학문 분야와 일상생활 속에서 많은 상이한 해석들을 가진다. 이 책에서는 어떻게 설명하는가? 우리는 행위에 대한 도덕성의 본질, 기원 그리고 도덕과 관련된 사안에 대해 무엇을 알고 있는가? 도덕성은 교육을 통해서 형성될 수 있는가? 혹은 일부 사람들이 믿는 것처럼 선천적인 것이고 바꿀 수 없는 것인가? 아니면 또 다른 사람들이 믿는 것처럼 단순히 사람이 성장하는 환경의 산물인가? 다음 장에서 이러한 질문들을 다룰 것이다.

제2장
도덕성의 의미와 측면들에 관하여

나는 이번 장에서 도덕성에 관한 두 가지 양립 불가능한 견해, 즉 (a) 외재적 기준과 규범의 준수로서 도덕성의 관념, 그리고 (b) 개인의 양심, 다시 말해 개인 내부의 도덕 원리들의 준수로서 도덕성의 관념에 관해 자세히 살펴보려고 한다. 이 두 가지 견해는 과거의 도덕학[moral science] 및 이의 적용을 지배했었고, 오늘날까지 계속적으로 우리의 사고를 지배하고 있다. 두 가지 모두 각각의 구분이 분명한 개념들이다. 실제로 이러한 개념화들은 겹칠 수도 있다. 시민들의 도덕적 이상 그리고 사회에 존재하는 사회적 규칙과 법 그리고 대중들의 규칙 준수를 유도하는 다양한 방식들, 이 모두가 어느 정도 겹쳐서 다양한 정부체제의 특징들이 나온다([그림 2-1] 참조).

[그림 2-1] 도덕적 이상과 사회 규칙들 간의 중첩된 정도

이상적인 민주주의 체제: 모든 사람들의 공유된 도덕적 이상과 사회의 법이 거의 일치함. 규칙 준수는 단순히 시민들에게 그들의 도덕적 의무를 상기시키는 것으로 성취됨.

현대 민주주의 체제: 현존하는 현대 민주주의 국가들은 다수의 시민들의 도덕적 이상과 국가의 도덕적 이상이 상당 부분 겹침. 규칙 준수는 자기훈련, 법 집행 그리고 사법권의 복잡한 혼합 형태에 의해 성취됨.

독재체제: 사회규범과 법이 대개 불공정하다고 받아들여짐. 단지 도덕적 수사[修辭]만이 겹칠 뿐임. 규칙 준수는 정부의 권력과 강압에 의해 성취됨.

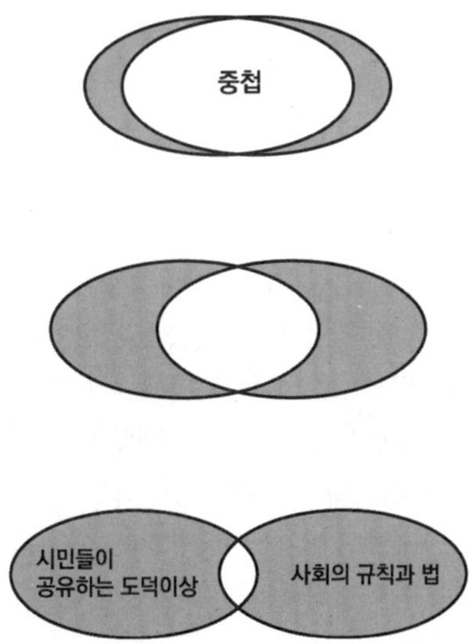

도덕교육의 큰 과제는 시민들의 도덕적 역량을 증진시켜, 공유된 도덕적 이상과 사회적 규범들 사이의 겹치는 부분이 증가하도록 돕는 것이다. 이제 이 두 가지 도덕성에 대한 이해들을 살펴보자. 다시 말해서, 외재적 규범 대 내재적 도덕적 이상이다.

2.1. 외재적 기준의 준수로서 도덕성

외재적 관점에서 도덕성은 사회의 규칙들을 준수하는 것으로 정의된다. 널리 존경받는 한 도덕 발달 전문가는 이렇게 적었다. "규칙들은 그 자체로 중요한 것이 아니라, 그것들이 문화의 운영과 생존에 필수적인 어떤 행위들을 정당화, 승인, 증진시키는 기능을 하기 때문에 중요하다(Kurtines, 1990: 293)." "그러므로 도덕 발달은 한 사회의 기준들과 규범들이 무엇인지를 학습하고, 어떻게 그리고 언제 그것들이 적용되는지를 누구에 의해, 누구에게 장·단기 결과들과 함께 결정하는 문제인 것이다(Kurtines & Gewirtz, 1991b: 291)."

이 관점은 저자 자신들에 의해 변화되어 왔다. 사회의 규칙들이 비도덕적immoral일 때, 사람들이 사회의 규칙들을 따라야 하는가? 도덕적 규칙들과 비도덕적 규칙들 사이의 차이를 아는 개인들이 존재하지 않는가? "우리는 또한 현대 교육의 목표가 비판적 사고와 토론 양식들의 제도화를 용이하게 하는 것이어야 한다고 주장한다."라고 같은 저자들이 단언한다(Kurtines & Gewirtz, 1991b: 300). 하지만 사람들은 규칙들의 도덕성에 대한 내재적 기준을 가져야만 비판적으로 사고할 수 있다. 여기에 몇 가지 예가 있다. 법이 소수민족을 위협하거나 죽이라고 명령한다면 어떨까? 시민 불복종의 개념에서, 이 법을 따르는 것이 도덕적인가 따르지 않는 것이 도덕적인가? 다른 예로, 은행 직원으로서 당신에게는 고객에 대해 절대적인 비밀엄수를 해야 한다는 규칙이 있다. 고객의 돈이 불법 마약거래 혹은 돈세탁 활동으로부터 오는 것을 발견했을 때에도 이 규칙을 따르는 것이 도덕적인가? 몰래 고발하는 것이 고객의 비밀엄수를 유지하는 것보다 "더" 도덕적이지 않을까? 나치즘 하에서의 독일 뉘른베르크 인종법, 혹은 피부색이 검은 사람들의 선거 참여를 배제시켰던 미국과 남아프리카 공화국의 초기 선거법과 같이, 법이 비도덕적이고, 실행 가능한 다른 법적 방법이 없다면, 그것들을 위반하는 것이 필수적이고 도덕적일 수 있다.

독재 사회에서는 비도덕적인 법을 바꿀 수 있는 합법적인 수단이 거의 없는 반면, 전형적인 현대 민주주의 사회들은 비도덕적인 법적 지배를 피할 수 있는 내재된 메커니즘, 즉 (a) 입법의 민주적 절차, (b) 법의 기본적 인권 침해 여부에 대한 헌법재판소에 의한 검토, 그리고 (c) 국제형사재판소와 같은 국제사법기관에 법 위반자들을 고발할 수 있는 권리를 가지고 있다. 비록 어떤 법들은 여전히 민주적 절차의 일부로서 도덕적으로 논쟁 중일 수도 있지만, 이러한 장치들이 법을 일반적으로 "더" 도덕적이도록 보장할 것이다. 역으로, 단지 우연한 법의 준수가 도덕성의 증거가 될 수 없고, 수많은 법들 중 하나를 우연히 위반하는 것이 비도덕성의 증거가 되지는 않는다. 대부분의 사회에는, 아무도 모르거나, 완전히 이해할 수 없거나, 그 모든 것들을 기록할 수 없는 많은 법과 규정들이 있다(Cottone, 2015). 따라서 규칙 순응과 준법의 행위는 반드시 도덕적 행위와 명확히 구별되어야 한다. 전자들의 경우에 행위는 외재적 관점에 의해 판단되는 반면에, 도덕성의 경우는 행위가 반드시 내재적 관점에 의해 판단되어야 한다. 이것은 한 개인의 양심, 다르게 말하면 내재적인 도덕적 원리들에 의해 유도되어지는 정도를 물어보는 것을 의미한다.

핫숀Hugh Hartshorne과 그의 연구 그룹의 실험들과 같은 많은 고전 심리학 실험들은 도덕성을 외재적 기준을 따르는 것이라고 잘못 정의한다(Hartshorne & May, 1928). 그들은 미국 교회 연합을 대표하여 도덕적 인격에 관한 일련의 실험들을 수행했다. 그들은 젊은이들에게 어려운 과업을 수행하게 했는데, 이 과업은 그들이 부정행위를 할 때에만 부분적으로 성공할 수 있는 것이었다.

참여자들이 들키지 않고 부정행위를 할 수 있다고 생각하도록 감독관은 방을 나가준다. 그러고 나서 연구자들은 부정행위를 하지 않는 것과 도덕적 인격을 동일시하여, 여러 실험에서의 관찰을 통해 각 참여자들의 정직성 점수를 계산했다. 그들의 엄청난 노력에도 불구하고 그들은 연구 결과에 실망하였다. 참여자들의 행위는 실험마다 달랐고, 차이의 정도는 너무 커서 청소년들의 행위는 그들의 도덕적 인격에 의해 결정된다는 그들의 가설은 논박되었다. 핫숀과 그의 동료들은 그들의 연구가 내재적인 인격, 다시 말해 도덕성의 효능이 아니라 외재적인 기준들의 효능을 테스트하도록 설계되었다는 사실을 간과한 것이다.

외재적 기준들에 의한 행위의 도덕적 범주화는 도덕 심리학에서 여전히 광범위하게 진행 중이다. 사회 심리학자 하이트(Haidt, 2001; 2007)는 도덕적 행위에 관한 매우 호평 받는 이론을 만들었는데, 그는 자유주의적 도덕성 기반과 보수주의적 도덕성 기반을 향한 정치적 태도들을 토대로 이론을 창안했다. 분명히 하이트는 외재적으로 정의된 태도들이 실험대상자들의 내재적 도덕 원리들과 어떻게 관련되는지에 대한 정보는 전혀 제공하지 않은 채 외재적 관점에서만 이러한 태도들을 정의하고 측정한다.

많은 사람들에게 도덕성에 대한 또 다른 한 가지 기준은 유익함이다. 도움을 주는 행위에 대해 생각할 때, 다음의 두 가지 예를 통해 도덕성의 정의가 얼마나 상호 모순적일 수 있는지 살펴보자. 지진과 같은 재난상황에서, 비상 대피소, 의약품 그리고 음식의 즉각적인 전달이 도덕적으로 요구된다는 데에는 광범위한 동의가 있다. 그러나 그러한 구호품이 오랜 기간 지속된다면 파괴적인 결과를 낳을 수 있다. 예를 들어 어떤 시점을 넘어서까지 무료로 음식을 전달하는 것은 그 지역 주민들이 더 이상 지역 농부들로부터 농산물을 구입하지 않는 상황을 만들 수 있다. 그렇게 되면 농부들은 해외의 개입으로 인해 자신들의 산업을 포기하게 되고, 이것은 다시 지역주민들이 해외로부터 들어오는 값비싼 구호물자에 더 많이 의존하게 한다. 또 다른 예를 인용하자면, 만약 한 학생이 다른 학생을 금지된 방법으로 도와서 시험을 통과하게 한다면, 우리는 이 도움의 행위가 명백하게 도덕적이라고 말할 수는 없을 것이다.

사회학자 짐멜Georg Simmel은 하나의 행동은 수많은 상이한 기질들dispositions에 의해 결정될 수 있고, 이것은 도덕성의 애매한 징후라고 오래 전에 지적했다. "가장 피상적인 관찰에 의한 논평은 그것의 감정의 전조에서 바로 나오는 사실이다. 이것은 항상 해석의 문제이고, 종종 극히 어려운 것이다. … 이기심이 존재하는지 이타심이 존재하는지에 대한 결정은 매우 어렵다. 종종 의식적인 행위자가 그들의 동기에 대한 정확한 정보를 줄 수 없다는 것은 사실이다(Simmel, 1989[1892]: 93-94)."

도덕성의 외재적 정의를 기반으로 하는 일반적인 연구들은 중요한 포인트를 놓치고 있는 것으로 보인다(Lind & Nowak, 2015). 핫숀과 함께한 연구자들은 그들의 연구의 후반부에 흥미로운 고백을 했다. 당신은 다음의 상황에서만 도덕성을 이해할 수 있다. (a) 만약 도덕성이 수학과 같은 능력으로 이해된다면(Hartshorne & May 1928: 379), (b) 하나의 행위가 한 가지 상황의 구체적인 요구사항들의 결합으로 항상 구성된다고 여겨질 때(Hartshorne & May 1928: 359), 그리고 (c) 무엇보다도, 행위의 동기가 반드시 확인될 때. "속임수를 정의하는 것은 그 행동도 아니고, 행위자의 특정한 의도도 아니고, 행동과 그 의도와의 관계 그리고 행동과 그의 친구들의 의도와의 관계이다(Hartshorne & May 1928: 377)." 저자들은 자신들의 연구에서 이러한 요구사항들을 만족시키지 못했다.

프랑스 사회학자이자 교육가인 뒤르켐Emile Durkheim은 도덕성의 분명한 정의와 그것의 한계점들에 대한 설명을 이렇게 말한다. "먼저, 우리가 보통 도덕적이라고 부르는 모든 행위에는 공통적인 측면이 있다. 그러한 모든 행위들은 이전에 설립된 규칙들에 순응한다. 도덕적으로 행동한다는 것은, 요구받기 전에 주어진 상황에서 어떤 행동을 해야 하는가를 결정하면서, 규범을 준수하는 것이다(Durkheim, 1961[1902]: 23).” 하지만 “그 사람의 도덕적 판단 역시 요구된다.”라고 그는 덧붙인다. “우리는 도덕적 양심이 종종 선택사항들 사이에서 혼란스럽게 된다는 것을 잘 안다. 하지만 문제는 주어진 상황에 적용되는 특정한 규칙이 무엇인가, 그리고 그것이 어떻게 적용되어야 하는가이다. 각각의 규칙들은 일반적인 처방이기 때문에, 그것이 하나의 특정한 환경에서 동일한 방식으로 정확하고, 기계적으로 적용될 수는 없다. 주어진 상황에서 그것이 어떻게 적용되는지 이해하는 것은 본인에게 달려있다. 그의 결정에 제한사항은 있겠지만, 항상 상당한 자유재량이 있다(Durkheim, 1961[1902]: 23).” 어디에서 ‘이전에 설립된 규칙’이 시작되었는지에 대한 물음에 답을 못한다는 점 역시 외재적 관점의 또 다른 한계이다.

2.2. 내재적 기준의 순응으로서 도덕성

내재적 관점으로 보면, 도덕 규칙들은 개인의 내부에 존재한다. 이 관점에서 도덕성은 내재적 기준 준수로 정의된다. 행위는 개인 자신의 양심과 도덕적 원리들에 의해 결정될 때 도덕적이라고 불린다. 나의 견해와 광범위한 연구를 개괄해 볼 때, 이것은 더 나은 선택으로 보인다. 도덕성이라는 단어의 이러한 사용을 지지하는 저명한 사람들로는, 철학자 칸트와 심리학자이자 교육자인 콜버그가 있다. 칸트는 그의 중요한 저서 『도덕 형이상학을 위한 기초Grundlegung der Metaphysik der Sitten』에서 다음을 제시한다. “이 세상 안에서 뿐만 아니라 이 세상 밖에서도 우리가 아무런 조건 없이 선으로 간주할 수 있는 것은 오직 선의 지뿐이다(Kant, 1785).” 칸트를 이어서 콜버그는 이렇게 선언했다. “교육받은 모든 비전문가들은 사람이 그의 양심에 따라 행동할 때에만 그 사람이 도덕적이라는 믿음을 갖고 있다. 옳고 그름에 관한 판단이 선행되지 않을 때, 행동은 선하지도 악하지도 않다(Kohlberg, 1958: 5).”

그렇지만 독자들이여 주의하라! 우리가 도덕적 행위를 도덕적 관심사에 의해 결정되는 행위라고 정의할 때, 만약 우리가 사람들의 도덕적 지향을 안다면, 우리는 그들의 행위를 예측할 수 있다는 것을 의미하는 것은 아니다. 상상해 보자. 당신이 진실이라는 도덕적 원리에 깊이 전념하고 있는데 누군가가 당신의 친구를 죽이기 위해, 그 친구가 있는 장소를 알려달라고 한다. 당신이 친구를 살리기 위해서 거짓말을 한다면, 절대주의 도덕주의자들은 당신이 '비도덕적인 사람'이라고 비난할 것이다. 당신 친구의 목숨을 살려야 하지 않는가? 이 거짓말이 도덕적인 사람이 되기 위한 당신의 자격을 상실하게 하는가? 이 경우에 사람들은 당신이 도덕적이기도 하고, 비도덕적이기도 하다고 말해야 한다. 도덕주의자[moralist] 관점에서 볼 때, 사람들은 어떤 설명이 타당한지 합리적으로 결정할 수 없다. 누군가는 선택을 위해 동전을 던질 수 있고, 누군가는 어떤 관점이 옳은지를 결정하기 위해 다른 근거들을 들 수도 있다. 칸트는 정의로운 사회를 유지하기 위해, 진실이 중요하다는 것을 보여주려고 이 사고실험을 사용하였다. 하지만 칸트는 누군가 죽임을 당하기보다는 차라리 거짓말하는 것이 낫다는 것을 의도하였다(Sullivan, 1989).

또 다른 예는 도덕적으로 선한 의도가 현실적으로 '선'한 것이 되기 위해 충분한 것이 아니라는 점을 보여준다. 가족 치료사 줄[Jesper Juul]은 이렇게 말한다. "전통적인 임상 심리학은 종종 사람들의 감정에 대해 질문한다. 부모가 그들의 자녀들을 얼마나 사랑하는가? 아들이 아버지를 얼마나 증오하는가? 딸이 엄마에게 얼마나 화가나 있는가? 이러한 질문들은 사람들이 실제의 아픔을 표현하게 한다는 점에서 중요하다. 하지만 나는 지금까지 자녀를 사랑하지 않는 부모를 만난 적이 없고, 부모에게 애정을 갖지 않은 자녀를 본 적이 없다는 사실을 강조하고 싶다. 그러나 나는 사랑의 감정을 사랑의 행위로 전환하지 못하는 부모와 자녀들은 많이 만나왔다(Juul, 2012: xvii)."

엄격한 도덕주의자적 관점에서만, 어떤 도덕 원리와 어떤 행동 간의 일대일

관계가 존재한다. 그렇다면, 도덕교육의 유일한 과업은 "도덕적 작품들"을 읽게 하거나, 독재정부 하에서의 악명 높은 재교육 프로그램과 같은 강제를 통해서 엄격한 도덕적 가치들을 우리의 아이들에게 전달하는 것이 될 것이다. 도덕발달과 관련해서, 도덕적 작품들을 읽는 것이 효과적이라는 사실은 아직 밝혀지지 않았다(Narvaez et al., 1997; Leming, 2000). 개인의 무력화와 중요한 사고 및 행동 능력을 목표로 하는 비도덕적인 재교육이 도덕적 행위를 증진시킬 수 있다고 상상하기 어렵다.

도덕주의자적 관점은 인간의 행위를 제대로 다루지 않는다. 행위는 한 가지 이상의 도덕적 지향에 의해 주로 결정될 수 있고, 빈번하게 그러하다. 옳은 일을 하기 위하여, 우리는 종종 다른 행동들과 다른 도덕적 원리들을 따져봐야 한다. 콜버그는 이렇게 말했다. "도덕적 딜레마의 해결책은 자신이 믿는 것과 상황을 만족시키는 것, 이 두 가지 모두를 반드시 제대로 다루는 것이어야 한다. 자신이 믿기에 옳고 중요한 가치들을 모두 제대로 다룬다는 점에서 선택은 어려운 것이다(Kohlberg, 1958: 128)."

2.3. 역량으로서 도덕성

우리는 도덕성의 정의를 도덕적 지향moral orientation(동의어로는 도덕 원리, 태도, 가치, 자세, 직관, 이상 등)을 넘어 도덕적 행위의 또 다른 측면인, 도덕적 역량을 포함시키는 것으로 확장해야 한다. 피아제는 도덕적 행위를 완전하게 설명하기 위해서, 우리는 단지 그것의 지향뿐만이 아니라 "근본적인" 인지 구조를 알 필요가 있다고 주장했다. 피아제에 이어 콜버그 역시, 우리는 도덕적 행위의 '내용'(도덕적 지향) 너머를 보아야 하고, 한 개인의 도덕적 행위 속에서 분명하게 드러나는 '구조'를 보아야 한다고 주장했다. 콜버그는 도덕적 행위의 구조를 도덕적 판단 역량이라고 설명했는데, 이것을 "(내재적 원리를 기반으로) 도덕적인 결정과 판단을 내리는 능력, 그리고 그러한 판단들과 일치하는 행동"이라고 정의했다(Kohlberg, 1964: 425).

현대에 이르러 도덕적 행위의 이중 측면 모델Dual Aspect model을 제안한 것은 피아제와 콜버그가 처음이지만, 역사상 처음은 아니다. 이 모델 자체는 훨씬 오래되었다. 약 2,500년 전에 그리스 철학자 소크라테스는 선善을 원하는 것과 그것을 성취하는 능력으로 구별하였다. 스피노자와 칸트 역시 이 두 측면을 분명하게 구별하였다(Lind & Nowak, 2015). 생물학자인 다윈(Darwin, 1966[1871])은 '도덕적 능력moral ability'을 인간의 독특한 특징으로 보아야 한다고 분명하게 말했다. 레비-슐(Levy-Suhl, 1912)이 그의 연구에서 청소년 범죄자들과 청소년 비범죄자들의 도덕적 지향 사이에 큰 차이를 발견하지 못했을 때, 그는 몇 가지 인지적 측면(그는 "도덕적 성숙도moral maturity"라고 불렀다), 다시 말해 "이러한 원리들을 이해하는 능력이 왜 어떤 청소년은 범죄를 저지르고, 다른 청소년은 그렇지 않은지를 더 잘 설명할 것이다."라고 결론 내렸다.

나는 이미 언급된 도덕적 역량 개념이 도덕적 행위의 두 번째 측면에 대한 현재 우리의 이해를 가장 잘 요약한다고 생각한다. 우리는 이 용어를 보편적인 도덕 원리들을 기반으로 폭력, 속임수 그리고 강압 대신, 숙고와 토론을 통하여 문제와 갈등을 해결하는 능력이라고 정의한다. 이 정의를 기반으로 우리는 문제가 클수록 이 능력이 더 잘 발달해야 한다고 가정한다. 만약 사회적 변화 폭이 커서 우리가 문제를 해결할 수 없는데, 우리의 교육기관들(부모, 학교 그리고 대학)이 도덕적 역량 발달을 위한 충분한 기회를 주지 않았다면, 우리는 폭력, 속임수 그리고 강압과 같은 갈등 해결을 위한 저급한 형태에 의지하게 된다(Lind, 2010e). 만약 이러한 방법조차 도움이 되지 않는다면, 우리는 우리를 위해 우리의 문제와 갈등을 해결할 강력한 권력을 요구하고, 이것은 독재국가를 지지하는, 민주적 공존의 폐지라는 결과를 낳을 것이다. 이러한 전개는 가족 내에서 이미 관찰될 수 있다. 만약 아이들이 논쟁을 벌이다 스스로 논쟁을 해결할 수 없으면, 그들은 자신의 부모를 찾는다. 당연히 그들에게 부여된 자치권을 포기하는 것이다. 나는 이런 관계의 방식을 종종 교실에서 관찰한다. 만약 학생들이 서로 토론해야 한다면, 몇몇 학생들은 토론의 상대방이 아니라, 교사인 나를 바라본다.

과거에서부터, 나의 관심이 도덕 심리학과 도덕교육에 일어난 이유는 도덕적 행위의 두 번째 측면인 도덕적 역량이었다. 더 이상은 우리의 사고가 한 가지 측면인 도덕적 지향에, 우리의 연구가 도덕적 태도를 측정하는 것에, 그리고 우리의 교육적 노력이 도덕적 가치를 주입하는 것에 제한되지 않을 것이었다. 도덕성의 인지적 혹은 역량적 측면의 발견은 심리학 연구와 교육 방법을 위한 완전히 새로운 지평을 열 수 있을 것으로 보였다.

도덕적 역량이라는 개념 덕분에, 우리는 도덕적 행위에 대한 비인지적인 이론들의 한계점들을 극복할 수 있을 것으로 보였다. 프로이트Sigmund Freud와 같은 정신분석학 이론가들은 모든 종류의 공격적인 행위는 외부로 전가된 죽음의 본능 때문이라고 주장한다. 그러나 죽음의 충동이 존재한다는 가정을 지지하는 증거는 거의 없다. 사회심리학자들은 사회적 환경을 비도덕적인 행위의 유일한 근원은 아닐지라도, 주요한 것으로 본다. 밀그램Stanley Milgram은 그의 유명한 전기자극 실험의 결과를 통해 이 이론을 확인했다(Milgram, 1974). 어떠한 강압도 없는 "학습 실험"에서, 참여자의 약 2/3가 실험대상자에게 매우 고통스러운 전기자극을 가하라는 권위자의 말에 복종했다. 또 다른 상황 이론가인 짐바르도Philip Zimbardo는 참여자들에게 단지 교도관의 역할을 부여함으로써, 타인에게 잔인한 행동을 하도록 유도할 수 있었다(Zimbardo, 2008).

비록 이러한 증거들의 설득력은 널리 인정받고 있지만, 인간의 행위에 대한 완전한 상황적 통제는 여전히 논쟁 중이다. 몇몇 사람들이 다른 사람들보다 더 순종적이었을 수는 없는가? 밀그램의 실험에서, 1/3의 사람들이 복종하지 않았다는 사실은 많은 것을 시사한다. 이 이론을 검증하기 위해서 콜버그는 밀그램의 실험을 흉내 내면서, 한 가지 중요한 요소를 추가했다. 그는 참여자들의 도덕 발달의 수준을 측정하였다(Kohlberg & Candee, 1984). 그는 사람들의 도덕 발달이 중요하다는 것을 발견했다. 도덕적 역량이 높은 참여자들(콜버그의 MJI로 측정)은 '학습자들'(실제로 충격을 받지 않고, 실험 과정 내내 고통을 느끼는 척 했던 배우들)에게 충격을 가하는 일에 훨씬 강하게 불복종하였고, 그것을 중단하였다. 높은 수준의 도덕 발달 수준을 소유했던 참여자들은 모두 불복종하였다.

도덕적 역량이라는 개념은 핑커Steven Pinker의 『우리 본성의 더 나은 천사들Better Angels of Our Nature』을 새로운 관점으로 보게 한다. 핑커는 광대한 자료를 편집하고 이렇게 제안한다. 사람들은 악한 일을 하도록 '홀리거나', '사로잡힌' 것이 아니라 협동적이고 도움을 주려는 경향을 갖고 있다. 그리고 과거 수세기 동안 세상은 점점 복잡해지고 사람들에게 부여되는 도덕적 과업은 훨씬 더 어려워졌다는 사실에도 불구하고, 폭력과 범죄는 지속적으로 감소해왔다(Pinker, 2011).[2] 물론, 두 차례의 세계대전, 현재의 중동 그리고 아프리카의 많은 나라들에서처럼, 때때로 단기간의 과도한 폭력이 만연하는 때도 있다. 하지만 우리가 장기적으로 생각해 보면, 핑커의 통계치는 유사 이래로 사람들에 대한 물리적 폭력의 인상적인 감소를 보여주는 것이다. 내 조국, 독일은 현재 70년의 상대적인 평화와 번영의 시기를 보내고 있다. 이전에는 결코 이렇게 긴 평화와 번영의 기간이 존재하지 않았다(Precht, 2010). 저자들은 더 나음에 대한 이러한 경향의 원인을 "사회"에서 찾는다. 그들은

2) 핑커의 연구는 여전히 의미 있는 시사점을 주고 있다. 그는 불명확한 어떠한 형태의 폭력과 여성에 대한 폭력과 같은 인간에 대한 공격, 화이트칼라의 부패 등을 살펴보았다. 또한 그는 수많은 자동차제조업체에 의해 초래되는 대규모 오염과 질병과 죽음을 초래하는 핵발전소, 그리고 많은 나라들에서 자행되는 빈곤, 영양실조와 사망에 이르게 하는 정치 엘리트들에 의한 부패에 대해서도 분석했다.

사회가 사람들을 "문명화"시키는데 성공하였거나(Pinker, 2011), 인정recognition을 위해 노력하는 사람들을 지지하는데 성공했다고 주장한다(Precht, 2010). 하지만, 이러한 설명들은 몇몇 질문들에 대한 답을 피하고 있다. 추상적인 사회가 어떻게 사람들을 문명화시키는가? 어떻게 사회가 폭력을 줄이고, 많은 나라에서 사형 제도를 폐지시켰는가? 역사는 우리에게 사회적 기관들이 아닌, 개인들에 의한 도덕적 이상들의 입법화가 이러한 변화를 가져왔다고 말한다. 사람들 사이에 존재하는 선善이란 인정을 위한 긴 여정의 산물이라는 이론 역시 설득력이 떨어진다. 제2차 세계대전에서 왜 80~85%의 군인들이 의도적으로 그들에게 부여된 목표물을 명중시키지 않았는가?(Grossman, 1995; Marshall, 1947) 그들은 분명히 이러한 반항적 행위에 대한 사회적 인정을 기대하지 않았을 것이다. 오히려 총살 집행에 의한 죽음을 예상했을 것이다.

도덕적 역량의 개념은 우리가 독재국가의 등장을 이해하는데 또한 도움이 될 수 있다. 만약 사람들이 우연히 만나는 도덕적 문제들을 숙고와 토론을 통해 어떻게 해결하는지에 대한 학습기회를 가지지 못하면, 그들은 자신들의 문제를 해결할 수 있는 강력한 권력, 강력한 사람을 요구하고, 이것은 독재국가 찬성, 민주주의 폐지라는 결과를 낳게 된다. 히틀러에 의한 권력 장악의 예를 들어 보자. 그의 부상은 19세기 말 독일의 급속한 산업의 팽창에 그 뿌리를 두었다. 심지어 오늘날에도 우리는 그 당시에 얼마나 거대한 경제적, 사회적 변화들이 있었는지 추측할 수 있다. 짧은 기간 동안, 엄청난 철로와 수로가 등장했고, 산업은 그 덩치가 거대해졌으며, 그에 부응하여 노동력에 대한 수요도 커졌다. 사람들은 집단으로 시골에서 도시로 이주했고, 많은 해외 노동자들이 동유럽 전역에서 들어왔다. 사람들은 심지어 아주 어린 아이들도 일주일에 7일, 하루 10시간 이상씩 일해야 했다. 이것은 많은 사람들에 독서나 교육 혹은 타인과의 토론을 위한 시간이 거의 없다는 것을 의미했다. 산업과 행정부문에서 필요한 자격을 갖춘 인력에 대한 수요에 비해 교육의 공급이 매우 뒤쳐졌었다. 사회 전반에서 엄청나게 증가하는 도덕적 문제와 갈등을 대처할 사람들의 능력이 결여되었다.

사회 문제들의 성격과 범위, 그리고 사람들이 그것들을 감당할 수 있는 능력 사이의 증가하는 불일치는 독일에서 뿐만 아니라 여러 곳에서 희생양(scape goat) 이론을 위한 좋은 장소를 마련했고, 강력한 리더십과 폭력에 대한 요청이 있게 하였다. 제1차 세계대전이라는 폭력의 향연은 모든 부富를 파괴했고, 혼란스러워하는 사람들을 방치했다. 비록 이러한 재앙이 독일에서 민주주의 혁명과 의무교육을 도입하게 했지만, 문제들은 사람들의 해결 능력보다 더 빠른 속도로 성장해 갔다. 히틀러는 수사적으로 "재능이 있는 선동 정치가"였고, 자신이 사람들의 모든 문제를 해결할 능력이 있다고 설득할 수 있었다. 너무나 많은 사람들이 그들 자신의 운명에 대한 책임을 아주 기쁘게 히틀러에게 넘겨주었다.

오늘날 세계 여러 지역에서, 백 년 전 독일의 상황과 유사한 일들이 벌어지고 있다. 빠른 사회적, 기술적 그리고 경제적 변화들로 사람들은 반강제적으로 도시와 해외로 이주하고 있다. 습관 형성 해결책들은 부적절하다고 증명이 됐고, 새롭고 더 나은 해결책들은 아직 사용 불가능하다. 부자나 가난한 사람들뿐만 아니라 젊은이들과 노인들에게도 상황은 아주 달라졌다. 아이들과 젊은이들에게는 이러한 변화가 보이지 않는다. 왜냐하면 그들은 이러한 변화 속에서 성장했기 때문이다. 나이든 세대나, 특히 권력을 가진 사람들에게 강력한 변화는 그들이 지닌 기술의 가치절하를 의미한다. 그들은 자신들의 삶의 변화를 강력하게 거부한다. 이러한 반응은 이해 가능하지만 악순환을 이끌게 된다. 나이든 사람들이 과거에 더 많이 집착할수록, 젊은이들과 가난한 사람들은 그들의 상황을 향상시키기 위하여 폭력, 강압 그리고 속임수에 더 많이 의존하게 된다.

이러한 부정적 전개는 피할 수 있다. 만약 사람들이 폭력, 속임수, 강압과 같이 실질적인 해결책을 가져올 수 없는 그러한 (갈등과 문제해결의) 저속한 형태들을 기꺼이 대체할 수 있고, 사람들이 대안을 갖고 더욱 도덕적인 행위들을 입법화할 수 있는 충분히 높은 도덕적 역량을 가지고 있다는 것을 고려한다면, 해결책은 명백하다. 사람들의 도덕적 역량 및 민주주의 역량을 기르는 것이다. 일찍이 제퍼슨Thomas Jefferson이 얘기한 바와 같이, 프랑스의 연구가였던 토크빌Alexis de Tocqueville은 『미국의 민주주의Democracy in America』에서 교육이 민주주의의 지속 발전에 결정적인 역할을 한다고 우리에게 가르쳤다.

> "미국에서 대중에 대한 교육이 민주주의 공화국의 토대를 설립하는데 강력한 기여를 했다는 것은 의심의 여지가 없다. 그리고 이해를 각성시키는 교육이 마음을 바로잡는 도덕교육과 분리되지 않는 곳에서는 항상 이러한 상황이 존재한다."
>
> "자치의 습성을 완전히 포기한 사람들이 어떻게 그들을 다스릴 사람들을 성공적으로 적절히 선택하도록 할 것인가를 생각해내는 것은 정말 어려운 일이다. 그리고 자유주의적이고, 현명하고, 활기찬 정부가 복종하는 사람들의 투표권으로부터 발생할 수 있다는 것은 아무도 믿지 않을 것이다."
>
> "어쨌든 교육하라. 무조건적인 자기희생과 본능적인 덕virtue의 시대는 우리로부터 멀어지고 있고, 교육 없이는 존재할 수 없는 자유와 공공 평화 그리고 사회적 질서의 시대가 빠르게 접근하고 있기 때문이다(Tocqueville, 1835; 1840)."

이 이론을 지지하기 위하여, 우리는 동유럽 국가들에서 나타난 민주적 변화의 평화적인 이행을 언급할 수 있다. 그와 반대로, 낮은 교육수준을 지닌 나라들에서는 민주주의 운동이 폭력적 과정으로 빠르게 대체된다. '아랍의

봄'과 관련된 국가들 중에서는, 튀니지만이 성공적인 민주주의의 발전을 경험하고 있는 것으로 보인다. 튀니지는 제국주의 지배 직후에, 모든 국민을 위한 무료 교육과 성 평등을 도입한 아랍의 유일한 국가였다. 교육 시스템이 도덕적으로 폐쇄적이거나 배타적인 국가들은 새로운 독재국가 혹은 내전으로 인해 결국 사라졌다. 이것은 우리가 문명화의 과정에서 교육의 역할을 고려할 때 사회가 등장할 수 있다는 것을 의미한다. 점차적으로 '더 광범위하고, 더 나은 교육'과 사람들의 '증진된 도덕적 역량'이라는 두 가지 요소가 필수적으로 관련되거나 혹은 시작되는 단계에서는 문명화의 과정을 조금이라도 가능하게 만든다고 확신한다. 내가 많은 논문들에서 주장했듯이, 나는 사회의 민주화는 시민들의 도덕적 역량에 크게 달려있고, 도덕적 역량의 발전은 좋은 교육에 달려있다고 생각한다. 무엇이 '좋은 교육'인가에 대해서는, 이 책의 제2부와 다른 곳에서 논의하겠다(Lind, 1987a, 1993, 1998, 2002, 2006b, 2008a, 2011a, 2014; Barber, 1992; Dahrendorf, 1965; Gutmann, 1999).

사회는 분명히 우리의 행위를 형성하는데 있어서 강력한 힘이다. 하지만 도덕 발달의 원천은 오히려 개인 내에 거주하는 것으로 보인다. 개인이 아니라면 누가 변화를 촉발할 것인가? 홀로 할 것인가 협동할 것인가? 만약 우리가 사회가 스스로 변화하기를 기대하면서 기다리기만 한다면, 그다지 변화는 없을 것이다. 분명히 사회구조의 변화는 중요하다. 하지만 그에 상응하는 시민들의 도덕적·민주적 역량의 변화 없이는, 사회구조는 오래된 내용물을 위한 새로운 표지 교체로만 남게 될 것이다. 매우 논쟁적인 주제들에 대한 많은 토론 경험의 결과, 강한 개인들은 폭력을 사용하지 않는다. 그리고 강제력이 필수적인 상황에서는 민주주의적 법이 규정한 한계 내에서 그것을 유지한다. 이전의 독일 민주주의 공화국GDR: German Democratic Republic은 독재국가에서 민주주의로의 과도기가 어떻게 유혈사태가 아닌 협상에 의해서 성취될 수 있었는지에 대한 대표적인 예가 된다. 그것은 지배 정권의 권력 포기 직전, 드레스덴Dresden에서의 한 사건에 의해 나타난다. 경찰과 항의자들 사이의 밤샘 싸움 뒤에, 중무장한 군인들과 시위자들이 대치하게 된다. 많은 사망자를 만들어 낼 갈등 상황이 만들어지고 있었다. 그 때, 한 젊은 목사와 또 다른 시위자 한 명이 용감하게 앞으로 걸어 나와서 지배당인 공산당 당대표의 대리인과의 토론을 요청했다. 그들은 20명의 시민들과 집권자들로 구성된 원탁회의를 열기로 합의했다. 그러고 나서 시위대는 해산했고, 군인들은 단 한 번의 발포 없이 그들의 병영으로 복귀했다. 나중에 리히터Frank Richter 목사는 이렇게 말했다. "사람들이 기꺼이 서로에게 다가가서 타협하고 서로 대화한다면, 평화는 시작될 수 있다는 것을 그날 밤(1989년 10월 드레스덴) 우리는 경험했다(Richter, 1989: 56)."

마지막으로, 도덕적 역량이라는 개념 덕분에 우리는 도덕 발달과 도덕교육에 대한 비인지적 이론들의 한계점들을 극복할 수 있게 되었다. 1960년대까지 미국, 독일 그리고 다른 민주주의 국가들에서 교육자들은 학교가 단지 도덕적 지향, 가치와 같은 것들만 목표로 할 수 있다는 관념에 사로잡혀 있었다. 한편으로는, 그들이 느끼기에 무엇인가 행해져야 하지만, 동시에 그들은 도덕적 가치의 전달이 인권과 양립 불가능다고 생각했다. 왜냐하면 그러한 것은 비민주적인 사회에서 자행되는 도덕적 주입 그리고 세뇌와 닮아 보였기 때문이다. 그래서 많은 교육자들은 어떠한 도덕교육도 자제하고, '가치 명료화values clarification'를 실행했는데, 거기에는 어떠한 주입도 연관되지 않아 보였다(Simon et al., 1972).

2.4. 도덕적 역량을 어떻게 가르칠 것인가?

만약 도덕성이 기술[skill]이라면, 우리는 이것이 도덕교육을 위해 무슨 결과들을 가져올 것인가에 대해 스스로에게 자문해 보아야 한다. 소크라테스가 말했듯이, 도덕성이 기술인지 아닌지에 대한 질문은 그것을 가르칠 수 있는지 아닌지에 대한 질문과 밀접하게 연관되어 있다. 메논과의 대화에서 그가 주장했듯이, 만약 도덕성이 가치 혹은 오늘날의 용어로 하나의 적극적인 능력이라면, 그것은 가르칠 수 있다. 정반대도 역시 사실이다. 만약 가르칠 수 있다면, 그것은 기술이다.

도덕성은 올바른 태도 혹은 유전적 성향이라기보다는 역량의 문제이기 때문에, 우리는 도덕 강의, 가치전달, 혹은 도덕적 행위에 점수매기기 등과 같은 몇 가지 도덕교육의 전통적인 방법들은 자제해야 한다. 포르텔레(Portele, 1978)는 민주주의 국가에서 전통적인 도덕교육의 문제를 "너는 원해야 한다[Thou-shalt-want]."의 역설이라고 설명했다. 사회적 강압과 민주적 성숙은 상호 배타적이므로 민주주의와 도덕교육의 관계도 그러하다. 하지만 우리는 민주주의 교육의 사명을 언급하면서 도덕교육을 완전히 자제해서는 안 된다. 개인이 수용하는 보편적인 도덕 원리들에 따라 생각하고 행동하는 능력을 증진시킨다는 목표는 민주주의 사회의 원리들과 양립 가능할 뿐만 아니라, 민주주의 교육의 중요한 과업이기도 하다. 왜냐하면 우리는 도덕성이 우리 교사들 그리고 부모들이 예전같이 한편으로는 도덕교육의 완전한 배제, 다른 한편으로는 가치의 주입이라는 두 가지 중 하나를 선택할 필요가 없는 능력이라는 것을 인식하였기 때문이다. 오히려 우리는 이러한 능력의 증진이라는 정당하고 도덕적으로 필수적인 과업이 우리 앞에 놓여 있음을 볼 뿐이다.

1980년대에, 내가 콜버그[Lawrence Kohlberg], 히긴스[Ann Higgins], 오저[Fritz Oser]의

도움으로 "학교에서의 민주주의와 그리고 교육"이라는 실험 작업을 노르트라인베스트팔리아North Rhine Westphalia에서 시작하였을 때, 도덕적 역량의 개념이 어떤 도덕교육의 잠재력을 촉진할 수 있는지를 경험할 수 있었다. 또한 다른 학자들, 즉 라세르트Jürgen Raschert, 알토프Wolfgang Althof, 도벨쉬타인Peter Dobbelstein, 가르츠Detlef Garz, 라인하르트Sibylle Reinhardt, 쉬러프Heinz Schirp 등으로부터 과학적인 조언을 받을 수도 있었다(Lind & Raschert, 1987; Lind & Althof, 1992; Lind, 2002). 그 가운데 나는 다양한 교육적 맥락과 과학적인 연구를 통해, 도덕성의 능력 이론을 검증할 수 있는 많은 기회를 가졌다(서문 참조). 도덕적 역량 증진을 위한 효과적인 방법으로, 나는 이 책의 후반부(6장부터 8장까지)에 제시할 KMDD를 개발하였다. 이 방법은 블래트와 콜버그의 딜레마 토론의 방법을 기반으로 한다(Blatt & Kohlberg, 1975).

비록 딜레마 토론의 효과성이 수많은 개입 연구들에 의해 분명하게 입증되었지만(Lind, 2002), 콜버그는 이 방법에서 시선을 다른 곳으로 돌렸다. 그는 도덕교육은 학교, 이웃 그리고 세계가 더 공평해질 때에만 가능하다고 믿었다. "콜버그는 교육이 민주적 과정을 통해서 구조화된다면, 교육만이 시민들을 민주적 과정과 결정에 적극적으로 참여하도록 준비시킬 수 있다고 주장했다(Higgins-D'Alessandro, 2015: 30)."

이러한 점에서, 나는 콜버그와 그의 학생들이 잘못된 추론 때문에 길을 잃었다고 믿고 있다. 쉽게 말해서, 만약 우리가 도덕교육을 제공하기 전에 학교와 사회가 민주화되기를 기다린다면, 그런 일은 결코 일어나지 않을 것이다. 이제 우리는 딜레마 토론을 통해서 도덕적 역량 및 민주주의 역량을 증진시킬 사용가능한 방법을 가지고 있다는 것에 기뻐할 수 있다. 더군다나 이 방법은 매우 효과적이고 지속가능한 방법으로, 학교와 사회의 성공적인 민주화를 위해 중요한 필수사항이다. 우리는 이미 한 독재국가에서 다른 독재

국가로 정권이 교체되는 많은 "민주주의적" 격변들을 겪어왔다. 왜냐하면 아무도 삶의 한 형태로서의 민주주의를 사는 방법을 몰랐기 때문이다. 나의 이론은 정의공동체 방법이 도덕적 역량을 위한 긍정적인 결과를 만드는데 성공했다는 공식적인 기록이 없다는 사실에 의해서도 지지된다. 반면에, 딜레마 방법의 효과성에 대한 증거는 분명하고 일관적이다. 심지어 이 방법이 아주 조금 사용된 경우에도 효과적이다(Lind, 2002; 이 책의 10장 참조).

이것은 딜레마 토론 방법이 사회와 그 기관들로부터의 어떠한 지지 없이도 성공적으로 실행될 수 있다는 것을 의미한다. 딜레마 토론 방법을 효과적이고 책임 있게 사용하기 위하여 교사들에게는 철저한 교육 혹은 추가 훈련이 요구되고 교사 훈련을 위해 엄격한 연구과정을 마친 유능한 트레이너가 필요하다. 11장에서 나는 KMDD 교사들과 KMDD 트레이너들을 위한 특정한 추천사항들을 제공한다. 그러한 훈련을 위하여 단지 약간의 돈이 필요할 뿐, 법과 정신의 변화와 같은 어려운 구조적 변화들은 필요 없다.

왜 딜레마 방법이 효과적이고, 그것의 응용에 효과성을 유지, 증가시키기 위하여 무엇을 고려해야 하는지를 더 많이 이해하기 위해, 우리는 도덕적 행위의 성격을 아주 자세하게 다루어야 한다.

제3장
도덕적 행위의 이중 측면 모델

3.1. 구성요소가 아닌 측면들

이전 장들에서 살펴본 것처럼, 도덕성은 하나만 있는 것이 아니라 두 종류가 있다. 하지만 이 두 가지 모두 도덕적 행위의 측면이지, 구성요소가 아니다. 이 책에서 나는 도덕성의 두 가지 측면을 다음과 같은 이유 때문에 엄격하게 구별한다. 문맥상 어떤 측면을 언급하는지가 분명할 때, 가끔 그냥 "도덕성"이라는 단어를 사용한다.

이 이중 측면 모델은 새로운 것이 아니다. 이 책의 시작 부분에 있는 인용문에서 볼 수 있듯이, 소크라테스는 이미 두 가지 측면을 가정했었다. 최근에 와서는, 스위스의 생물학자이자 심리학자인 피아제 역시 이중 측면 모델을 제시하였다. 그의 광범위한 저서 곳곳에서, 그는 정서와 인지의 측면적 성질을 강조하였다. 이 현상은 현대 심리학의 가장 중요한 통찰 중 하나이다. 이 모델은 나의 심리학 연구와 교육학의 출발점을 상징하기도 한다. 이전에 도덕 심리학과 교육을 지배했고, 여전히 많은 사람들이 따르고 있는 도덕적 행위의 구성요소 모델에 대해 이야기 한 후에, 더 다시 돌아와서 더 상세히 다루도록 하겠다.

이 잘못된 모델은 세 가지 요소, 즉 정서(=도덕적 지향), 인지(=도덕적 역량) 그리고 행위로 구성된다. "성향의 처리구조는 그것들의 활성화를 안내, 강요하는 상호관계의 조직에 있는 인지, 정서 그리고 행위 전략들의 독특한 집합으로 구성된다(Michel & Soda, 1995: 257)." 구성요소 모델의 지지자들은 도덕적 지향과 도덕적 역량이 마치 분리된 것처럼 말한다. 그들은 이 두 가지가 분리 가능한 대상들이고, 분리해서 관찰·측정할 수 있다고 믿는 것 같다. 때때로 이러한 구성요소들은 분리된 행위의 "영역들", "과정들", "부분들", "집합들" 혹은 "하위구조"로 언급되기도 한다. 예를 들자면, 조슈아 그린Joshua Greene과 그의 동료들은 도덕적 행위의 기저에 존재하는 인지과정과 감정의 과정들을 "두뇌 속에서 경쟁하는 하위구조"라고 말한다(Greene et al., 2004: 389).

정서, 인지 그리고 행위가 구성요소라는 생각은 심리학과 교육학에 깊이 뿌리박혀 있다. 각각의 "구성요소들"에 대한 분리된 교과서, 분리된 측정도구들, 그리고 대학에는 심지어 분리된 학과들도 있는데, 종종 다른 구성요소들에 대한 고려 없이 고립된 방식을 사용하기도 한다. 행위의 특성들은 구성요소라는 개념을 사용하면서, 블룸Bloom과 그의 동료들은 "인지 영역" 그리고 "정서 영역"이라는 두 가지 분리된 책들 속에 교육의 목표에 관한 글을 남겼다(Bloom et al., 1956; Krathwohl et al., 1964). 그들은 이 두 가지 영역들을 분리해서 가르치고 검사할 수 있다고 한다. 수학과 스포츠와 같은 과목들은 인지 학습 목표의 영역에 할당된 반면, 도덕적 행위와 민주적 행위들은 인지와 역량과는 아무런 관련이 없는 것으로 간주되던 정서의 영역에 할당되었다.

분리된 구성요소라는 사고방식은 도덕 심리학 영역에서도 깊이 자리 잡고 있다. 앤 콜비Ann Colby와 그녀의 동료들은 "인지적 영역, 사회-인지적 영역, 그리고 도덕적 영역들 사이의 관계"에 대해 이야기한다(Colby et al., 1987: 12). 토마스 리코나는 "그렇게 생각되는 인격은 도덕적 앎, 도덕적 감정, 도덕적 행위라는 세 가지 상호 관련된 부분을 가진다(Lickona, 1991: 51)." 콜버그 학파에 속하는 정치 심리학자인 로젠버그Shawn Rosenberg는 구성요소 모델을 아주 분명하게 신봉한다. "인지와 동기 사이의 관계는 서로의 독립성을 타협하지 않는 것이 중요하다(Rosenberg, 1995: 105)." 가장 널리 알려진 구성요소 모델은 레스트Rest가 제안한 것이다. "4구성요소 모델four-component model 뒤에 있는 기본적인 생각은 네 가지의 내재적 심리과정들이 외부에서 관찰 가능한 행위를 일으킨다는 것이다. 그 네 가지 과정들은 다음과 같이 간략하게 요약된다(Rest et al., 1999: 101)."

구성요소 1: 도덕적 감수성
구성요소 2: 도덕적 판단력
구성요소 3: 도덕적 동기화
구성요소 4: 도덕적 품성(또는 실천력)

왜 구성요소 모델들이 그렇게 광범위하게 퍼져 있는가? 행위에 대한 우리의 사고는 특징들의 거짓된 "구체화"에 쉽게 현혹되는 것 같다. 우리의 언어는 형용사/부사들(측면, 특성)이 명사(구성요소, 대상)로 변형되는 것을 가능하게 한다. 그러한 명사화의 방법으로, 우리는 "꽃이 아름답다"(형용사)를 "꽃은 아름다움을 소유하고 있다"(명사)로, "사람이 도덕적으로 행동한다"를 "사람이 도덕적 품성을 가지고 있다"(구성요소)로 말할 수 있다. 언어학적으로 이러한 변형들은 수용 가능하고, 미학적인 이유로 저자들에 의해 종종 사용된다. 하지만 우리는 그러한 명사화의 방법으로, 하나의 특징이 자동으로 하나의 대상이 되는 것은 아니라는 것을 쉽게 잊는다. 도덕적 감수성, 도덕적 판단력, 도덕적 동기화, 도덕적 품성과 같은 행위의 측면들은 독립적으로 분리될 수도 검사될 수도 없다. 우리는 공과 같이 매일 사용하는 물체가 관련될 때, 이것을 더 잘 이해한다. 공은 무게, 크기 그리고 형태를 "가진다". 하지만 이러한 "대상들"을 서로서로 분리해 보자. 가능하지 않다. 왜냐하면 이러한 명사들은 실제로 공의 측면들을 명명하는 것이지 구성요소가 아니기 때문이다.

그러므로 도덕적 지향과 도덕적 역량은 분리된 구성요소가 아니다. 그것들은 행위로부터 서로 뗄 수 없는 것들이다. 오히려 그것들은 공의 형태와 무게와 같이, 행위의 다른 측면들이다(속성, 특성). 이것들을 구별할 수는 있지만, 분리할 수는 없다. 피아제는 "행위가 어떤 인지적 요소 없이, 정서에서만 발생하는 것으로 보는 것은 불가능하다. 마찬가지로, 행위가 인지적 요소들로만 구성되는 것을 보는 것도 불가능하다. … 구조와 기능 혹은 지능과 정서는 모든 행위에서 분리할 수 없다."고 주장한다(Piaget, 1981: 6, 9). 그에 따라 히긴스는 "레스트의 모든 구성요소에는 인지적 측면이 존재한다."라고 비판적으로 주장한다(Higgins, 1995: 53).

그러므로 정서와 인지는 행위의 구별되는 측면, 특질 혹은 특징이며, 서로 분리될 수도, 행위에서 분리될 수도 없다는 점은 아무리 강조해도 지나침이 없다. 공의 색깔과 크기가 공이 아닌 다른 개념적 범주에 속한 것처럼, 도덕적 지향과 도덕적 역량 역시 행위와는 또 다른 개념적 범주에 속한다. 만약 정서와 인지가 속해 있는 측면들의 범주가 행위와 같은 것들의 범주와 같은 것이라면, 사람들은 라일[G. Ryle]이 명명했던 범주적 실수[categorical mistake]와 맞닥뜨릴 것이다(Ryle, 1949). 우리의 이중 측면 모델에 따라오는, 두 가지 측면인 도덕적 지향(=정서적 측면)과 도덕적 역량(=인지적 측면)은 도덕적 행위와 도덕 발달을 완전히 설명하고 측정하며 증진시키기 위하여 필수적인 것들이다. 두 가지 측면들의 측정에 대해서는 4장을 참고하면 된다([그림 3-1] 참조).

[그림 3-1] 도덕적 행위의 이중 측면 모델

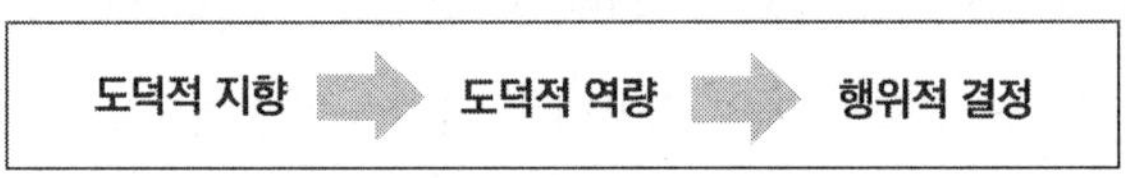

3.2. 도덕적 지향(정서적인 측면)

이 책에서 도덕적 지향이라는 용어는 행위를 안내하고 동력을 공급하는 내적인 힘을 상징한다. 피아제는 이것은 행위의 정서적인 측면이라고 불렀다. 콜버그는 그의 도덕 발달 6단계의 "내용"을 설명하기 위해 이 용어를 사용하였다. 다른 저자들은 인간행위의 이러한 지향적 측면에 다른 단어들을 사용해 왔다. 태도, 가치, 동기, 자세 등으로 말이다. 비록 이러한 단어들은 저자에 따라 다른 이론들과 결합되지만, 측정도구 속에서 이것들이 어떻게 조작되는가를 보자마자 이것들의 공통된 의미가 드러난다. 내재적인 행위의 지향 강도를 측정하기 위하여 대부분의 연구자들은 어떤 질문이나 자극에 대해 한 개인이 보여주는 특정 반응의 횟수를 세거나, 설문지의 어떤 표현에 대한 개인의 찬성 혹은 반대의 강도를 평가한다(4장 참조).

콜버그를 따라, 우리는 도덕적 지향의 여섯 유형들을 구별하는데, 그는 이것들을 그의 저서들에서 광범위하고 상세하게 설명하였다(예: Kohlberg, 1984). 그는 이러한 지향들은 규범적인 위계를 형성한다고 주장한다. 다시 말해, 이 유형들은 도덕적 적절성의 순서를 반영한다([표 3-1] 참조).

[표 3-1] 콜버그 이론에 따른 도덕적 지향의 수준과 유형

수준	유형	내용
인습 이전 지향	유형1	본인에게 오는 물리적인 피해와 부상을 피한다.
	유형2	이익과 보상을 획득한다.
인습 지향	유형3	다른 사람들로부터의 인정을 성취하고, 그들의 반대를 피한다.
	유형4	법과 사회질서를 존중하고, 그것의 유지에 기여한다.
원리화된 지향	유형5	계약을 준수한다.
	유형6	정의, 이성, 논리의 보편적인 원리들을 지지한다.

여기에서 사용되는 "도덕적"이라는 기술적인 용어는 두 가지 중요한 방식에 있어서 다른 사용법들과는 다르다.

- 첫 번째, 여기서 사용되는 "도덕적"이라는 단어는 행위의 어떤 영역에서는 적절해 보이지만 다른 영역에서는 그렇지 않아 보이는 도덕적 지향의 형태들을 넓게 포함하는 광의로 사용된다. 사람들은 "높은 순위"의 도덕적 숙고가 요구되는 상황들(콜버그의 용어로는 "인습 이후" 혹은 "원리화된" 도덕적 지향들)과 도덕적 인습적 사고 혹은 심지어 "인습 이전" 지향들이 완

전히 적절하다고 생각되는 상황들을 분명하게 구별한다(Turiel, 1983). 예를 들면, "저녁식사에 와인을 마실까 탄산음료를 마실까?"라는 질문을 마주할 때, 어떤 음료수가 우리에게 더 나을지 생각하면 된다(유형2). 이 문제를 높은 수준에서 토론한다는 것은 이상하게 보인다. 하지만 우리가 주목해야 할 점은 "상황의 정의"라는 것이 때로는 문화적으로 구속된다는 것이다. 예를 들어, 종교적이나 법률적인 이유로 주류 금지가 된다면, 다른 도덕적 지향들도 역시 관련될 수 있는 것이다.

- 두 번째, 우리는 도덕적 지향이라는 용어를 사용할 때 우리의 행위를 안내한다는 의미보다는 사람들의 명시적인 행위의 어떤 측면을 설명하기 위해 사용한다. 『아동의 도덕 판단』이라는 책에서 피아제는 "도덕적 판단력은 조사했지만 … 도덕적 행위나 도덕적 감정은 조사하지 않았다(Piaget, 1965: 7)." 그러나 그는 이 둘 사이의 가능한 연결의 결핍을 알고 있었다. "생각과 행동 사이의 관계는 흔히 가정되는 것만큼 단순한 것이 결코 아니다(Piaget, 1965: 176)." 그러므로 "특별히 도덕성 문제에 있어서 큰 위험은 아이가 자신이 말하기를 기대하는 대로 말하게 하는 것이다(Piaget, 1965: 8)." 생각과 행동 사이의 분리가 유일한 문제는 아니다. 사람들은 그들의 행위를 결정하는 지향들을 모를 수도 있고, 지향들을 특이한 방식으로 보고해서 사람들 사이의 도덕적 지향들을 비교하는데 어려움을 줄 수도 있다. 그러므로 우리는 사람들의 도덕적 지향들을 그들의 행위패턴으로부터 직접 발견하고 확인할 것을 제안한다. 이것은 사소한 과업이 아니다, 따라서 우리는 이것을 4장에서 논의할 것이다.

요약하자면, 우리가 한 개인의 행위에서 어떤 종류의 도덕적 지향을 식별할 수 있다면 우리는 그것을 "도덕적"이라고 부른다. 단지 우리가 작동 중인 도덕적 지향을 감지하지 못할 때, "무도덕적[amoral]"이라고 부른다. 이 말은 그 사람이 어떠한 도덕적 이상도 갖고 있지 않다는 것을 의미하는 것이 아니라, 도덕적 이상이 그 사람의 행위에서 드러나기에는 너무 약하거나, 아직 발견되지 않은 다른 도덕적 이상들이 있기 때문에 우리가 그것들을 감지할 수 없다는 것을 의미한다. 이쯤에서 이전 장에서 말했던 것을 상기시켜야겠다. "도덕성"은 자신의 내재적인 지향을 따르는 것을 의미하는 것이지, 외재적인 기대들에 대한 동의 혹은 반대를 의미하는 것이 아니다.

도덕적 지향들의 이러한 상황 의존성에도 불구하고, 사람들이 도덕적 역량 검사의 찬반 주장에 대한 그들의 응답 결과에서 나타나는 도덕적 지향의 평가에 정말 잘 동의한다는 사실은 놀라운 일이다(4장). 아래의 수치는 네 그룹의 사람들의 도덕적 지향들을 보여준다. 좌측의 세로방향 눈금에서, 특정한 도덕적 지향의 유형에 대한 참여자들의 평균 동의(거부)를 볼 수 있고, 여섯 유형의 도덕적 지향들은 아래의 가로줄에 그려져 있다. 각각의 선들은 네 집단의 학생들 중 하나를 나타낸다([그림 3-2] 참조).

[그림 3-2] 독일의 일반대학생과 죄수의 도덕적 지향 비교 연구

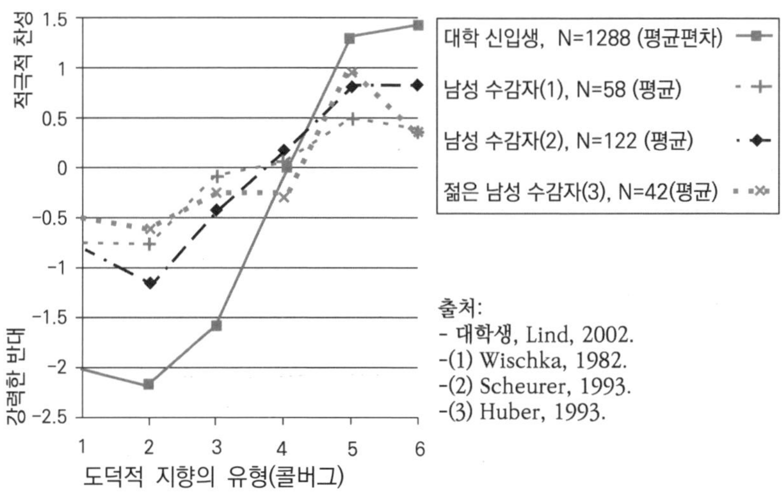

두 가지의 두드러진 연구 결과는 다음과 같다.

1. 콜버그와 다른 사람들이 예측한 것과 같이, 사람들은 삶과 죽음의 문제(의사의 딜레마)에 관한 토론과 법률 체계(노동자의 딜레마)에 관한 토론에서, 보편적인 도덕 원리들의 수준(유형5 및 6)의 주장들을 선호한다. 그들은 "더 하위의" 도덕적 지향들의 주장은 거절한다.

2. 대학생들과 죄수들 사이에 놀라운 일치 부분이 하나있다. 두 그룹 모두 똑같은 도덕적 지향들을 수용하고, 다른 지향들을 유사하게 거절한다.

여섯 개의 도덕적 지향들의 위계는 독일에서 뿐만 아니라, 아르메니아, 오스트리아, 벨기에, 브라질, 칠레, 중국, 체코슬로바키아 공화국, 핀란드, 그루지아, 그리스, 이란, 이스라엘, 이탈리아, 리투아니아, 마케도니아, 멕시코, 모로코, 네덜란드, 파키스탄, 필리핀, 폴란드, 포르투갈, 루마니아, 세르비아, 슬로바키아, 스페인, 스웨덴, 태국, 트리니다드 토바고, 터키, 미국, 그리고 한국에서도 많은 연령대, 사회계층 그리고 문화에 걸쳐 발견된다.[3] 몇몇 연구에서 유형5와 6의 지향들 그리고 유형1과 2의 지향들에 대한 약간의 선호의

3) 이러한 여섯 개의 도덕적 지향들의 위계에 대한 각국의 연구 사례들을 다음과 같다. 독일: Hemmerling, 2014; Lind, 1986a; 2002; 2015a; Schillinger, 2006; Wischka, 1982; 아르메니아: Avetisyan, 2007; 오스트리아: Lind, 1986a; 벨기에: Duriez & Soenens, 2006; 브라질: Bataglia, 2009; Schillinger, 2006; 2013; Feitosa & Rego, 2012, 칠레: Agurto et al., 2014, 중국: Yang & Wu, 2012, 체코: Slovácková, 2001; Slovácková & Slovacek, 2007; 핀란드: Ylen, 2000, 그루지아: Mestvirishvili, 2010; 그리스: Mouratidou, 2000; 2007, 이란: Saeidi-Parvaneh, 2011, 이스라엘: Gross, 1997, 이탈리아: Comunian & Gielen, 2006, 리투아니아: Kriauciuniene, 2012; 멕시코: Robles, 2009; 마케도니아: Marijana Handziska, 2001, 모로코: Aghbal, 2004; 네덜란드: Lind, 1986a; 파키스탄: Liaquat, 2012; 2013; 필리핀: Tuboro, 2003; 폴란드: Lind, 1986a; 2002; Nowak, 2009; 포르투갈: Feitosa et al., 2013; 루마니아: Lupu, 2013; 세르비아: Milojevic, 2014; 슬로베니아: Lind, 1986a; 스페인: Trechera, 1996; 스웨덴: Weiner, 2010; 태국: Lerkiatbundit et al., 2006), 트리니다드-토바고: Yussuf, 2010; 터키: Ciftci, 1997; 2001; 미국: Biggs & Colesante, 2015; Colesante, 1997; Colesante & Biggs, 2002; Glanzer et al., 2007; Gross, 1997; Roberts & Koeplin, 2002; 한국: Park, 2011.

도치가 발견되기도 한다. MCT의 두 가지 딜레마 스토리의 분리분석 역시, 토론의 주제가 안락사와 같은 삶과 죽음의 문제일 때, 참여자들이 분명히 유형6의 도덕적 추론을 선호하지만, 토론의 주제가 고용주로부터 프라이버시 권리를 방어하고 싶어 하는 노동자에 관한 것일 때는, 참여자들이 유형5의 추론을 약간 선호하는 것을 보여준다. 이를 통해 우리는 사람들의 도덕적 지향은 일관되지만 엄격한 것은 아니라는 것을 알 수 있다. 어떤 종류의 딜레마 상황들에 특정한 도덕적 지향이 존재하는 것이다

그러므로 약간의 사소한 차이는 예외로 하고, 모든 사람들은 어떤 딜레마 상황의 경우 도덕 원칙 수준의 "단계"(유형5 및 6)에서 숙고와 토론이 필요하다는 점에 보편적으로 동의하는 것으로 보인다. 대부분의 사람들은 도덕적 문제의 해결책에 관해서라면 "더 높은" 유형의 도덕적 담화가 "더 낮은" 유형의 도덕적 담화보다 도덕적으로 더 적절하다는 콜버그의 가정을 공유한다. 그래서 콜버그의 유형 분류체계는, 우리가 그것을 유효한 불변의 도덕 발달이론으로 인정하는 여부에 상관없이, 도덕성 연구에 있어서 지속적인 가치를 가지는 것이다.

3.3. 도덕적 지향을 가르칠 필요가 있는가?

도덕적 지향은 심지어 어린 사람들에게도 보편적으로 볼 수 있다. 최근 수십 년 간 도덕 심리학 연구들이 보여준 것과 같이, 아이들은 학교에 입학하기도 전에 그들의 도덕적 지향을 가진다(Keller, 1992; Hamlin et al., 2007; Hepach et al., 2012; 이 책의 5장 1절 참조). 이 사실은 우리의 교육기관들과 교육에 대한 큰 중요성을 띤다. 도덕적 역량의 효과적인 증진을 위한 조건들이 많은 교육자들이 말하는 것보다 훨씬 더 나은 상황인 것이다. 도덕적 지향을 가르치는 것이 수업의 주요 초점이 될 필요가 없는 것이다.

연구에서 또 한 가지 볼 수 있는 부분은, 교사들이 아이들의 도덕 발달에 대해 거의 아는 것이 없다는 점과 그들이 도덕적 역량을 어떻게 장려하는지에 대해 거의 배운 적이 없다는 점이다. 교육자들(교사들과 부모 포함)은 종종 아이들과 청소년들의 정의감을 과소평가한다. 한 연구에서 우리는 5학년에서 8학년까지 550명의 학생들에게 그들 자신에게 중요한 정도에 따라 19개 진술문에 순위를 매기라고 하였다. 가장 높은 순위를 차지한 항목은 소유권의 존중이었다("학생들은 남의 것을 훔치지 않는다는 것이 내게는 중요하다."). 그 다음이 좋은 교육과 교사들의 공정함이었다. 대부분의 학생들은 이 세 가지를 "매우 중요한 것"으로 확인하였다(Lind, 2002: 175, 216). 학교에서 자신에게 가장 중요한 것이 무엇인가에 대한 주관식 질문에 대한 응답에서도 9학년 학생들은 비슷한 대답을 하였다. 놀랍게도 학생들은 선생님의 공정함을 1순위로 답했고, 축제 행사와 같은 비도덕적인 문제들은 덜 중요한 것으로 평가했다.

교사들은 학생들이 그러한 질문들에 어떻게 답했다고 생각할까? 나는 여러 종류의 중등학교 교사들 약 130명에게 그들 생각에 자신의 학생들이 어떻게 답했을 지를 생각해서, 학생들과 똑같은 설문지를 채워보라고 하였다. 교사들은 자신들이 학생들을 "안다"는 점을 암시하면서 모두 설문지를 완성하였다. 흥미로운 점은 학생들의 응답 결과가 우리가 가진 고정관념과 다를 것이라는 나의 입장에 대해 이견을 가진 교사는 없었다는 점이다(Lind, 1995).

교사들의 대답은 그들이 학생들을 꽤 잘 평가할 수 있다는 것을 보여주었다. 다시 말하자면 교사에 대한 학생들의 도덕적 기대를 잘 안다고 말이다. 교사들은 학생들이 "공정하고, 사려 깊은" 선생님을 기대한다고 알고 있다. 하지만 학생들의 민주적 참여에 대한 기대와 민주적 학습단체로서 학교의 효과적인 설계에 대해서는 교사들이 학생들을 부분적으로 잘못 이해하는 것 같다. 이 연구에서 민주적 단체가 무엇을 의미하는지에 대해 교사들과 학생들 간 차이가 특별히 컸다. 대부분의 교사들이 민주적 단체를 학교 규칙 강화를 고수하는 것으로 연관시킨 반면, 대부분의 학생들은 규칙의 제정과 집행에 더 관계되는 것으로 보았다. 여러 다른 연구 결과들을 보고 싶다면 나의 연구(Lind, 2002: 211; Lind, 1995)를 참고하라. 교사들과 학생들 사이의 이러한 오해들을 어떻게 다룰지에 대해서는 4.2장에서 논의하겠다.

3.4. 도덕적 자아의 두 가지 층위: 명시적 행위와 윤리적 숙고

우리가 사람들의 도덕적 역량에 대해 이야기할 때, 우리는 사람들의 실제 행위에서 드러나는 능력을 의미하지, 그들이 하는 이야기를 의미하지는 않는다.4장에서 살펴볼 것처럼, 피아제와 콜버그는 도덕적 자아의 이 두 가지 층위들을 분명하게 구별하였다. 하지만 그들은 주로 이것을 방법적인 문제로 보았다. 그들은 규범 순응적 행위와는 대조적으로, 도덕적 행위는 내적 과정들을 말하지 않고는 적절하게 설명될 수 없다고 주장했다. 하지만 그들은 자신의 행위에 대한 참여자들의 의식적인 이야기만을 평가하기로 결정해버렸다.

이 책은 우리의 도덕적 자아의 의식적 부분에 대해서는 자세하게 다루지 않을 것이다. 의식적 층위(윤리적 지향들, 그리고 윤리적 판단력 및 추론)는 여러 문헌들에서 광범위하게 다루어져 왔다. 그러므로 나는 이 책에서 도덕적 행위의 무의식적인 층위에 보다 초점을 맞추고자 한다. 이 부분은 행위에 있어 매우 중요함에도 불구하고, 연구와 일상의 학교교육에서 정당한 몫을 얻지 못하였다(Lind, 1989a; Haidt, 2001; Gigerenzer, 2007). 도덕적 행위의 두 가지 무의식적인 측면들에 초점을 맞추는 것은 연구와 응용된 교육에 매우 유용하다는 것이 증명되어 왔다.

그렇지만 우리는 콜버그가 비판했던 전통적인 행위적 관점을 취하지는 않는다. 우리는 참여자들의 행위를 외재적인 관점(미리 정해진 사회적 기준들에 행위가 일치하는가, 일치하지 않는가)으로 판단하거나 채점하지 않고, 그들 자신의 도덕적 지향들의 관점으로 판단한다(4장 참조).

그럼에도 불구하고, 우리들의 도덕적 자아의 의식적 층위 역시 중요하다. 우리는 도덕적 감정들을 느끼고 우리 동료 인간들의 도덕적 감정을 인식할 수 있기 위해 우리 자신을 교정하고 훈련시킬 수 있는 이성이 필요하다(Kuhn, 1991; Schrader, 2004; Nowak, 2013a). 나 자신에 대한 이러한 층위가 없었다면, 나는 이 책을 쓸 수 없었을 것이다. 그러나 나는 이러한 도덕적 자아의 의식적 층위를 체계적으로 다루지는 않는다. 이것은 윤리학에서 다루어져야 할 영역이다. 다음의 [표 3-2]를 통해 우리는 도덕적 자아의 측면들과 층위들의 상호 관련성을 볼 수 있다.

[표 3-2] 도덕적 자아의 이중 층위와 정서-인지의 이중 층위 모델

	정서적 측면	인지적 측면
윤리적 숙고 (의식적 층위)	표현된 윤리적 원리들	윤리적 판단력과 추론
명시적인 도덕적 행위 (무의식적 층위)	행위에서 드러나는 도덕적 지향	행위에서 드러나는 도덕적 역량

그래서 나는 이 책에서 주로 도덕적 행위의 층위와 무의식적 도덕적 성향에 초점을 맞출 것이며, 특히 도덕적 역량의 성향disposition에 맞추고자 한다. 왜냐하면 그것이 개인의 행위에서 자신을 드러내기 때문이다. 내가 이렇게 하는 첫 번째 이유는 이 도덕적 행위의 측면이 매우 중요하고, 도덕심리학과 도덕교육뿐만 아니라 대중들 사이에서도 많이 토론되기 때문이다. 두 번째 이유는 이것이 실험 심리학의 객관적인 방법으로 연구된 적이 거의 없기 때문이다. 그러나 이러한 이유가 내가 다른 측면들을 무시한다는 것을 의미하지는 않는다. 그와 반대로 네 가지 측면들 모두가 한 사람의 부

분들로 고려되어야 하고, 통합적인 노력을 통해 증진되어야 한다. 4장에서 살펴보겠지만, 연구와 측정에 있어서, 특별히 정서적 측면과 도덕적 지향은 필수불가결한 것이다. 몇몇 연구가들은 실증적으로 기준 행위[a criterion behavior]와 상호 관련을 갖지 않는 도덕적 지향과 같은 심리적 요소들을 무시하는 경향이 있다. 그들은 상관관계가 전혀 없는 것을 중요도가 전혀 없는 것으로 잘못 해석하는 것이다. 상관관계는 단지 어떤 차이가 얼마나 다양한가를 말해주는 것이다. 나는 상관성 "0"은 도덕적 지향들이 사람들 사이에서 큰 차이가 없다는 사실에서 나온 것이라고 주장한다. 도덕적 지향들은 도덕적 행위를 위해 절대적으로 필수적이라는 사실에도 불구하고, 변수의 차이가 없다면, 상관관계 역시 없는 것이다. 오히려 행위에 있어서의 차이는 도덕적 역량의 차이에서 초래한다.

비록 독자들이 이 책에서 설명하는 도덕교육의 방법이 주로 무의식적인 도덕적 역량의 증진에 목표를 두고 있음을 확인하더라도, 이 책은 의식적인 윤리적 숙고와 심리학적 숙고의 층위 또한 다루고 있다. 연구는 발전을 이루기 위해 현실의 일부에 초점을 둘 수도, 때로는 두어야하기도 하지만, 교육은 도덕적 자아의 모든 층위들과 측면들을 포함해야 한다. 우리의 행위를 결정하는 무의식적인 도덕적 지향과 기술들을 개발하는데 더해서, 우리는 의식적인 생각과 타인과의 의식적 대화, 말과 글에서 우리의 도덕적 감정의 표현, 타인의 도덕적 감정과 기술의 해석 또한 필요로 한다. 그러므로 KMDD는 학생들이 그들 자신의 도덕적 감정을 표현하고, 타인의 도덕적 감정을 이해하는 기회를 제공하여, 그들의 이성이 발달할 수 있고, 그들 스스로가 도덕적 감정의 교육과 도덕적 역량의 훈련에 책임을 질 수 있게 한다.

제4장

도덕적 역량의 의미와 측정

이번 장에서 나는 혁신적이고 새로운 측정 방법인 실험적 설문지들을 설명할 것이다(Lind, 1978; 1982). 이것은 우리가 객관적인 방법으로 내재적이고 구조적인 성향들을 측정할 수 있게 한다. 이러한 특징들 중 한두 가지를 가진 측정 및 관찰의 방법들은 많이 있지만, 세 가지 모두를 가진 것은 없다. 태도와 능력 측정을 위한, 대부분의 정신력 측정 테스트들은 분명히 객관적이다. 하지만 그것들은 한 개인의 행위의 내재적이고 구조적인 특징들을 측정하지는 않는다. 반면에 임상면접과 같은 소위 질적 연구방법들은 내재적이고 구조적인 성향들을 측정하려 하지만, 객관적이지 않아서 그 결과에 의구심을 가지게 한다. 그것들의 응용과 채점은 조사자의 직관적 판단력에 너무 많이 의존한다. 이러한 판단력은 그들이 검사하려는 이론적 가정에 의해 쉽게 편견을 띠게 된다. 실험적 설문지로서 내가 설계한, MCT는 사람들의 내재적이고 구조적인 도덕적 역량을 완전히 객관적인 방식으로 측정한다. MCT는 도덕적 역량을 과학적인 방식으로 연구하는 것을 가능하게 한다.

커틴스와 거워츠는 도덕 발달에 관한 그들의 안내서 논문에서 "20세기 초의 대부분의 기간 동안, 도덕적 현상들은 과학적으로 연구될 수 없다는 주장이 일반적이었다."라고 기술하였다(Kurtines & Gewirtz, 1995a: 3). 주요 장애물은 도덕적 성향, 다시 말해 도덕적 지향들과 도덕적 역량을 측정하기 위한 객관적인 방법의 결핍으로 보였다. 많은 사람들이 이 질문에 대해 부정적으로 대답한다. 그들은 내재적인 도덕성은 결코 측정될 수 없다고 믿는다. 그들은 도덕적 성향들이 관찰 불가능하고, 직관적인 방법들에 의해서만 가정되며, 추론될 수 있는 "잠재적[latent]" 구성물이고, 거의 설명 불가능한 것이라고 선언한다. 그래서 도덕적 성향들은 과학적 연구의 문제가 아닌 믿음의 문제가 되었다. 하지만 나는 개인의 명시적인 행위를 이용하여 이것들을 객관적으로 측정할 수 있고, 교육의 성격과 발전에 관한 질문들을 과학적인 연구를 통하여 답할 수 있다는 것을 보여줄 것이다.

도덕적 성향들을 측정하려는 매우 유명한 시도가 피아제[Piaget]와 콜버그[Kohlberg]에 의한 임상실험의 방법이다. 이 측정 방법의 배경에 있는 생각은 가설적인 딜레마 스토리 속의 주인공의 결정에 관한 아이들(피아제)과 성인들(콜버그)의 도덕적 판단력을 연구하려는 것이다. "우리가 연구하려는 것은 도덕적 판단력이지 도덕적 행위 혹은 감정이 아니다(Piaget, 1965: 7)." 인터뷰 대상자들의 대답으로부터 연구자들은 점수를 산출하는데, 그들은 이것을 잘 개발된 이론적 스키마에 맞추어 넣으려고 노력한다. 이 방법은 발달 스키마와 발달 단계의 관념을 낳았다.

임상면접이라는 방법은 여러 가지 이유로 비판받아 왔는데, 나는 어딘가에 이것들을 정리하였다(Lind, 1989). 몇몇 인지 심리학자들은 심지어 이렇게도 생각했다. "인터뷰 방법은 두 배로 위험하다. 이 방법은 통합 방식에 의해 드러나는 것을 보지 못할 뿐 아니라, 매우 다른 무엇인가를 본다고 주장한다. … 인터뷰 방법의 실패는 인지적 분석을 위한 언어적 보고의 위험성이 반영된다(Anderson, 1991: 167)."

피아제와 콜버그는 그들의 방법의 모호성과 한계점들을 꽤 잘 알고 있었다. 사실 그들은 인간의 도덕적 행위에 대한 이해에 기여하기를 원했었다. 하지만 가설적인 이야기에 관한 사람들의 언어적인 추론이 어떻게 행위와 연관되는가? 피아제는 이렇게 인정했다. "특별히 도덕성 문제에 있어서 큰 위험은 누군가 어떤 아이에게 말하기를 원하는 것이 무엇이든 그 아이가 그대로 말하게 하는 것이다(Piaget, 1965: 8)." "우리가 해결해야 하는 포인트는 실제 행동과 비교했을 때, 아이가 우리에게 말하는 것들이 양심적인 자각[conscious realization]을 구성하는가 하는 점이다. … 우리는 이 문제를 완전히 해결했다고 주장하지 않는다. 단지 직접적인 관찰만이 그것을 해결할 수 있다(Piaget, 1965: 115)."

콜버그 역시 인터뷰를 통해 도덕적 행위를 평가하는 것에 대해 의심을 가졌다. "구조 이론의 관점에서 실험 대상이 자의식적으로 자신의 단계 구조를 알 필요는 없다." 그럼에도 불구하고 그는 이렇게 주장하였다. "구조적 일관성은 … 자발적인 반응들로부터 심리학자가 추출해 내는 구조적 특징들에 의해서만 발견되어야 한다(Kohlberg, 1979: xiv)." 그는 방법론적인 딜레마에 빠져 있었다. 인터뷰의 결점들에도 불구하고, 콜버그는 "도덕적 행동의 행위적인 개념"보다는 인터뷰가 한 개인의 내재적인 도덕적 역량을 더 잘 다룬다고 믿었다. 왜냐하면 전자는 "사회적·문화적으로 수용되는 규범에 순응한 행동일 경우, 이를 도덕적이라고 전형적으로 정의했기 때문이다(Kohlberg, 1984: 392)." 또한 그는 도덕적 역량 혹은 구조를 평가하는 또 다른 방법을 구상했다. "구조는 추론이라기보다는 구성물이다. 그리고 분명한 항목들의 '이해 가능한' 배열의 기반 위에서만 보장된다. 가설적인 구조는 반응들의 조직 원리라고 말할 수 있다(Kohlberg, 1984: 408)." 그래서 콜버그는 이렇게 주장한다. "검사지 제작자는 검사지가 만들어지고 난 뒤에 내용에서 구조를 발견하려고 하지 말고, 처음부터 구조를 상정해야 한다." … 만약 검사에서 단계적 구조를 산출하고 싶다면, 그 구조의 개념이 반드시 첫 관찰, 검사지 제작 그리고 채점에 들어가야 한다(Kohlberg, 1984: 401-402)."

나는 콜버그에게 도덕적 행위와 도덕적 감정을 직접적인 관찰, 다시 말해서 참여자들에게 사회적 규범을 순응하도록 요구하지도 않고, 그들의 "구조적 일관성"을 의식하라고 요구하지도 않는다. 이런 식이 아니라 개인의 반응들의 분명한 배열을 통하여 조직 원리를 이해 가능하도록 만드는 객관적인 검사를 사용하는 평가방식을 말했을 때, 그는 그러한 검사지를 이미 자신의 서랍에 가지고 있다고 농담을 하였다. 실제로 그는 그의 하인츠-베르너-기념 강의

Heinz-Werner-Memorial Lectures(Kohlberg, 1981)에서 도덕적 구조의 구조적인 측정에 대한 대안적인 비전을 분명하게 제시하였다. 그는 MCT의 능력을 인정하면서, "내가 믿기로 이것은 한 개인에 대한 순수한 구조의 점수를 부여한다." "이것은 매우 전도유망한 접근방식이다."라고 말한 바 있다(Kohlberg, 2010: xvi; 1985).

우리는 그의 강연들이 출판물로 나오기 이전에, 실험 심리학의 다른 출처들로부터 우리의 접근 방식을 개발하였다(Lind, 1978; 2008). 하지만 그 이전에 출판된 몇몇 아이디어들이 우리의 MCT의 개발을 위해 결정적인 역할을 했는데, 이번 장에서 그것들을 설명하려고 한다. 콜버그의 도덕적 판단 역량에 관한 개념이 나를 도덕 심리학과 도덕교육 분야로 끌어왔고 내가 적절한 객관적인 방법을 찾도록 안내했다. 그가 "한 개인의 도덕성을 그 사람의 문화에서 통용되는 보다 공통적인 규칙에 대한 행위적 순응으로 정의하기"를 거부한 것이 (Kohlberg, 1958: 2) 내가 주류 심리학 검사 이론의 대안을 찾는데 동기를 부여했고, 실험적 설문지들(Lind, 1982)이라고 불리는 내재적이고 구조적인 성향들을 측정하기 위한 새로운 방법을 설계하는데 동기를 부여했다. 우리는 실험적인 설문지들과 함께, 측정 개념인 도덕적 역량이 검사지 제작의 시작 단계와 채점에 들어가야 한다는 그의 요구사항을 예상해 왔다.

4.1. 도덕적 역량에 대한 우리의 개념은 무엇인가?

예전의 단순한 사회에서는 우리가 도덕적이기 위하여 특별한 기술들을 필요로 하지 않았다. 무엇을 하고, 무엇을 하지 않을지에 관한 규칙들만 수용하고, 그에 복종하면 충분해 보였다. 어려운 점은 그것들이 광범위해지면서 '단지' 알아차리고 기억하는 것뿐이었다. 심지어 여기서도 규칙들이 충돌할 때, 사람들은 도전을 받는다. 인간 존재의 초기부터 사람이 다른 사람을 죽이는 것은 금지되었다. 하지만 누군가가 다른 사람을 죽이려고 위협한다면, 이 규칙은 무시되어야 했다. 사람들은 이 규칙의 타당성을 자신의 가족, 부족 그리고 후에는 조국에만 제한시킴으로써 이 문제를 해결했다. 이러한 규칙들을 지키지 않으면 누구라도 쫓겨났고, 이러한 규칙들의 보호를 상실하게 됐다. 그들은 "그들의 권리를 박탈당했다." 이러한 규칙들의 응용은 종종 폭력적인 대결과 전쟁을 낳았다.

계몽주의 시대 동안에, 보편타당한 규칙 혹은 원칙에 대한 생각은 철학과 매일의 인간의 생각 속에서 박차를 가했다. 계몽주의 시대의 대표자 중 한 사람인 칸트는 도덕성을 행위를 위한 금지사항과 명령들의 목록이 아니라, 보편타당한 도덕 원리들에 대한 준수로 정의하였다(Neiman, 2009; Höffe, 2012). 이를 통해 그는 우리가 보편적으로 타당하고 적용되기를 요망하는 행동의 준칙들을 강조하였다. 그가 명명한 것처럼, 이러한 정언명령에 따르면, 우리의 행위는 우리의 원칙과 일치할 때만 도덕적이다. 처음에는 이 계몽주의의 새로운 윤리가 심리학적, 교육적 관점에서 우위를 가졌다. 우리는 몇 가지 규칙들만 기억하면 되는 것이다.

칸트와 같은 철학자들은 이러한 규칙들을 준수하는 것은 기껏해야 동기부여와 용기 정도를 요구하는 일일 뿐("Sapere aude!" - 용기를 내어 알고자 하라!), 특정한 도덕적 역량을 요구하지는 않는다고 생각했다. 하지만 이것이 사실일까? 진리에 있어 도덕원리의 보편적인 타당성을 보여주기 위해, 그가 만들었던 사고 실험을 생각해 보자. 그는 진실성의 원리는 자신의 생명이 위태로워지더라도 반드시 적용해야 하는 것이라고 주장했다. 이와 같은 사고 실험은, 철학적 요지를 밝히는 데는 유용하지만, 일상생활의 의사결정 과정에서 우리에게 도움이 될 것 같지는 않다. 일상생활에서 원리들이 보편적인 타당성을 주장하기 때문에, 우리는 반복적으로 하나 혹은 그 이상의 생활수칙을 어길 수밖에 없는 상황에 빠진다는 사실을 직면해야 한다.

많은 철학자들은 이 문제를 못 봤던 것 같다. 나에게 뛰어난 예외라고 보이는 것이 하버마스Jürgen Habermas와 아펠Karl-Otto Apel에 의해 만들어진 담론윤리의 접근방식이다(Habermas, 1990; Apel, 1990). 내가 이해하는 한, 그들은 도덕적 딜레마 문제와 직접 씨름한 것이 아니었지만, 그들의 접근 방식은 딜레마 상황을 다루기 위한 좋은 기반을 제공한다. 개괄적으로 말하자면, 그들의 윤리학은 우리가 도덕적 문제와 갈등을 주장들의 추론된 비교를 통해 해결해야 한다고 주장한다. 다시 말해서 우리 자신 혹은 타인에 반하는 폭력, 자기기만, 속임수, 권력행사를 통해서가 아니라, 사고와 토론을 통해 해결책을 찾는 것이다. 하버마스는 도덕적 추론을 "눈에 띄지 않으면서 의사소통 구조에 담겨져 있으며, 정신 내부 및 대인 관계의 의사소통 방식을 통한 의식적인 갈등해결과 합의에 의한 갈등규제를 방해하는 힘(권력)의 관계의 근절"이라고 정의한다(Habermas, 1976a: 34). 그러므로 도덕적 역량은 도덕적 독단 혹은 도덕적 엄숙주의를 극복할 필요가 있다. 이러한 것들은 다른 원리들을 희생하면서, 하나의 도덕 원리만을 일방적으로 추종하는 것이다. 독단은 폭력의 한 형태이고 종종 명백한 폭력 혹은 심지어 테러도 낳는다. 나에게는, 무조건적으로 보편화 가능하고, 외재적 기준과 내재적 도덕성 모두와 완전히 일치하는 것이 도덕적 의무로 보인다. 모두의 도덕적 역량을 기르자!

도덕적 역량은 여전히 심리학 연구와 응용 교육의 새로운 영역이다. 오래 전, 소크라테스는 "선善을 행하는 능력"에 대해 말했고, 다윈(Darwin, 1966[1871])은 도덕적 능력이라는 개념을 사용했다. 레비-슐은 비행청소년들이 도덕적 원칙이 부족한 것이 아니라, 그것들을 적용할 능력(그는 이것을 도덕적 성숙도라고 불렀음)이 없다는 것을 발견했다(Levy-Suhl, 1912). 하지만 아이들의 도덕적 판단력에 관한 피아제의 연구에서만 "도덕적 성숙도"에 대한 주제가 체계적으로 채택되었다. 피아제의 학풍 위에 자신의 연구를 실시했던 콜버그는 도덕적 판단 역량을 "(내재적인 원리들에 근거하여) 도덕적인 결정과 판단을 내릴 수 있는 능력과 이러한 판단들과 일치하는 행동 능력"이라고 정의했다(Kohlberg, 1964: 425).

이 정의를, 외재적 규칙들과 규범들에 순응하는 행위라는 그 당시의 일반적인 도덕성의 정의와 비교해 보면, 이것은 꽤 대단한 것이다. 이 정의는 세 가지 광범위한 변화를 포함한다.

- 도덕성은 능력의 측면을 가진다. 그러므로 단순히 정서적인 쪽으로 환원될 수는 없다.
- 도덕성은 내재적인 원리들에 대한 순응으로 정의된다. 그리고 그렇게 될 때에만 도덕적 이상, 자율, 책임과 같은 개념들에 의미를 줄 수 있다.
- 행동이 도덕적 역량 개념의 일부가 될 필요가 있다. 다시 말해서 우리는 행위에서 명백하게 드러나는 역량에 대해서만 말하고 있을 뿐, 생각이나 의도의 형태로 존재하는 것들을 말하는 것이 아니다.

하지만 콜버그의 정의는 딜레마를 다루는 어려운 도덕적 과업을 언급하지 않는다. 왜냐하면 콜버그는 도덕적 갈등과 문제를 해결하는 것은 특별한 기술을 요구하는 것이 아니라, 단지 도덕적 원리의 실행에 책임을 느끼게 하는 의지의 결정만이 요구된다고 생각했기 때문이다(Kohlberg, 1984: 498-582). 그의 측정도구인 MJI에 관한 초기의 작업은 이러한 관점에서는 긍정적인 노력을 기울인 것이다. 하지만 이러한 노력들은 후속 수정판들의 먹잇감이 되었다. 권위 있는 연구 집단들은 그런 노력의 중요성을 인정하지 않았기 때문이다(Colby et al., 1987).

그러므로 우리는 현실의 삶에서 자신의 도덕 원칙들과 일치하는 행동을 해야 하는가에 대한 질문에만 우리를 한정시킬 수는 없다는 점을 명확히 해야 한다. 우리는 서로 상충되는 생각들을 비교할 수 있는지, 같은 생각을 가진 사람들뿐만 아니라 반대 입장을 지닌 사람들과의 의사소통도 가능한지와 같은,

원칙들 간의 피할 수 없는 갈등을 다룰 수 있는가에 대한 질문도 역시 다루어야 한다. 만약 우리가 우리 자신들을 개인의 행동수칙의 실행을 측정하고 가르치는 것에로만 제한한다면, 우리는 도덕적 담화 그리고 평화로운 갈등해결을 증진시킬 수 없을 것이고, 도덕적으로 동기부여가 된 폭력을 양산할 것이다. 결국 연구를 통해서 볼 수 있는 것은, 사람들의 도덕적 역량이 높을수록 공유된 도덕 원칙들을 더 확실하게 수용하고, 낮은 종류의 도덕적 지향들을 거부한다는 것이다.

4.2. 도덕적 역량을 어떻게 측정할 것인가

방금 설명한 도덕적 역량의 개념을, 우리는 그것의 정의, 다시 말해 도덕적 사고와 담론에 연관되는 능력에 따라 측정할 수 있다. 이제 우리는 우리가 이 개념을 타당한 측정도구로 변환시키기 위해 극복해야 했던 문제를 웃어넘길 수 있다. 당신이 우리의 노력의 산물을 볼 때 아마 이렇게 감탄할 것이다. 간단하네! 하지만 이 책이 첫 눈에 간단해 보이는 것만큼, 이것을 현실화 하는 것은 그렇게 쉽지 않았다. 1970년대에 나와 동료들이 도덕적 역량에 대한 객관적인 검사법을 개발하기 위해 앉아있었을 때, 세 가지 중요한 질문에 대한 대답을 해야 했는데, 그 당시에는 불가능했었다.

- 첫째, 우리는 어떻게 참여자의 외재적인 기준이 아닌 내재적인 도덕적 기준에 의해 역량을 검사할 수 있을까? 외재적인 기준들로 능력과 역량을 검사하는 것은 과거에나 지금이나 심리측정에서 매우 흔한 방법이다. 하지만 그것은 우리가 채택한 도덕성에 관한 철학적 정의와는 전혀 맞지 않는 것이다(Pittel & Mendelsohn, 1966; Kohlberg, 1958, 1981; Lind, 2008b).
- 둘째, 무엇이 적절한 도덕적 과업을 구성하는가?
- 셋째, 어떻게 우리는 참여자들의 고립된 반응들의 모호함을 풀어내고, 도

덕적 역량을 타당하게 평가할 수 있는가? 고립된 행동은 대개 우리가 한 개인의 근본적인 성향들을 유추하는 것을 불가능하게 만든다. 사람들이 우리에게 친근하게 인사할 때, 그들이 우리를 좋아한다는 것을 반드시 의미하는 것은 아니다. 그들이 정중한 사람임을 의미할 수도 있고, 우리를 공격할 의도를 감추기 위한 것일 수도 있다. 유사하게, 사람들이 한 문제에 관한 우리의 도덕적 논증 원칙에 동의할 때, 그들이 그렇게 하는 이유는 다양할 수 있다. 그들이 도덕 원칙들을 높게 평가할 수도 있고, 도덕적인 말로 그들의 주장을 지지하고 싶을 수도 있으며, 단순히 권위자의 모든 주장에 동의하는 것일 수도 있다. 도덕적 지향과 도덕적 역량에 대한 고전적인 접근 방식들로는 우리가 한 개인의 반응을 결정하는 많은 요소들을 구별할 수 없다. 오히려 이러한 접근 방식들은 두 가지 의심스러운 가정을 근거로 하는 것 같다. (a) 도덕적 검사에 대한 모든 반응들은 가정된 성향들에 의해 상당히 결정된다. (b) 검사 질문들에 대한 개인의 반응들의 변화는 순수한 무작위적인 측정 오류이다. 첫 번째 가정은 이미 그린(Green, 1954)의 일반적인 태도 검사들, 그리고 부트케(Wuttke, 2007)의 학문적 능력 검사에 의해 반박되었다. 두 번째 가정은 내가 실시한 대학생들의 정치적 태도에 관한 장기조사 자료의 이차분석의 결과들에 의해 의문이 제기되었다(Lind, 2010b). "측정 오류", "신뢰성" 그리고 "내재적인 지속성"에 대한 지수들을 통해 강력한 경향들을 볼 수 있었는데, 이 경향들은 순수한 무작위적인 오류보다는 참여자들의 인지구조의 변화에 의해 더 잘 설명될 수 있는 것들이었다. 만약 이러한 지수들이 정말로 측정과정의 한 결과일 뿐이었다면, 왜 그러한 지수들이 연구마다 다양하게 나타나는 것일까?

그래서 실제로 필요했던 것은 현대 도덕 심리학의 가정들에 부합하는 새로운 종류의 측정이었다(3장 참조). 그리고 우리는 우리의 연구 결과들을 의심하는 어느 누구에게나 명료한 객관적인 검사법을 개발할 필요를 느꼈다. 다시 말해서 우리는 이론적으로 타당한 도덕적 역량 검사 도구를 만들기 위해 완전히 새로운 측정이론을 필요로 했다. 그래서 우리는 실험 심리학의 방법들을 기반으로, 새로운 검사를 개발하기 시작했다(Lind, 1978, 1985a, 2008b).

정신력 측정의 고전적인 방법과 도덕 심리학의 불일치

1970년대 우리가 도덕적 역량을 측정하기 위한 방법들을 찾고 있을 때, 우리는 피아제와 콜버그의 임상면접방법 밖에는 찾을 수 없었다. 피아제의 방법은 개인의 도덕적 성향을 측정하기 보다는 도덕 발달의 일반적인 원리들을 평가하려는 의도였고, 콜버그의 MJI가 우리의 도덕적 역량 개념과 가장 근접하게 다가왔다. 하지만 우리는 두 가지 이유로 이 방법을 거부하기로 결정했다. 첫 번째 이유는 실용성이었다. MJI는 그 당시 8년 간 유럽의 5개국에서 5000명의 학생들에게 다양한 경우에 대한 인터뷰를 시행하려 했던 우리의 연구 프로젝트에서 사용하기에는 그 적용과 평가의 비용이 너무 비쌌다(Bargel et al., 1982; Lind, 1986a). 더 중요한 두 번째 이유는 MJI의 최신 버전의 기초를 형성하는 측정이론과 관련이 있었다(Colby et al., 1987). 측정이론들은 많은 이들이 생각하는 것과 같이 "단순히 많은 양의 자료를 줄여주고", 그것을 제시할 수 있도록 도와주는 중립적인 통계방법이 아니다. 측정이론들은 측정 대상의 본질에 대해 감추어진 내용을 기반으로 하는 가정들을 포함하고 있다. 사회 과학에서 사용되는 거의 모든 검사들은 두 가지 함축적인 심리적 가정들을 기반으로 한다(Gulliksen, 1950).

- 첫째, 검사들은 측정하려는 능력이 질문이나 과업 하나하나에서 분명하고 선명한 방식으로 드러난다고 가정한다. 설문지의 각 항목들에 대한 대답, 예를 들어 특정한 주장에 대한 응답자의 판단(이 경우는 도덕적 역량)은 "측정 오류"를 제외하고는 측정되는 성향이 주된 원인이라고 가정하는 것

이다. 라쉬 척도Rasch Scaling 접근 방식 및 문항 반응 이론Item Response Theory과 같은 새로운 측정이론들은 이 가정을 개선할 뿐 의심하지 않는다.

- 둘째, 검사의 설계와 평가를 위한 통계적 모델들은 측정 오류가 순수하게 무작위적이고, 물리적인 대상의 측정법에서 모방할 수 있는 단순한 기술로 보상될 수 있다는 가정을 기반으로 한다. 측정 오류를 줄이기 위하여 단순히 여러 번 측정하고, 그 평균값을 계산하는 것이다.

고전적인 검사 이론의 두 가지 가정들은 심리학적 관점에서 잘못된 것들이다.

- 첫 번째 가정은 어떤 경우에서도 도덕적 역량의 정의와 상반된다. 개인의 판단력 혹은 행동은 항상 단일한 한 가지 요소에 의해 결정되는 것이 아니라, 대개 여러 가지 요소들의 동시적인 영향을 받는다. 콜버그가 지적했듯이, 모든 판단, 각각의 대답들 그리고 하나의 행동은 동시에 작동하는 많은 요소들에 의해 결정될 수 있으며 대체로 그러하다. "도덕적 딜레마의 해결책은 자신이 믿는 것과 마주치는 상황 모두를 공정하게 대해야 한다. 그래서 자신이 진실하고 중요하다고 믿는 모든 가치들을 공정하게 대한다는 것은 어려운 선택인 것이다(Kohlberg, 1958: 128)." 그러면 우리는 어떻게 대답을 기반으로 응답자의 도덕적 역량에 관한 결론을 이끌어 낼 수 있어야 하는가? 상황, 즉 문제의 맥락을 고려하고, 다른 원인들에 의해서 대답이 결정될 수 있다는 가능성을 배제할 수 있을 때 우리는 역량을 평가할 수 있다(Wakenhut, 1978). 이러한 요소들은 고전적 검사 이론이 가정하는 것처럼, 단순히 측정 오류로 고려될 수는 없는 것들이다.
- 비록 통계적인 의미에서, 대답들의 편차가 순수하게 무작위적인 "측정 오류"와 관련된다고 하더라도, 우리가 그것들을 쉽게 줄일 수는 없다. 왜냐하면 이런 것은 일반적으로 무생물 대상들의 측정에서 가능하기 때문이다. 사람에게는 각각의 측정이 다음번 측정에 영향을 미치는 반응이 만들어진

다. 우리는 측정 오류를 줄이기 위하여, 사람들에게 같은 질문을 반복해서 할 수는 없다. 그래서 모든 검사에는 측정을 반복하기 위하여 똑같은 항목을 대신해서 새로운 질문들을 사용한다. 하지만 똑같은 것을 측정하는 다른 종류의 질문들은 많지 않다. 그래서 검사를 하면 할수록 그것의 타당도는 낮아지는 경향이 있다. 즉, 검사가 길어질수록 무엇인가를 더 정확하게 측정하지만, 불행히도 우리는 그것이 실제로 무엇인지는 모르는 것이다.

- 전통적인 검사들은 인간의 기능의 구조적인 성질들을 측정하는 데는 적절하지 않다. 행위의 이면에 존재하는 구조들은 한 개인의 행위의 패턴에서만 드러난다. 하지만 전통적인 검사들은 검사용 질문들에 대한 고립된 반응들에만 초점을 두고, 개인의 반응들 사이에 존재하는 관계적 성질은 무시한다. 한 가지 단순한 예는 이러한 부분이 얼마나 현혹적일 수 있는지를 보여준다. 우리가 사람들에게 기분이 어떤지를 물을 때, 그들의 대답은 어떤 일반적인 성향(행복과 같은)의 징후라고 여겨진다. 우리가 이 질문을 반복할 때, 고전적인 검사 이론은 이것을 그 질문의 "신뢰성"을 점검할 수 있는 동일한 측정으로 해석한다. 하지만 모두가 알고 있듯이, 검사에서 그냥 무시하는 수많은 응답 변화의 이유들이 존재한다. 예를 들어 행복의 변화 혹은 면접관의 변화(모르는 사람에게는 친구와는 다른 대답을 종종 한다) 혹은 또 다른 이유들이 있다. 고전적 측정 접근방법들은 이러한 구조적인 성질을 "측정 오류"라는 가정 하에 단순히 통합처리 해버리고, 더 심층적인 심리학적 분석을 배제한다.

같은 방식으로, 모든 인간의 성향들이 단지 "가설적이다"라는 기본적인 가정은, 역량이 명시적인 행위에서 나타나지 않으면 실재한다고 볼 수 없다는 생각과 상반된다. 역량은 "오로지 수행 현상들과 같은 구체적인 현실을 기반으로만 결정될 수 있다"(Habermas, 1990; 1983: 198). 만약 도덕적 역량이 한 개인의 행위가 도덕적 원리들을 지향한다는 것을 의미한다면, 우리가 단지 그들의 도덕적 지향(태도, 가치 등)만을 포착하는 것으로는 충분하지 않다. 우리는 태도와 행위 간의 관계 또한 분석해야 한다.

불행히도 부적절한 검사 이론이 계속 도덕 심리학 연구에서 우세하다.[4] 그것의 지지자들은 콜버그의 도덕 발달 측정에 대한 구조적인 접근방법을 격렬하게 반대한다(Kurtines & Greif, 1974). 초기에 콜버그는 고전적인 검사 이론과 거리를 두었다. 논문에서 그는 피아제의 임상 면접 방법을 선택했다. 왜냐하면 이 방법으로 사람들의 내재적 도덕 구조를 더 잘 평가할 수 있다고 생각했기 때문이다(Kohlberg, 1958). 나중에 그는 정통파 정신력 측정 이론가들의 비판에 굴복했다. 그와 그의 동료들은 고전적인 검사 이론의 요구사항에 맞추기 위해 MJI를 점차 수정하였다(Colby et al., 1987). 그렇게 함으로써, 내 생각에 MJI는 신뢰도는 얻었지만 타당도는 상실하게 되었다. 나는 커틴스와 그리이프Kurtines & Greif의 비평을 반박했던 브루턴John Broughton의 말에 전적으로 동의한다. "구조적 이점이란, 응답의 특정 내용이나 콜버그의 비판가들이 고려하지 않았던 구별이라기보다는, 생각의 형태를 이용하거나 혹은 추론이 조직되는 방식을 이용하는 조치이다(Broughton, 1978a: 3; Broughton, 1978b; Lind, 1989; Lind & Nowak, 2015)."

도덕 발달 측정의 대안적인 방법을 제안했던 저자들은 종종 지배적인 고전적 검사 이론에 굴복했다. 제임스 레스트James Rest는 설문지 방법을 통한 도덕적 역량 발달 측정Defining Issues Test을 제안했다. 그것은 원리화된 도덕 추론에

4) 독자들은 왜 사회과학자들이 여전히 전통적인 심리측정법을 고수하며, 왜 그것을 제일 먼저 사용하는지에 대해 물을 수 있다. 이 심리측정법은 제1차, 제2차 세계대전 기간 동안 군대에 동원할 예비 군인들을 선발하기 위한 능력이나 역량을 측정하기 위해 사용되었다. 그 측정법은 대상자들의 능력의 본질을 탐구하는 것이 아니라 외형적으로 필수적인 요건을 충족하고 있는지를 주로 측정했다. 많은 측정연구가들은 대학이나 전문 조사기관에서 이와 같은 방법을 학문적으로 연구하는 경력을 쌓았다. 연구가들은 그러한 방법론이 현대 심리학적 연구들과 명백하게 합치되지 않음에도 불구하고 왜 대다수의 심리학 연구들이 그와 같은 전통적인 심리측정법을 사용하는지에 대해 설명하는 데 주안을 두고 연구를 진행했다.

대한 한 개인의 선호를 기록하는 방식이었다. 여기에서 결정된 측정값인 P-점수는 "한 개인이 원리화된 주장들을 가장 중요하다고 생각하는 정도를 가리킨다(Rest & Narvaez, 1991: 234)." 다른 연구자들은 유사한 측정도구들을 제안하였다(Gibbs et al., 1992 참조). 정서-인지적 유사성 때문에, 도덕적 지향들은 실제로 도덕적 역량과 놀라울 정도로 밀접한 연관성을 종종 갖는다(Lind, 2002). 하지만 이 유사성은 단지 어떤 맥락 속에서만 나타날 수 있다. 모의 연구들에서 볼 수 있듯이, 사람들은 필요하다면 어떤 방향으로든지 그들의 도덕적 지향들을 가장할 수 있기 때문에, 이 유사성은 녹아서 사라질 수도 있다(Emler et al., 1983; Emler et al., 1998; Haste, 1985). 그러므로 당신은 또한 윤리학에 관한 강의를 통해서 학습자들의 도덕적 태도 검사 점수에 쉽게 영향을 줄 수 있다(Penn, 1990). 그러나 검사치의 변화가 학습자들의 도덕적 지향의 변화를 나타내는 것인지 혹은 에믈러Emler의 실험에서처럼, 단지 바람직한 대답을 제공하는 그들의 능력에 해당하는 것인지는 의문의 여지가 남는다(Lind, 2002; 이 책의 4.5장 참조).

왕 등은 도덕성과 인격을 자기 기술형self-description 설문지를 통해 측정하는 방법을 제안하였다(Wang et al., 2015). 예를 들어 '정직(신뢰)'이라는 덕목을 평가하기 위해 그들은 "사람들이 나를 믿고 진실을 말할 수 있다."와 같은 진술을 제공한다. 응답지에서 참여자들은 "그건 전혀 나와 같지 않다."에서 "그것은 정확하게 나이다."까지 5점 사이의 등급에서 선택할 수 있다. 사람들이 자신의 도덕적 역량을 스스로 평가할 수 있다는 것이 어느 정도는 인간적인 판단으로 가능하다고 보이지만, 그들이 그러한 질문들에 객관적으로 응답하는지에 대해서는 매우 의심스럽다. 왕Wang과 그의 동료들은 젊은이들이 스카우트 활동을 통해 그들의 인격을 향상시킬 수 있다는 그들의 가설을 검증하지 못했다. 내 생각에는 이러한 점에서 그들의 도구는 도덕성을 측정하는 것이 아니라 참여자들이 연구자들의 기대에 적응하는 정도를 측정하는 것 같다. 이러한 적응은 권위에 좀 더 복종적일 수 있는 스카우트 단원에 한정된 것이 아니며, 대체로 사람들이 나이가 들면서 줄어드는 것 같다.

요약하자면, 고전적 정신력 측정 접근방식들은 도덕적 역량을 평가하는데 적합하지 않다.

- 고전적 검사 이론에 기반을 둔 검사들은 도덕성을 내재적인 도덕적 성향 대신, 외재적인 기준들의 관점에서 정의하고 측정한다.
- 사람들의 역량을 보여주기 위하여, 검사는 반드시 어려운 도덕적 과업을 포함해야 한다. 그렇지 않으면 그 검사 점수는 진짜 역량 검사가 아닌 도덕적 지향 검사들에서처럼, 모든 방향에서 해석될 수 있다.
- 단순히 사람들에게 그들의 도덕적 역량에 대해 묻는 것은 그들을 어쩔 줄 모르게 만들 수 있다. 첫째, 그들은 종종 그들 자신의 도덕적 역량에 대해 모호한 생각만을 가지고 있다. 둘째, 그들은 그들이 기대된다고 생각하는 방식으로 응답하려는 유혹을 받게 된다. 그러므로 그러한 질문들은 도덕적 역량보다는 사회적으로 바람직함을 측정하는 것이다.

이러한 상황을 고려하여, 나는 새로운 측정도구가 필요하다고 느꼈다.

4.3. 도덕적 역량 검사 도구(MCT)

적절한 도덕적 과업 찾기

무엇보다 역량 검사는 반드시 적절한 과업들로 구성되어야 한다. 수학 역량 검사가 반드시 수학적 과업들로 구성되어야 하는 것처럼, 도덕적 역량 검사 도구도 반드시 도덕적 과업들로 구성되어야 한다. 만약 검사가 어려운 도덕적 과업을 포함하지 않는다면, 그것은 도덕적 역량 검사로 간주될 수 없다. 왜냐하면 그것이 사람들의 높고 낮은 역량을 구별할 수 없기 때문이다. 역량 검사의 한 가지 확실한 증거는 그것의 점수를 의도적으로 높이는 조작행위가 불가능하다는 것이다.

"어려운 도덕적 과업"이 무엇인가? 많은 과업들이 자격 미달이다. 왜냐하면 그것들은 외재적, 사회적 예상들을 나타내기 때문이다. 예를 들어 시험에서 다른 학생이 자신의 정답을 베끼도록 하는 것이 선생님 입장에서는 "비도덕적인" 것으로 보이겠지만, 학생의 시각에서는 친한 친구가 좋은 성적을 얻도록 도와주는 것을 의미할 수도 있다. 다른 과업들은 그것의 해결책이 분명한 추론을 이끌어내지 않기 때문에 자격 미달이다. 예를 들어 우리가 사람들에게 얼마나 많은 범죄를 저질러 왔느냐고 물을 때, 그들의 대답이 타당한 도덕적 역량의 지표라고 고려하기는 어렵다.

내 생각에 좋은 도덕적 역량 검사 도구를 찾기 위한 더 나은 출발점은, 도덕 문제들에 대한 반대 견해들을 생각해 보고, 토론할 수 있는 능력이라는 도덕적 역량의 정의이다. 듀이, 아펠, 하버마스와 같은 철학자들이 주장한 것과 같이, 도덕적 담론은 가장 기본적인 도덕적 원리이다. 1970년대 초에 사회 심리학자 키지Charles B. Keasey는 그의 실험을 통해 대부분의 사람들은 어떤 문제에 대한 자신의 입장과 반대되는 주장에 대해서는 토론할 수 없다는 것을 보여주었다(Keasey, 1973). 이것은 우리의 일상생활에서의 경험이 아닌가? 만약 우리가 논쟁적인 문제에 대해 토론한다면, 곧 상황은 빈번하게 "인신 공격적으로" 된다. 우리는 더 이상 문제에 대해 주장하지 않고 서로서로를 헐뜯으며, 목소리는 커지고, 갑작스럽게 서로에게 등을 돌리면서 토론을 끝낸다. 머릿속에서 반대 관점을 평가하지 못하거나, 의견이 다른 사람들과 주장을 교환하지 못하는 무능력이 속임수, 폭력 그리고 전쟁의 주요 원인으로 보인다. 만약 우리가 논쟁을 평화적이고 합리적인 협상으로 해결하지 못한다면, 우리는 비도덕적인 수단으로 이것들을 "해결"할 수밖에 없다.

MCT의 구조와 내용

이러한 배경에도 불구하고, 논쟁의 여지가 큰 문제에 대해 찬성하는 입장의 주장들과 반대하는 입장의 주장들을 보게 하고, 그 반응의 패턴을 분석함으로써 사람들의 도덕적 역량을 측정하자는 생각이 들었다. 사람들은 키지Keasey의 실험 참여자들 대다수와 같이 단순히 의견 일치를 근거로 주장들을 판단할까 아니면 주장에 대한 의견 일치와는 상관없이 그들의 도덕 원리와 일관된 방식으로 판단할까? 아래에서 나는 MCT를 요약하여 제시하겠다. MCT에 관한 세부사항들은 더 전문적인 서적들에서 볼 수 있다(Lind, 1978; 1985a, 2008b; 더 많은 자료들은 http://www.uni-konstanz.de/agmoral 참고).

MCT에서 참여자들은 두 가지 딜레마 스토리(노동자의 딜레마와 의사의 딜레마)를 접하게 되는데, 그 속에 나오는 주인공들은 결정을 내린다. 참여자들은 이 결정을 옳다(+3)부터 틀렸다(-3)까지 총 6단계의 등급으로 평가한다. 그 뒤에 그들은 자신의 평가에 찬성하는 주장들과 반대하는 주장들을 제시 받는다. 참여자들은 그들이 이러한 주장들을 수용할지 혹은 거부할지에 관해 밝힐 것을 요구받는다. 사실 그들은 -4(완전히 거부한다)에서 +4(완전히 동의한다)까지의 눈금에 차별화된 평가를 할 것을 요구받는다([부록 1] 참조).[5]

검사에 담겨있는 각각의 주장들은 6종류의 도덕적 지향들의 특정한 유형을 대표하는 것으로 선택 혹은 설계되었다(3.2장 참조). 각각의 도덕적 지향을 위하여 주인공의 행동에 대한 찬성 주장과 반대 주장이 검사에서 제시된다. MCT는 두 가지 딜레마 스토리를 담고 있기 때문에 참여자들은 24개의 주

---

5) [역주] G. Lind 교수의 MCT(이전 명칭은 MJT: Moral Judgment Test임)를 한국적 표준화한 연구결과는 [부록 1]과 다음 논문 참조: 박균열, "도덕적 판단력 도구 MJT의 한국적 표준화 연구", 『윤리연구』, 제94호, 한국윤리학회, 2014, pp.249-275.

장들을 함께 평가해야 한다.[6)]

나는 MJI를 위한 평가 매뉴얼에 있는 인터뷰의 예들에서 많은 주장들을 가져 왔다(Colby, Kohlberg et al., 1987). 그런 주장들을 찾지 못했을 때, 나의 동료들과 나는 새로운 주장들을 만들었다. 우리의 예상과는 달리, 높은 수준의 주장들보다는 낮은 수준의 주장들을 만드는 것이 더 어려웠다. 안락사에 대한 유형1과 유형2의 찬성과 반대 주장들이 비꼬는 말투로 들리지 않도록 만드는 데 많은 노력이 들었다. 그것은 아마 우리 자신들의 도덕적 감정들과 관련이 있었던 것 같다. 어떻게 사람들이 피해 회피와 금전적 이득의 수준에서 안락사의 경우를 진지하게 토론할 수 있을까? 우리는 결국 몇 가지 역할극을 함으로써 낮은 종류의 추론을 위한 진지한 주장들을 발견하는데 성공했다.

모든 주장들은 두 종류의 연구에서 검토되었다. 주장들이 가능한 분명하게 의도된 도덕적 지향의 종류를 표현하도록 하기 위하여, 우리는 몇 명의 유명한 콜버그 이론의 전문가에게 종류별로 주장들을 배치해 달라고 부탁했다. 나는 그들의 평가를 기반으로 주장들의 내용을 수정했다. MCT의 이론적 타당성을 보장하기 위하여, 우리가 도덕적 역량의 성격에 대해서 파악한 것으로부터 도출한 네 가지 기준들을 검사했다(Lind, 2008b). (1) 참여자들이 그들의 역량 검사 점수가 높게 나오도록 조작할 수 없어야 한다. (2) 참여자들이 안락사와 자경단[自警團] 제도와 같은 도덕적 문제들을 토론하기 위하여 "더 높은" 유형의 도덕적 지향을 선호하여야 한다. (3) 도덕적 지향에서 "근접한" 유형들(예: 유형5와 4)에 대한 참여자들의 선호는 도덕적 지향의 더 "먼" 유형들(예: 유형5와 2)에 대한 참여자들의 선호들보다 더 많이 연관되어야 한다. (4) 참여자들

---

6) MCT는 전통적인 의미에서의 심리학적 측정도구가 아니라 한 개인의 판단행위에 특정한 성향이 어느 정도 영향을 미쳤는지를 측정하는 도구이다. MCT는 콜버그 도덕발달 6단계를 기본으로 두 개의 딜레마 스토리에 각기 찬성과 반대의 논증 6개씩을 담고 있는 6×2×2의 다변량요인설계의 구도를 구축하고 있다. 이러한 절차를 통해서 MCT는 질적으로 높은 도덕적 논증, 의견의 일치, 상이한 딜레마를 상정한 상황적 맥락 등을 고려한 응답자들의 도덕적 판단에 영향을 주는 가설들을 검증하게 되는 것이다(Lind 1978; 1982; 2008b).

의 도덕적 역량이 높을수록 더 분명하게 더 높은 유형의 도덕적 지향을 선호해야 하고, 더 낮은 유형의 도덕적 추론을 거부해야 한다. 첫 검사들에서 몇몇 주장들의 타당성을 향상시키기 위한 재구성의 힌트를 발견할 수 있었다. 1977년에 MCT를 수정하고 나서, 독일어 원판과 38개 국어로 된 번역판에 많은 확인 작업이 실시되었다. 그것들 모두에서, 예외 없이 네 가지 기준들을 거의 완벽하게 확인할 수 있다(Lind, 1978, 1985a, 2008b). 빅스Don Biggs와 콜상트Robert Colesante에 의한 최근의 연구에서도 우리가 모든 주장들의 문법적인 복잡성을 계속 유지하는데 성공했다는 것을 볼 수 있었다. 그들이 발견하기로는 주장들의 등급들이 주장들의 문법적인 복잡성과 연관성이 없었다(Biggs & Colesante, 2015: 511).

실험적으로 설계된 MCT의 가장 중요한 부분은, 검사 상황의 세 가지 요소들이 세 가지 다른 하위 검사들에서 작동되지 않고, 각각의 주장들에 포함되어 있다는 점이다. 각각의 요소들(여섯 유형, 문제의 두 측면 그리고 두 가지 딜레마)의 현시가 주장들 속에 제시되고, 체계적으로 분류 및 결합되기 때문에, 참여자 개인의 응답 패턴에서 참여자들의 생각을 "읽는 것"이 가능하다. 패턴에서 한 개인이 주장들의 도덕적 특성에 상관없이 모든 지지적인 주장을 수용하고, 모든 반대적인 주장을 거부하는 것이 보일 때, 참여자의 등급매기기 행위는 어떤 입장을 확인하려는 의지에 의해서 결정된다고 볼 수 있다. 주장들을 이렇게 다루는 방식을 정신분석학적 용어로 "합리화rationalization"라고 부른다. 실험 대상자들은 도덕적 주장들을 통해서 그들의 입장을 비판적으로 검토하고, 그들의 도덕 원리들에 맞게 조정하기 위하여 수정하기보다는, 그들이 이미 갖고 있던 입장을 견고하게 만들기 위해 주장들을 이용할 뿐이다. 반대로, 등급매기기 패턴에서 한 개인이 24개의 주장을 그들의 의견 일치가 아니라 그들의 도덕적 특성에 따라 분명하게 평가하는 것이 보인다면, 그 개인의 도덕적 원리들이 그들의 등급매기기 행위를 결정한다는 것은 분명하다.

도덕적 지향의 6등급

MCT는 검사 속에 여섯 가지 도덕적 지향들 각각을 위한 읽을거리를 제공한다. 도덕적 지향들은 각 종류에 대한 네 가지 주장들(각 딜레마 스토리 당 하나씩, 주인공의 결정에 찬성 하나, 반대 하나)의 평가점수 평균으로 측정된다. 이것들은 모두 더해진 뒤, 4로 나눠진다. 각각의 등급 범위는 −4에서 +4까지이다. 어떤 연구에서는 척도의 범위를 효율적으로 보여주기 위해 4의 배수 단위로 표현하지 않고 더 적은 단위로 표현하는 경우도 있지만, 이론상 측정치의 범위는 −16에서 +16까지이다.

여섯 가지 지향들의 수치들은 대개 그래프로 제시된다(3.2장의 그래프 참조). 도덕적 행위의 정서적인 측면을 색인으로 나타내는 오래된 방식들은 더 이상 추천되지 않는다. 특히 MCT에서의 선호 점수(P-점수)는 연구 초기 단계에서 단계적으로 용도 폐기되었다. 왜냐하면 그것이 도덕적 지향들의 순수한 점수가 아니기 때문이다. 나는 여섯 가지 도덕적 지향들에 대한 참여자의 선호 순위가 가설로 만들어진 여섯 가지 도덕적 지향들에 대한 순위와 얼마나 많은 연관성이 있는지를 측정하기 위하여 MCT P-점수를 DIT P-점수와 비슷하게 사용할 것을 제안하였다. 내가 아는 한 그것은 단지 두 가지 연구에서만 사용되었다(Heidbrink, 2010; Biggs & Colesante, 2015). 나는 오래 전에 MCT P-점수를 포기했다. 왜냐하면 그것의 계산을 C-점수와 함께 하기에는 혼란스러웠기 때문이다. 이것은 MCT C-점수와 MCT P-점수 간의 경험적인 연관성이 부분적으로 비논리적이라는 것을 의미한다. 이것은 마치 우리가 우리의 다리 길이와 전체 신장의 길이를 연관 짓는 것과 같은 것이다. 두 가지 측정들이 우리의 다리 길이와 연관되기 때문에 연관성은 부분적으로 비논리적이다.

도덕적 역량의 등급

MCT의 주요 목적은 도덕적 역량을 측정하는 것이다(서론에서 정의 부분 참조). 기억해야 할 것은 MCT는 행위의 실험이지 고전적인 정신력 측정 검사가 아니라는 점이다. 정신력 측정 검사는 완전히 부적절하다. 왜냐하면 그것으로 내재적인 도덕적 기준에 의한 사람들의 도덕적 판단 구조를 측정할 수 없기 때문이다.

MCT는 "C-점수"를 만들어 내는데, 이 C는 역량Competence을 의미한다. C-점수는 참여자들의 견해 동의(역자 주: 어떤 주장에 대해 "옳았다"와 견해에 대한 동의 여부)와 같은 요소가 아닌, 그 검사에서 제시된 주장들에 대해 도덕성을 얼마나 질적으로 평가(예를 들어 1유형부터 6유형)를 나타낸다. 다시 말해서 C-점수는 참여자들이 그들의 의견에 찬성하는 주장과, 반대하는 주장 어떤 것에건 그들의 의견을 강요하여 토론을 방해하지 않고, 어려운 문제에 대한 도덕적 토론에 얼마나 참여할 능력이 있는지를 보여주기 위해 설계되었다. 토론을 방해한다는 것은 문제가 토론을 통해서 해결될 수 없고, 단지 폭력, 속임수 혹은 권력 행사와 같은 수단을 통해서 해결된다는 것을 의미한다. C-점수는 0에서 100까지의 범위로 구성되어 있다. C-점수가 0이라는 것은 MCT에 대한 개인의 응답 패턴이 어떠한 도덕적 역량도 보이지 않는다는 것을 의미한다. C-점수 100은 개인의 응답 패턴이 도덕적 역량의 기준에 완벽하게 일치하는 것을 의미한다. C-점수는 MCT에서 제시되는 주장들에 대한 개인의 응답("X") 반응의 숫자적인 표현이다.

다음의 그래프에서 우리는 주장들에 의해 표현되는 도덕적 지향들의 순서로 두 가상적인 개인들의 응답 패턴을 설명한다(검사에서는 주장들이 무작위 순서로 제시된다)([그림 4-1] 참조).

[그림 4-1] 도덕적 역량의 상이한 정도를 보여주는 두 가지 응답(패턴A)

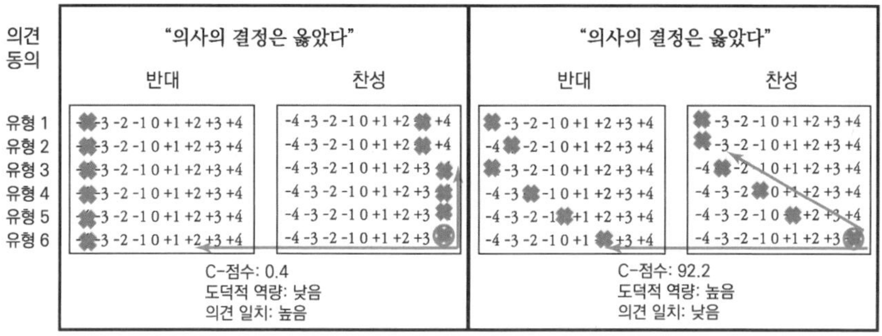

주1) 각 유형들은 콜버그의 6단계와 일치한다.

2) 구조적인 정보는 검사 질문들에 대한 개인의 응답 패턴으로부터 평가 가능하며, 독립된 반응들로부터는 불가능하다. 예를 들어, 유형6 주장 ("+4")에 대한 한 가지 매우 긍정적인 평가는 좌측의 패턴에서는 낮은 도덕적 역량을 의미하지만, 다른 반응들과의 맥락에서 보았을 때, 우측에서는 높은 도덕적 역량을 의미한다. MCT 속의 주장들은 그들의 유형에 따라 그 정도가 결정되지 않는다는 점에 주목해야 한다.

나는 당신이 내가 보는 것들을 똑같이 가능하다면 좀 더 보기를 희망한다. 첫째, 나는 C-점수가 두 가상의 참여자들의 상이한 응답 반응을 매우 잘 반영하는 것을 본다. 좌측의 패턴은 도덕적 역량의 징후를 거의 보여주지 않는다. 그래서 매우 낮은 C-점수를 만들어 낸다. 분명히 참여자들은 주인공의 결정에 대한 자신의 견해에 따라 주장들을 평가했다. 그러나 평가하면서 주장의 상이한 도덕적 질moral quality의 영향을 받지는 않았다. 우측에서 우리는 매우 높은 도덕적 역량을 의미하는 응답 패턴을 볼 수 있다. 이것은 거의 C-점수를 100으로 만든다.

둘째, 당신은 내가 유형6의 찬성 주장에 대한 응답 ("+4")에 동그라미를 친 이유를 추측했을지도 모르겠다. 만약 우리가 심리 측정에 대한 고전적인 접근 방식과 같이, 유형6의 주장들에 대한 반응들을 독립된 방식으로만 본다면, 적어도 좌측의 참여자의 경우에는 도덕 발달의 6단계의 징후로 해석하는 큰 실수를 범할 수도 있다. 안락사에 대해 그들의 입장과 반대되는 유형6의 주장을 평가해 달라고 요구받을 때, 두 참여자 모두 유형6의 추론을 완전히 거부한다. 콜버그는 그의 연구 초기에 유형6의 주장이 정말로 발달 단계6을 의미하는지 살펴보기 위해 그의 MJI 속 결정을 뒤집는 기술을 사용했다. 나중에 콜버그 그룹은 반론을 사용하는 검사를 포기했으며, 이것들을 "선택되지 않은 문제"로 간주하고, 채점에서 이것들을 중요하게 여기지 않았다(Colby et al., 1987, Vol. I: 16). 고전적 검사 패러다임 속에서 유형6의 주장들에 대한 두 가지 반응은, 원리화된 도덕성(이것이 무엇을 의미하건)에 대한 중간적 태도로 평가되거나, 항목들이 그들의 통계모델에 더 적합한 다른 주장들로 대체되는 것인데, 새로운 항목들의 이론적 타당성에는 의구심이 든다. 수치에서 우리가 볼 수 있는 구조적인 정보는 "측정 오류"로 해석될 것이다.

도덕적 역량에 대한 우리의 구조적 정의에 따르면, C-점수의 계산은 한 개인의 평가에 대한 전반적인 패턴을 기반으로 한다. "구조 이론은 질적으로 새로운 응답 패턴 속에서 변화가 명백하지 않으면, 어떤 변화도 구조적 역량 속에서의 변화로 취급되지 않는다. … 정말로 새로운 응답 양식이란 단순히 그것이 포함하는 요소 혹은 정보가 다른 것이 아니라, 그것의 형태 혹은 조직이 다른 것이다(Kohlberg, 1958: 498)." 내가 이미 언급했듯이, 그와 그의 동료들은 이 개념을 계속 따르지 않고, 주류 정신측정학의 비판에 굴복했다(Kurtines & Greif, 1974).

도덕적 역량에 대한 우리의 내재적 정의에 따르면, 한 개인에 대한 C-점수의 계산은 그 사람의 도덕적 지향들과는 논리적으로 독립적이다. 이것이 의미하는 바는 다음의 그래프에서 확인될 수 있는데, 가상의 두 개인이 똑같은 C-점수를 가지고 있지만 도덕적 딜레마를 토론할 때 완전히 다른 도덕적 지향들을 선호한다([그림 4-2] 참조).

[그림 4-2] 도덕적 역량의 상이한 정도를 보여주는 두 가지 응답(패턴B)

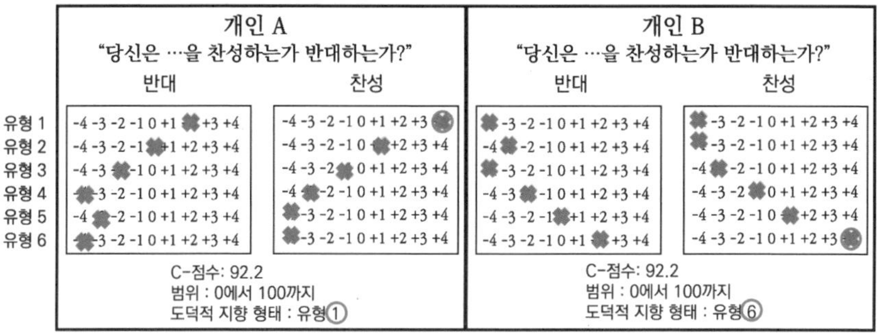

주 1) 각 유형들은 콜버그의 6단계와 일치한다.

2) MCT를 통해 우리는 참여자들의 내재적인 도덕적 기준들로 그들의 도덕적 역량을 측정한다. 위 그래프는 가상의 두 사람이 똑같은 높이의 도덕적 역량(C-점수)을 가지지만, 도덕적 지향에 대해서는 완전히 다른 선호들을 가지는 것을 보여준다.

C-점수를 찾기 위해서는 먼저 참여자의 24가지 대답들이 어떻게 분포되어 있는지를 계산해야 한다. 다시 말해서 개인의 응답의 분산의 크기(더 전문적으로 말하자면, 편차의 제곱 합(SS)에서 편차의 제곱 평균(MS)을 빼는 것)를 계산하는 것이다. 그러고 나서 얼마나 많은 변화량이 주장들의 도덕적 질을 향해 돌아가는지를 계산하고, 이 숫자를 전체 변화량으로 나눈다. 이로부터 도출되는 비율에 100을 곱하여 0과 100 사이의 범주를 가진 값을 만든다. 이 측정치가 C-점수인데, 이것은 참여자 자신의 의견 혹은 다른 요소들에 대한 순응치가 아닌, 참여자가 얼마나 강력하게 주장들의 도덕적 질을 지향하는지를 보여준다(Lind, 1978: 1985a). C-점수 평균이 40.0을 초과하는 경우는 거의 없는데, 이것은 많은 사람들에게 MCT를 완벽하게 하는 것이 어려운 과업이라는 우리의 주장을 지지하는 또 하나의 사실이 된다. 그래서 측정치가 40을 넘는 예외적인 경우를 제외하고는, C-점수를 0에서 40까지의 등급으로 그래프에서 나타내는 것이 일반적이 일이 됐다. 이러한 동일한 표시방법으로 우리는 서로 다른 연구의 결과들을 더

쉽게 비교할 수 있다.

C-점수는 모든 연구에서 항상 같은 방식으로 측정되기 때문에, 원칙적으로 모든 연구에서 비교가능하다. 그리고 MCT의 번역들은 그것의 타당도를 증명하기 전에 항상 엄격하고 정교한 타당도 검사를 거쳐야하기 때문에, 국제적인 연구들에서도 이 사실은 마찬가지로 적용된다(Lind, 1986a, 2008b). 측정치가 원본 검사와 같은 의미를 가지기 위해서는 엄격한 요구사항들을 만족시켜야 한다. 주장들이 정확하게 번역되었다는 것으로는 충분하지 않다. 우리는 우리가 외국어로 말할 때 발생하는 문제점들을 안다. 우리가 그 언어를 잘 안다고 하더라도, 우리는 여전히 용어의 모호함과 관련된 문제들을 갖게 된다. 번역이 완전히 정확할지라도, 그것이 우리 참여자들에게는 우리가 의도했던 것과는 매우 다른 의미를 띨 수 있다. 비록 당신이 그 언어를 모를지라도, 타당도 검토를 한다면 번역상의 모호함을 분명히 잘 발견할 수 있다. 이러한 타당도 검토를 기반으로, 대부분의 번역가들은 주장에서 변화가 필요한 부분을 즉시 인식해서, 원본의 의미와 같아지도록 수정할 수 있다. 그러한 수정사항들도 적용하기 전에, 반드시 별도의 타당도 검토를 거쳐야만 한다.

내가 빈번하게 질문 받는 것이, 딜레마 스토리들 중 하나를 사용하지 않음으로써 표준 MCT를 축소할 수 있는지 혹은 딜레마 스토리들을 어떤 특정 연구 질문 혹은 특정 부류의 사람들에게 더 높은 안면타당도를 확보할 수 있는 다른 이야기들로 대체할 수 있는지에 관해서이다. 분명히 표준 MCT는 구조적으로 하나의 전체이다. 만약 누군가 그것의 일부를 없애 버린다면, C-점수는 우리가 지금껏 설명했던 방식으로 계산될 수 없다. 물론 하나의 딜레마 스토리를 활용하여 C-점수를 계산할 수도 있다. 그리고 이것은 소위 '도덕적 분절 연구moral segmentation studies'에서 실제로 실시된 바 있다(Senger, 2010; Bataglia & Schillinger, 2013). 하지만 여기서 나온 점수들과 표준 MCT를 사용하는 연구에서 나온 결과물들을 직접적으로 단순 비교할 수는 없다. 심리학적 개념의 측정이 특정 연구 질문 혹은 연구 집단에게 맞춰져야 한다거나 맞춰질 수 있다고 믿는 것은 흔한 실수이다. 우리가 대상에 맞춰서 그것을 측정할 측량자yard stick를 바꾼다고 상상해보자. 이 경우 어떤 비교도 할 수 없고, 어떤 과학적인 지식도 얻을 수 없을 것이다. 이것이 누군가의 연구 의도와 연구 대상들 혹은 새로운 딜레마 스토리들의 필요 때문에, 표준 MCT의 적합성을 비판적으로 숙고하려는 의도를 배제한다는 것은 아니다. 나는 새로운 이야기를 만드는 시도를 해 왔다. 지금까지 단 한 명만이 이러한 시도에서 성공을 거두었는데, 브라질 심리학자 바딸리아P. U. Bataglia이다(Bataglia et al., 2007; Bataglia, 2009). 그의 새로운 이야기는 표준 MCT의 대체물이 아닌, 표준연구의 연장선상에서 이루어진 추가적인 연구물로 사용되고 있다.

도덕적 역량 검사 도구의 응용

MCT는 대개 10세 이상의 사람들에게 사용될 수 있다. 검사는 기본적인 독해 기술을 요구한다. 만약 어떤 단어들이 이해되지 않는다면, 감독관은 참여자에게 영향을 주지 않는 범위 내에서 도움을 줄 수 있다. 여러 해에 걸친 경험과 연구에 따르면, MCT 참여자들은 이야기들이 매우 흥미롭다고 느끼기 때문에 즐겁게 답안을 작성한다. 질문을 건너뛰는 경우는 드문데, 이것은 우연히 그런 것 같다. 전자 매체 형태에서 당신은 참여자들이 답안을 전송하기 전에 답지를 완성했는지 점검하라고 상기시킬 수 있다.

MCT는 개인 단위로 치러질 수도 있고, 그룹 검사(예: 학교의 학급)로 치러질 수 있다. 그리고 우편 혹은 온라인으로 보내면 된다. 참여자들이 검사에 주의를 기울여 완성하도록 몇몇 조항들이 만들어져야 한다. 참여자들은 그들이 중요한 연구에 참여하고 있다고 느끼면, 검사를 주의해서 완성하는 데 더욱 동기부여가 된다. 예를 들면 논문 연구에 필요한 자료 생산을 위한 일 보다는 도덕교육 프로그램의 효과성을 평가하는데 도움을 요구할 때 더 동기부여가 된다. 연구자들은 반드시 그들의 출판물에서 회수율을 보고해야 한다. 왜냐하면 그것이 C-점수에 영향을 끼치기 때문이다. 만약 한 연구에서 많은 참여자들이 중도에 포기한다면, 중도 포기율은 낮은 도덕적 역량과 연관성이 있기 때문에, 이 연구의 C-점수는 높게 나타날 수 있다(Krebs & Rosenwald, 1977). 두 가지 딜레마 스토리를 가지는 표준 버전을 작성하는데, 참여자들의 독해 속도에 따라 8분에서 15분이 걸린다. MCT에는 어떤 시간제한도 명시되어 있지 않지만, 답안 작성에 너무 오랜 숙고의 시간이 걸리는 경우에는 부드럽게 재촉할 수 있다.

MCT와 같은 능력 검사들은, 검사 적용에 있어 특정한 외재적 상황들에 예민하게 반응할 수 있다. 다음의 상황들은 C-점수의 상당한 감소를 야기할 수 있다.

- 시간 압력: 이미 언급했듯이, MCT는 시간제한 없이 완성되어야 한다. 단지 참여자들이 과도한 시간을 요구할 때에만, 시간 단축을 요구할 수 있다.
- 검사 시의 피로와 벼락치기 공부: 참여자들이 피로해지거나 성취도 검사 뒤에 MCT를 치를 경우에 C-점수는 낮아진다. 선행하는 성취도 검사들을 통해 참여자들은 그들 자신의 판단이 아닌, MCT가 요구하는 사회적 예상들에 대해 생각해 볼 수 있는 벼락치기 공부를 하게 된다. 그러므로 MCT는 가능한 처음에 치르도록 해야 한다.
- 외재적 예상들: 만약 참여자들이 이 검사는 그들의 "수행performance"에 대한 검사라는 인상을 받게 되면, C-점수는 감소한다. 한 연구에서, 참여자들이 MCT를 치기 전 작성했던 지능검사를 통해 이러한 인상을 받게 됐고, 그 결과는 예상보다 훨씬 낮게 나왔다.

상이한 상황에서 치러진 검사들을 비교하면 잘못된 결과로 쉽게 귀결되는데,

특히 연구의 저자들이 이러한 상황들에 주의를 기울이지 않을 때 그러하다. 그러나 같은 연구 내에서 이뤄지는 비교에는 이런 영향이 보통 없다. 일반적으로 MCT의 응용, 평가 그리고 해석을 위해서는 도덕 심리학에 관한 충분한 지식이 필수적이다(Lind, 2008b).

비록 MCT가 개인의 도덕적 역량을 측정하지만, 개인의 진단 혹은 선발을 위해서는 적절하지 않다. 우리는 MCT가 이러한 목적을 위해 충분히 정확한 측정을 하는지는 알지 못한다. 반면에 조사와 영향 혹은 효능 연구들에서는, 복수의 검사 대상자들(최소 15명 이상)로부터 나오는 대푯값들이 평균처리 되기 때문에, 그 결과는 대개 C-점수의 차이를 해석할 만큼 충분히 정확하다.

MCT는 개인의 진단 혹은 선발을 위하여 사용되어서는 안 된다. 왜냐하면 검사가 빠르게 부정행위에 물들 수 있기 때문이다. 다시 말해, 다른 선발 검사들에서 그러하듯이, MCT를 완성하면서 부정행위를 하기 위해 많은 시간과 에너지가 소모될 것이다. 그렇게 되면 검사는 참여자들의 부정행위 노력을 측정하게 되고, 더 이상 그들의 도덕적 역량을 측정하지 않게 된다. 결과적으로 MCT는 이미 40년간, 그것을 수정하거나 대체할 어떤 필요도 없이 사용되어 왔다. 어떠한 심리 검사도 그렇게 오랜 기간 동안 추가적인 연구와 커리큘럼의 변화없이 원본 그대로 일관되게 사용되어 온 적이 없다.

MCT는 새로운 측정방법에 기반을 두기 때문에 와전된 소문을 만들어 낸다. 참여자가 질문들과 주장들을 "인식"해야 하고, 그것들을 평가해야 하기 때문에, 어떤 사람들은 MCT를 "인식 검사recognition test"라고 부르기도 한다. 하지만 그들이 간과하고 있는 사실은, MCT는 참여자들이 개별 항목들을 얼마나 잘 인식할 수 있는지를 (고전 검사 이론에서와 같이) 측정하는 것이 아니라, 인식될 수 없는 도덕적 역량을 측정한다는 것이다. 또한 C-점수는 종종 "일관성 점수consistency score"로 잘못 이해되곤 한다. 이 잘못된 해석 역시 확산되어 있는 검사 이론들에 의해 영향을 받은 것이다. 이것은 사람들의 전체 점수의 편차를, 응답자들과 그 편차 사이에서 나오는 편차와 비교했을 때 얼마나 큰가를 나타내는 것이다. 여기에 관련된 세 가지 오해들이 있다. (a) 심리학자로서 우리는 개인의 응답 패턴의 일관성에는 관심을 가져야 하지만, 사람들의 우연한 샘플의 일관성에는 관심을 가지면 안 된다. (b) 많은 종류의 일관성이 있지만, "그 자체로 일관성"이라는 것은 없다. 일관성이라는 용어는 특정한 기준과 관련하여 정의될 때에만 유의미한 것이 된다. 그래서 우리는 MCT를 개인이 그들의 개인적인 도덕적 기준들에 관해 평가하는 일관성이라고 말할 수 있다. (c) C는 실제로 역량Competence을 의미한다.

4.4. "행위"에 있어서 도덕적 역량은 얼마나 중요한가?

빈번하게 제기되는 이 질문에 대해 답하기 전에, 우리는 이것의 의미를 분명히 해야 한다. 일상생활의 문제들뿐만 아니라, 도덕 연구와 도덕교육에도 연관되는, "행위"라는 용어에는 모호함이 있다. 행위라는 단어처럼 단순하지만 동시에 모호한 단어도 없다. 이 모호함은 두 가지의 잘못된 가정들에 그 뿌리를 두고 있다. 첫째, 대부분의 명백한 인간의 행위는 내재된 반사궁(reflex arc)(역자 주: 특정한 반사에 관여하는 신경경로)의 결과물이 아니라 복잡한 인지적 과정들의 결과이다. 심지어 감성적이라고 불리는 행위나 위협에 대한 감정적인 반응도 그러하다. 둘째, 행위는 외재적인 관점보다는, 내재적인 관점에서 기인하는 완전히 다른 무엇인가를 의미할 수 있다. 그러므로 어떻게 도덕적 역량과 "행위"가 관련되는가에 대한 질문은 "우리가 어떤 행위를 언제 관찰하는가?", "우리가 관찰을 의도하는 행위를 관찰하는가?"와 같은 조심스러운 숙고를 요구한다. 이미 반세기 전에 유명한 심리학자인 캠벨Donald T. Campbell은 미로 실험에 참여한 쥐들의 행위만큼 간단한 행위조차도 실험자와 쥐 사이의 불완전한 "개념적 중첩conceptual overlap" 때문에 쉽게 오해될 수 있다는 사실을 발견했다. 인간의 행위는 이보다 얼마나 더 복잡한가! 캠벨은 "어떤 경우에도, 어떤 명백한 하나의 행위도 한 가지 성향의 기준으로 고려되어서는 안 된다"라고 결론 내렸다(Campbell, 1963: 162).

도덕적 역량의 측정과 관련하여(4.2장 참조) 우리가 살펴본 바와 같이, 행위는 대개 복잡한 결정 과정과 평가 과정의 결과이며 이것은 자기에 대한 의식의 개입이 필요 없기 때문에 우리는 우리 자신에 대해 완전히 알지 못하거나 분명하게 알지 못한다. 우리가 행위자 자신인지, 또는 타인의 행위를 관찰하는 주체인지에 따라, 행위는 종종 상이한 것을 의미한다. 타인들은 우리가 우리의 행위와 연관된 의도를 이해하지 못할 것이다. 따라서 우리가 도덕적 행위를 측정하는 기준들은, 우리가 "내재적 기준들", 다시 말해 개인의 도덕적 지향들을 기반으로 할 때와 "외재적 기준들", 다시 말해 타인의 도덕적 예상들을 기준으로 할 때에 따라 매우 상이할 수 있다. 이러한 것들이 합치될 수도 있지만, 반드시 같은 것은 아니다. 만약 우리가 도덕적 역량의 내용적 관련성을 고려하면서, 내재적, 외재적 관점, 다시 말해 행위자의 관점에서 나타나는 행위와 (관찰자들 및 교육자들을 포함한) 타인들의 관점에서 나타나는 행위를 구별한다면, 우리는 아주 많은 것을 얻을 수 있다는 생각을 고수할 것이다.

당신은 내가 왜 행위에 미치는 도덕적 지향들(태도, 가치관 등)의 영향에 대한 질문을 검사하지 않는지에 대해 의아해할지도 모르겠다. 내가 위에서 주장한 것처럼, 지향들은 의심할 여지없이 도덕적 행위에 매우 중요하다. 왜냐하면 그것들이 없으면 도덕적 행위도 없을 것이기 때문이다. 하지만 그것들을 도덕적 행위에서의 차이점들과 연계할 수는 없다. 왜냐하면 약간의 차이를 제외하면, 모든 사람들은 기본적으로 똑같은 도덕적 지향들을 가지고 있기 때문이다(3장 참조).

4.5. 도덕적 역량은 행위에서 어떻게 드러나는가? (내재적 관점)

정말로 도덕적 역량과 같은 것이 존재하는가? 이것은 인간의 행위에서 명백한 성향으로 드러날 수 있는가? (또 다른 질문은 "타인들이 우리에게 기대하는 행위와 같은 사회적 행위에 도덕적 역량이 영향을 끼치는가?"인데, 나는 이 문제를 4.6장에서 더 자세하게 다룰 것이다.)

"인간의 행위에 대한 판단은 도덕적 지향들에 의해 조금이라도 영향을 받는가?"라는 질문은 더 자세하게 만들어져야 한다. 뛰어난 도덕 심리학자들은 이 가정에 대해 몇 가지 상세한 가설들을 만들어 왔다.

- 소크라테스의 관찰을 기반으로, 우리는 선(the good: 그는 이것을 "덕virtue"이라고 불렀고, 우리는 이것을 도덕적 역량이고 부름)을 행할 능력은 선을 행할 의지(우리의 용어로는 도덕적 지향들)와는 달리 광범위하게 분포되어 있다고 가정한다. 사실 도덕적 역량의 지표인 C-점수의 매우 광범위한 분포는 MCT(4장 참조)에 대한 모든 연구들에서 명백하게 드러난다.
- 모든 사람들은 높은 도덕적 지향들을 가지고 있다(3장 참조). 심지어 범죄자들도 높은 도덕적 이상들을 가진다(Levy-Suhl, 1912; Nucci, 1995: 25; Hemmerling, 2014). 그러므로 이 세상에 존재하는 폭력, 속임수, 부패 그리고 권력 남용은 도덕적 가치관 혹은 도덕 원리들의 부재로는 설명될 수 없다.
- 피아제는 정서 발달과 인지 발달 사이에는 경험적인 유사성이 존재한다고 가정했다(Piaget, 1976; 1981). 그는 이 가정을 검사하지 않았는데, 아마도 적절한 방법이 없었기 때문일 것이다. 콜버그와 그의 동료들은 정서적 측면을 측정하기 위해서는 MJI를, 인지적 측면을 측정하기

위해서는 피아제의 논리 검사를 사용해서 이 관계를 연구했다(Kuhn et al., 1977). 그들은 도덕 발달을 위한 개척자 역할을 하는 논리적 능력들을 의미하는, 시간 지연 발달에 대한 약간의 증거를 발견했다. 하지만 그들의 연구는 심각한 결점을 가지고 있었다. 그들은 마치 두 가지 측면들이 따로따로 측정 가능한 구성요소인 것처럼 다루었고, MJI를 도덕적 정서를 측정하는 순수한 방법일 뿐 도덕적 인지를 측정하지는 못하는 것으로 취급했다. 우리는 MCT를 통해 구별은 되지만 분리할 수 없는 이 두 가지 측면 모두를 측정하기 때문에, 피아제의 가정을 최초로 검사할 수 있다. 도덕적 역량과 도덕적 지향 사이에는 가까운 경험적 관계가 존재하는가? 도덕적 역량이 높은 사람일수록 상위 종류의 도덕적 지향들을 선호하고, 하위 종류의 도덕적 지향들을 거부하는가? 다음의 그래프에서 볼 수 있듯이, 2000명 이상의 대학생들과 함께한 우리의 연구 결과물들은 피아제의 예측이 정확했다는 것을 확인한다. 이 연구 결과는 많은 나라들에서 시행된 MCT의 후속 연구들에서 역시 재현되었다(Lind, 1986b, 2008b). 빅스와 콜상트Biggs & Colesante가 그들의 연구에서 유사한 가정을 확인하는 데 실패한 이유는 단위의 선택 때문으로 보인다. 즉 그들의 연구에서 MCT C-점수가 순수한 인지적 측면의 단위인 반면, MCT P-점수는 두 측면을 혼합한 것으로 나타난다. 그래서 두 단위들 사이의 연관성은 부분적으로 인위적 곡선을 만들어 내는 논리상의 동어반복을 의미한다([그림 4-3] 참조).

[그림 4-3] 도덕적 지향의 유형(콜버그)

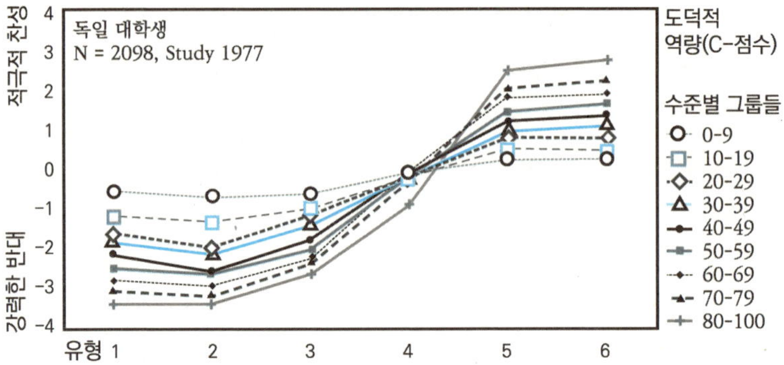

주: 정서적-인지적 유사성의 경험적인 증거: 도덕적 딜레마 스토리 속의 결정에 대해 토론할 때, 참여자들의 도덕적 역량이 높을수록 그들은 상위 종류의 도덕적 지향들을 더 수용하고, 하위 종류의 도덕적 지향들을 거부한다(Lind, 2008b).

- 만약 도덕성의 핵심이 기술[skill]이라면, (높은 쪽으로) 가장할 수 없으며 좋은 교육을 통해서만 향상이 가능하다. 사실 연구된 모든 변수들 가운데, 사람들이 받은 교육의 기간과 질이 그들의 도덕적 역량의 수준과 가장 큰 연관성을 가진다(Lind, 2002; Rest & Thoma, 1985; Rest & Narvaez, 1991). 연령, 사회적 지위, 성[性] 그리고 문화와 같은 다른 변수들과의 대부분의 연관성은 훨씬 낮거나 매우 적다. 비록 약간의 연관성이 존재하더라도, 일단 실제적인 차이를 만들어내는 교육 수준이 계속해서 유지되면, 대부분 사라진다(이 책의 5장도 참조)(Lind, 2002; 2015a). 도덕적 역량과 실제 연령 사이의 높은 연관성은 교육의 수준을 통해 완전히 설명될 수 있는데, 교육은 당연히 연령과도 관련이 있다. 만약 교육이라는 변수를 제거하고 난 뒤에도 연령과 관련된 연관성이 존재한다면, 그것은 MJI와 같이 연령과의 연관성에 최적화된 어떤 도구들의 작품으로 보인다(Colby et al., 1987; Lind, 1989). 하지만 도덕적 역량의 수준과 관련되는 것은 교육의 질[質]이지 양[量]이 아니다(Schillinger, 2006; Saeidi-Parvaneh, 2011). 몇몇 학교들과 대학들은 더 이상의 도덕적 역량 증진을 하지 않는다. 어떤 나라에서는 도덕적 역량과 교육 수준 사이에 연관성이 존재하지 않는다.

  대부분의 교육 기관들이 도덕적 역량을 증진시키는데 실패하는 것 같이 보인다(Feitosa et al., 2013; Kukolja, 2014; Liaquat, 2013; Lind, 1986a; 2002; 2015a; Lupu, 2013; Saeidi-Parvaneh, 2011; Schillinger, 2006; Slováčková & Slovacek, 2007).

- 마지막으로, 도덕성의 본질을 하나의 능력으로 고려할 때, 도덕성은 도덕적 태도와 같이 높은 쪽으로 가장할 수 없다. 역량들은 단지 낮은 쪽으로 가장할 수만 있다.

마지막 가정은 실험적으로 증명되어왔다. 이것이 도덕적 역량 개념의 중심이기 때문에 나는 이 부분을 자세히 설명하고자 한다. 이 질문에 답하기 위한 실험적 장치에 대한 아이디어는 에믈러Nick Emler와 그의 동료들로 부터 나오는데, 그들은 도덕성에 대한 역량 이론의 중심 가정을 검사하고 싶었다(Emler et al., 1983). 그들의 실험 구성은 다음과 같았다. 검사 대상인 학생들을 먼저 자신을 평가한 자기보고 내용에 따라 정치적으로 진보/좌익, 중립적, 그리고 보수/우익 이라는 세 그룹으로 나누었다. 그러고 나서 실험자들은 학생들에게 도덕적 추론 원리에 대한 선호도 검사인, 레스트의 주제정의형 도덕적 판단력 검사 도구DIT: The Defining Issues Test를 제시했다. DIT는 MCT와 같이 일련의 딜레마 스토리들을 포함한다. 하지만 MCT와는 달리, 응답자들은 자신의 의견에 찬성과 반대 주장들을 받는 대신, 다양한 콜버그 단계들을 주제로 하는 진술들을("문제 진술") 받는다. 실험 대상자들은 그들의 중요도에 따라 이러한 진술들을 평가하고, 순위를 매겨야 한다. 응답을 기반으로 참여자들을 위한 P-점수가 계산되는데, 이것은 0부터 95까지 다양할 수 있고, 참여자들이 도덕적 지향들의 더 낮은 유형의 도덕적 지향에 비해 원리화된 도덕적 지향을 얼마나 더 강력하게 선호하는지를 보여준다(Rest, 1979; Rest et al., 1999).

에믈러 실험의 첫 부분에서 DIT P-점수는 실험 대상자들의 정치적 태도와 높은 연관성이 있다는 것을 보여주었다. 진보적 참여자들은 보수적 참여자들보다 훨씬 더 높은 P-점수를 받았다(Gielen, 1986). 이 연구 결과 때문에, 에믈러와 동료들은 도덕성은 성향과 관련이 있고, 정치적 지향과 유사하다는 그들의 의심을 확인하였다. 그들은 도덕성이 지향 혹은 태도이지 능력이 아니라는 점을 더 보여주기 위해 두 번째 실험에 착수했다. 똑같은 실험 대상자들에게 그들과 정치적으로 반대되는 사람들의 입장이 돼서, 그 사람들이 답변할 것으로 상상되는 DIT 답변을 작성해달라고 요구했다. 만약 검사 대상자들이 어떤 바람직한 방향으로 그들의 판단력을 가장하는 것이 가능하다면, 이것은 도덕성이 능력과 관련될 수 없다는 증거가 된다. 물론 가장 중요한 것은 자신의 점수보다 더 높게 나타난 검사 점수일 것이다. 이것은 보수적 참여자들이 진보적 참여자들의 도덕적 평가를 가장하는 것을 의미한다. 아래에 나오는 그래프는 에믈러와 그의 동료들에 의한 실험 결과를 보여준다. 여기서 DIT P-점수를 높은 쪽으로 가장하는 것은 가능해 보인다. 자신을 보수적이라고 설명한 학생들은 처음에는 낮은 점수를 기록했지만, 요구를 받고 난 뒤에는 진보적 학생들 수준(점선)으로 그들의 P-점수(실선)를 향상시킬 수 있다. 진보적 참여자들도 역시 그들의 수치를 낮은 쪽으로 가장할 수 있었다는 사실은 놀라운 일이 아니다. 에믈러와 동료들은 이 결과로부터 두 가지 결론을 제안했다. 첫째, 도덕적 역량은 존재하지 않는다(Emler et al., 1983). 둘째, DIT는 그러한 기술들을 측정하는데 적합하지 않다. 저자들은 첫 번째 결론을 선호하는 듯이 보이지만, 나는 두 번째 결론이 더 그럴 듯하다. 왜냐하면 DIT는 도덕적 선호의 척도이지 도덕적 역량의 척도는 아니기 때문이다.

나와 나의 동료들은 MCT를 가지고 이 실험을 다시 실시하였다. DIT와는 달리 MCT는 도덕적 과업을 포함하고 있고 도덕적 역량을 측정한다. 여기서도 역시 학생들을 검사하고, 그들을 자기보고식 방법으로, 정치적 입장에 따라 그룹으로 나누었다. 그들은 먼저 그들 자신의 검사 점수를 만들었고, 두 번째로 그들의 정치적 적敵들의 관점에서 검사를 완성하라는 지시를 받고 검사를 실시했다(더 많은 세부사항들은 Lind, 2002 참조). 우리 실험의 결과들은 아래의 그래프에서 볼 수 있다. 에믈러의 실험과 동일하게, 자신을 보수적이라고 설명하는 학생들(실선)은 자신을 진보적이라고 평가한 학생들(점선) 보다 더 낮은 도덕적 역량을 가지고 있었다. 하지만 DIT를 사용했던 에믈러의 실험과는 반대로, 실험 대상자들은 검사 점수를 높은 쪽으로 가장하는데 실패했다. 그들은 모의실험 상황에서 정상 상황에서 만들었던 것보다 더 높은 C-점수를 획득할 수 없었다. 모의실험 상황에서 참여자들의 MCT C-점수는 그들이 이전에 도달했던 점수보다 항상 낮았다. 바젤은 MCT를 사용한 수정 실험에서 우리의 연구 결과를 재확인했다. 더군다나 그의 연구를 통해 우리는 모의실험 상황의 정확성은 실험 대상자들의 도덕적 역량 수준과 높은 연관성을 가진다는 것을 확인할 수 있었다. 높은 도덕적 역량을 가진 사람은 낮은 도덕적 역량을 가진 사람들보다 더 잘 이 능력을 인식할 수 있다(Wasel, 1993). 두 가지의 실험을 통해 우리는 (a) 도덕적 역량이 존재하고, (b) 이를 MCT로 측정할 수 있다는 것을 증명한 것이다([그림 4-4] 참조).

[그림 4-4] 에믈러(좌)와 린트(우)의 도덕적 역량 실험 비교

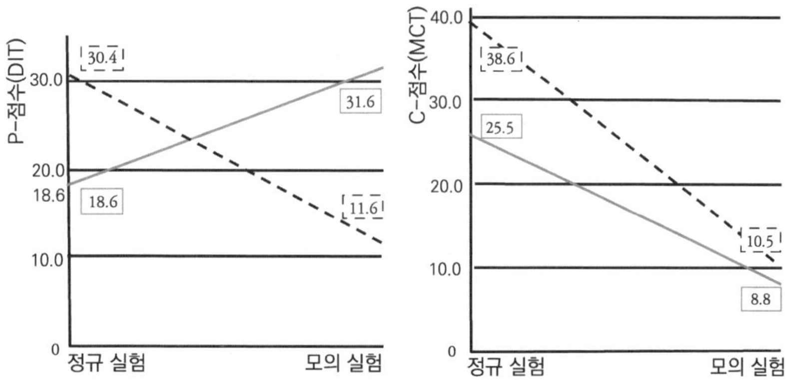

주1) 좌측 그림에서 도덕적 지향(원리화된 추론에 대한 선호)은 가장되어 증가할 수 있다.
2) 우측 그래프에서 도덕적 역량은 가장되어 증가할 수 없다. 진보적 학생들의 점수는 점선으로 나타났고, 보수적 학생들의 점수는 직선으로 나타났다.

4.6. 도덕적 역량은 사회적 행위에 어떻게 영향을 주는가? (외재적 관점)

우리는 사람들의 도덕적 역량과 사회에 의해 기대되는 행위 사이의 아주 높은 연관성을 예상한다. 하지만 이 예상은 우리가 이상적인 민주주의 국가에서 살 때에만 정당화 될 수 있다. 다시 말해 사람들의 공유된 도덕 원리들과 사회의 규칙 및 법이 완전히 겹칠 때에만 가능한 것이다(2장 참조). 사람들이 규칙을 위반하는 것은 단지 도덕적 역량이 부족해서이지 규칙을 반대해서가 아니다.

대부분의 기존의 민주주의 국가들은 결코 완벽하지 않기 때문에 (도덕적 역량과 사회에 의해 기대되는 행위 사이의) 낮은 연관성이 항상 도덕적 역량의 결핍을 의미하는 것이 아니라, 미심쩍은 규칙들과 법체계의 한계를 의미하기도 한다. 내가 아는 한, 이 가설을 검사하기 위한 자료를 제공하는 연구는 없다. 하지만 이 사고 실험은 도덕적 역량 검사와 외재적으로 평가된 "행위"와의 연관성이 검사 타당도에 대한 의심스러운 지표가 될 수 있음을 보여준다. 그래서 우리는 MCT를 입증하기 위해서 "예언 타당도"에 의존하지 않고, 그 대신 도덕적 지향과 도덕적 역량의 본질에 관한 기초 이론으로부터 가져온 기준들을 사용하였다(Lind, 2008b).

왜 우리가 도덕적 역량과 "행위" 사이의 연관성을 해석할 때 조심해야 하는지에 대한 두 번째 이유는, 일상생활뿐만 아니라 연구를 통해서도 우리가 아는 바와 같이, 행위의 관찰은 많은 어려움들로 인해 방해를 받기 때문이다. 우리는 사람들의 행위가 종종 관찰조건들에 의해 영향을 받는다는 것을 알고 있다. 예를 들어 관찰자의 성 혹은 사회적 지위, 관찰에 응용되는 기준들(절도와 강도를 어떻게 구분하는가?) 그리고 관찰자의 성실성(대부분의 범죄 통계들은 그 나라의 경찰들이 특정 자료를 보고하려는 열의만큼 많은 범죄행위들을 반영한다) 등에 따라서 말이다. 더군다나 우리가 살펴본 바와 같이, 관찰연구로부터 획득한 연관성들은 양쪽 모두의 분포에 크게 의존한다. 만약 도덕적 역량 혹은 사회적 행위 중 한 쪽의 분포가 제로에 가깝다면, 순수하게 수학적인 이유들 때문에 연관성이 낮을 것이다. 더 심각한 것은, 사람들 사이에 곡선으로 이루어진 연관성이 존재하는 경우에, C-점수가 더 낮거나 더 높은 등급의 범위에 한정되는 하위 그룹들에 관한 연구는 완전히 반대의 연관성을 산출할 수도 있다. 많은 연구자들이 독자가 자신의 결론에 도달할 수 있게 하는 어떠한 정보도 주지 않는다.

개인의 도덕적 역량과 외재적으로 평가된 사회적 행위 사이의 관계에 관한 타당한 자료들은 신중하게 계획된 실험들에서 나온다. 그러한 실험들이 존재한다는 일반적인 믿음과는 달리, 우리는 다음과 같은 질문들을 검토한다. 높은 도덕적 역량을 가진 사람들은 단순히 도우려는 의지가 아닌 더 많은 도움을 주는 행위를 보이는가? 그들은 폭력성을 덜 보이고 더 낮은 범죄율을 보이는가? 그들은 정신적으로 건강한가? 그들은 비도덕적인 명령들에 더 효과적으로 반대하는가? 그들은 고정관념과 다원론적 무지의 성향이 덜한가? 그들은 더 강력하게 민주적 자유를 주창하는가? 그리고 도덕적 역량은 학습 행위에 영향을 줄 수 있는가?

도덕적 역량이 "사회적 행위"와 어떻게 관련되는가에 대한 질문은 사회적 행위의 의미에 대한 몇 가지 문제들을 제기한다. 우리는 이러한 실험들을 살펴보기 전에, 이 의미에 대해 자세하게 생각해 보아야 한다.

- 도덕적 행위와 마찬가지로 사회적 행위도 단 하나의 행동 혹은 결정에 대한 관찰을 통해 결정될 수는 없다(Simmel, 1989: 93; Brunswik, 1955; Lind, 2008b). 우리가 하나의 행동을 관찰할 때, 우리는 그 행동이 어떠한 사회적 기대들에 순응하는 것에 대한 정보만을 제공 받는다. "도움을 주는 행위" 혹은 "정직함"이 무엇을 가리키는지를 결정하기 위해서는, 우리는

이 행위의 상황과 맥락에 대해 더 많이 알아야 한다. 우리는 행위가 우리가 생각하는 것과 다른 무엇인가를 의미할 수 있다는 가능성을 배제할 수 있어야 한다. 공식 통계나 자료들과 같은 소위 하드 데이터의 사용은 도움이 되지 않는다. 왜냐하면 그것들이 항상 믿을만한 것은 아니기 때문이다. 절도나 마약 사용과 같은 문제들을 과장하거나 덮어버리려는 이유들이 종종 발생한다. 다시 말해, 만약 우리가 사회적 행위를 관찰하고 싶다면, 우리는 매우 조심스럽게 그 행위와 행동의 관찰을 계획할 필요가 있다. 그리고 여기에는 많은 노력과 비용이 수반된다. 하지만 피상적인 관찰들은 잘못된 결론을 도출하고, 잘못된 교육 정책으로 나아간다.

- 만약 우리가 사회적 행위에 미치는 도덕적 역량의 영향력에 대해 연구하고 싶다면, 우리는 도움을 주는 행위, 정직한 행위, 비도덕적 제안에 대한 저항과 같은 행위를 실제로 관찰해야 한다. 그러므로 우리는 사람들에게 그들의 행위적 의도들을 묻거나, 그들이 어떤 상황에서 어떻게 행동할지에 대해 보고해 달라고 요구하는 것으로 만족해서는 안 된다. 우리들 대부분이 알고 있듯이, 의도는 종종 다양한 이유들 때문에 실행되지 않는다. 예를 들어 우리의 동기가 약하거나 상황이 변할 때, 도움을 주려는 준비 상태는 도움을 주는 행위로 나타나지 않는다. 게다가 우리의 행위에 관한 자기보고는 직접적인 행위의 관찰을 대체할 만큼 믿을만한 것이 아니다. 자기보고는 종종 긍정적으로 보이고 싶은 욕구에 영향을 받는다. 또한 사람들이 "종종" 그리고 "때때로"와 같은 용어들에 대해 우리의 질문들 혹은 요구사항들을 상이하게 이해할 가능성도 있다.
- 우리가 어떤 행위에 미치는 도덕적 역량의 영향력에 대해 연구하고 싶을 때, 우리가 상관성 연구에만 의지해서는 안 된다. 우리는 신중하게 설계된 개입 실험들과 함께 우리의 질문들에 대답하기 위해 노력해야 한다.
- 마지막으로, "도움을 주는", "속이는", "폭력적인"과 같은 행위의 분류가 사회적 관점에서 볼 때, 항상 분명한 것은 아니다. 이러한 분류는 종종 시

간의 경과와 관찰자의 관점에 의존한다. 50년 전에 범죄라고 고려되던 것이 지금은 정상으로 고려될 수도 있고, 그 반대의 경우도 존재한다. 독일에서의 동성연애와 소수자들의 성적 관계들이 그 예이다. 그래서 우리가 연구하고 싶은 규범준수적인 행위에 대한 지표인 기본적인 검사를 하지 않고는 "일탈적인" 혹은 "범죄적인" 행위에 대한 공식적인 통계를 사용할 수 없는 것이다. 우리의 경험상, 우리가 조사했던 몇몇 학교들은 규칙 위반에 관한 정보를 기꺼이 제공한 반면, 다른 학교들은 평판이 나빠질 것을 두려워한 나머지 제공하지 않았다. 종종 학생들의 보고서가 진실에 더 가깝다.

도덕적 역량이 사회적 행위에 영향력을 가지는지에 대한 질문에 답하기 위하여, 우리는 많은 소규모 실험 연구물들을 가지고 있다. 나는 이러한 연구들 중, MCT와 함께 수행되었던 연구들(Lind, 2008a; Lind & Wakenhut, 2010), 그리고 콜버그와 그의 협력자들이 MJI와 함께한 연구들(Colby et al., 1987)과 같이 도덕적 역량이 측정되었던 것들만을 제시하려고 한다. 3장에서 논증한 것과 같이, MJI에는 몇 가지 결점들이 있는데, 특히 MJI는 도덕적 역량과 도덕적 지향에 대한 혼란스러운 척도를 제공한다. 하지만 MJI는 참여자들의 도덕적 지향들을 다룰 뿐만 아니라, 참여자들의 도덕적 역량을 최소한으로 다루기는 한다.

약간의 예외는 있겠지만, 나는 또한 단순히 행위의 의도 혹은 자기보고적 행위가 아닌 실제적인 행위가 관찰된 실험들만을 제시한다. 불행하게도 많은 저자들이 이러한 행위의 형태들을 구별하지 않고, 종종 그 차이를 흐리게 한다. 그들은 고통을 겪는 사람들을 실제로 도와주는 것이 도와주려는 의도나 도와주겠다고 말하는 것과 매우 다른 것이라는 것을 모르는 것으로 보인다. 아래에서 내가 요약할 모든 연구들은 이미 어디에선가 상세하게 설명되었던 것들이다(Kohlberg, 1984; Lind, 2002; Sprinthall et al., 1994).

도와주는 행위

도덕적 역량은 도와주는 행위의 중요한 요인인가? 맥나미S. McNamee는 이 질문에 대한 실제로 몇 안 되는 실험연구들 중 하나를 수행했다(McNamee, 1977). 그녀는 실험 대상자들에게 학습 주제에 대한 실험실 실험에 참여해 달라고 부탁했다. 그러나 실제 실험은 참여자들이 그들의 순서가 불리기를 기다리는 시간 동안에 이미 시작됐었다. 갑자기 실험실 문이 열리고, 한 사람이 나오더니 대기실 앞에서 쓰러진다. 그 사람은 죽은 것 같다. 그 동안에 실험자들은 몰래 대기실을 관찰하면서, 몇 명이나 이 사건에 반응하는지 숫자를 센다. 참여자들의 반응은 제각각이다. 몇 사람은 일어나서 도우려고 애썼고, 다른 사람들은 손 놓고 가만히 앉아 있었다. 똑같은 실험 대상자들은 과거의 다른 맥락에서 콜버그의 면접법을 사용한 설문조사를 받았었기 때문에, 이들이 도와주는 행위 실험을 알아차릴만한 연결성은 없었다.

관찰의 분석을 통해 실험 대상자들의 "도덕적 단계"와 그들이 실험에서 보여줬던 행위 사이에는 매우 강력한 연관성이 있다는 것을 알 수 있다. 콜버그의 도덕 판단력 2단계에 있었던 실험 대상자들 중 20%가 도와주려고 했는데, 이 비율은 단계가 높아질수록 증가했다. 5, 6단계에 있었던 사람들의 80% 이상이 도와주었다. 이 연구 결과를 통해 도덕적 역량은 사람들의 친사회적 행위에 매우 중요하다는 명제를 확인할 수 있다.

추후의 분석들과 조사들을 통해 더욱 분명해진 사실로는 첫째, (2단계를 제외하고) 모든 사람들은 높은 도움 수준을 소유하고 있었다. 도움을 주려는 그들의 의도는 대단했다. 많은 사람들에게 도움을 주려는 의도와 도움을 실제로 행한 것 사이에 간극이 있었고, 이 간극은 도덕적 역량이 증가함에 따라 점점 좁아졌다. 왜 도덕적 역량이 낮았던 참여자들은 도덕적 역량이 높은 사람들과 같이 도움을 주려는 비슷한 자발성을 표현했음에도 불구하고, 도움을 주지는 않았을까? 후속 조사를 통해 사람이 쓰러지는 상황을 직면했을 때 두 그룹 사람들 모두가 유사한 생각을 가졌다는 것을 알 수 있었다. 그들은 도움의 필요를 보았고, 대부분은 도움을 주고 싶어 했다. 그들은 자신이 이 상황에서 도움을 주는 것에 대한 찬반의 생각들에 직면해 있다는 것을 알고 있었다. 그리고 이렇게 의아해 했다. "이 남자는 왜 쓰러졌지?" "그는 아픈가 아니면 죽었나?" "내가 무엇을 할 수 있지?" "다른 누군가가 더 잘 도울 수 있지 않을까?" "내가 무엇인가를 잘못하면 무슨 일이 일어날까?" 그러나 높은 도덕적 역량을 가진 참여자들은 가만히 앉아 있었던 낮은 도덕적 역량을 가진 그룹보다 더 빠르게 갈등적인 생각들을 정리하고 결정에 도달했다.

그러므로 필요한 순간에 도움을 주지 않는 사람들은 다른 사람들보다 덜 도덕적인 것이 아니다. 이러 저러한 연구들에서 볼 수 있듯이, 그들은 종종 다른 사람들만큼 높은 도덕적 이상들을 소유하고 도움을 주려는 자발성도 가지고 있다. 그들은 단지 짧은 시간에 결정 내리는 능력이 부족한 것이다. 많은 상황에서 이것은 중요한 것이다.

의사결정

맨스바트F. J. Mansbart는 실험을 통해 위 해석에 대한 더 깊은 통찰력을 제공한다(Mansbart, 2001). 이 연구에서 참여자들은 컴퓨터 화면에서 그들에게 제시된 도덕적 딜레마들에 대해 가능한 빨리 결정을 내려야 했다. 또한 맨스바트는 MCT를 이용하여 참여자들의 도덕적 역량을 평가하고, 그러한 상황에서 빠른 결정을 내리는 참여자들의 동기화motivation에 관한 정보를 수집했다. 연구 결과를 통해 그는 의사결정의 속도(초 단위)가 어떤 상황에서 참여자들이 가지는 의사결정 동기화의 강도보다 참여자들의 도덕적 역량 발달의 정도에 훨씬 더 많이 달려있다는 것을 보여 주었다. 도덕적 역량에 대한 상대적인 효과의 상관정도(r=0.36)는 맨스바트의 실험에 포함된 네 가지 동기 변수들의 상관정도(r=0.03)보다 10배 이상 더 높았다. 물론 결정의 속도가 항상 의사결정 능력의 좋은 증거가 되는 것은 아니다. 때때로 사람들은 필수적인 정보를 모두 얻고, 그것들을 평가하기 전에 결정을 강요받을 때도 있다. 맨스바트의 실험에서도 시간 제약은 있었다. 하지만 제재와 관련된 어떠한 사회적 압력도 존재하지 않았다. 시험 대상자들이 그들의 결정에 확신을 느꼈을 때에만 그들의 결정 사항을 제공했었다고 나는 확신한다([그림 4-5] 참조).

[그림 4-5] 도덕적 역량 등 다양한 동기 변수들의 의사결정 시간 영향

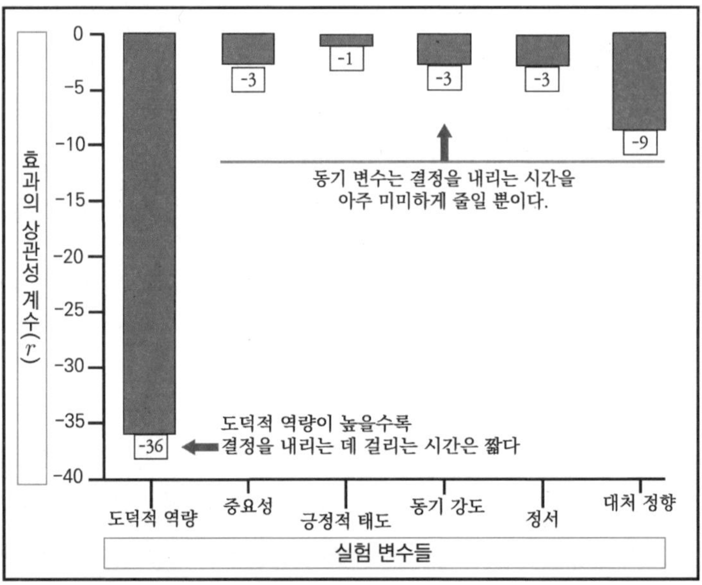

주: 사람들의 도덕적 역량이 높을수록 그들이 결정을 내리는 시간은 짧다. 표기의 편의를 위해 효과의 상관성 계수(r)는 100을 기준으로 함.

출처: Mansbart(2001). 효과 크기들에 대해서는 저자(G. Lind)가 직접 계산함.

이러한 실험들로부터, 우리는 다음과 같은 결론을 내릴 수 있다. 사람들은 다음과 같을 때 도덕적으로 좋은 결정을 내린다. (a) 그들이 상충되는 도덕적

요구 사항들(딜레마들)을 해결할 능력이 있을 때, (b) 그들이 필요한 시간을 확보했을 때. 그러므로 결정의 질quality은 동기보다는 잘 발달된 도덕적 역량에 더 의존하는 것으로 보인다. 맥나미 실험의 추가 참여자들이 더 많은 시간을 가졌더라면, 그들은 도움을 제공했을지도 모른다. 그 실험은 현실에 가까운 것이었다. 왜냐하면 우리는 종종 빠르게 결정을 내려야 하고, 그렇지 않으면 도움이 너무 늦을 수도 있는 상황을 만나기 때문이다.

프렌Kristin Prehn과 그녀의 동료들은 베를린자유대학에서 또 다른 신경학적 실험을 실시했다(Prehn et al., 2008; Prehn, 2013). 그들은 참여자들에게 도덕 문제 혹은 문법 문제를 포함하고 있는 진술문들을 평가해 달라며 제시했다. "그는 유리창을 깬다."(도덕적) 그리고 "그는 창밖을 본다."(He looks 대신 He look)(문법적). 그러고 나서 문제를 포함하지 않는 유사한 진술문들과 비교하게 했다. 실험 대상자들은 버튼을 누름으로써 진술문이 문제를 포함하고 있는지에 대해 빠르게 결정해야 했다. 연구자들은 오류율과 반응 시간을 측정했고, 이것들을 의사결정 능력의 지표로 삼았다. 여기에 등장하는 실험 구성의 추가적인 측면이 중요한데, 실험 동안에 실험 대상자들은 뇌 스캐너를 착용했고, 이것은 이러한 과업 활동들이 일어나는 뇌의 부위와 그것의 강도를 기록했다. 이러한 활동들의 강도는 실험 대상자들이 과업을 해결하는 것이 얼마나 어려웠는가를 보여주는 척도가 된다. 도덕적 과업일 때, 오른쪽 배외측 전전두엽 피질(DLPC)에서의 두뇌 활동이 특히 강력했다. 두뇌의 이 부위가 도덕적 역량을 위해 특히 중요하다는 사실은 활동 수준(BOLD-level)이 실험 대상자들의 MCT C-점수와 높은 역상관성(r=-0.47)을 보이고 있다는 점에서 확인된다. 사람들의 도덕적 역량이 높을수록, 도덕적 결정을 내리기 위한 그들의 노력은 적게 요구된다. 또한 이 연구는 도덕적 역량이 인간의 행동에 매우 중요한 요소라는 가설을 지지한다. 우리는 낮은 도덕적 역량을 지닌 사람들, 그래서 결정을 내리는데 많은 시간이 필요한 사람들이 결정을 더 빨리 내리는 사람들보다 문제와 갈등을 더 힘든 것으로 경험하고 더 고통스러운 감정들을 느낄 것이라는 것을 쉽게 추정할 수 있다. 프렌Prehn과 그녀의 동료들은 추가적인 두뇌 스캔 연구를 통해 도덕적 역량 점수가 사람들이 도덕적 갈등을 직면할 때 가지는 감정적인 갈등을 다루는 능력을 반영한다는 생각을 지지한다(Jung et al., 미간행).

약물 사용의 자제

도덕적 역량이 약물과 무슨 관련이 있는가? 어떤 소비자들은 좋은 느낌을 만들기 위해 약물을 사용하지만, 어떤 사람들은 고통스럽고 자신의 삶의 질을 심각하게 제한할 수 있다고 인식되는 감정들을 통제하기 위해 약물을 사용하기도 한다. 그러한 고통스러운 감정들은 해결을 위해 많은 시간과 에너지를 필요로 하거나, 종국에는 개인이 해결할 수 없는 딜레마로부터 종종 기인한다.

우리가 결정 갈등(딜레마)에 직면할 때, 우리는 먼저 우리의 감정을 발견한다. 우리는 대개 딜레마를 의식적으로 인지하기 전에, 먼저 그것을 느낀다. 우리는 더 빠른 맥박, 더 높은 혈압 그리고 배에서 우르릉 거리는 소리에서 상반되는 도덕적 감정들 간의 갈등을 알아챌 수 있다. 종종 우리는 그러한 딜레마들을 빠르고, 전체적인 생각 없이, 순전히 감정적으로 해결한다. 위에서 설명한 바와 같이, 도덕적 역량이 더 잘 발달되었거나 훈련됐다면 우리는 이것을 더 쉽게 성취한다. 딜레마에 대한 감정과 해결은 종종 너무 빠르게 일어나서, 우리는 의식적으로 그것을 거의 알아차리지 못한다. 만약 이런 종류의 자동 반응이 일어나지 않는다면, 우리가 어떤 위험에 위협받고 있는 것처럼 우리가 활성화되거나 스트레스를 받고 있다는 것을 알아차릴지도 모른다. 해결이 긴급한 문제는 정말 위협과 같은 것이다. 우리가 어떻게 문제를 해결할 수 있을지에 대한 것 외에는 어떠한 것도 생각해 낼 수가 없다. "왜 내 친구가 나에게 말을 하지 않지? 나한테 화가 났나? 사과해야 하나? 그가 먼저 뭔가를 해야 하지 않나?"

만약 문제가 매우 어려운 것이라면, 우리가 그것을 해결할 때까지 오랜 시간이 걸릴 수도 있고, 우리는 스트레스를 받을 것이다. 만약 이러한 흥분 상태가 높고 고통스러운 수준으로 유지된다면, 우리는 아플 수도 있다. 우리는 잠을 거의 잘 수 없고, 우리의 일 혹은 교육에 집중할 수 없고, 이상하게 행동을 할 수도 있다. 이러한 상태를 치료하는데 때때로 우리가 이용 가능한 것보다 더 많은 전문지식, 시간 그리고 비용이 요구되기도 한다. 우리는 해결책을 발견할 때까지 이러한 상태를 참거나, 술, 담배 혹은 마리화나를 함으로써 자극을 마비시키려고 애쓰기도 한다. 이러한 것들은 상대적으로 값이 싸고 쉽게 구입 가능하다. 약물들은 도움이 되지만 분명히 진정한 의미의 도움은 안 된다. 그것들이 일종의 "자기 치료[self-therapy]"의 수단으로 사용될 수는 있겠지만, 원래의 문제를 해결하지 못하고 종국에는 새로운 문제를 낳는 경향이 있다.

렌츠[Beke Lenz]는 청소년들에 대한 연구를 통해 이 이론을 확인한다. 일반적으로 도덕적 역량과 약물 사용 사이에는 약한 연관성이 존재하지만, 학교생활의 어려움, 부모의 이혼, 친구의 상실과 같은 많은 삶의 문제를 갖는 젊은이들에게는 이 관계가 강하다는 것을 보여준다. 삶의 문제를 가진 젊은이들의 집단 내에서, 낮은 도덕적 역량을 가진 이들이 높은 도덕적 역량을 가진 이들보다 술, 담배 그리고 마리화나를 더 많이 소비한다(Lenz, 2006). 높은 도덕적 역량을 가진 젊은이들은 그들의 문제와 갈등을 숙고와 대화를 통해 해결할 수 있기 때문에, 고통스러운 감정들을 회피하기 위해 약을 소비할 필요가 없는 것으로 보인다. 불행한 일 혹은 학교나 직장에서의 어려운 상황들을 직면할 때, 도덕적 역량은 마약 중독자가 되는 위험성을 낮추는 것으로 보인다. 우리가 어려운 상황들을 방지할 수는 없겠지만, 젊은이들이 해로운 "자기 치료"를 하는 것을 방지하기 위해서 그들의 도덕적 역량을 기를 수는 있다.

규칙 준수

필립스(Philips, 1967: 232)는 이렇게 썼다. "일탈 행위는 개인을 공격해온 질병이 아니라, 그가 비효율적이긴 하지만 적극적으로 그의 환경과 타협하려고 노력할 때의 전인적인 표현이다. 부적절한 행위를 하는 사람들은 공동체 삶에 효과적으로 참여하기 위한 수단을 개발하기 위하여 도움을 필요로 한다. 우리의 논지에 따르면, 대부분의 사람들은 도덕적 가치를 결여하거나, 심지어 반사회적인 가치를 가지고 있기 때문에 폭력과 법위반이라는 수단에 의존하는 것이 아니라, 그들 자신의 도덕 원리들을 인식하는 능력과 그것들을 적절한 행위로 해석해 내는 능력을 결여하기 때문에 그러한 모습을 보인다. 소크라테스와 함께 우리가 확신하는 바는, 누구라도 선을 이해하면 선을 행할 수밖에 없다는 것이다. 폭력, 속임수, 부정부패 그리고 전쟁이 일종의 갈등 해결책으로 보이긴 하지만, 분명히 콜버그의 도덕적 지향의 6유형 중에 가장 낮은 것에 해당한다.

도덕적 역량과 범죄 행위(폭력, 속임수, 부정부패, 권력남용) 사이의 관계에 대한 증거들은 많은 상관성 연구들에서 발견된다. 사람들의 도덕적 역량이 낮을수록 그들이 법과 갈등을 일으킬 위험성은 더 커진다(Blasi, 1980; Hemmerling, 2014; Kohlberg, 1958; Weyers, 2005). 이 관계는 화이트칼라 범죄보다 폭력과 잔인한 물리력을 동반하는 범죄행위와 더 강한 연관성을 가진다(Wischka, 1982). 화이트칼라 범죄에 있어서의 낮은 도덕성의 역할 역시 상관성 연구들에서 잘 기록되어 있다. 내부고발과 경고를 함으로써 회사와 조직에서의 부정부패 그리고 불법적인 관행으로부터 자신을 지켜내는 것은 높은 도덕적 역량이 요구된다고 볼 수 있다(Brabeck, 1984; Roberts & Koeplin, 2002).

낮은 도덕적 역량과 범죄 행위 사이의 관계는 실험 연구들에 의해 훨씬 더 분명하게 나타난다. 핫숀과 메이(Hartshorne & May, 1928)의 연구에서처럼,

실험 대상자들은 검사나 시험 시간에 부정행위를 할 수 있는 상황에 노출되었다. 참여자들의 도덕적 역량이 낮을수록 부정행위를 하는 사람들의 비율이 더 높아졌다(Sprinthall et al., 1994; Kohlberg, 1984). 우리가 딜레마 토론과 정의공동체 방법을 검사했을 때(아래쪽과 11.3장 참조), 개입은 학생들의 도덕적 역량의 수준을 높였을 뿐만 아니라 규칙위반의 빈도 또한 역시 감소시켰다는 평가를 확인할 수 있었다(Lind, 2002; Lind & Althof, 1992). 교도소에서 열린 KMDD 세션 덕분에 교도소 내의 규칙위반의 빈도가 전반적으로 낮아졌다고 헤머링도 이와 비슷한 결과를 보고한 바 있다(Hemmerling, 2014). 이러한 연구 결과는 도덕적 역량은 범죄행위와 관련이 없다는 범죄학 교과서에도 발견되는 개념을 반박한다. 이 믿음과는 반대로, 우리는 KMDD를 사용하여 피의자들의 도덕적 역량을 높여줌으로써 그들을 매우 효과적으로 재사회화할 수 있다. 학교에서 이 방법을 적용하는 것 역시 폭력, 속임수 그리고 권력남용의 예방에 기여한다(Lind, 2002; Hemmerling et al., 2009; Hemmerling, 2014).

DES라는 응용 프로젝트에서도 역시 딜레마 토론과 정의공동체 모임들을 통한 도덕적 역량 증진이 학생들에 의한 집단 괴롭힘, 공공기물파손, 절도 그리고 무단결석과 같은 교칙위반의 수를 감소시켰다는 증거가 보고되었다(Lind, 2002). 11세에서 17세까지의 독일 아이들에 대한 새로운 연구에서 낮은 도덕적 역량과 교내 집단 괴롭힘 사이의 분명한 연관성을 확인할 수 있었다(Grundherr et al., 2016).

권위에 대한 복종

많은 사회 조직들은 권위에 의한 명령이나 순종이 이루어질 때에만 기능을 할 수 있다. 명령을 실행하는 사람들은 비록 그들이 위에서 내려오는 명령을 따름에도 불구하고 그들의 행동에 대해 책임을 지지만, 명령을 내리는 사람은 그에 동반하는 책임을 떠맡는다. (법과 규정과 마찬가지로) 명령이 결코 완전할 수 없기 때문에, 어떤 행동에 대한 명령을 내리는 상사가 책임 전체를 떠맡을 수 없다는 인식이 근본적인 민주주의적 아이디어이다. 관리자들이 결코 예견하지 못한 상황들이 발생하여 맹목적인 명령 수행이 결코 원치 않았거나 의도하지 않은 결과를 낳을 수도 있다. 그러므로 부하 직원들도 상사에게 완전히 떠넘길 수 없는 책임을 역시 가지는 것이다. 지시사항이 상사들에게서 받은 진술들과 상충될 수도 있고 혹은 인권 침해와 같이 법이나 도덕 원리들에 상충될 수도 있다. 맹목적인 복종은 아무도 예측하지 못했던, 하지만 부하직원들이 상사의 명령 불복종에 대해 처벌을 받을까봐 두려워서 무시하는 상황들이 발생할 때 부정확한 결과들을 낳을 수 있다.

제2차 세계대전 후 전범자들에 대한 재판에서 많은 피의자들이 자신들은 "단지 명령을 따랐다"라는 말로 자신들을 변호했다. 몇몇 법원들은 이 추론을 용납하지 않았고 살인 혐의 혹은 살인에 준하는 유죄를 선고했다. 왜냐하면 그들은 비도덕적인 명령 수행을 거부할 의무가 있었기 때문이다. 아주 놀라운 판결이 있었는데, 2005년 독일 연방 행정 법원은 불법이라고 스스로 판단하여 전쟁 행위에 참여하기를 거부한 어느 군인의 판단을 옳다고 보았다. 법원은 군인들이 받은 명령이 인권과 부합되는지를 스스로 점검할 필요가 있다고 보았다. 법원은 판결문에서 군인들조차도 절대 권위에 복종을 요구받지 않고, '숙고적인 복종(mitdenkender Gehorsam [reflective obedience])' 실행을 요구받는다고 밝혔다(Verdict of the 2nd Military Service Senate of June

21st, 2005, German Supreme Administrative Court 2 WD 12.04).

밀그램Stanley Milgram은 그의 유명한 복종 실험을 통해 사람들은 책임이 권위로 전가될 때, 끔찍한 행동들을 저지를 준비가 되어있다는 것을 보여주었다. 그는 실험 대상자들에게 다른 사람과 함께 학습 실험을 이행해 줄 것을 부탁했다. 학습자들이 실수를 할 때마다 그들에게 전기충격을 가하도록 되어 있었는데, 처음에는 단지 몇 볼트로 시작하지만 단계가 점차 증가하여 450볼트까지 이르렀고, 종국적으로는 검사를 통해 명백히 학습자들에 고통을 가하는 식으로 실험 설계되어 있었다(참여자들은 "학습자"들이 실제로는 충격을 받지 않는 배우라는 사실을 몰랐다). 이 실험에서 권위는 실험 대상자들에게 그들의 협조가 학문 발전에 도움이 된다고 말하는 연구자 한 사람만 가지고 있었다. 첫 실험에서 참여자들은 비록 그들이 중도에 멈췄더라도 어떠한 불이익이 없었음에도 불구하고 60% 이상이 실험의 마지막 단계까지 지속했다. 또 다른 실험에서는 전기 충격이 훨씬 높았었다. 밀그램은 전기 충격을 가하는 사람들의 행위를 사회적 환경 탓으로 돌렸다(Milgram, 1974).

그렇다면 우리는 이러한 잔혹 행위들이 사회적 환경에 의해 야기된다는 것을 받아들여야만 하는가? 이 논리는 우리에게 개인이 도덕적이기 이전에, 전체 사회를 "도덕적"으로 만들기 위하여 환경을 변화시켜야 한다는 유일한 가능성만을 남긴다. 하지만 그런 일이 일어날 때까지 기다릴 필요는 없는 것 같다. 일부 실험 대상자들이 최종 단계 전에 멈춤으로써 권위에 복종하지 않았다는 사실은 맹목적인 복종을 줄일 수 있는 내재적인 요소들이 있을 것이라는 점을 보여준다. 밀그램 자신도 더 높은 교육을 받은 사람 그리고 사람들을 전문적으로 다루는 사람들은, 더 낮은 교육을 받은 사람 혹은 기술자나 엔지니어들보다 복종을 더 거부할 것 같았다고 지적한다. 그러므로 더 충분하고 보다 나은 교육이 더 큰 개인적 책임감을 서서히 만드는데 기여할 수 있다.

콜버그는 밀그램의 실험을 반복했고, 권위에 대한 복종 실험은 대상자들의 도덕적 역량에 높이 의존한다고 논증했다. 높은 도덕적 역량을 가진 검사의 실험 대상자들 중 많은 사람들이 검사를 끝까지 실시하는 것을 거부한 반면에, 중간 혹은 낮은 도덕적 역량을 가진 실험 대상자들은 "학습자"들에 대한 최후의 순간까지도 지도자의 지시사항에 복종했다(Kohlberg, 1984). 콜버그의 실험은 도덕적 역량이 결핍된 사람들은 스스로 판단하기보다는 권위자의 판단에 복종한다는 점을 보여준다. 그들은 자기 자신의 양심보다 강력한 기관들의 지시사항을 따르는 경향이 있다. 반면 더 높은 도덕적 역량을 가진 사람들은 명령에 맹종하지 않는다. 모든 5단계 실험 대상자들은 시민적 용기를 보여주었고 전압이 최대치로 집행되기 전에 명령을 불복종했다.

학교 역시 규칙과 지시에 기반을 둔 기관이다. 입법부는 법률적인 틀을 제공하고, 교육부 혹은 다른 행정단체는 학습목표들과 커리큘럼을 만들며, 교사들은 학생들에게 무엇을 그리고 어떻게 학습해야 하는지에 대해 말한다. 이러한 준비사항들은 대개 여러 번 깊이 숙고되고, 재고 및 재평가 과정을 거친 것들이다. 그럼에도 불구하고 이러한 것들이 무비판적이고 자동적으로 실행될 경우에는 역효과를 낳을 수도 있다. 비록 사회는 아이들이 인생을 잘 준비하고, 미래에 사회가 잘 작동하도록 교육제도에 많은 돈을 투자함에도 불구하고, 학생들로 하여금 배워야 할 것보다 덜 배우도록 하고 학습에 대한 불쾌감 혹은 사회에 대한 혐오감을 조장시킬 수도 있는 것이다. 우리는 교사들과 학생들에게 비판적인 추론critical reasoning과 숙고적인 복종reflective obedience을 기대해야 한다. 교사와 학생들은 학교제도 내에 있는 다른 모든 사람들과 마찬가지로 공유된 책임감을 가져야만 한다. 불행히도 교사들과 학생들이 그들이 가진 참여권을 완전히 사용하는 경우는 매우 드물다(Lind & Raschert, 1987).

숙고적인 복종은 군인들의 도덕적 역량에 있어서 훨씬 더 어려운 것이다. 한편으로는 군인들의 생명 혹은 한 나라의 운명은 모든 이들의 명령에 대한 복종에 달려있을 수 있다. 하지만 이러한 명령이 인권을 위반한다면, 군인들은 반드시 반대할 수 있는 자유를 가져야만 한다. 만약 군인들이 이러한 원리들을 그들의 직접적인 사회 환경에서 실행할 수 없다면, 어떻게 그들이 자유와 민주주의를 수호하는데 자신을 바칠 동기가 부여될 수 있겠는가? 이러한 고민으로 독일군대의 수뇌부Bundeswehr는 KMDD를 통해 군인들의 도덕적 역량을 증진시키기로 결심했다(Bergmann, 2007). 당시의 군 감찰감은 나에게 장교들, 군목들 그리고 군대 심리학자들을 KMDD 방법으로 훈련시킬 권한을 위임했다.

교육 프로그램에 참여하기 위해 파견된 장교들은 처음에는 놀란 것처럼 보였고, 몇몇은 짜증난 것처럼 보였다. "군대에서는 민주주의와 토론을 위한 공간이 존재하지 않습니다. 우리는 단지 명령과 복종만을 다룰 뿐입니다." 한 장교가 그의 동료들의 박수갈채를 자아내며 이렇게 말했다. 그에 대한 응답으로 나는 모든 참여자들이 알고는 있지만, 분명히 그들의 머릿속에는 존재하지 않는 "군대복무 규정 10/1, Section 301" '내재적 리더십'Innere Führung(inner leadership)을 인용할 수도 있었다. "내재적 리더십을 통해 독일군대 내에서 헌법의 가치와 규범은 실현된다. 이것은 군대 내의 자유와 민주주의 그리고 법의 지배의 원리를 의미한다. 당신들의 강령은 '제복을 입은 시민들'(Citizens in Uniform)"이다(Federal Ministry of Defense, 2010). 그 대신 나는 스나이더 상병Corporal Snyder에 관한 가상의 이야기를 그들에게 들려주었다. 그는 아프가니스탄에서 보급창 야간경계근무를 하고 있었다. 나는 이 이야기를 로날트 바켄후트Ronald Wakenhut로부터 빌려왔다(Wakenhut, 1982). 스나이더 상병은 어떤 사람이 담장 울타리 주변을 따라 뛰고 있는 것을 본다. 두 번의 경고에도 불구하고 그 사람은 멈추지 않는다. 그는 혼란스러워한다. "보급품을 훔치고 있는 적군인거야 아니면 술 취한 동료인거야? 너무 어두워서 정확하게 다리에 총을 쏠 수도 없다. 내가 쏜 총알이 치명적일 수도 있어! 어떻게 해야 하지?"

내가 이야기 제시를 끝냈을 때, 장교들은 즉시로 활발한 토론을 시작했다. 분명히 군인들 사이에서조차도 숙고와 토론에 대한 필요는 존재한다. 그 순간부터 계속해서 우리는 강렬한 한 주간의 워크숍을 가졌다. 끝 무렵에는 참여자들이 그들의 병사들과 중대 장교들과 함께 KMDD 모임을 수행하고 싶다고 나에게 말했다. 하지만 단 한 가지 문제가 있었다. 수비대 사령관이 언제라도 교실에 들어올 수가 있었다. 한 장교가 말했듯이 "만약 단 한 명의 참여자라도 무언가 사령관의 마음에 들지 않는 말을 한다면, 나는 그 즉시로 계급을 잃을지도 모릅니다." 그래서 나는 그에게 사령관을 그의 감독관(supervisor)으로 초대할 것을 충고했다. 이것으로 문제는 해결되었다.

학문적인 학습과 가르침

위에서 언급한 실험들은 이미 도덕적 역량이 교과 학습과 다른 종류의 학습에 영향을 준다는 점을 시사한다. 사실 하이트브링크Horst Heidbrink는 MCT C-점수가 높은 학생들이 C-점수가 낮은 학생들보다 더 많은 정보를 교육용 비디오에서 습득한다는 것을 한 학습실험에서 보여주었다(Heidbrink, 2010). 하지만 처음에 우리는 이 연구 결과를 어떻게 이해해야 할지 몰랐다. 결국 우리는 이 결과가 도덕적 역량의 본질과 의미에 관한 우리의 점증하는 지식과 잘 부합된다는 것을 깨달았다. 이것은 수학을 포함하여 모든 학습에는 정서적인 과정들이 수반되며, 정서적인 학습이 인지적인 학습에 선행한다는 피아제의 이론적인 입장을 확인해준다(Piaget, 1976; 1981). 이것은 또한 대니얼 골먼(Goleman, 2000) '정서지능' 이론을 확인시켜 준다.

나는 성인교육 프로그램에 참여했던 교사들과 함께한 소규모 연구를 포함하여, 정서-인지 관계에 대한 경험적인 추가 증거를 발견하였다. 교사들은 프로젝트 교수법, 협동학습법, 팀 티칭 그리고 기타의 학생지향적인 교실에서의 교수법 모두를 긍정적으로 평가했지만, 그들이 수업 시 실제로 적용하는 방법들은 몇 가지가 안 되는 것으로 밝혀졌다. 이 몇 가지 교수법들 역시 MCT에서 높은 도덕적 역량을 필요로 한다. 분명히 학생들의 아이디어 및 흥미와 연결될 수 있는 교수법들은 교사들의 도덕적 역량을 많이 요구한다. 만약 학교에서 무엇을 어떻게 배워야하는지에 대해 한 명 이상의 사람들이 결정할 수 있다면, 분명히 갈등이 존재할 것이다. 이것은 교사가 그러한 상황들을 대처하는 방법을 배웠느냐의 문제를 의미하는 것이 아니라, 도덕적 역량이 학문적이고 직업적인 학습에서도 역시 중요한 역할을 한다는 것을 의미한다. 이 연구 결과는 만약 우리가 교사들이 학생지향적인 교수법들을 사용하기를 원한다면, 교사들에게도 그들의 도덕적 역량을 발달시킬 기회를 가지도록 해야 한다는 것을 제안한다.

반대로, 도덕적 역량의 결핍은 학습을 방해할 수 있다. 만약 학생들이 그들의 상황에서 풀지 못하는 도덕적 갈등을 가지고 있다면, 그들의 학습은 매우 부진해질 것 같다. 도덕 문제의 해결책은 학교를 위해 실행되어야 하는 학문적 과업의 해결책보다 훨씬 더 시급하게 느껴진다. 정신이 온통 도덕 문제들을 다루고 있을 때는 교과 학습을 위한 여유가 거의 남아있지 않다. 역으로 이것은 학생들 사이에 도덕적 역량을 증진시킴으로써 교과 학습에 영향을 줄 수 있다는 것을 의미하기도 한다. 사실 많은 출판되지 않은 연구물들에서 거의 모든 과목에서 도덕성과 시험점수 간의 긍정적인 관계를 확인할 수 있다(6장 참조).

이것은 교사들에게도 해당된다. 15명의 경험 많은 교사들로 이루어진 소규모 연구에서, 나는 그들에게 협동학습법과 프로젝트 교수법과 같은 현대의 학생지향적인 교수법들에 관해서 어떻게 생각하는지를 물었다. 그들 모두가 이 방법들과 그 외의 학생지향적인 교수법들을 환영하였다. 하지만 수업시간에 실제로 얼마나 자주 협동학습법을 사용하는지에 대해 물었을 때, 대부분이 "한 번도 없어요."라고 말했다. 몇 명의 교사는 "가끔", "자주" 혹은 "매우 자주"라고 답했다([그림 4-6] 참조).

[그림 4-6] 협동학습시 교사의 반응 빈도에 따른 C-점수

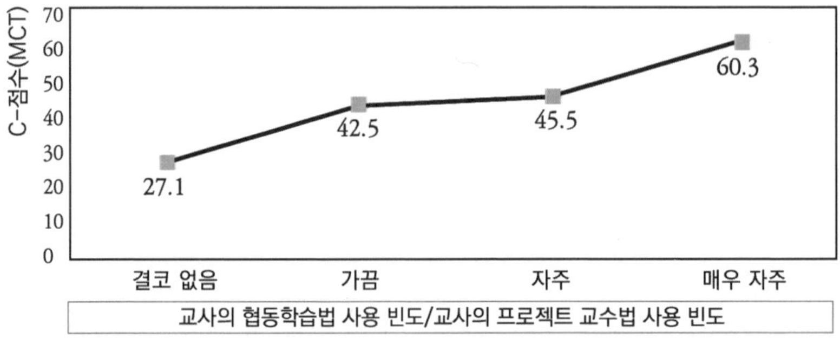

주: 질문은 "당신은 수업에서 얼마나 자주 협동학습법을 사용하십니까?"였으며, 이 연구 결과들은 15명의 독일 체육고등학교 교사 대상 미발표 설문조사 결과에서 가져옴.

학생 프로젝트 교수법을 사용한 교사들은 더 많았고, 그 사용 빈도가 많으면 많을수록 C-점수는 높게 나타났다([그림 4-7] 참조).

[그림 4-7] 학생 프로젝트 학습시 교사의 반응 빈도에 따른 C-점수

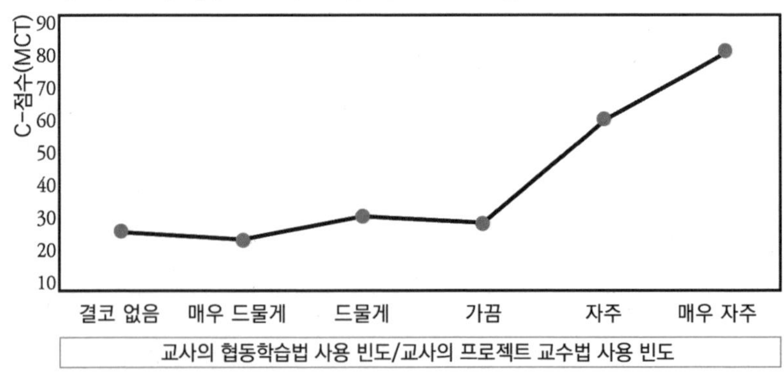

주: 질문은 "당신은 수업에서 얼마나 자주 학생 프로젝트 교수법을 사용하십니까?"였으며, 이 연구 결과들은 15명의 독일 체육고등학교 교사 대상 미발표 설문조사 결과에서 가져옴.

두 경우 모두에서 실제적인 학생지향적인 교수법의 사용은 교사들의 도덕적 역량 점수와 강력한 연관성이 있었다. 우리는 이 소규모 설문조사에서 너무 강한 추론을 끌어내지 않도록 조심해야 한다. 하지만 이렇게 높고 일관된 연관성이 보이는 것에 대해서는 놀라울 뿐이다. 다른 교수법들(토론 모임, 동료 교수법, 몬테소리 자유학습법) 역시 그러했다. 연구 결과를 통해서 모든 교사들은 교수법과 학습내용 그리고 학습목표를 결정하는데 학생들이 더 많이 연관되기를 바란다는 점을 볼 수 있다. 하지만 많은 교사들이 학생들의 그러한 연관은 교실에서 더 많은 갈등을 의미하고, 자신들은 그러한 갈등을 잘 대처할 수 없다는 예상에 사로잡혀있다. 이것은 우리가 교사들에게 더 나은 교수법들을 사용하라고 강요하는 것 대신, 그들의 도덕적 역량을 증진시켜 교실에서의 가르침을 향상시킬 수 있다는 것을 의미한다.

다원론적 무지와 사회적 고정관념 줄이기

다원론적 무지와 사회적 고정관념은 도덕적 역량과 직접적으로 관련이 있어 보인다. 이것들은 말하기 어려운 것들에 대한 의사소통의 결핍 혹은 다른 사람들을 알 수 있는 기회의 결핍에 의해 야기되는 것으로 보인다. 만약 친애하는 독자들이 내가 실제로 생각하지 않는 것을 생각하고 있다고 믿는다면, 이것이 사회 심리학자들이 "다원론적 무지"라고 부르는 것의 경우라고 할 수 있다. 크레치와 크러치필드는 이 현상을 다음과 같이 기술했다. "아무도 믿지 않으나, 모든 다른 사람들이 믿고 있다고 믿는 것(Krech & Crutchfield, 1948: 389)." 이것은 타인에 대한 사람들의 견해가 상대적으로 정확하게 인지되었는지 혹은 사람들의 견해가 현실과는 거의 상관없는 고정관념에 근거하는지와 관련된 문제이다. 무지와 고정관념은 대개 사회적 관계에 대한 큰 부담을 나타낸다. 너무나 빈번하게 고정관념들은 사회적 갈등, 폭력적 대치, 인종차별 그리고 외국인 혐오의 직접적인 원인이 된다. 다른 사람들에 대한 고정관념들은 전쟁을 시작하거나 남을 속이는 것에 대한 문턱을 유의미하게 낮춘다. 고정관념과 다원론적 무지에 관한 연구의 뿌리가 1920년대 미국의 인종차별 시기라는 것은 우연이 아니다. 조사에 의하면 '유색' 시민들에 대한 고정관념이 미국 백인들로 하여금 그들의 흑인 동포들에게 완전한 시민의 평등권을 허락하는 것을 거부하는데 중요한 역할을 했었다. 또한 서로 교류하는 사람들의 수가 적을수록, 서로에 대한 고정관념은 더 컸다. 이것은 악순환을 만든다. 거주 지역, 공원, 버스 그리고 학교 내에서의 사람들의 분리는 고정관념을 강화하는데, 이것은 차례로 더 많은 분리를, 그리고 분리된 지역들을 만든다. 사회 심리학자 캐롤린 셰리프Carolyn Sherif와 무자퍼 셰리프Muzafer Sherif는 캠퍼스 내에서 젊은이들을 대상으로 한 간단한 실험들을 통해, 단순한 공간적 분리가 어떻게 고정관념과 공격성을 촉발시키는지 보여주었다. 바닥에 선을 긋고 젊은이들을 무작위로 두 그룹으로 나누는 것만으로도 이미 상대 그룹에 대한 적개심을 촉발시키기에는 충분한 것이었다(Sherif & Sherif, 1969).

도와주는 행위를 연구할 때도, 고정관념과 다원론적 무지가 행위에 어떻게 영향을 미치는지를 볼 수 있다. 주변 사람들이 도움을 주지 않는다고 생각하는 사람이라면 타인에게 도움을 훨씬 덜 주려고 한다. 지인이 의도적으로 자신에게 인사를 하지 않았다고 생각하는 사람은 다음번에 만나는 다른 사람에게 인사를 하지 않을 수도 있다. 학교를 한 번 보자. 한 연구에서 교사들은 학생들이 학습에서 중요한 역할을 한다고 대답하면서도, 학생들이 마지못해 공부한다고 생각한다는 말을 했다. 교사들은 학생들의 더 많은 민주적인 참여에 대한 욕구를 규칙에 대한 반감과 연결 짓는다(Lind, 1995; 2002). 우리는 왜 학생들이 교사들에 의해 오해받고 있다고 느끼는지, 그리고 교사들과 신뢰관계를 형성하는 것이 왜 어렵다고 생각하는지를 쉽게 이해할 수 있다.

오랜 기간 동안, 고정관념은 선천적인 것이고 수정 불가능한 것으로 가정되었고, 우리는 오해와 문제 있는 공존의 삶을 우리 스스로 감수해야 한다고 여겼다. 기껏해야 불이익과 처벌이라는 위협의 수단을 통해, 사람들이 그들의 편견을 외부로 드러내지 못하도록 학습시키는 것이 가능하다는 정도가 가정되었다. 사람들이 정형화된 표현에 의해 불쾌하지 않도록 '올바른 언어'를 위한 규칙들, 즉 정치적 올바름political correctness이 있었다. 하지만 그것으로 충분했는가? 고정관념은 처벌을 비효과적으로 만드는 방식으로 효과적으로 숨겨질 수 있다. 한 사회의 대부분의 사람들이 어떤 고정관념을 갖고 있지만, '올바른 언어'를 집행할 사람이 없으면 어떡할 것인가?

우리는 실험적인 도덕 심리학의 두 가지 연구 결과를 통해 고정관념과 다원론적 무지의 지속적인 감소가 가능하다는 희망을 가질 수 있다. 바젤은 은 일련의 실험들을 통해 사람들은 고정관념이 드러나고 나서 그것을 억누르는 법을 배울 수 있을 뿐만 아니라, 확대되는 것을 막을 수도 있다는 것을 보여주었다. 사회 심리학자들은 이 학습법에 다소 독특한 "공정성 목표의 만성화chronification of fairness goals"라는 이름을 붙였다. 이를 통해 그들은 우리가 도덕적 역량을 훈련시키는 것을 말할 때와 같은 것을 의미하는 것 같다. 이 비교는 적절한 것으로 보인다. 왜냐하면 바젤이 이렇게 기록했기 때문이다. "이 목적은 … 무엇보다도 많은 노력을 요구한다. … 그리고 단지 충분한 능력이 있을 때에만 적용해야 한다(Wasel, 1997: 136; Moskowitz et al., 1999)." 다시 말해서 부정적인 고정관념들과 편견들을 극복하기 위해서는 집중적인 학습과정을 필요로 한다.

희망을 제공하는 두 번째 연구 결과는 심각한 주제들에 대해 서로 토론할 기회가 일반 학교보다 더 많은 학교의 학생들과 함께 했던 정의공동체 방법의 경험에서 나온다(10장, 11장 참조). 히긴스와 그녀의 동료들은 도움을 주는 행위에 관한 다원론적 무지가 정의공동체 학교들에서 얼마나 많이 감소했는가에 대해 진술한다. 정의공동체 프로젝트 초기에 대부분의 학생들은 자신은 도움이 되는 사람이지만, 다른 사람들은 도움이 되는 사람들이 아니라고 진술했다. 일

년 후 여전히 그와 같이 생각하는 학생들은 소수가 되었다(Higgins et al., 1984).

우리는 DES 프로젝트에서 유사한 변화들을 관찰하였다(11.4장 참조). 이러한 변화들이 어느 경우에 나타났는데, 교사와 학생 모두가 참여했던 정의 공동체 행사에서 몇 명의 교사들이 학생들에 대해 불평을 했다. 그 학생들은 쉬는 시간 동안 학교 밖으로 나가면 안 된다는 교칙을 계속해서 위반했었다. 한 교사는 "이 학생들은 교칙을 신경 쓰지 않는 것 같아요."라고 말했다. 이 견해가 공론화 됐고, 그 학생들은 해명할 기회를 가졌다. 그들은 교칙이 자신들에게 의미 없는 것이 아니라, 아침식사를 하지 못해서 무언가 먹을 것을 사야만 했다고 말했다. 이 토론은 결국 건설적인 해결책에 도달했다. 모임에서 그들은 교내에 매점을 설치하고, 거기서 학생들은 학교 밖으로 나갈 필요 없이 음식과 음료를 구매하기로 했다. 평가 자료를 근거로, 우리는 프로젝트가 실행됐던 2년 동안, 집중적인 대화를 통해 학생들의 도덕적 역량이 상당히 증가되는 결과가 있었음을 확인했다. 교직원들에게도 큰 변화들이 있어 보였다. 왜냐하면 학교장이 "평등주의 의사소통 문화"의 발전을 발표했는데, 이것은 DES 프로젝트가 끝이 난 이후에도 지속되었기 때문이다(11.4장 참조).

교실에서의 일방적인 의사소통 구조는 교사들로 하여금 다원론적 무지와 편견들을 조장할 수 있으며, 이런 경우 교사와 학생 간 관계는 물론 학습에도 해로운 영향을 미칠 수 있다(Oser, 1986). 교실에서 혼자 이야기 하고, 학생들에게 발언권을 거의 주지 않는 교사들은 종종 그들의 학생들에 대해 아는 것이 거의 없다. 그래서 그들은 자신의 학생들을 평가하는데 편견과 가정들에 의지해야만 한다. KMDD 모임은 교사들에게 자신의 학생들의 말을 들을 수 있는 시간과 용이함을 제공한다. 한 라틴어 교사의 말을 들어 보면, 교사들이 학생들에 대한 다원론적 무지와 편견을 줄이는 데 KMDD 방법이 얼마나 도움이 되는지를 알 수 있다. "내 수업 시간에 한 번도 참여하지 않은 몇몇 학생들이,

KMDD 모임에서 매우 적극적으로 참여하는 것을 놀랍게 지켜보았습니다. 나는 그들이 뇌사상태라고 생각했었습니다." 나는 교사들로부터 이러한 말을 종종 들어왔다. 분명 그들은 학생들에 대한 편견 없는 관찰보다 다원론적 무지에 더욱 기반을 두고 있다.

타인의 도덕적 역량 평가하기

더 높은 수준의 도덕적 역량을 지닌 사람들은 상대방의 도덕적 능력을 더 잘 평가할 수 있는 것 같다. 적어도 일이나 여가활동을 통해 잘 아는 사람들에 대해서는 그러하다. 바젤은 이미 언급했던 모의실험에서 이 이론의 증거를 발견했다(Wasel, 1993). 비록 참여자들 중 어느 누구도 자신이 가진 것보다 더 높은 도덕적 역량을 나타낼 수는 없었지만(우리가 도덕성에 대한 역량 이론을 근거로 예측했듯이), 높은 도덕적 역량을 지닌 참여자들은 낮은 C-점수를 가진 참여자들 보다 더 정확하게 친숙한 사람들의 도덕적 역량을 나타낼 수 있었다.

민주적인 삶의 방식에 대한 헌신

이전 부분에서 힌트를 얻었겠지만, 도덕적 역량과 도덕적 행위의 인과관계는 종종 쌍방향적이다. 많은 영역에서 도덕적 역량이 행위와 관련되는 것뿐만 아니라, 숙고하고 토론할 기회가 도덕적 역량의 증진을 낳기도 한다. 스포츠에서 근육을 더 많이 사용할수록 더 강해지고 날렵해지는 것과 같이, 도덕적 역량도 문제해결과 갈등해결을 위해 사용될 때 성장한다. 도덕적 역량이 민주주의의 보전과 발전을 위한 필수적인 조건이라는 증거들도 있고, 이와 반대가 참이라는 증거들도 있다. 다시 말해 민주적 과정에 대한 집중적이고 평등한 참여가 도덕적 역량의 증가를 낳는다는 것이다.

민주주의 보전을 위한 도덕적 역량의 역할은 1960년대 미국에서 전 세계적인 학생운동을 불러 일으켰던 자유언론운동의 등장에서 분명히 드러났다. 이 운동은 표현의 자유에 대한 의심과 제한이라는 분위기에서 등장했다. 인종차별과 베트남전 역시 주요한 역할을 했다. 하지만 이 운동을 불러일으킨 상황은 다소 무시할 만하다. 다양한 보고서들에 따르면, 버클리 소재 캘리포니아대학교의 몇몇 학생들은 카페테리아의 가격 상승에 항의하기로 결정했었다. 총장은 시위를 금지했고 경찰을 불렀다. 학생들은 미국의 모든 시민들에게 표현의 자유를 보장하는 미 헌법 제1조의 준수를 주장했다. 총장은 헌법은 개인에 관한 것이기 때문에 캠퍼스에는 적용되지 않는다고 선언했다. 그로 인해 더 많은 학생들이 시위에 참여했고, 이제는 근본적인 권리인 언론의 자유를 주장했다. 한Norma Haan과 그녀의 동료들은 수백 명의 참여자들과 인터뷰를 했고, 수백 명의 비참여자들에게 콜버그의 MJI의 서면 판을 적용했다. 그들은 시위에 참여하지 않은 비교 집단에 비해, 시위에 참여한 학생들 중에 높은 도덕적 역량을 가진 학생들이 훨씬 더 많다는 것을 발견했다(Haan et al., 1968). 독일 학생들과 함께한 한 연구에서도 역시 도덕적 역량과 민주적 가치 체계 사이에는 분명한 관련이 있다는 점이 발견되었다(Gielen, 1986; Lind et al., 2010).

우리는 또한 1977년부터 1985년까지 우리가 실시했던 국제 종단 비교연구에 독일인, 네덜란드인, 오스트리아인, 슬로베니아인 학생들과 함께 참여했던 폴란드 학생들에게서 민주 운동에서 토론에 더 오래, 활발하게 참여하는 것이 도덕적 역량 증진에 유익하다는 가정에 대한 증거들을 발견할 수 있었다(Bargel et al., 1982). 나와 나의 동료들은 다른 네 나라 학생들의 도덕적 역량이 조금씩 발달했던 반면에, 첫 두 해 동안 폴란드 학생들의 도덕적 역량은 강력하게 증가하는 것을 발견했다. 노박Ewa Nowak과 나는 이 자료들을 재분석하였다(Nowak & Lind, 2009). 우리는 이 급속한 발달이 그 당시 대부분의 설문참여자들이 토론과 시위에 활발하게 참여하였다는 사실 때문이라는 증거를 발견하였다. 그 때가 솔리다르노시치 운동Solidarność-Movement 기간이었는데, 이 때 많은 사람들이 폴란드의 민주화를 위해서 시위를 벌였었다. 2년 뒤 다시 질문을 받았을 때, 폴란드 참여자들의 도덕적 역량은 원래 수준으로 떨어져있었다. 그 동안에 새로운 정부가 권력을 이양 받았고, 계엄령을 선포했으며, 시위와 토론을 금지했었다. 우리는 대중의 토론을 위한 여지를 남기지 않고 학생들의 도덕적 역량에 자극을 줄 수 없게 만든 계엄령의 결과가 이러한 도덕적 역량의 감소를 초래했다고 믿는다.

제5장
어떤 요소가 도덕성을 결정하는가?: 유전자, 환경, 교육

도덕성은 길러지는가, 아니면 유전자나 사람이 태어난 사회적 환경에 의해 미리 결정되는가? 이 질문에 대한 대답은 상당히 중요하다. 만약 도덕성이 선척적인 것이거나 사회적 강화의 산물이라면, 도덕교육을 위한 여지가 별로 없게 된다. 이번 장에서 나는 경험적 증거의 관점에서 이러한 두 가지 전통적인 도덕 발달 이론들을 논해보려고 한다. 나의 주장은 연구 문헌들에 대한 광범위한 분석과 나의 독일어 판 『도덕성을 가르칠 수 있는가?』(Lind, 2002)에 대한 광범위한 연구를 기반으로 한다.

먼저 사회적 강화가 사람들의 행위를 개선할 수 있다는 이론을 살펴보자. 몇몇 이론가들은 부모, 교사 그리고 다른 사회의 주체들이 반드시 아이들에게 어떤 행위가 도덕적이고, 어떤 행위가 비도덕적이며, 어떤 도덕적 이유들이 사회적으로 수용 가능하고 어떤 것들이 그렇지 않은지를 "가르쳐야"한다고 주장한다. (사람을 죽이는 것과 같은) 어떤 행동들을 금지하고, (다른 사람들을 돕는 것과 같은) 어떤 행동들을 강화하기 위한 좋은 이유들이 존재한다. 군인으로서 우리는 사람을 죽이는 것이 허락될 뿐만 아니라, 반드시 죽여야 한다. 학생으로서 우리는 부정행위와 같은 방법으로 남을 돕는 것은 허락되지 않는다. 만약 우리가 어떤 도덕 규칙들에 따라서 엄격하게 행동하기 위해 애쓴다면, 이러한 규칙들이 상호 모순적일 때, 우리는 해결 불가능한 행위적 딜레마를 곧 겪게 될 것이다. 그러한 딜레마를 회피하기 위하여, 우리는 한 가지 혹은 매우 적은 수의 도덕 규칙들(=도덕적 완고함)을 지키며 살 수도 있다. 하지만 이러한 상황에서도 우리는 어려운 도덕적 결정들을 피할 수는 없다. 예를 들어 우리가 생명의 절대 가치를 믿는데 우리를 죽이고 싶어 하는 살인자와 마주친다면, 우리는 그를 죽임으로써 우리를 방어할 수 있을까? 임신부는 자신의 생명을 구하기 위해 낙태를 할 수 있겠는가? 그래서 다른 이론가들은 우리가 사람들에게 명확한 규칙들을 부과해서는 안 되며, 반드시 협동의 가치와 정의의 가치와 같은 "도덕적 가치들을 전달"해야만 한다고 주장한다. 하지만 우리가 도덕 원리라고 부르기를 선호하는 그러한 기본적인 도덕적 가치들은 주로 타고나는 것이고, 따라서 사람들에게 전달될 필요는 없다. 이와 같이 도덕 원리들은 사람들에게 "전달"될 필요가 없는 반면, 도덕적 역량은 전달 혹은 강화를 통해 발달할 수는 없다. 사람들에게 어떤 것을 강요할 수는 있지만, 자율적인 도덕성을 발전시킬 수는 없다(Portele, 1978). 이것은 자기모순적인 것이 될 것이고, 작동될 수도 없는 것이다. 도덕적 역량의 발달은 시간과 특별한 학습기회들을 요구한다.

그러므로 도덕적 역량의 발달이 부분적으로 혹은 완전히 유전적으로 결정되는지에 대한 질문이 남아있다. 만약 그렇다면, 우리는 편안히 앉아서 그것이 성장하는지를 지켜볼 뿐, 교육이라는 것을 가지고 개입할 수는 없다. 아래의 글에서 나는 도덕 발달의 유전적 진화이론에 대해 더 자세히 살펴볼 것이다.

5.1. 도덕성의 유전자 결정 이론

다윈의 진화론 성립 이후에, 많은 사람들은 유전적 요소들이 우리의 외모를 결정하듯이 우리의 내재적인 도덕적 인격을 결정짓는다고 믿는다. 그들은 도덕 발달의 과정이 우리의 유전자에 의해서 완전히는 아니더라도 매우 강력하게 결정된다고 가정한다. 이러한 만연된 오해에 따르면, 교육이 할 수 있는 최고의 것은 아이들의 성장을 돕고, 필요하다면 환경으로부터 오는 해로운 영향들로부터 그들을 보호하는 것이다. 최근의 유전자 이론들은 유전자만이 발달을 결정하는 것이 아니라, 환경 또한 일정한 역할을 한다고 가정한다. 피아제, 콜버그, 그리고 레스트는 사회적 환경의 자극 수준에 의존하는 도덕 발달은 가속, 둔화, 혹은 심지어 침체될 수도 있지만, 모든 사람들에게 같은 방식으로 진행되며, 항상 하위에서 상위로, 모방과 타율성에서 자율성으로(피아제), 혹은 도덕 판단력 "1단계"에서 "6단계"로 진행한다고(콜버그) 가정한다. 도덕성에 대한 "인지 발달 이론(Kohlberg, 1958; 1984)"의 중심적인 가정에 따르면, 도덕성에서 퇴보하는 발달(퇴행)은 존재하지 않는다. 다른 말로 하자면, 만약 이 이론이 정확하다면, 도덕 발달의 차원들과 연령 사이의 연관성은 항상 높고 긍정적이어야 한다(Kohlberg, 1984: 14; Rest, 1986: 106). 퇴보하는 발달(퇴행) 그리고 도덕성과 연령 사이의 부정적인 연관성에 대한 단 하나의 경우가 존재해도 콜버그의 인지 발달 이론을 논박하기에 충분하다.

이것은 사회과학에서 거의 찾아볼 수 없는 매우 용감한 예측인데, 너무나 자주 모든 가설들은 논박되지 않는 방식으로 만들어지기 때문이다. 가장 인기 있는 가설은 "변수 X에 대한 차이가 있을 것이다"라는 것이다. 만약 누군가 이 "가설"을 검사하기 위한 가장 작은 차이를 발견할 만큼 충분히 큰 샘플 크기를 선택한다면, 그것은 항상 진실로 판명될 것이다. 반대로 도덕 발달이 항상 유일한 하나의 순서로 진행한다는 주장의 가능성은 매우 낮고, 매우 논박 가능한 것이 된다. 만약 이것이 경험적인 연구에 의해 확인된다면, 우리는 정말 더 많이 알게 될 것이다. 만약 이 가설이 평균적인 발달 패턴에 응용된다면, 도덕 발달의 6단계를 정리할 수 있는 방법은 정확하게 720가지가 있다.[7] 그렇다면 사람들이 우연히 예측된 방식으로 발달할 가능성은 단지 1/720이 된다. 콜버그와 그의 동료들은 심지어 "발달의 계열성은 모든 연구된 개인들에게서 일치해야 한다(Colby et al., 1987: 83)."고 가정했다. 이것은 그

7) $6!=6\times5\times4\times3\times2\times1=720$

들이 지구상의 70억 인구에 이 가정을 대담하게 확대 적용한다는 것을 의미한다. 그러므로 그들 가정의 우연한 확인 가능성은 매우 낮다(1/[70억×720]). 나는 저자들이 이것을 알고 있었는지 모르겠다. 콜버그 가설을 더 약하게 만드는 형태가 확인된다면, 즉 도덕 발달의 과정이 유전적으로 결정된다는 것이 확인된다면, 이것은 "교육은 인간 발달과 함께 자연스럽게 따라 나오는 것이 아니거나 적어도 그런 것이 아니다(Edelstein, 1992: 162)."는 점을 전제하는 도덕교육에 중대한 결과들을 불러올 것이다.

오랜 기간 동안 모든 연구들이 콜버그의 가정을 확인하는 것처럼 보였다. 종단 연구에서 콜버그와 레스트는 측정치에서 꾸준한 상승 경향을 발견했다. 우리도 역시 학생들의 고등학교 졸업 시기부터 직장생활까지를 추적했던 종단 연구에서 도덕 발달의 불변의 계열성에 대한 콜버그의 "가설"에 대한 증거를 발견했다(Lind, 2002). 3개의 연속적인 연구 결과들이 아래에 제시되어 있다. 그림을 마무리하는 몇몇 측정 시점들은 독립된 연구들로부터 나온 것이지, 종단 연구에서 나온 것은 아니다. 이 연구 결과들의 각각의 등급을 0부터 100까지 일반적인 등급에 투입시켜서 비교 가능하게 만들었다. 이렇게 하기 위해, 나는 DIT와 MJI 연구들의 결과들을 전환시켰고, 계산된 각각의 수치들을 100점 등급에 일치하게 만들어서 그것들의 직접적인 비교가 가능하도록 했다. 비록 발달 패턴들 수준의 비교 가능성은 검사 종류의 다양성 때문에 제한적이긴 하지만, 이것은 콜버그의 지속적인 발달 계열성 이론을 확인하는 것처럼 보이는 놀랄 만큼 동일한 패턴을 보여준다([그림 5-1] 참조).

[그림 5-1] 상이한 도덕 발달 검사도구들에 의한 종단 비교

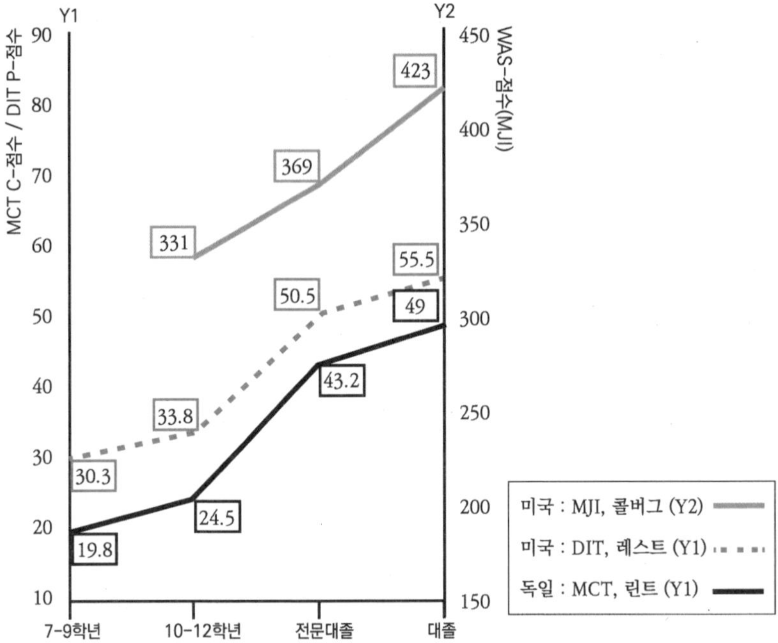

주: 그래프는 세 가지 상이한 도덕 발달 검사들(MJI, DIT, MCT)을 사용하여, 상이한 샘플들의 도덕 발달에 관한 세 가지 종단 연구들을 설명한다. 레스트와 린트의 연구로부터 나오는 종단적 자료들은 횡단 연구에 의해 보충된다(Lind, 2002).

하지만 여기서 오는 느낌은 우리를 오도할 수 있다. 면접법을 통해 "발달 양상을 경험적으로 만들기 위하여" 콜버그는 "엄청난 양의 자료들을 통해 어떤 연령과 관련된 특징들을 선별했다(Kohlberg, 1958: 88)." 그럼에도 불구하고 자료들은 상당수의 퇴행을 보여주었다(Blatt & Kohlberg, 1975: 151; Kohlberg & Kramer, 1969). 콜버그와 그의 팀은 이러한 퇴행을 채점 매뉴얼의 실수로 돌렸고, 채점 매뉴얼을 여러 번 수정했다. "사람들이 발달 변수를 예상하는 것과 같이, 우리의 자료들은 연령과 도덕 판단력 단계 사이의 분명한 관계를 보여준다. 연령과 도덕적 성숙도 점수MMS: Moral Maturity Scores 사이의 상

관정도는 0.78이었다(Colby et al., 1984: 47).” 그럼에도 불구하고 퇴행은 사라지지 않았다. 핀란드의 의대생들에 대한 한 연구에서, 대부분의 학생들이 퇴행의 모습을 보여주었다(Helkama et al., 2003). 여러 나라에서 MCT를 사용하는 많은 연구들을 통해서도 이 연구 결과는 확인되었다. 도덕적 역량의 퇴행은 의대생들 사이에서 퍼져 있는 것으로 보인다(Lind, 2000a; Schillinger, 2006; Gommel & Kessler, 2006; Slováčková & Slovacek 2007; Rego et al., 2011; Feitosa et al., 2012; Feitosa et al., 2013; Kukolia, 2014). 공인회계사들을 대상으로 한 횡단 연구에서 코드와니와 실링거는 경력이 증가함에 따라 도덕적 역량이 꾸준히 감소하는 것을 발견했다. 이러한 경험 연구의 결과들은 불변의 계열성을 강조하는 도덕 발달 이론을 분명하게 논박한다(Kodwani & Schillinger, 2014).

게다가, 한 모의 실험에서 헬렌 헤이스트[Helen Haste]는 28명의 참여자들 중 6명이 그들의 MJI 단계 점수를 높은 쪽으로 가장할 수 있다는 것을 발견했는데, 이것은 콜버그의 또 다른 가정인 단계를 뛰어넘을 수 없다는 것(즉 단계 비약)과 모순된다(Haste, 1985). MJI 채점 매뉴얼의 초기 버전들에서 몇몇 예방 전략들은 이미 알려져 있었다. “단계 일관성과 불변의 계열성을 최대치로 만들기 위하여 얼마나 많은 채점 범주들이 누락됐는지 나는 잘 모르겠다(Rest, 1979: 43).” 새로운 채점 매뉴얼에 대한 나의 분석에서, “연령 관련 특징들”의 선별이 채점 시스템 내에서 실제로 오류에 대해 이론을 방어해 주는 많은 예들을 나 역시 찾아냈다(Lind, 1989b).

DIT를 사용하는 연구들에서도 역시 퇴행의 경우를 발견하였다. 레스트는 연령과의 부정적인 연관성을 발견한 몇 가지 연구들을 보고한다(Rest, 1979: 111-113). 한 횡단 연구에서는 공인회계사들의 DIT P-점수가 연령의 증가와 직책의 상승과 함께 감소한다는 점을 제안한다(Brugman, 1996). 또 다른 연구에서는 “학교에서의 관리직 기간은 (학교 제도에서) 더 낮은 P-점수를 예상하게 한다."는 것을 보고한다(Walks, 1994).

하지만 이것만이 도덕적 역량이 나이와 비례한다는 이론이 가진 유일한 문제점은 아니다. 나는 대부분의 연구들이 어떤 발달 순서가 필수적이라는 100년이나 된 믿음을 의도적으로 확인하려는 선입견을 가지고 있었다고는 생각하지 않는다. 하지만 또 다른 측면에서 그것들은 심각하게 편향돼 있었다. 대부분의 발달 연구들은 조사 기간 내내 학교 혹은 대학을 다니는 젊은이들만을 연구에 포함시켰다. 이로 인해 젊은 세대의 2/3이상이 이러한 연구에 포함된 적이 없다. 다시 말해 일찍 학교를 졸업하고 취업했거나 직업훈련을 받는 사람들은 배제된 것이다. 도덕 발달은 연령과 관련된 것이 아니라, 오히려 젊은이들이 받는 교육의 양과 질에 관련됐던 것은 아닐까? 비록 콜버그와 그의 연구그룹은 교육 수준과 도덕 발달 사이의 높은 연관성을 발견했지만, 그들은 이것에 대한 추가적인 논의 없이 단순히 각주에서 보고하였다. 이와는 달리, 레스트[Jim Rest]와 토마[Stephan Thoma]는 도덕 발달과 교육 사이의 밀접한 관계를 발견했다. 레스트는 연령과 DIT P-점수의 부정적인 연관성 그리고 교육 수준과 DIT P-점수의 긍정적인 연관성을 보여주는 연구들을 보고한다. 토마는 이 관계에 대한 연구들에 광범위한 메타분석을 실시했고, (연령이 아닌) 교육이 도덕 발달에 가장 강력한 요소라는 것을 제안한다(Thoma, 1984).

(좋은) 교육과 도덕적 역량 사이의 관계의 강도는, 도덕 발달이 강화되기 전에 교육을 마친 사람들의 발달을 연구할 때 특별히 인상적이다. 1999년에 설문조사 기관인 엠니트(EMNID)는 나를 초대해서 MCT를 사용하여 그런 청소년들을 설문조사해 달라고 했다. 대상은 중학생들과 중학교 졸업생들로 9학년 혹은 10학년을 마친 학생들이었다([그림 5-2] 참조).

[그림 5-2] 도덕적 역량의 퇴행 비교

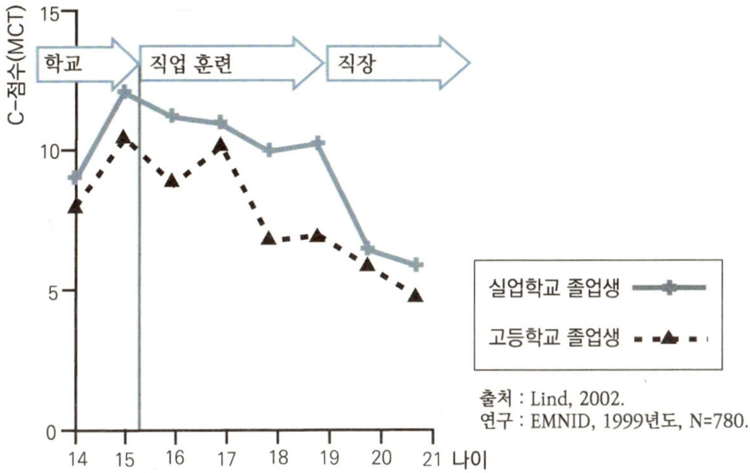

주: 어린 나이에 학교 교육을 끝낸 뒤 도덕적 역량의 퇴행. 연구 대상은 독일의 더 낮은 수준의 중학교 코스이다. 각각 9학년과 10학년을 마쳤다.

EMNID 연구 결과를 통해, 이전 연구들에서 나타났던 꾸준한 상승 경향은 연령과 상관성이 크지 않음이 명확해졌다. 다시 말해 우리는 이 연구에서 도덕적 역량이 최종학년까지 증가하지만, 학교를 떠나 연령이 증가함에 따라 감소하는 것을 확인하게 된다. 학교를 다니는 마지막 해 동안에, C-점수의 증가가 기록되지 않고 수치가 처음으로 약간 감소한다. 그리고 점점 더 속도를 낸다. 우리는 우리 앞에 놓인 곡선을 본다. 이것은 활성화 되지 않음으로 인해 능력이 상실되는 전형적인 모습이다. 이미 언급했던 의대생들, 재소자들(Hemmerling, 2014), 회계사들(Kodwani & Schillinger, 2009)의 경우 분명한 퇴행을 보여줬던 다른 연구들과 더불어 이 연구는 더 이상 측정 오류에 의해 설명되지 않는다. EMNID 연구에서 도출된 전반적인 C-점수를 다른 연구들과 직접 비교하면 안 된다는 점에 주의하라. 이 수치들은 독특하게 낮다. 왜냐하면 설문조사가 참여자들의 집 현관 계단에서 실시되었는데, 이것은 시간 압박을 느끼게 해서 MCT C-점수를 낮출 수 있기 때문이다.

이러한 연구 결과들은 도덕성의 유전적인 발달 이론이 틀렸음을 분명하게 입증한다. 그리고 새로운 도덕 발달 이론의 필요성을 부각시킨다. 도덕적 역량은 생물학적 연령과 함께 자동적으로 성장하지 않고, 좋은 교육, 다시 말해 개인들이 교육을 통해 자신들의 도덕적 역량에 대한 검사와 지지를 받을 수 있는 기회들을 통해 성장한다. 우리는 이 이론을 도덕 발달의 교육 이론이라고 부를 수 있다.

모든 교육이 도덕적 역량을 시험하고 증진시킬 수 있는 충분한 기회들을 제공하는 것은 아니다. 의학공부와 같은 몇몇 프로그램들은 분명히 그러한 기회를 별로 제공하지 않거나, 심지어 도덕적 역량의 발달을 방해한다. 내가 어느 의사에게 의대생들의 도덕적 역량 퇴행에 대해 말했을 때, 그는 나에게 그와 그의 동료 학생들이 그들의 공부를 하고 있는 동안에는 이 문제에 대한 스터디 그룹을 구성하는 것이 금지되었다고 알려주었다. 여러 나라에서 의대생들의 학습 환경을 분석한 것에 따르면, 이것이 하나의 유일한 경우가 아니라, 의학공부 내에서 그들 자신의 학습과정에 대해 책임을 질 수 있는 유익한 기회들이 아주 드물다는 것을 볼 수 있었다(Feitosa et al., 2013; Lind, 2000a; Schillinger, 2006). 우리는 이러한 일이 왜 일어나는지에 대해 마침내 짐작할 수 있다. 이 과목의 시험들은 "순수한" 사실적 지식을 매우 높이 요구하며, 숙고와 토론을 위한 시간은 거의 제공하지 않는다. 게다가 의사들이 직면하는 도덕 문제들에 대한 해결책들은 종종 윤리 위원회 혹은 관리자들에게 위임된다. 많은 열망적인 의사들로 하여금 그들의 도덕적 역량의 수준을 보전 혹은 더욱 개발하는 것을 막는 것은 아마도 이 두 가지 요소들의 결합일 것이다.

요약하자면, 많은 주목을 받아온 도덕 발달의 불변의 단계에 관한 콜버그의 이론은 분명하게 논박되었다. 측정 오류로 설명될 수 있는 것보다 더 많은 퇴행의 경우들이 존재한다. 도덕 발달 점수와 연령 사이의 연관성은 거짓이다. 도덕적 역량 발달은 참여자들이 누려온 교육에 대한 기회들의 양과 질에 의해 더 잘 설명될 수 있다. 다시 말해 우리는 양손을 무릎 위에 올린 채, 나이가 들면 도덕성이 증가하며, 어떠한 지원도 필요 없다고 순진하게 믿고 있어서는 안 된다. 도덕교육에 대한 강력한 전념을 통해 콜버그 자신도 이 결론을 부정해 왔다(Kohlberg, 1967; 1975; 1984).

5.2. 단계 모델과 비교되는 이중 측면 모델

나는 도덕성이 어떤 지향인 것만큼 역량이기도 하다는 아이디어를 콜버그(소크라테스, 스피노자, 칸트, 그리고 다른 철학자들과도 함께)와 공유한다. 나는 또한 도덕적 역량을 정의, 측정하는 것이 내재적 도덕 원리들의 준수를 정의, 측정하는 것이라는 아이디어를 콜버그와 공유한다(Lind & Nowak, 2015). 그러나 이 책의 다른 장들에서 보여준 것과 같은 콜버그의 이론과 비슷한 나의 접근 방식은 여기서 끝이 난다. 다음의 표는 이론들 사이의 유사성들과 차이점들을 다시 한 번 제시한다.

살펴본 바와 같이, 도덕 발달의 불변의 단계이론은 경험적으로 확인되지 않았다. 콜버그 단계 이론의 기저를 이루고 있는 단일 측면 모델single aspect model 역시 도덕적 행위의 이중 측면 모델dual aspect model과 상충되는데, 내가 2장에서 설명한 바 있는 도덕적 지향과 도덕적 역량은 두 가지로 명확하게 구별되는 행위의 측면들로, 여섯 가지 도덕 단계들에 의한 단일한 측정으로는 적절하게 설명될 수 없는 것들이다. 사람들은 일상생활에서 적용할 능력이 부족하면서도 높은 도덕적 이상들을 가질 수 있다. 두 가지 측면들은 행위의 구성요소를 의미하는 것이 아니기 때문에 분리될 수 없다. 그러나 이것들은 분명하게 구별될 수 있고 서로 상이한 본질들이다. 그러므로 이것들은 교육 과정에서 달리 고려되고 측정되며 다루어져야 한다. 콜버그는 이 두 가지 측면들을 결합하여 하나의 단일한 측정 속에 두고자 결심하였을 때, 이 점을 분명히 인식하고 있었다. 초기 저작에서 그는 정서적 측면을 단계stages에 할당하고, 인지적 측면들을 수준level에 할당함으로써 그 차이를 설명하려고 노력하였다(각 수준은 두 가지 단계들로 구성됨). 유사한 목적으로 그는 후에 두 가지 "하위 단계들"을 각각의 단계로 상정했고, 인지적 측면을 이러한 하위 단계들에 할당했다(Lind, 2010a). 나는 우리의 도덕적 행위와 발달에 관한 이중 측면 모델이 도덕 심리학적 연구, 측정 그리고 교육을 위한 더 일관된 기반을 제공한다고 믿는다([표 5-1] 참조).

[표 5-1] 도덕적 행위와 도덕 발달의 단계 모델과 이중 측면 모델의 비교

	단계 모델	이중 측면 모델
유사점	이론(행위의 두 가지 측면): - 내용(도덕적 지향) - 구조(도덕적 역량)	이론(행위의 두 가지 측면): - 도덕적 지향 - 도덕적 역량
	행위의 도덕성에 대한 기준: 내재적 도덕 원리(지향)	행위의 도덕성에 대한 기준: 내재적 도덕 원리(지향)
차이점	구조적 전체성(일관성): 사람들은 동시에 여러 수준이 아닌, 단지 한 가지 수준에서만 판단하고 행동한다. ("측정 오류"를 제외하고) 이 단계와 관련해서 행위는 항상 일관된 것이다. 차별화된 해석들(MMS, 편중 평균 점수WAS: Weighted Average Score, 하위 단계들)이 일관성의 다양함을 보여줌에도 불구하고, 이 모델은 다양한 일관성의 정도들을 설명하고 있지 않다. "A/B-하위 단계"와 "통합consolidation"의 정도와 같은 다양한 보조 개념들이 토론되어 왔다.	어떤 **도덕 원리** 측면에서 한 사람의 판단행위의 일관성 증가를 '도덕적 역량'이라고 부른다. 사람들의 역량은 어떤 도덕 문제에 대해 그들이 가진 의견과는 독립적일 수 있지만, 딜레마 상황의 본질과는 독립적일 수 없다. 사람들이 어떤 주제에 대해 그들의 도덕적 역량을 억압하는 것처럼 보이는 특별한 경우가 **도덕적 분절**moral segmentation(상이한 사회적 상황에서 충돌 혹은 갈등을 해결해야 하는 사람들이 자신이 실제 가진 발달 단계와는 다른 단계에서 추론하는 경향)이다.

	도덕 발달의 불변의 계열성: 발달은 정체될 수 있지만, 항상 앞으로만 진행하고 퇴행하지 않는다. 그러므로 도덕 발달은 실제 연령과 매우 긍정적인 연관성이 있다고 제안한다.	도덕성의 두 가지 측면의 발달은 상이하게 진행한다. -높은 종류의 도덕적 지향들은 아동기 초기에 이미 발견되고 상대적으로 안정적이다. -반면에 도덕적 역량은 학습을 필요로 하고, 역량을 연습할 기회를 상실하면 퇴행할 수도 있다(4장 참조).
	도덕성의 두 가지 측면들에 대한 결합된 측정: 단계 점수, 도덕 성숙도 점수, 그리고 가중평균 점수	두 가지 논리적으로 독립된 지표: -정서적 측면: 상이한 도덕적 특성을 대표하는 주장들을 평가할 때 드러나는 도덕적 지향들 -인지적 측면: 도덕적 역량 점수

5.4. 도덕 발달의 새로운 교육이론

나는 도덕 발달의 교육이론이라고 부르는 새로운 이론 속의 도덕적 역량에 관한 많은 새로운 연구 결과들을 요약했다. 나는 이 이론의 공로를 찰스 다윈에게 바친다. 그는 도덕적 능력은 유전자가 아니라 학교교육에 의해 결정된다고 단언했다.

> "도덕적 능력은 지적 능력보다 더 높은 가치로 일반적으로 그리고 당연하게 평가된다. 하지만 우리는 과거의 인상들을 선명하게 회상할 때의 정신 활동이 부차적이지만 근본적인 토대 중의 하나라는 것을 기억해야 한다. 이 점이 모든 사람들의 지적인 능력들을 가능한 모든 방법으로 교육하고, 자극해야 한다는 가장 강력한 주장을 제공하는 것이다. 만약 사회적인 애정과 공감이 잘 발달된 사람이라면, 무기력한 정신을 가진 사람도 분명히 선한 행동을 하게 될 것이고, 상당히 예민한 양심을 가지게 될 것이다. 상상을 더 선명하게 하고, 과거의 인상들을 회상하며

비교하는 습관을 강화하는 모든 것들은 양심을 더 예민하게 만들 것이고, 심지어 약한 사회적 애정과 공감을 다소 보완할 지도 모른다(Darwin, 1871, Ch. 21)."

이 이론은 일반 교육기관들이 도덕적 능력의 발달에 중요한, 아마도 가장 정확한 원인이 되는 요소라는 것을 의미한다는 사실에 따라 이름 붙여졌다. 도덕적 역량은 선천적인 것도 아니고, 실제 연령에 의한 것도 아니며, 직접적인 가르침이나 주입과 같은 방법들로 강요될 수 있는 것도 아니다. 그러므로 우리는 도덕적 역량이 발달할 때까지 가만히 기다릴 수도 없고, 사회적 압력이 작동하도록 희망할 수도 없다.

우리는 또한 어떤 종류의 교육이 지금 필요한지에 대해 잘 알고 있다. 다시 말해 학습 환경의 어떤 요소들이 정확하게 이 효과를 가져오는지를 알고 있다. 교육 정책의 관점에서 지침을 위한 증거를 거의 제공하지 않는 모호한 단서들만이 오랜 기간 동안 존재했었다. 콜버그는 한 가지 이론적 관점에서 볼 때, 제도에 의해 제공되는 역할수행의 기회들이 중요한 역할을 할 수 있다고 제안하였다. 스프린트홀Norman Sprinthall은 이 가정을 확장하고 명확히 했다. 교생들에게 자문을 제공했던 그의 경험 때문에, 그는 진정한 책임을 획득하기 위한 기회들과 (단순히 역할을 하는 것이 아니라) 안내된 숙고guided reflection가 학생들의 도덕 및 인지 발달에 필수요소로 기능한다고 가정했다(Kohlberg, 1984; Lind, 2000c; 2002; Sprinthall et al., 1994).

이러한 가정들을 검토하기 위하여, 학생들은 역할수행, 안내된 숙고, 교육과정 그리고 삶의 다른 영역들에서의 기회들을 평가하기 위해 설문지를 작성하였다. 이러한 두 가지 차원은 스프린트홀과 노스캘리포니아대학교(Raleigh)에 있는 그의 동료들이 제안한 것이다(Sprinthall et al., 1993). 그 결과를 통해, 이 두 가지 요소가 도덕 학습을 위해 매우 중요하다는 가정이 확인되었다. 안내된 숙고뿐 아니라, 책임을 질 기회 두 가지를 다 보고한 학생들의 C-점수가 가장 크게 증가하였다. 그러므로 도덕적 능력의 발달은 과목 내용에 의해 결정되기보다 책임감과 지침이 매우 중요하다는 가정과 지지적인 공간이 함께 제공되는 것에 의해 결정되는 것으로 보인다(Lind, 2000b; Lupu, 2013; Saeidi-Parvaneh, 2011; Schillinger, 2006). 학습 환경으로서의 직장이 도덕적 역량 발달에 미치는 영향에 대한 한 새로운 연구는 이러한 연구 결과를 확인한다. 민주적으로 조직된 회사들과 전통적인 회사들의 직원들의 도덕적 역량이 그들의 근무 시작 시기에는 매우 유사하지만, 몇 년이 지나면 그들의 도덕적 역량이 꽤 다른 방향으로 발달되는 것으로 보인다. 근무한 지 10년이 지나면, 민주적인 회사들의 직원들의 도덕적 역량은 증가하지만, 전통적인 회사의 직원들의 도덕적 역량은 감소한다. 전자들의 평균 도덕적 역량은 C-점수 기준으로 약 10 정도 더 높은데, 이는 제법 차이가 나는 편이다(Pircher-Verdorfer & Weber, 2016: 67).

우리의 연구가 보여주듯이, 절대적인 관점에서 학생들은 대부분의 교육과정에서 책임감을 가질 기회를 거의 제공받지 못한다(Bargel, 2010). 학문적인 코스를 가고 있는 학생들은 그들과 같은 나이의 직업훈련을 받는 학생들보다 여전히 이점을 가지고 있다. 하지만 학습 시간의 단축, 그리고 빈번한 테스트에 의한 성적 압력의 증가 때문에, 도덕 발달을 위해 너무나도 중요한 책임감 교육을 위한 기회들의 감소가 있을 것이다. 유사하게 숙고와 토론이 가능한 지지적인 학습 환경을 가진 회사도 많지 않을 것이다(Lind, 1989c).

도덕성에 대한 교육이론과 반대로 가면서, 도덕 발달은 교육의 외부에서도 역시 일어날 수 있다고 주장할 수 있다. 그렇게 주장하는 많은 연구들이 있다. 예외도 있지만 이러한 것의 예로는, 도덕적 역량은 정규교육과정을 마치고 나서도 증가한다. 비록 지지적인 교육 조치들은 더 이상 존재하지 않지만 말이다(Lind, 2002; Rest, 1986; Rest & Thoma, 1985; Rest & Narvaez, 1991). 이러한 촉진 효과는 최종시험(학사, 석사 등)을 준비하는 학생들이 하는 집중적인 자습과 연관이 있다고 간주된다. 다른 비교과 활동들도 교육적인 가치를 가질 수 있다. 1980년대 독재정부에 맞서 학업을 이어가기보다는 동맹휴학을 했던 폴란드 대학생들의 도덕적 역량은 상당히 증가했었다(Nowak & Lind, 2009). 마지막 해와 졸업 후의 도덕적 역량 발달의 경우에서, 우리는 이것이 "독학"의 한 형태의 영향이라고 가정할 수 있다. 더 높은 도덕적 역량을 가진 학생들은 비판적인 사고와 토론에 참가할 기회들을 계속해서 더 많이 찾는다(Comunian & Gielen, 2006,: 51). 그들은 또한 그들의 도덕적 역량을 적용하고 점검할 수 있는 직업과 직책을 선택한다. 한 가지 능력의 활발한 사용 혹은 연습은 반드시 훈련효과를 가진다. 반대로 사고와 토론을 통해 문제해결에 참여할 기회를 갖지 못하면, 장기적으로 도덕적 역량의 상실을 낳게 된다. 위에서 살펴본 바와 같이, 이 효과를 증명하는 증거는 죄수들부터 의대생들에 이르기까지 여러 주제들에서 발견할 수 있다.

5.4. 도덕교육의 효과적인 방법들

도덕성이 교육에 의해 증진되는지에 대한 질문에 답하기 위한 최고의 출처는 개입연구이다. 거기에서 딜레마 토론의 도움으로 도덕적 역량을 향상시키려는 시도가 있었다. 나는 이미 이러한 프로그램들에 대한 완전한 보고를 어딘가에서 했었다(Lind, 2002). 그래서 나는 여기에서 요약만을 제공하려고 한다.

딜레마 토론은 효과적인가?

이 질문에 대답하기 위하여, 나는 1970~1984년에 출판됐던 블래트-콜버그의 딜레마 방법을 활용한 개입연구에 대한 가능한 모든 출판물들에 대한 메타분석을 실시하였다(Lind, 2002). 나는 총 48개의 출판물(학술지 논문들과 미출판 박사학위논문들)을 발견했는데, 141개 이상의 연구 결과들을 보고하고 있었고 대부분은 실험설계를 따르고 있었다. 나는 블래트-콜버그의 딜레마 방법에 대한 목록에 수록되어 있고 도덕 발달을 측정하기 위한 검사인 콜버그의 MJI로 평가된 개입들만을 고려하였다(이 분석에 관한 더 많은 정보는 Lind, 2002에서 볼 수 있다.). KMDD와 MCT를 이용한 개입연구는 아직 존재하지 않았다. 나는 DIT와 사회-도덕 추론 측정 도구SRM: Socio-Moral Reason Measure와 같은 순수 태도검사에 의해 평가된 개입들은 고려하지 않았다. 왜냐하면 그러한 테스트들은 쉽게 상향으로 가장되거나, 측정된 가치들을 왜곡하고 도덕 발달의 증가를 가장할 수 있는 사회적 바람직성social desirability 효과의 희생양으로 전락할 수 있기 때문이다.

이러한 개입연구들에서 발견한 주요 연구 결과는 참여자들의 연령에 상관없이 도덕적 역량이 매우 효과적으로 가르쳐질 수 있다는 사실이다. 원래 연구에서 우리가 계산했던 상대적인 영향의 크기인 상관성 계수(r)[8]는 평균 0.40(Cohen's d=0.87) 정도로 나타났다.[9] 이 값은 일반적인 심리학, 의학 그리고 교육적 개입에서 보고되는 평균 영향 크기인 r=0.30(d=0.62)을 상당히 상회한다(Lipsey & Wilson, 1993 참조). 연구 결과의 어떤 것도 부정적인 영역에 속하지 않았는데, 이것은 이러한 교육적 개입들의 어떤 것도 검사 점수의 감소로 연결되지 않는다는 것을 의미한다.

비교적 원리화된 추론에 대한 선호만이 평가되는 개입에서는 청소년에 대한 어떠한 효과도 발견하지 못했고 다만 성인들에 대한 사소한 효과만이 발견됐

8) 상관성 계수(r)는 두 개의 변수간의 관계의 강도를 나타내는 통계적인 척도이다. 즉 이 연구에서는 개입과 그로 인한 도덕적 역량의 변화간의 관계를 말한다. 상관성 계수는 -1~+1까지의 범위를 가진다. 상관성 계수는 자체로는 어떤 원인이 되거나 중요성을 갖지 않지만, 연구설계에 따른 결과를 어떻게 해석하는지에 대한 추론에 중요한 역할을 한다.

9) 여기서 나는 기존의 상관성 계수(r) 대신에 Jacob Cohen(1988)과 여타의 학자들이 사용하고 있는 상관성 계수(d)도 제시할 것이다. 이 두 상관성 계수는 밀접한 관련이 있다.

$$r = \frac{d}{\sqrt{d^{2+4}}}$$

다(Schläfli et al., 1986). 콜버그의 단계 이론을 상세하게 제시한 윤리 강의를 통해서 더 쉽게 영향을 받았던 것은 학생들의 도덕적 지향이었다(Penn, 1990). 이러한 연구 결과들은 개입연구도, 직접적인 교구실험도 실제적으로는 도덕적 역량을 다루지 않는다는 것을 분명하게 보여준다.

여기서 분석되는 개입연구들이 많은 특성들에 있어 상이하다는 사실은 우리에게 효과적인 도덕교육을 위한 조건이 무엇인지를 알려준다.

- 아이들의 연령, 교육적 배경 혹은 사회-경제적인 지위가 낮을수록, 블래트-콜버그 방법의 성공은 실험자의 자질에 더 많이 달려있는 것으로 보인다. 교사들은 연구 심리학자들보다 더욱 지속적인 효과를 가지고 있다. 아마도 교사들이 개입 후에도 참여자들과 함께 머무르기 때문일 것이다. 도덕적 역량 검사 도구에 의해 평가된 KMDD 세션을 통한 우리의 경험에서(6, 7장) 효과성은 교수자의 자격에 상당히 달려있는 것으로 보인다(Koszinoffski, 2006; Oser & Patry, 1986).
- 블래트-콜버그 방법을 사용하는 단 한 번의 수업이 상당한 효과를 성취하는데 충분할 수 있다. 하지만 지속적인 효과를 위해서는 여러 번의 모임이 필수적으로 보인다. KMDD의 효과는 세 번의 모임 뒤에 충분한 것으로 보인다(Hemmerling, 2014). 체계적인 연구들이 이 연구 결과를 더욱 증명한다.
- 단기 촉진 효과는 약 45분의 딜레마 토론을 통해 성취될 수 있다. 이 효과가 장기간 동안 지속가능하게 하기 위하여 80~90분이 필수적이며, 이는 대략적으로 충분한 시간이다. KMDD는 항상 적어도 90분의 시간을 요구한다.
- 메타분석을 통해, 11세에서 16세까지 연령의 학생들이 성인들이나 더 어린 아이들보다 이 방법으로 많은 혜택을 받는다는 것을 알 수 있다. 더 어

린 아이들이나 성인들을 위하여도 딜레마 토론은 강화효과를 가지지만, 더 낮고 덜 지속적으로 보인다. 이 연구 결과는 많은 교재에서 찾아볼 수 있는 바와 같이, 성인들에게만 이러한 방법이 효과가 있으며 도덕교육을 받기 전에 성인이 되기를 기다려야 한다는 주장에 배치되는 것이다.

좋은 교육은 가치 있는 것이다

도덕성은 가르칠 수 있고, 가르쳐야 한다는 것이 우리가 제시한 연구 결과들의 대단한 결과이다. 우리는 도덕적 기술들이 가르쳐 질 수 있고, 학습될 수 있으며, 딜레마 토론의 경우에는 그것이 꽤 효과적이라는 것을 보았다. 우리는 도덕적 역량이 교육 기관이나 제도의 지지 없이는 잘 발달할 수 없다는 것도 역시 보았다.

안타깝게도 관련 연구들을 읽고 비교하기가 쉽지 않다. 초기 연구에서 교육의 효과는 보이지 않았다. 왜냐하면 그것들은 나이가 들어가면서 직면하게 되는 것이었기 때문이다. 더 새로운 연구들은 실제 연령은 도덕적 역량에 대한 인과적 영향을 갖지 않는다는 것을 분명하게 보여준다(Lind, 2002; Rest & Thoma, 1985). 어떤 연구에서 저자들은 효과측정을 위해 통계적 유의도 statistical significance를 사용하였다. 통계적 유의도 개념은 부적절한 지표이다. 왜냐하면 그것은 주로 샘플 수와 분산에 주로 의존하기 때문이다. 더 새로운 연구들은 d와 r같은 상관계수에 의한 상관성을 또한 보고한다. 이것이 훨씬 낫다. 이것들은 교육과 도덕 발달 사이의 강력한 연관을 보여준다. 그러나 이것들 역시 연구된 샘플 속의 도덕적 역량의 (부적절한) 변수에 의지한다. 그러므로 교육 과정의 결과로써 도덕적 역량의 절대 증가를 결정하는 것이 중요하다. 우리는 한 학년도 동안 이루어진 개입의 시작과 끝 사이의 확실한 차이를 추론함으로써 이것을 했다. 우리가 위에서 언급된 메타분석을 다루지 않고 MCT 연구에 집중할 때, 우리는 일반적으로 학교교육이 1년에 약 3.5점 정도의 C-

점수(0에서 100점 척도)의 증가를 가져오는 것을 발견한다. 직업학교에서 흔히 그러하듯이, 불충분한 교육(매 주 하루)은 도덕적 역량의 정체 혹은 하락을 이끈다. 만약 학교의 지원이 더 이상 없고, 중요한 도덕 발달의 수준에 아직 도달하지 못했다면, 도덕적 역량의 퇴행이 있을 것이다. 반대로 KMDD 세션은 7점 혹은 그 이상의 점수를 획득한다(Lind, 2002; 2015a; Lind, & Althof, 1992). 그러나 이 모든 연구 결과들은 독일에서의 연구만을 참조한 것이다.

제2부

도덕적 역량 기르기

주: 1998년 독일 콘스탄츠의 테오도르-호이스 실업학교Theodor-Heuss Realschule의 8학년 학생들과 함께 하는 KMDD 세션

나는 도덕적 역량을 증진시키기 위한 두 가지 방법을 설명할 것이다. 그것은 KMDD와 정의공동체 방법이다. 우선 KMDD는 도덕적 행위와 발달에 대한 이중 측면 이론을 기반으로 한다. 이것은 도덕교육 및 민주주의 교육에 대한 몇 안 되는 방법들 중 하나로서 객관적인 사전 사후 검사 측정법에 의해 철저하게 평가되어왔고, 효과성과 효율성이 증명되었다. KMDD는 시간이 적게 걸리고, 약 18세 이상의 모든 문화권의 사람들에게 사용될 수 있다. 효과적이고 참여자들이 상처받지 않도록 하기 위하여 KMDD 교사들은 KMDD 활용법을 잘 숙지해야 한다. 한편 정의공동체 방법은 학교 공동체에서의 실제 문제들과 갈등들을 해결하는 데 목표를 둔다. 이 방법은 아이들이 미래 시민으로서의 역할을 준비하도록 한다. 이 방법은 교사과 학생에게 많은 요구를 한다. 편리하게도 정의공동체 방법은 KMDD 세션과 결합될 수 있다. 그러나 정의공동체 자체가 도덕적 역량을 증진시키는지에 대해 아직 이론이 잘 정립되어 있지 않다.

제6장

콘스탄츠 딜레마 토론 방법(KMDD)

KMDD은 이 책의 제1부에서 정의된 것과 같이 도덕적 역량을 증진시키기 위하여 설계되어왔다. 도덕적 역량을 증진시키는 것에 목표를 두는 도덕교육의 방법은 많지 않다. 전체는 아니지만, 대부분의 방법들은 도덕적 태도, 가치를 바꾸거나 "행위"를 수정하여 사회적 규칙들과 기준들을 준수하도록 하는 것에 목표를 둔다. 이러한 방법들은 자신이 스스로 정의한 목표에 적합한지는 의문의 여지가 있다. 존재하는 몇 안 되는 연구들은 어떤 효과도 보여주지 않는다. 핫숀과 메이(Hartshorne & May, 1928)가 미국 내의 개신교 교회 연합을 대표하여 실시한 실험 연구들에서는 심지어 부정적인 효과를 보여주기도 했다. 예를 들면 주일학교에서 종교를 배운 청소년들은 혁신학교(진보적인 학교들)의 학생들보다 더 자주 기준을 위반하는 경향을 보였다. "가치명료화" 방법은 일시적으로 엄청난 인기를 누렸다. 하지만 이 방법에서 주장된 효과들에 대한 타당도 검토는 지지되기 어려웠다(Leming, 1981). 다른 방법들에 대하여 내가 아는 한, 도덕적 역량 강화를 위한 교육 방법의 효과가 객관적으로 검증된 연구들은 아직 존재하지 않는다. 실증적으로 평가가 이루어지고, 효과적인 것으로 증명된 몇 안 되는 도덕교육의 방법들 중 한 가지가 블래트-콜버그 딜레마 토론 방법인데(Lind, 2002), 우리는 이 방법을 DES 프로젝트에서 성공적으로 검토하였고(10.3장 참조), 이 방법은 KMDD 개발을 위한 출발점이 되었다.

6.1. 딜레마 방법의 포기와 부흥

블래트와 콜버그(Blatt & Kohlberg, 1975)는 딜레마 토론을 통하여 도덕적(판단) 역량을 증진시킬 방법을 설명한 최초의 사람들이었다. 초기의 성공 때문에 딜레마 토론은 많은 개입 프로젝트에서 사용되었다. 1980년대 중반에 나는 블래트-콜버그 방법을 사용하는 140개 이상의 개입 연구를 보고하는 45개 이상의 출판물들을 발견하였다(Lind, 2002). 이러한 성공에도 불구하고, 이후에 콜버그는 딜레마 방법이 죽었다고 선언했다. "평범한 교실의 교사들이 정교한 훈련을 받지 않고서도 블래트 효과를 만들었다는 의미에서 우리의 운영이 성공적이었다는 것을 연구 결과는 보여준다. 그러나 개입은 성공적이었지만 환자는 죽었다. 다시 말해서, 우리는 일 년 뒤에 다시 돌아갔었고, 단 한명의 교사도 연구가 끝이 난 뒤에 도덕적 토론을 계속하지 않았던 것을 발견했다. 그것이 1/3단계 변화를 이끌었음에도 말이다(Kohlberg, 1985: 33)."

알토프(Althof, 2015)는 콜버그 도덕교육이론에 대한 세부적인 역사적 설명에서, 콜버그가 처음부터 딜레마 토론에 대해 회의적이었다고 한다. 딜레마 토론은 단순히 그의 도덕 발달이론에 잘 들어맞지 않았다. 콜버그에 따르면, 모든 사람들은 고정된 "단계"를 통해서 정립된 도덕 발달의 구조를 따른다. 어떤 단계도 건너 뛸 수 없고, 각각의 단계들은 독립된 "구조적 전체성"을 가지며, 도덕 발달은 오로지 항상 "위"로 진행할 뿐, 결코 "아래"로 진행하지 않는다. 이러한 배경에 반하여, 콜버그는 도덕교육의 과업은 단지 "자연스러운 발달natural development을 촉진하는 것"이 될 수 있다고 주장했다(Kohlberg, 1967: 182). 이러한 촉진은 참여자들이 그들의 현재의 발달 수준보다 한 "단계" 위의 도덕적 주장들을 직면하도록 함으로써만 성공적일 수 있다. 그는 이것을 "+1 전략"이라고 불렀다.

오저와 알토프Fritz Oser & Wolfganig Althof는 몇 가지 비판점을 제시한다. "첫째, 두 가지의 정말로 상반된 근본 가치들을 가지는 딜레마의 구성은 극단적으로 시간 낭비적인 것이다. 둘째, 교사들이 딜레마 토론의 기본 모델을 수행하는 것은 극도로 어렵다. (a) 딜레마 경험, (b) 논쟁, (c) "+1 전략"(자신의 생각 수준보다 한 수준 더 높은 곳에 위치한 주장에 직면하기), (d) 과정 숙고process reflection, 이것은 사회-도덕적 판단의 한 단계 높은 수준의 방향으로 효과적으로 발달하는데 필수적인 것이다. 셋째, 교사들에 의한 높은 수준에서 나오는 주장들의 제시는 학생들의 주장에 대한 훈계식 평가로 쉽게 흘러갈 수 있는 위험성이 있다(Oser & Althof, 2001: 250-251; Berkowitz, 1981)."

나는 콜버그가 원치 않는 것을 없애려다가 소중한 것까지 잃었으며, 그의 방법을 유지하고 향상시켜야할 중요한 이유들이 있었다고 생각한다.

- 블래트-콜버그 딜레마 토론은 매우 효과적인 방법이었다(여전히 그러하다). 내가 5장에서 보여준 것과 같이, 이 방법의 평균 효과크기는 r=0.40인데, 이것은 한 가지 방법이 "효과적"이라고 선언되기 위한 적용기준인 r=0.30이라는 값보다 훨씬 더 높은 값이다(Lipsey & Wilson, 1993). 게다가 어떠한 개입들도 부정적인 효과를 보여주지 않았다. 이것은 교육에서뿐만 아니라, 다른 영역에서도 드문 경우이다. 의학에서도 치료가 특별히 효과적일 때 우리는 항상 해로운 부작용을 예상해야 한다. 콜버그와 그의 동료들은 이 성공을 자랑스러워했어야 했다. 그들은 딜레마 방법의 완전한 효과 크기를 몰랐을지도 모른다. 왜냐하면 그들은 그들의 분석을 "통계적 유의도" 검토로 제한했기 때문이다. 이것은 널리 사용되지만 매우 미심쩍은 효과 크기 측정방법이다. "통계적으로 유의미한 결과는 중요한 의미가 있다는 말처럼 좋은 핑계도 없다. 왜냐하면 이 말은 많은 독자들에게 결과가 자동적으로 크고 중요하며 상당하다는 것을 잘못 제안하기 때문이다(Carver, 1993: 288; Shaver, 1993; Cohen, 1994)."

- 블래트-콜버그 방법은 참여자들을 도덕적이고 생각하는 존재들로 진지하게 받아들인다. 다시 한 번, 내 생각에는 교사들이 만든 도덕적 주장들을 학생들에게 부과하는 것보다는 학생들에게 그들 자신의 도덕적 감정과 주장들을 발견할 수 있는 기회를 더 많이 제공하는 방법을 통해서 더욱 많은 향상이 가능할 것으로 보인다.
- 만약 우리가 도덕적 역량에 대한 콜버그의 개념을 언어에 의한 윤리적인 판단의 관점만이 아닌, 적절한 행동에서의 도덕적 감정의 실행과 자신의 도덕적 감정들에 의해 야기되는 도덕적 딜레마들을 해결할 (무의식적) 능력으로 이해한다면, 콜버그의 개념은 도덕적 역량에 대한 도덕교육의 완전한 새로운 관점을 열었다.

6.2. KMDD의 목표들

KMDD는 사람들의 도덕적 역량을 증진시켜서 그들의 도덕 원리들과 그들의 일상의 행위 사이의 차이를 줄이는데 도움을 주고자 개발되었다. KMDD는 힘, 속임수, 그리고 권력의 활용보다는 사고와 토론을 통해서 보편적인 도덕 원리들을 기반으로 문제와 갈등을 해결하는 능력을 증진시키는 기능을 주로 한다. 이 능력은 많은 하위 기술들로 구성된다.

- 자신의 도덕적 감정을 인식하고, 그것들을 말이나 언어적으로 표현하기. 이 능력은 숙고와 토론의 기초가 된다.
- 상황의 환경과 사실들을 주의 깊게 관찰하기
- 중요성과 적절성에 따라 당신 자신의 원리들을 차별화하기
- 원리들 사이의 충돌을 해결하는 데 도움이 되는 최우선적인 원리 발견하기
- 당신의 입장과 반대되는 사람이 있을 때 혹은 당신의 친구가 상이한 의견

을 가지고 있을 때, 당신의 입장을 표현하기

- 만약 당신이 감정적, 사회적 혹은 시간적 압력 하에 있다면 당신 자신에게 숙고하고 토론할 기회를 제공하기
- 다른 의견들을 용인할 뿐만 아니라 평가도 하기. 그것들이 당신이 잘못된 결정을 하는 것을 막아주기 때문이다.

6.3. KMDD의 교훈적인 원칙들

KMDD의 개발과 수정에 있어서, 다섯 가지 심리학적 학습 원리들이 최적의 학습 조건들을 제공하는 것으로 밝혀졌다. 교사들이 어떤 커리큘럼이나 어떤 목표 그룹에 KMDD를 적용하고 싶을 때, 그들은 이러한 원리들이 손상되지 않도록 조심해야 한다.

집중의 극대화와 학습의 자발성

KMDD는 다양한 수단들을 통해 최적의 학습 환경을 성취하는 것을 목표로 한다. 이것을 위한 주요 수단들은 다음을 수반한다. (a) 적절한 딜레마 스토리 선택, (b) KMDD 세션 동안에 지지와 도전의 단계 번갈아하기, (c) 주고 받기식[ping-pong] 규칙을 통한 토론의 자기절제, 그리고 (d) 토론은 문제에 관해서이지 사람에 관해서는 아니라는 기본 원리.

다른 기법과 마찬가지로, 여기서 명심해야 할 가장 중요한 방법은 참여자들이 그들의 능력을 발휘해야 하는 과제들이 너무 쉽거나 어려워서는 안 된다는 점이다. 스위스의 유명한 교사인 페스탈로치가 말한 것과 같이, 학습자의 수준에서 학습자들을 만나야한다. 학습자들에게 너무 쉬운 과제의 해결을 요구할 때, 그들은 학습활동에 거의 몰입되지 않는다. 그리고 학습자들이 어려운 선택

을 요구받는 이야기들과 같이 너무 어려운 과제에 직면할 때에는 그들이 그 상황을 다룰 수가 없다. 정의공동체 방법에서 흔히 발생하듯이, 현실적인 결정에 직면하게 하는 것이 왜 도덕적 역량에서 실질적인 성장을 거의 유발하지 않는가를 설명할 수 있다(9장 참조).

반(半)현실적인(semi-real) 딜레마 스토리들을 통해 토론 유발하기

딜레마 스토리들은 현실적이어서도 안 되고, 비현실적이어서도 안 되며, "반쯤 현실적"이어야 한다. 앤더슨Norman Anderson과 그의 동료들이 설명하듯이, "실제 목표는 학생들에게 동기를 부여하고, 폭넓은 효과를 가지는 추론 과정을 발달시키는 것이 되어야 한다. 문제가 어떤 추론 과정들을 유발하는지가 중요한 것이지, 문제가 학생들의 삶에 어떤 연관을 가지는지는 중요한 것이 아니다. 현실 세계의 문제들은 종종 바쁜 삶과 관련이 있고, 원하는 기술들을 학습할 기회를 거의 제공하지 않는다(Anderson et al., 1996: 9)." "현실적"이라는 것은 참여자들이 토론의 결과에 직접적으로 영향을 받는다는 것을 의미할 수 있다. 이 경우에 감정이 급속하게 너무 강해져서 그들의 사고는 단지 자신들을 방어하고 걱정을 피하는 것에만 머무르게 된다. 그 결과 학습은 거의 일어나지 않는다. 반(半)현실적인 딜레마 스토리들은 교사들에게 중간 정도의 감정 수준을 교실에서 유지하도록 한다.

하지만 딜레마 세션의 주제가 "반현실적"이어야 한다는 기본적인 요구 사항은 이야기를 선택하는데 넓은 범위를 허락한다. 이야기들은 특정한 주제(예를 들면 생물학 분야의 줄기세포 채취)에서 다뤄지고 있는 문제들의 결과일 수도 있고 혹은 참여자들의 직접적인 경험의 결과일 수도 있다. 이미 만들어져 있는 딜레마를 문헌에서 가져올 수도 있고, 새롭게 만들 수도 있다(샘플 딜레마 스토리들은 부록을 참조).

지와 도전의 단계들 번갈아가기

참여자들의 도덕적 역량을 훈련시키기 위한 최적의 기회들을 제공하는 최고의 방법은 KMDD 세션 동안에 지지와 도전의 단계들을 번갈아가는 것이다. 두 단계들은 개인의 흥분의 수준이 최적이 되도록 여러 번 번갈아가며 일어나야 한다. 다시 말해 지루하거나, 위협적이거나, 지나치게 자극적이면 안 된다(아래의 그래프와 [부록 2]에 제시된 KMDD 세션의 9단계 참조). (지지적이고 도움을 주는) 강화 단계들로 모임을 시작해서 그 뒤에 도전적인 단계들을 배치하고, 이러한 두 단계들을 수업 동안(수업 혹은 더 긴 교육 과정)에 여러 번 번갈아가며 있게 하는 것이 도움이 된다는 것이 증명되었다. 이것은 개인들이 그들의 도덕적 정서를 스스로 통제하는 데 도움을 주며, 학급 전체의 개인 학습 과정들이 더 잘 동시에 일어나는데 도움이 되며, 모든 학생들이 전체 모임 내내 높은 집중 수준을 유지하는 데 도움이 된다([그림 6-1] 참조).

[그림 6-1] KMDD 세션 동안 흥분 수준과 학습 최적 구역

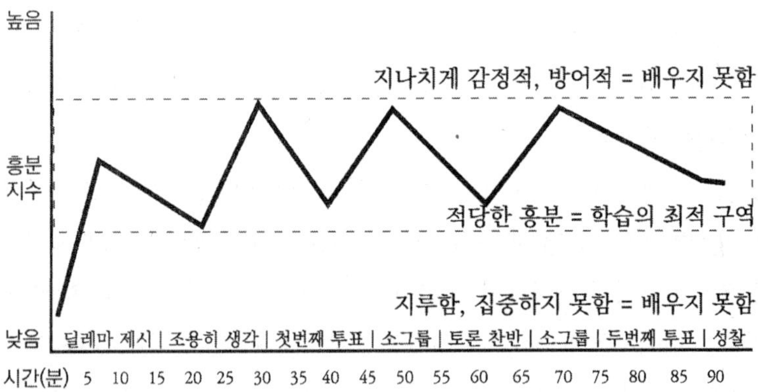

지지와 도전의 방법들

지지: 문제와 과업 명료하게 설정하기, 이론들을 분명하게 설명하기, 실험과 영화 보여주기, 야유회, 소그룹 활동 허락하기, 같은 의견의 사람들과 토론할 수 있도록 하기, 모든 사람들이 볼 수 있도록 주장 적기, 칭찬하기, 정교하게 도움주기 등.

도전: 어려운 결정을 이해하고 판단하기, 공개적으로 입장 취하기, 상대편에게 귀 기울이기, 공개적으로 투표하기, 개인적인/자신의 감정을 남에게 이해시키기 등.

토론의 자기절제

자치[self-government]에 대한 신념은 연습을 할 때에만 개발될 수 있다. 이런 이유에서 KMDD에서의 절제는 교사가 아니라 참여자들 스스로에 의해서 실행된다. 참여자들은 이 방식으로만 권위의 개입이 없을 때 합리적이고 비폭력적인 토론을 할 수 있도록 학습할 수 있다. 이러한 자기절제는 탁구 경기와 같이 주고받기의 형태로 제시된다. 방금 말을 마친 사람은 다른 그룹에서 손을 드는 사람들 중 한 명이 말을 이을 수 있도록 선택해야만 한다. 교사는 단지 첫 번째 말하는 사람이 토론을 시작하도록 요청하는데, 그 외에 교사는 단순히 규칙 준수를 감시하는 것에만 신경을 쓴다.

자기절제는 매우 효과적인 것으로 증명되었다. 화자들은 언제나 존재하는 긴장감에 대처할 기회를 가지고, 자신들에게 반응하는 사람들의 말을 들을 기회를 가지게 된다는 사실은 확실하다. 이 과정에서 발생하는 잠깐의 중단은 다른 사람들에게 자신의 의견 제시를 처리하고, 반응할 수 있는 기회와 토론과정을 계속 따라갈 수 있는 기회를 제공한다. 더군다나 몇 가지 예외도 있지만, 내가 반복적으로 관찰했던 것은 참여자들이 다른 그룹의 참여자들에게 기회를 줄 때 이전에 지명되지 않았던 참여자들을 선택하려는 과정을 따르기 위해 애쓴다는 것이다. 위의 실례가 되는 소시오그램은 상대적으로 소그룹에서 나온 것이지만, 전형적인 지명 패턴을 보여준다. 비록 몇 사람들은 다른 사람들보다 더 많이 손을 들지만, 각각의 사람들은 적어도 한번은 지명된다([그림 6-2] 참조).

[그림 6-2] KMDD 찬반토론의 비공식 소시오그램의 예

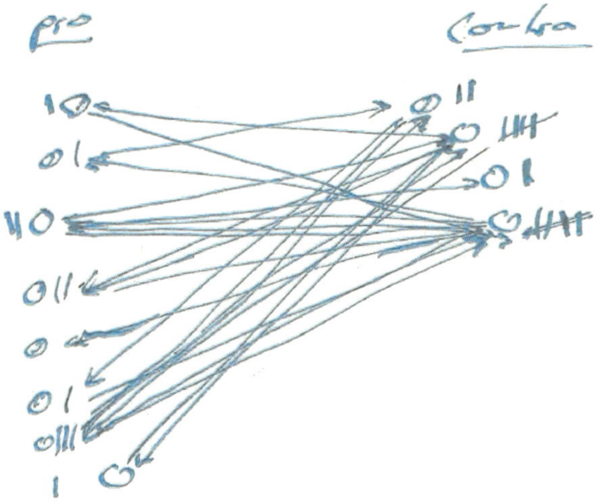

주: 하르트무트 노이슈반더Hartmut Neuschwander에 의해 만들어진, 어느 KMDD 토론에서의 비공식적인 소시오그램

사람 지향 대신에 문제 지향

학습과정을 위한 가장 호의적인 조건들을 만들기 위하여, 토론은 참가 중인 도덕 원리들의 갈등과 연관된 딜레마에 집중되어야 하며, 토론이 개인화가 되

지 않는 것이 매우 중요하다. 도덕 철학자이자 사회학자인 게오르그 짐멜Georg Simmel은 심지어 이것이 단지 교훈적인 이유에서 뿐만 아니라 도덕적인 이유에서도 필수적이라고 주장한다. 그는 이렇게 기술한다. "어떤 문제에 대한 관심과 그 관심을 불러일으킨 사람을 분리하는 것은 윤리적인 삶에서 가장 중요한 과정들 중 하나이다(Simmel, 1989: 153)."

KMDD는 갈등을 구체화하는 데 도움을 준다. 그렇게 함으로써 참여자들의 관심이 그 갈등의 "도덕적 핵심"으로 이끌려간다. 그것이 딜레마 스토리가 성취하려고 애쓰는 것이다. 주인공은 허구이다. 그래서 참여자들이 특정한 사람을 공격 혹은 방어하려는 유혹을 받지 않는다. 한 가지 토론의 추가 원리는 어떠한 것도 말할 수 있다는 것이다. 하지만 현실의 사람들에 대한 판단적인 언급은 그것이 긍정적이건, 부정적이건 금지된다. 이것이 이 방법에서는 자신의 입장에 대한 감정적인 개입이 금지된다는 것을 의미하는 것이 아니다. 반대로 KMDD가 효과를 내기 위해서는 도덕적 감정들이 존재하는 것이 매우 중요하다. 실제로 이 방법은 참여자들이 이러한 감정들을 인식하도록 돕고, 그것들을 말로 표현하며, 그러한 도덕적, 감정적 갈등들을 숙고 및 토론을 통해 해결할 수 있도록 하는 것을 목표로 한다.

6.4. KMDD는 블래트-콜버그 방법과 어떻게 다른가?

KMDD를 개발하는 과정에서, 나는 이론과 방법을 서로 더 잘 조정해서 딜레마 토론의 방법이 더 효과적으로 되도록 노력해왔다. 가장 중요한 변화는 교사들로 하여금 이 과정에 방해가 되지 않도록 뒤로 물러나게 하는 것뿐만 아니라, 참여자들에게 그들의 도덕적 감정들을 인식할 수 있고, 그것들을 말로 표현하는 더 많은 기회를 제공하는 것이었다. 여러 가지 변화 이후의 접근 방법은 원래의 블래트-콜버그 방법이 많이 제외되었다. 그래서 이 접근 방법에 새로운 이름을 붙이는 것이 적절하게 보였다. 이것이 바로 KMDD이다. KMDD는 많은 중요한 방식들에 있어서 블래트-콜버그 방법과는 다르다.

- 참여자들이 45분 동안 4개 이상의 딜레마 스토리에 대해 토론하는 것 대신, KMDD는 단지 하나의 이야기를 제시하고, 참여자들이 생각하고 말하며 그들 자신의 도덕적 감정들과 다른 사람들의 도덕적 감정들에 대해 숙고할 수 있도록 90분을 제공한다.
- 로렌스 워커Lawrence Walker를 따르면서, KMDD는 블래트-콜버그 방법에 의해 요구되는 더 높은 단계의 주장들을 직면하는 것 대신, 그 방법의 중심에 반론counter-argument을 둔다. "그러므로 의견과 추론 모두에서의 갈등은 최적의 수단으로 보인다. 그것들로 인해 발달이 촉진된다. … 더 높은 단계의 추론에 대한 체계적인 노출은 불필요해 보인다(Walker, 1983: 108)." 지난 20년간의 KMDD와 함께 한 경험은 그의 연구 결과를 확인시켜준다. 도덕교육의 방법으로서 반론에 직면하는 것은 몽테뉴Montaigne에 의해 이미 제기되었다. 하지만 오늘날에 와서야 심지어 도덕교육자들 사이에서 관심을 끌게 되었다(Holzer, 2015). KMDD에서 그렇듯이, 학습 환경이 도움이 될 때 이 방법은 친구들 사이뿐만 아니라 의견이 다른 사람들 사이에서도 효과를 내게 된다.
- 블래트-콜버그 방법의 주제와는 달리, KMDD 모임의 참여자들은 본격적인 토론 전에 딜레마 스토리에 의해 유발된 도덕적 감정들을 인식하고, 그것을 말로 표현할 기회를 가진다. 이야기가 제시되고 나서 잠깐의 침묵이 따라오는데, 그 동안에 그들은 글로 주어지는 이야기에 대해 생각할 수 있다. 참여자들은 이 과정에 도움이 되도록 필기를 할 수도 있다. 그러고 나서 참여자들은 그들이 이야기에서 딜레마를 찾았는지에 대해 말할 수 있고, 만약 찾았다면 그룹 내에서 그것이 무엇인지를 토론한다. 투표 뒤에, 참여자들은 전체 토론을 준비하기 위해 같은 의견을 가진

3-4명의 참여자들과 함께 소그룹으로 작업할 기회를 가진다. 우리는 이러한 준비과정이 더 생산적이고, 합리적인 딜레마 토론을 이끌어 낸다는 것을 배웠다.

- 지지와 도전의 단계를 번갈아가는 것은 KMDD에 구조화되어 있다. 이것은 참여자들이 전체 90분 내내 관련되고 집중하는 것을 보장해 준다. 누군가 지루해하거나 당황해하는 일은 거의 일어나지 않는다. 교실 내의 규제에 영향을 주기위해 설계된 이 특별한 조치는 블래트-콜버그 방법이 놓치고 있는 것이고, 일반적으로 교실에서 보기 드문 것이다.
- KMDD 참여자들은 교사가 아니라 스스로 토론을 진행한다. 화자를 지명할 권리와 발언할 권리는 권위자를 찾지 않고 두 그룹 사이에서 (탁구 규칙과 같이) 왔다 갔다 한다. 교사들의 과업은 단지 수신호를 통해 참여자들이 규칙을 어겼는지에 관해 상기시키는 것뿐이다(예를 들면 규칙 1번 혹은 2번이 위반되었는지에 따라 교사들은 한 손가락 혹은 두 손가락을 들어 올린다). 교사들이 아주 사소한 것일지라도 첫 번째 규칙위반에 대해서 반응하는 것은 중요하다. 그렇지 않으면 참여자들의 이의제기가 있게 된다. "공평하지 않아요! 왜 저한테만 그러시죠?" 블래트-콜버그 방법에는 유사한 조치가 존재하지 않는다.

유의사항: KMDD는 매우 효과적인 교육 방법인 것이지, 사람들 사이의 현실적 갈등을 해결하는 개입방법은 아니다. 후자를 위해선 상담, 논쟁 해결, 부부 치료 그리고 그룹 치료, 개입과 같은 특별한 방법들이 있다. 또한 KMDD는 토론 대회의 종류도 아니다. 토론 대회의 목표가 관중들에게 어필하는 주장들을 사용해서 다른 사람을 이기는 것이고, 반드시 진지하거나 지지자들의 실제 의견을 숙고할 필요가 없는 반면에, KMDD의 목표는 참여자들이 그들의 진지한 도덕적 감정들을 기반으로 하는 실제 딜레마를 위한 최고의 해결책을 찾도록 도와주는 것이다.

제7장 KMDD 세션 준비와 실행

7.1. KMDD 세션을 통해 누가 혜택을 받는가?

모든 사람들은 KMDD 세션을 통해 혜택을 받을 수 있다. 특정 사람들의 집단으로 제한된 KMDD 세션은 그런 측면에서 문제가 있다. 물론 실용적인 이유 때문에 숫자적으로 참여의 수를 제한하거나 혹은 조직의 목적 때문에 참여자들을 어떤 범주와 계층의 사람들로 제한하는 것이 필요할 수도 있다. 그러나 KMDD 세션의 실질적인 참석이 어떤 조건 혹은 전제조건과 연계되어서는 안 된다. 어떤 집단의 참여가 어렵다면, 우리는 KMDD의 핵심 원리들을 잃지 않고, 참석이 어떻게 가능할 수 있을지를 생각해야 한다. 도움이 될 만한 조치들은 다음과 같다. 딜레마 스토리 단순화하기, 쉬운 언어 사용하기, 딜레마 스토리 전달 및 규칙 설명에서 잠시 쉬어가기. 물론 이것들은 모든 참여자들에게 중요한 것들이다. 만약 그들이 한 부분을 놓친다면, 전체 세션이 영향을 받게 된다. 많은 규율상의 문제들은 학생들의 대화 방식에 너무 신경을 적게 쓰는 교사들에 의해 야기되는 것으로 보인다.

초등학교 3학년부터 노인에 이르기까지, 다양한 연령층 범위의 사람들이 KMDD 세션에 참여할 수 있다. KMDD 세션은 소위 "위험 그룹들"로 제한되지도 않고, "좋은" 학급들에만 적합한 것도 아니다. 비록 딜레마 스토리의 내용과 형식이 참여자들의 필요와 요구사항에 맞게 변경될 필요는 있지만, KMDD 세션은 아이들, 청소년, 성인들 모두를 위해 추천된다. KMDD가 모든 그룹들에게 동등하게 효과적이지만, 내 경험상 그 효과는 "어려운 시기를 보내고 있는" 사람들, 그리고 민감한 문제들에 대한 합리적인 토론에 덜 친숙한 사람들의 그룹에서 가장 선명하게 드러난다. 젊은이, 노인 그리고 상이한 문화적,

인종적 배경을 가진 혼합된 그룹과 함께하는 KMDD 세션들이 가장 흥미진진하다. 하지만 이러한 세션은 KMDD 교사의 자격과 경험을 많이 요구한다는 것 역시 말해야겠다.

7.2. 준비

토론이 성과를 내고, 참여자들이 최적의 학습적 이익을 성취하기 위해서는 다음의 요구사항들이 만족되어야 한다.

- 훌륭한 교사 훈련: 기본적인 교육적, 심리학적 역량은 도덕철학과의 관련만큼 중요하다. 이것들은 준비 부분에서 근본적인 것들이다. 11장에서 나는 KMDD 세션을 수행하는 교사들에게 요구되는 필수적인 지식과 기술들에 관하여 상세하게 다룰 것이다.
- 훌륭한 수업 준비: KMDD 세션을 더 잘 생각하고 준비할수록, 그 과정에서 "교육적으로" 개입할 토론의 리더에 대한 필요가 적어진다. 그 대신 리더는 세션이 주로 참여자들 스스로에 의해 자기 조절되도록 남겨둘 수 있는데, 이것은 민주적인 학습을 장려하게 된다.
- 교실에서 KMDD 방법의 지속: 만약 세션이 정기적으로 시행된다면, 학생들은 곧 새로운 주제들이 중요하고, 그것들을 제안까지 하게 된다. 과목 교사들 사이에 미리 준비가 된다면, 같은 그룹에서 이 방법이 너무 자주 사용되는 것을 막을 수 있을 것이다.
- 이 방법의 제한사항들 인식: 도덕적 딜레마 토론은 청소년들 사이에서 도덕적 역량을 증진시키는 매우 강력한 방법을 대표한다. 그럼에도 불구하고 도덕 학습은 이 방법만으로는 충분하지 않다. 어떤 의미에서, 모든 과목들의 내용은 "도덕적으로 적절"하다.

7.3. 최적의 진행기간

KMDD 세션은 적어도 90분이 지속되어야 한다. 더 오래 걸릴 수도 있다. 나는 예전에 거의 3시간이나 지속된 세션을 가진 적도 있다. 참여자들은 피곤한 기색을 보이지 않았고, 가능했다면 그들은 더 오래 토론했을 것이다. 세션을 끝내는 재치 있는 방법은 KMDD의 계획상의 도전들 중의 하나이다. 나는 항상 참여자들이 공식적인 세션이 끝나고 나서도 서로서로 토론을 계속할 가능성을 언급한다. 사실 나는 참여자들이 집으로 가면서, 건물 앞에 모여서 혹은 삼삼오오 세션 방 밖에서 토론을 계속하는 것을 반복적으로 경험한다. 나는 정확하게 KMDD에 의해 시작된 숙고가 언제 끝이 날지 모르겠다. 마치는 종이 울림과 동시에 참여자들의 머릿속에서 토론이 완전히 종료되는 학급은 몇 안 될 것이다. 예전에 한 참여자는 세션 참여 후 일 년이 지난 시점에, 길에서 나에게 다가와 그녀가 계속해서 "판사 스타인버그[Steinberg]"사례에 대해 그녀의 남편과 아들과 토론하고 있다는 사실을 알려주었다. 그녀는 가족에게 KMDD 세션에 관해 말해주었고, 그들은 여전히 만족스러운 해결책을 찾지 못했었다.

KMDD 세션은 권장된 90분보다 짧아서는 안 된다. 오늘날의 학교들은 KMDD 세션을 위해 이 정도의 시간을 제공하는데 문제가 거의 없다. 내가 20년 전에 KMDD를 시작했을 때, 수업은 단지 45분이었다. 그래서 나는 KMDD를 45분으로 줄이려고 했다. 잘 되지 않았다. 나는 몇몇 단계들을 생략해야 했는데, 그것들은 좋은 세션의 성공을 위해 필수적인 것이라는 것이 밝혀졌다. 그래서 우리는 수업 시간 2개를 합치는 방법을 선택했다. 학교들은 우리와 함께 KMDD를 실시한 학생들이 가지는 혜택을 보기 시작했기 때문에 이 방법이 더 효과적이었다.

7.4. KMDD를 코스 교수요목에 적합하게 하기

많은 교사들이 보고하듯이, 딜레마 토론은 일반적으로 학생들의 강한 수업참여를 이끌어 내고, 과목을 기반으로 한 학습에 대한 학생들의 동기화를 촉진시킨다. 그리고 이 효과는 다른 과목들로 전이된다. 그들의 경험에 의하면 KMDD는 새로운 주제들을 도입하는 데 매우 적합하다. KMDD 세션은 학생들이 과목 문제에 노출되는 것을 가능하게 할 수 있고, 학생들이 그 문제를 그들 자신의 경험과 연관시키는데 도움을 준다. 응용의 두 번째 주요 영역은 논쟁적인 주제들을 다루는 것이다. 예를 들어 생물학 시간에 학생들은 신약에 대한 중요한 질문들을 한다. "약을 만들기 위해서 배아를 '사용'하는 것이 도덕적으로 옳습니까?" 교사는 다음 수업시간에 상세하게 토론할 시간을 제공하고, KMDD 세션에서 '16세 소녀 라라 이야기'를 사용할 수도 있다([부록 6-6] 참조). 혹은 타 과목 교사들과 여러 교육과정을 아우르는 협동 작업을 할 수도 있다(종교, 윤리학, 영어, 지리학, 스포츠, 경제학 등).

딜레마 토론 방법을 통해 과목 수업은 풍요롭게 되지만, 대체되지는 않는다. 교사들은 교무실에서 KMDD 세션을 공지하거나, 동료 교사들과 미리 협의를 통해 짧은 시간 동안 너무 많은 KMDD 세션들이 실행되지 않도록 해야 한다. 과다 복용은 교사들과 학생들로 하여금 쉽게 이 방법을 지겨워하게 만든다. 선행연구에서 볼 수 있듯이, 1년에 단 한두 번의 KMDD 세션만으로도 학생들의 도덕적 판단력과 추론 능력을 상당히 증진시키기에 충분하다(8장 참조). 물론 학생들이 KMDD 세션 형식을 사용하여 과목 문제들을 깊이 있게 토론할 기회를 더 많이 요구할 때, 교사들은 그렇게 해도 좋다.

교사는 교과과정의 권위자에 의해 KMDD 세션이 강요되고 있다는 인상을 주어서는 안 된다. KMDD는 학생들의 도덕적 성장을 위해 사용되어야 한다.

요약

비록 딜레마 토론 방법이 매우 효과적인 것으로 증명되었지만, 콜버그는 죽은 것과 다름없다고 선언했다(Kohlberg, 1985: 33). 이 선언에 의해 콜버그와 많은 전문가들 및 교사들은 부당하게 딜레마 방법을 불신했다.

KMDD는 조심스럽게 설계된 딜레마 토론이 매우 효과적이라는 것을 증명해 왔고, 전 세계 교사와 학생 모두 이 방법에 대해 매우 수용적이라는 것을 발견하게 된다. 세션의 끝에 내가 KMDD를 다시 해야 하는지에 대해 질문을 던질 때, 나는 항상 만장일치의 긍정적인 대답을 받는다. 우리가 DES 프로젝트(10.4장 참조)를 실시했던 학교들 중 한 곳에서 교장선생님 은퇴 행사 소식을 접하고 그 곳을 십 년 만에 방문했을 때, 교사들은 나에게 그들이 여전히 딜레마 방법을 사용한다고 알려주었다. 한 교사는 나에게 이렇게 털어놓았다. "나는 그것을 내 모든 수업에서 사용해요. 나는 그것이 시험 점수에 무슨 영향을 가지는지는 모르지만, 학습 환경에 미치는 영향과 학생들의 학습 동기 촉진 측면에 대단히 효과적이어서 만약 내가 이 방법을 사용하지 않는다면 나는 멍청한 사람일 거예요."

KMDD는 모든 연령의 그룹(8살부터 그 이상)에서, 그리고 모든 교육 기관에서 도덕적 역량을 증진시키기 위해 사용될 수 있다. 이것은 시간이 별로 들지 않는다. 매년 단지 1, 2회의 세션(각각 90분)으로, 참여자들의 도덕적 역량이 주목할 만큼 지속적으로 증가하며, 과목을 기반으로 하는 나머지 수업에서의 학습 분위기도 상당히 향상된다. 다음 장에서 나는 KMDD의 효과가 어떻게 평가되는지를 보여줄 것이다.

KMDD의 효능 제고를 위한 한 가지 전제조건은 KMDD 교사들의 철저한 훈련이다. 이 방법은 이것을 활용하는 교사들에게 많은 요구를 한다(11장 참조). 내가 개인적인 경험과 수많은 교사들의 보고서를 통해 알고 있는 바와 같이, 그러한 훈련은 가치가 있다. 왜냐하면 이러한 훈련은 교사들의 역량을 엄청나게 높이기 때문이다. 그리고 이러한 역량은 단지 도덕교육에만 한정되지 않는다. 당신이 KMDD 교사로서 배우는 모든 것은 다른 영역에서 학생들을 성공적으로 가르치는 능력을 강화시킨다. 성공이란 무엇보다도 학생들이 학습하려는 더 큰 욕구를 가지고, 점수와 시험에 의해 학습을 강요받을 필요가 없다는 것을 의미한다.

제8장

KMDD 세션의 효능 측정하기

이번 장에서 나는 가르침의 효능 평가, 측정 도구 및 결과 해석에 관련된 나의 경험에 기초하여 몇 가지 조언을 하려고 한다. 다양한 교수법들과 훈련 활동들의 효과를 자체 검증하는 것은 모든 교수법의 질을 유지하고 증가시키기 위한 중요한 전제조건이다. 학생 평가와는 달리, 그러한 과정은 정책policies 향상에 목표를 두며, 개인들이나 (학교, 국가와 같은) 집단에 목표를 두지는 않는다. 그러므로 이러한 과정은 익명으로 진행될 수 있고, 외부 평가에서 흔한 속임수에 사용될 가능성이 거의 없다(Campbell, 1976; Lind, 2010d; 2011c). KMDD의 효과는 끊임없이 점검되고, 이러한 점검을 기반으로 계속 향상된다. 이러한 목적으로 우리는 다른 방법들을 사용하는데, 다음 부분에서 더 자세하게 다룰 것이다. 이러한 방법들은 단순한 주관적인 피드백에서부터 복잡한 연구 설계를 사용하는 객관적인 영향 분석에까지 이른다. 교사와 참여자들은 마지막에 다다라서 KMDD 세션의 효능에 대한 첫 생각을 가지게 된다. 각각의 KMDD 세션은 잠깐의 숙고와 평가의 시간으로 마무리가 되는데, 그 때 참여자들은 다음의 질문을 받는다. (a) 세션은 즐거웠는가, (b) 무엇을 배웠는가?

우리가 연구로부터 나오는 데이터를 해석할 때 주의해야 할 점에서 시작해보자. KMDD 세션의 실제 효과가 없음에도 불구하고, 우리가 높은 증가 점수를 받을 것 같진 않다. 모의실험에서 볼 수 있듯이, 도덕적 역량은 상향으로 가장될 수 없다. 우리가 실시한 충분히 많은 수의 참여자들(가장 중요한 규칙으로 15명 이상)의 MCT 점수에 관한 연구를 바탕으로 살펴보면, 우연히 C-점수에서 증가를 얻는 것은 거의 불가능하다. KMDD 세션이 효과적이었다는 사실에도 불구하고, 발달 점수를 얻지 못하거나 부정적인 발달 점수를 얻는다는 것은 더 큰 문제가 될 수 있다. 만약 바라는 효과가 감지되지 않는다 해도,

우리는 성급한 결론을 도출해서는 안 되고, 효과가 일어나지 않는 것은 다양한 이유를 가진다는 것을 기억해야 한다.

- KMDD 교사로서 우리들은 먼저 우리가 어떤 실수를 했는지 자문해야 한다. 너무 짧은 세션 준비 시간은 빈번하게 발생하는 낮은 효능의 원인이다. 교사의 가장 중요한 과업은 딜레마 토론까지 이끌어가는 시간이다. 세션의 첫 10분은 나머지 시간에 교사에 의한 많은 개입 없이 세션이 진행될 수 있는지 혹은 교사들이 기대 효과를 달성하기 위하여 변화 또는 동기부여의 노력을 통해 빈번히 개입해야 할지를 종종 결정한다. 딜레마 토론의 효과 증대는 교사들이 이 방법에 대해 훈련받고, 그들의 훈련을 향상시키는 정도까지 증가한다는 것이 밝혀졌다.
- KMDD의 교육학적, 교수학적 효과는 오늘날 여전히 유효하고, 일반적으로 의심의 여지가 없다(Lind, 2002; 2008a; 2015a). 하지만 특정 딜레마 혹은 토론의 순서가 어떤 그룹의 사람들에게는 너무 부담이 되었을 수도 있고(이 경우는 드물다!) 혹은 그 참여자들의 도덕적 역량에 실질적인 도전이 되지 못했을 수도 있다(이 경우가 더 가능성이 있다).
- 훈련 받지 않은 관찰자에 의한 피상적인 관찰과 같은 관찰법의 문제들, 복잡한 절차들에 대한 평가의 오류들, 반복되는 설문에 의한 검사 피로, 어떤 관찰자들의 존재 혹은 행위에 의한 간섭 등이 있을 수 있다. 대체로 짧은 시간 후에, 학생들은 잠재적 관찰자potential observers의 존재(예를 들면 학교 행정 직원들, 교사들, 부모들, 학생들 등)를 인지하지 못한다. 그러나 만약 학교의 교장이 아이들의 발화된 의견들, 앉은 자세, 보디랭귀지에서 드러나는 아이들의 행위를 꼼꼼하게 검사 중이라는 것을 분명히 하게 되면, 딜레마 방법의 효과는 엄청나게 감소되거나 혹은 심지어 완전히 소멸될 수도 있다. 그러한 역기능적인 개입들을 방지하기 위하여, 방문객들은 KMDD 세션에 직접적으로 참여하도록 요구되거나, 관찰 과업을 받아야만 한다(관

찰 서류는 부록을 참조).

- 일회 이상으로 동일 설문지를 제시하는 것은 부정적인 결과들을 초래할 수 있다. 특히 더 나은 검사점수를 얻은 학생들은 지루해하거나 그러한 구성이 평가를 위해 종종 피할 수 없거나 필수적일지라도 똑같은 질문이 다시 나오면 짜증을 내기도 한다. 그러한 효과들은 전형적으로 매우 낮은 검사점수로 이어지고, 이어서 진행되는 후속 검사에서 참여자들의 평균점수를 감소시키게 된다. 해결책은 유일하다. 세션이 효과적이었는지를 확인하기 위해서 동일한 두 번의 검사를 실시할 필요가 있다고 참여자들에게 공개적으로 말하라. 그리고 이 방법의 개선을 위해 이 검사가 중요하다는 것을 강조하면서, 성실한 설문 완성을 촉구하라. 설문지가 익명으로 처리된다는 것도 중요한 언급사항이다. 참여자들의 신분을 드러내지 않는 규칙에 의해 사전 검사와 사후 검사는 서로 연결된다.
- 교사들이 많은 노력을 기울였고 효과를 느꼈다는 사실에도 불구하고, 사전 검사와 사후 검사를 비교하면 증가가 보이지 않을 수도 있다. 이것은 참여자들이 교도소와 같이 일반적으로 부정적인 영향들을 생산하는 기관 속에 거주할 때 일어날 수 있다. 그런데 "무無변화"라는 연구 결과는 개입이 그 기관의 부정적인 영향을 중립화할 수 있었다는 것을 보여주는 것이다 (Glasstetter, 2005).

효능 연구들

효능 연구는 KMDD의 필수적인 부분이다. 만약 시간이 허락한다면, 이 연구는 정기적으로 이루어질 수 있다. 만약 이 연구가 온라인에서 된다면, MCT를 사용하는 효능 연구는 단지 10분에서 15분 정도만 소요된다. MCT의 응용과 채점 역시 "KMDD 교사"로서의 훈련과 자격 프로그램의 부분이다. 효능 연구의 결과는 이 방법의 향상과 교사의 교수법 기술 향상을 위한 중요한 기반이 된다. 그러므로 이 방법이 적절하게 적용되고, 사용되는 관찰 도구들이 목적에 적합하며, 연구를 통해 평가 받는 것은 중요하다. 평가는 (비록 단일 세션이 이미 보여줄 수 있는 효능들을 가질지라도) 몇 가지 KMDD 세션들을 포함해야 한다. 효능 연구는 반드시 다음의 최소 요구사항들을 만족해야 한다.

- 사전 검사와 사후 검사는 예외 없이 항상 실시되어야 한다. 딜레마 토론을 완료한 후에 한 번의 설문으로 KMDD 세션의 효능에 관한 결론을 도출할 수 없다. 참여자들은 똑같은 테스트를 두 번째 작성하기 전에 미리 그 필요성에 대해 이해해야 할 필요가 있다. 이 사전경고가 없으면 어떤 참여자들은 짜증이 나서 사후 검사를 진지하게 완성하지 않을 수도 있다.
- 사전, 사후 검사는 개입에 참여하지 않은 통제집단을 가지고 실시되어야 한다. 다른 적절한 설문에서 사용 가능한 비교 데이터가 있으면, 통제 그룹 연구는 포기될 수 있다.
- 적어도 몇 주 혹은 몇 달 뒤에 있을 재-사후 복구 검사post-post recovery test는 KMDD 세션의 효능이 지속가능할지를 결정하기 위해 추가되는 것이 바람직하다.

도덕적 역량 검사 도구는 객관적인 영향 연구의 핵심이다. 이미 상세하게 설명했듯이, MCT는 연구에서 광범위하게 검증되어 왔다. 이것은 참여자 그룹의 도덕적 역량을 객관적이고 유효하게 측정하고, 사전-사후 검사 설문들을 비교함으로써 조치들의 효능을 평가하게 해준다. MCT C-점수는 KMDD 세션의 효능을 결정할 만큼 충분히 민감하지만, 채용 검사에서 흔히 관찰되듯이 순수한 의지의 노력으로 바라는 방향으로 가장될 수 없다. MCT는 저자로부터 요구받을 수도 있다. 이 도구의 적절한 사용, 평가, 그리고 해석을 위해서는 도덕 심리학에 대한 탄탄한 지식이 요구된다(Lind,

2008b).[10]

MCT는 내가 여러 해 동안 그래왔듯이, 교사들이 그들 자신의 교수법의 효능을 통제할 기회를 제공한다(Lind, 2015a). 이러한 방식으로 교사들은 평가가 그들 자신 및 다른 사람들의 판단에서 독립적이라는 것과 그들이 KMDD에 어떤 변화를 준 경우에도 이 방법의 학습 효과의 감소는 없다는 것을 확실히 할 수 있다.

그럼에도 불구하고 MCT는 KMDD, 또는 다른 교수법들의 효과 등을 확인하는 유일한 도구는 아니다. 내 생각에 한 가지 간단하고 매우 신뢰할 만한 방법은 단순히 참여자들에 집중하는 것이다. 특히 관심 없는 수업에 처음 참여한 사람들에게 말이다. 만약 그들이 첫 십분 동안 관심을 보이기 시작하거나 심지어 활발하게 참여하기 시작한다면, 이것을 가르침의 성공으로 고려할 수 있다. KMDD 교사들은 참여자들의 행위에 관한 관점들을 함께 비교할 수 있는 KMDD 세션의 관찰자들로부터 건설적인 피드백 역시 얻을 수 있다. 관찰지observation sheet는 이 책의 부록에 있다. 교사가 동료들 혹은 다른 손님들을 KMDD 세션에 초대할 때, 그들에게 관찰 임무를 줄 수 있다. 이 과업은 소중한 피드백 데이터를 생산할 뿐만 아니라 방문객들이 지루해 하거나 세션을 방해하는 것을 예방할 수도 있다. 각각의 방문객들은 상이한 관찰 과업을 받을 수 있다. 이것은 항상 세션의 범위 내에서 분명하게 진술되고 성취 가능한 것이어야 한다.

도덕적 역량의 어떤 증가가 예상되는가?

오늘날에 그러하듯이, 이 질문에 대해서는 단지 가정적이고 매우 조심스럽게 답할 수 있다. 나의 경험과 많은 개입 연구들의 평가를 통해, 한 번의 KMDD

10) 더 많은 정보를 위해 다음의 사이트 활용 가능: http://www.uni-konstanz.de/ag-moral

세션 동안 도덕적 역량의 평균 증가의 범위는 C-점수 3에서 6까지에 이른다. 통상 훈련되지 않은 교사들에 의해 실시되는 세션들에서는 비록 학생들이 딜레마 스토리들의 토론을 무척 즐겼다고 반응하더라도 눈에 띄는 어떤 효과도 얻을 수 없다(Koszinoffski, 2006). 이제 막 KMDD 자격증을 딴 교사들과 함께 하는 참여자들의 도덕적 역량에서 측정된 증가 또한 대개 낮다. 참여자들의 학습 수혜는 KMDD 일상에 대한 교사들의 확고한 이해, 그리고 KMDD의 지속적인 실천과 적용에 따라 일반적으로 증가한다.

만약 전체 수업이 KMDD 원리에 기초하여 설계된다면, 도덕적 역량의 성장은 훨씬 더 높아진다. 일주일 기간의 블록코스 그리고 단일 학기 워크숍 세미나들의 경우에, 나는 교육학부(교사 자격증 과정) 그리고 심리학과 학생들의 도덕적 역량을 C-점수 기준으로 평균 7점에서 15점까지 향상시킬 수 있었다(Lind, 2015a). 그러나 이 정도 수준의 효과를 성취하기 위해서는 세미나의 완전한 재설계가 필수적이었고, 나는 이것을 위해 약 2학기가 필요했다(다른 과목에 있어서 상황은 다를 수 있다). 하지만 이러한 초기의 큰 투자는 교수법의 효과에 상당한 증가로 정당화될 수 있다.

우리는 최소한 어느 정도의 도덕적 역량을 얻기 위해 노력해야 하는가?

이 부분에 대한 체계적인 연구는 아직 존재하지 않기 때문에, 나는 직감에 의지해야 한다. 그 직감은 도덕 발달 영역에서 40년 간 심리학 연구와 교육 실습을 하고 나서 독특한 전문화된 훈련이라고 간주될만한 것을 통해 얻은 것이다. 나는 모든 성인들이 표준 MCT를 기준으로 적어도 C-점수 30점 이상을 성취하는 데 목표를 두어야 한다고 생각한다.[11]

11) 나는 4장에서 제시한 표준형 MCT에 의한 C-점수를 참조하고 있다. 이 도구는 두 개의 딜레마 스토리(근로자, 의사)로 구성되어 있다. 하나의 스토리나 다른 스토리를 사용하는 MCT 버전들은 비교할 수 없다. 따라서 나는 MCT는 표준형만을 기준으로 한다. 측정할 때에는 시간적 제약이 없어야 하며, 익명으로 해야 한다.

성취 가능한 가장 높은 점수가 100이라는 사실을 고려하면, C-점수 30은 낮아 보일 수도 있다. 그러나 지금까지 오직 소수의 사람들만이 그 정도 크기의 도덕적 역량에 도달했고, 심지어 높은 수준의 학교교육을 받은 사람들 경우에서도 그러했다(Lind, 1986a; 2002; 2015a; Slováčková, 2001; Schillinger, 2006; Yang & Wu, 2011; Lupu, 2009; Kodwani & Schillinger, 2009; Saeidi-Parvaneh, 2011; Feitosa et al., 2013; Liaquat, 2013; Hemmerling, 2014).

나는 분명히 만약 대부분의 사람들이 이 최소 수준의 도덕적 역량을 함양한다면, 천국과 같은 조건들이 만들어질 것이라고 주장하지는 않는다. 하지만 우리는 더 많은 평화, 다시 말해 모든 종류의 범죄, 전쟁 그리고 권력 남용의 강한 감소를 체험할 것이고, 사람들이 도덕 원리들을 중요하게 여기며, 자신과 다른 의견을 가진 사람들과 토론을 통해서 어떻게 갈등을 해결할 수 있는지를 더 잘 이해하게 될 것이라고 확신한다.

우리는 집단적으로 이 목표를 성취할 수 있다고 확신한다. 왜냐하면 우리는 지금 완성하는데 시간이 얼마 안 걸리는 KMDD 내에서 매우 효과적인 방법을 사용할 수 있기 때문이다. 매년 모든 청소년들과 성인들에게 90분이 소요되는 KMDD 세션을 한 번 혹은 두 번 제공함으로써, 우리는 특정 과목의 교육, 전반적인 과목 공부 혹은 매일의 과제 요구 등에 대한 확연한 축소 없이 이러한 목표를 성취할 수 있을 것이다. 그러나 충분한 수의 KMDD 교사들을 훈련시키고 자격을 갖추게 할 때에만 우리는 성공할 수 있다. 초기에는 8세에서 18세까지의 모든 젊은이들이 매년 적어도 한 번의 KMDD 세션에 참여할 수 있도록 하기 위해서, 충분한 수의 KMDD 교사들을 훈련시키는 것으로도 충분할 수 있다. 충분한 수의 KMDD 교사들이 교육을 받자마자, 이 프로그램은 성인들에게도 역시 확장되어야 한다.

물론 이 목표는 비용이 든다. 하지만 우리 모두가 알고 있듯이, 폭력, 속임수, 부정부패 그리고 경찰, 사법 제도, 그리고 군대의 권력 활용과 "싸움"에 의해 야기되는 비용들은 이보다 여러 배 더 많다.

자기평가를 위한 다른 도구들

KMDD 교사들이 자신들의 교수법 효과에 대한 피드백을 받는데 사용할 수 있는 추가적인 도구들의 모음이 아래에 있다. 교수-학습에서 활용할 수 있는 몇 가지 도구들의 견본이 이 책의 부록에 수록되어있다.

관찰지

관찰지([부록 3] 참조)는 딜레마 토론에서의 효과에 대한 체계적인 관찰을 가능하게 한다. 관찰자가 전념해서 모든 사건들을 기록할 수 있도록, 관찰은 항상 한 가지 측면으로만(예를 들어 초기의 수동적인 학생들의 협동 관찰) 국한되어야 한다. 게다가 관찰은 연구자들의 관심보다는 교사들의 교육학적, 교수학적 지식 지향적인 관심에 더 많은 기반을 두어야 한다. 세션의 참관자들, 인턴들 혹은 동료 감독관들은 시간 경과에 따른 그들의 관찰을 보여주기 위해 이 양식을 사용할 수 있다. 몇 명의 관찰자들이 참석할 때, 그들은 공동 평가세션에서 그들에게 주어지는 보고서를 가지고 각각 다른 측면의 관찰을 맡을 수 있다. 물론 KMDD 교사들은 그들 자신의 관심사항에 따라 설문을 변경할 수 있다. 그러한 간단한 관찰들은 긴 소개를 요구하지 않기 때문에 방문객들이나 전체 토론에 참석하지 않는 이들에 의한 즉석 관찰에도 적절하다. 이것은 다음과 같은 이중의 이익이 있다. 교사는 토론 과정의 어떤 측면들에 대한 체계적인 피드백을 받고, 방문객들이나 잠재적인 비참여자들은 유의미하게 관여하게 된다.

세션 기록

이 방법의 훈련단계에서 혹은 새로운 딜레마나 다른 과정의 변형들이 검토되고 있을 때, 가능한 상세한 방법으로 첨부된 교실 보고서 서류를 기반으로 세션을 기록하거나 비디오로 녹화하는 것이 바람직하다([부록 4] 참조). 양측 주장들의 키워드 기록은 항상 관련된 주장들을 반영해야 한다. 반복되는 것은 밑줄표시나 숫자를 통해서 기록될 수 있다.

도덕적 분위기 설문지^MAF: Moral Atmosphere Questionnaire^

MAF는 연구도구로 개발되었지만 교사들의 자기평가를 위해 적절하게 사용될 수 있다(Power et al., 1989; Lind 2002의 부록도 참조). 이것은 다섯 부분으로 구성된다. (a) 학교 내(학급 친구들, 교사들, 전반적인 학교로 나누어진다) 도덕적 분위기의 19개 측면들에 대한 인식에 관련된 질문들과 이러한 측면들에 대한 개인의 평가를 위한 질문들. 샘플 질문: "당신에게 교사들이 공평하다는 것은 얼마나 중요한가요?" (b) 학생 참여, (c) 의사소통 행위, (d) 규칙 위반(표절, 부정행위)에 대한 태도들과 반응, (e) 지각된^perceived^ 교사의 행위이다. 이러한 질문들에 대한 학생들의 반응은 교사의 입장에서는 종종 접근하기 어려운 그들의 도덕적 이상에 대한 통찰력을 제공한다. 또한 교사들은 흔히 그들 학생들의 도덕적 이상^ideals^을 부정확하게 평가하는데, 이것은 학생들과 교사들 간 교수-학습 상호작용에 큰 부담을 주게 된다. 학생들은 많은 교사들이 평가하는 것보다 훨씬 더 많이 규칙에 대한 존중과 좋은 교육을 원한다(Lind, 2002). 이 관계적인 격차는 학생들의 성공적인 학습에 잠재적인 장애물이 된다.

제9장

정의공동체(Just Community) 방법

정의공동체 방법은 학교 공동체 내에서 교사와 학생들 사이의 관계 증진을 추구한다. 이러한 방식으로 정의공동체는 도덕적이고 민주적인 역량 증진을 추구한다. 그러므로 정의공동체는 KMDD와 유사한 목표를 가진다. 하지만 몇몇 중요한 점들에 있어서 방법이 상이하다. 주된 차이는 정의공동체 방법이 현실의 사람들을 포함하는 현실적인 갈등을 기반으로 하고, 참여자들에 의해 내려지는 결정은 참여자들에게 현실적인 결과를 가져오는 반면, KMDD 방법은 가상 인물의 현실적인 갈등을 기반으로 한다. 이것은 정의공동체 방법이 (있는 그대로의 갈등을 다룸으로써) 교수학적으로 최적화 될 수 없는 반면에 KMDD는 될 수 있다는 것을 의미한다([표 9-1] 참조).

[표 9-1] KMDD와 정의공동체 비교

KMDD	정의공동체
토론 대상은 반(半)현실적인 이야기: 현실적인 문제, 그러나 가상의 주인공	토론 대상은 현실적인 문제이고 현실적인 사람들이나 집단들
투표는 현실의 사람들에게 직접적인 결과를 가져오지 않음	투표는 현실의 사람들에게 구속적인 결과를 가짐
주제는 생활과 과목들의 모든 영역을 포함	주제는 매일의 학교생활에서 취함
커리큘럼과 교실 수업에 통합되거나 여러 수업들과 학년에 걸쳐있음	학교 혹은 학년 수준의 특별행사들

9.1. 목표들

정의공동체 방법에 따르면, 학교에서 함께 지내는 것은 도덕적이고 민주적인 학습을 위한 기회로 활용되어야 한다. 그래서 추상적인 도덕 원리들과 구체적인 삶의 맥락 간의 관계는 학생들에게 실용적이고 감지될 수 있는 것이 된다. 정의공동체의 두 가지 중요한 사항은 (a) 정의, 공동체 의식 그리고 개인의 존엄에 대한 존중을 포함하지만 이것들에만 제한되지 않고, (b) 실천적인 훈련의 장場으로서의 민주적 학교 조직을 포함한 학교의 도덕적 풍토로 이루어진다 (Higgins, 1987; Oser & Althof, 2001; Kohlberg, 1986; Althof, 2015; Reinhardt, 2015).

이 혁신적인 접근 방식의 배경에는 책임감, 정의, 그리고 도덕적, 정치적 문제들에 자기 자신의 판단력을 연습할 능력이 생활과 일 모두에서, 즉 학생들의 학교생활에서 직접적으로 실행될 때에만 발달할 수 있다는 생각이 놓여 있다 (Roth, 1971). 사실 여러 나라에서 실시된 실증적인 연구들은 교실 환경에서의 민주적인 "분위기"가 민주주의 제도에 대한 사실들의 단순 전달 혹은 국가를 부르는 것과 같은 애국적인 의식의 거행 혹은 어느 그룹에 대한 충성 맹세와 같은 것들보다 민주적인 태도와 역량을 더 잘 증진시킨다는 것을 보여주었다 (Ehman, 1980; Reinhardt, 1980).

정의공동체 방법은 자치와 책임감, 그리고 민주주의와 교육가 상호의존적이며 하나가 결여된 채로 다른 하나만을 취할 수 없다는 존 듀이(Dewey, 1964)의 고견을 반영한다. 정의공동체에서 도덕적 역량의 증진은 학교 규칙에 대한 존중을 강화하는 것뿐만 아니라 학교생활의 조직에 있어서 개인들의 자율성을 강화하는 것에 그 기반을 둔다. 민주적인 형태의 학교생활을 통한 교육은 역시나 중요하게 고려된다. 왜냐하면 자기책임과 성실성은 학생들이 더 넓은 공동체에 참여하고, 더 넓은 공동체와 함께 결정하는 것을 통해서 실용적인 학습기회들이 학생들에게 주어질 때에만 가르칠 수 있기 때문이다. 당연하게도 이러한 기회들은 전통적인 학교들에 의해 가장 빈번하게 제공되었고, 교육 기관들은 이러한 목적에 불충분한 것으로 고려된다. 특정하고 제한된 직책들과 업무들(학생회 구성원 혹은 임명된 반장) 그리고 학교생활의 미미한 문제들에 대한 결정들(예를 들면 학교 축제와 기념식 등)은 학생들에게 제공될 수 있는 반면에, 학교생활 구성하기 그리고 학교의 중대하고 중심적인 영역들에 대한 의사결정 과정에 학생들의 참여는 주로 금기시되는 것으로 보인다(Hull, 1969).

정의공동체 방법은 개인의 발달이 인생의 상황들과 과업들에 대한 개인의 건설적인 대처의 산물이라는 이론을 기반으로 한다. 이 이론은 사람들이 단지 그들의 환경에 의해 영향을 받는다는 의견과 상반된다. 더욱이 이 이론은 발달이 단지 내적 시스템의 전개를 수반하기 때문에 어떤 환경적인 영향으로 환원되어야 한다는 "감상적인" 관념과도 상반된다. 반면에 진보주의 교육은 개인적인 발달의 필요와 사회적 경계에 부합하는 개인 기술들skills의 증진을 위하여 청소년들이 필수적인 것들을 공급 받아야 한다는 최대의 발달 목표를 가진다.

여기서 중요한 질문 한 가지가 정의공동체 방법은 그렇게 높은 기대들을 만족시킬 수 있었는가라는 것이다. 학교를 통해 도덕적·민주적 역량을 증진시키려는 시도는 심지어 그것이 수용되고 요구될 때에도 종종 어려움을 만난다. 이 시도에는 에델스타인(Edelstein, 1986)이 오래 전에 조용히 맞춰가는 관찰still fitting observation에서 언급했던 "유전적 구조 교수법genetic structure didactics"이 부족하다. 이것은 소위 "잠재적 교육과정"을 다루고, 민주적인 담화 기술들과 도덕적 판단 역량과 같은 능력들을 배양할 수 있는 교수법이다. 이 영역을 다루기 위해 애쓰는 교사들은 오늘날까지 지속적으로 결핍에 직면한다. 학교 분위기는 어떻게 민주화 될 수 있을까? 과정이 또 다른 갈등의 원인이 되는 일 없이 어떻게 "잠재적" 문제들이 드러나고, 추론적으로 해결될 수 있을까? 어떻게 학교생활이 구성원들의 도덕적 역량이 강화되는 방식으로 완전히 민주화될 수 있을까?

9.2. 가르침의 원리들

콜버그가 보고한 것과 같이, 첫 정의공동체의 출발은 "학교 내의 가설적인 문제들뿐만 아니라 현실적인 문제들도 학생들이 토론할 수 있도록 해달라는 어느 학교 교장의 요구로부터 나온 것이다." 우리가 학생들에게 실시한 설문 역시 학생들은 이 과정을 적용받기 원한다는 것을 보여준다. 카린(8학년)의 예를 들어 보자. 우리는 그녀에게 어떤 주제들을 교실에서 급우들이나 선생님과 토론하고 싶은지 물어보았다. 카린은 "어떻게 하면 학생들과 교사들이 서로를 이해하고, 잘 지낼 수 있는지, 어떻게 하면 교사들이 학생들과 좋은 관계를 유지할 수 있는지, 어떻게 하면 교사들과 학생들이 문제들을 함께 이야기 할 수 있는지"에 대해 말하고 싶다고 우리에게 말했다.

정의공동체에서 중요한 역할을 하는 많은 특징들이 있다. 예를 들면 정의와 인류애 같은 민주주의 원리들 그리고 집회의 권리, 보편적이고 평등한 참정권, 다수결 원리, 특별 위원회와 같은 민주주의 제도들, 그리고 민주적 토론과 투표절차들이다. 히긴스는 이렇게 서술한다. "이 접근방식은 '정의'와 균형 잡힌 '공동체'를 가져오려는 노력, 학교에서 개인 학생들의 권리는 보호하면서 집단에 대한 강력한 관심을 유발하려는 노력과 학생들의 도덕 발달을 증진하려는 노력을 포함한다(Higgins, 1987: 55)."

학교에서 정의공동체가 어떻게 조직되고, 구조화되는지는 다음 장의 그래프에 나타나있다(Higgins, 1987; Oser & Althof, 1992). 가장 중요한 요소는 총회이다. 그 속에서 교사들과 학생들 그 모든 사람들은 투표권을 가진다. 모임들은 한 명의 학생과 한 명의 교사에 의해 진행되거나 혹은 두 명의 학생들과 두 명의 교사들에 의해 진행된다. 위원회 예비 모임 및 교실에서의 토론은 모두 생산적인 총회의 성공을 위해서 필수적이다. 이러한 모임들에서, 제안되는 주제들이 검토되고 문제의 핵심이 명확해진다. 다시 말해 이러한 것들이 총회에서 토론해야 하는 것들이다. 그러는 동안 상이한 견해를 가진 측들은 그들의 주장들을 모으고, 그들의 관심사항들을 총회에서 제시할 준비를 한다. "중재 위원회"는 약 5~6주마다 있는 총회 사이에 정기적(대개 주 단위로)으로 만난다. 위원회는 총회의 결정사항들이 실행되는 것을 보장하는 "집행부"의 역할을 한다. 정의공동체에서 청소년들은 다음의 기회를 제공 받아야 한다(Oser, 1986).

- 공개적으로 발언하고, 실존적이며 개인적으로 중요한 문제와 이슈를 낯선 사람들을 포함하여 다른 사람들과 함께 이야기 할 기회(진정한 의사소통)
- 견해에 관한 논쟁에 참여할 기회, 다시 말해 같은 의견을 가진 사람들과 다른 의견을 사진 사람들 모두와 의사소통할 기회
- 의견을 제시할 때 다른 사람들에게 수용되고 지지받을 기회(연대)
- 대안적 주장들을 다룰 기회(논쟁)
- 자신이 속한 기관의 중요한 의사결정 과정에 참여할 기회(책임감 갖기)
- 주장을 통해 다른 사람들을 납득시키고, 그들의 결정에 영향을 줄 수 있는 기회(주장 능력)
- 새롭게 제시된 정보와 주장들의 영향을 받아 자신의 의견을 바꿀 기회(합리성)
- 사회적 상호작용의 기초이자 결과로서 규칙을 이해할 기회
- 자기 발달의 원천으로 토론과 논쟁을 평가할 기회

교사와 직원들은 이 방법을 위해 필수적인 지지적 기관이다. 왜냐하면 정의공동체를 위해 없어서는 안 되는 공간과 학습 기회들을 만드는 것이 이 사람들이기 때문이다. 이 접근 방식의 역동적인 본질 때문에 교사들은 반드시 끊임

없이 진화해야 한다. 그래서 관리와 훈련뿐만 아니라 과학적인 평가와 부모의 관여도 필수적인 전제조건으로 간주된다.

정의공동체 방법은 일반적으로 공유되는 도덕 원리들을 기반으로 하는 민주적 협동에 관한 실용적인 학습에 그 목표를 둔다. 정의공동체는 학교 내 학습의 모든 영역들에서 마땅히 요구되는 실질적인 경험의 기회를 제공하기 위하여 설계된다(Gidion et al., 1987; Fauser & Muszynski, 1988). 게다가 정의공동체는 학교 공동체의 규칙들과 기준들이 학생들의 생각과 행위에 기반을 두도록 하는 것이 또한 목표이다. 정의공동체 방법은 자치 및 독립적인 판단이 규범이 없는 영역에서 홀로 있을 때가 아닌, 기준들과 규제들을 직면할 때에만 발달할 수 있다고 가정한다.

아이들이 법을 존중하고, 남에게 해를 끼치지 않도록 학습시키려는 목표에 가장 기여하는 것은 무엇인가? 도덕 발달에 관한 이 중심적인 문제를 다루면서 블럼(Gilbert, 1997 참조)은, 그가 미국에서 20년에 걸쳐 청소년들의 행위를 검사하면서 모아온 광범위한 대규모 연구들을 통해 몇 가지 단서들을 우리에게 제공한다. 이 조사의 중요한 연구 결과 중 한 가지는 설문 조사된 학생들의 학교의 종류와 규모는 청소년들의 행위에 큰 차이를 만들지 않는다는 것이다. 그러나 두드러졌던 사실은 "학생들의 입장에서 볼 때 그들의 교사들이 그들을 걱정하고, 공정하게 대했다고 느꼈던 것이다. … (만약 학생들이 학교에서 흡연을 하면 일시적으로 학교 밖으로 내보내는 것과 같이) 학교에서 채택했던 대부분의 조치들과 규정들은 학생들에게 긍정적 인상을 남기지 못하는 것으로 보인다. … 가장 강력한 효과는 성인과 아이들 사이의 가까운 관계이다(Gilbert, 1997)." 유사하게 학교는 민주적 의사결정에 참여하는 것에 영향을 미친다. 칸[Joseph Kahne]과 그의 동료들이 몇 가지 연구들에서 보여준 것과 같이, 고등학교 학습 기회들은 청소년들의 정치적 관여에 강한 영향력을 가진다(Kahne & Lee, 2013). 그들은 그러한 학습 기회들을 단지 일부에게만 제공하는(그들의 용어로는 "시민적 기회 격차civic opportunity gap") 학교들의 경우, 일부만을 위해서가 아니라 모두를 위해 존재하는 민주주의를 약화시킨다는 것 또한 보여주었다(Kahne & Middaugh, 2009).

제10장
정의공동체 프로젝트에서 배운 교훈들

우리는 정의공동체 프로그램에서 무엇을 배울 수 있는가? 도덕적 역량을 배양하는 관점에서 이 프로그램은 얼마나 효과적인가? 몇 사람들이 주장하듯이, 이 프로그램이 딜레마 토론보다 훨씬 더 효과적인가? 다음 부문에서 나는 미국, 독일 그리고 스위스에 있는 학교들에서 정의공동체 접근 방식을 채택하고 시험한 후 더욱 발전시켰던 정의공동체 프로젝트들을 소개하고자한다. 나는 이러한 학교들 중 대부분을 방문할 기회를 가졌었다. 나는 프로젝트 중의 하나인 DES를 직접 시작했다. 내가 참여해야 했기 때문에, 나는 참가 학교들 중 한 곳의 교장에게 그의 개인적인 설명을 해달라고 부탁했다. 마침내 게릭Heidi Gehrig은 그녀가 동료들과 함께 스위스에서 개발한 정의공동체 방법의 확대된 버전과 함께한 그녀의 경험을 공유하였다.

10.1. 브루클린 고등학교

정의공동체 방법을 1970년대 초에 시도했던 첫 학교들 중의 하나가 브루클린 고등학교였다. 콜버그가 브루클린에 있는 이 특정한 학교로 향했던 원인이 된 교육 문제들은 이 학교의 위치에서 나온다(Lightfoot, 1983). 브루클린은 광역 보스턴Greater Boston 지역의 부분인데, 그 당시에 약 55,000명의 주민들이 있었다. 도시 전역의 임금 격차는 상당했었다. 인종적인 배경은 대부분 아일랜드계와 유대계였다. 소수 인종 가운데 약 10%가 흑인들과 중앙아메리카와 아시아로부터 이민 온 사람들이었다. 브루클린 고등학교에는 10학년에서 12학년까지 대략 2천명의 학생들이 있었는데, 학생들 중 많은 수가 교육기회의 평등 증진을 목표로 하는 METCOMassachusetts Department of Elementary and Secondary Education와 같은 특별 프로그램에 참여하기 위해 온 보스턴 인근 지역에서 온 학생들이었다. 다양한 인종 집단들 사이의 관계는 분명히 문제가 없지는 않았다. 그리고 이것은 학교에서의 반복적인 싸움과 공공 기물파손행위로 이어졌다.

처음에 그들은 정의공동체를 "학교 내의 학교SWS: School-Within-A-School"라는 한 하위 단위의 일환으로 사용하였다. 왜냐하면 학교에서 의사결정 과정에 모든 학생들이 효과적으로 참여하는 것에 대한 장애물 중 하나가 학교 자체의 규모와 복잡성이기 때문이다. SWS와 함께 신체적, 조직적 의미 모두에서 뛰어난 100명의 학생들과 5명의 교사들로 구성된 더 작은 학습 공동체가 형성되었다. 학생들은 그들 수업의 절반은 SWS 프로그램에서, 절반은 더 큰 학교에서 들었다. 브루클린 고등학교 내의 정의공동체의 성공을 위해 가장 필수적인 구성요소 중의 하나가 그것의 참여자 수의 제한뿐만 아니라, 협동에 대한 강조도 포함됐다. 교사들은 대부분 열성적인 교육가들이었고, 그들 직업의 본보기가 되는 사람들이었다. 학생들은 10학년을 마친 뒤에 SWS 참여 신청을 해야 했다. 가장 중요한 참여 기준은 민주적인 공동체에 참여할 학생들의 자발성과 능력이었다. 민주적인 공동체에 내재된 자유와 선택에 대해 불안해 보이거나, 자유를 책임으로부터 분리하는 모습이 접수면접에서 보이는 학생들은 배제되었다.

브루클린에서의 정의공동체는 원래 개념의 약점을 드러낸다. 다시 말해 한 편의 민주주의적 관심사들과 다른 한 편의 엘리트 인물들에 의한 공간 분리 및 선발 조건들 사이의 모순이 있는 것이다. 이 프로그램은 칸과 미도(Kahne & Middaugh, 2009)가 말하는 시민적 기회 격차의 예가 된다. 사실 '학교 내의 학교'와 모학교 사이의 몇 가지 갈등 보고는 이 특별하고, 특권을 가진 위치에 의해 설명될 수 있다.

10.2. 시어도어 루스벨트 고등학교

1984년 콜버그는 뉴욕 주 교육위원장 엠바흐Gordon Ambach와 뉴욕 학교교육위원회 의장 퀴논Nathan Quinones에게 허가를 받고, 뉴욕시 내에 있는 세 곳의 학교에서 정의공동체 프로그램을 검사할 기회를 가졌다. 세 학교는 남브롱크스South Bronx의 문제 학교인 시어도어 루스벨트 고등학교, 엘리트 학교인 브롱크스 과학고등학교, 맨하탄의 마틴 루서 킹 주니어 고등학교로 구성됐다. 준비 과정에서 이 프로젝트에 관련된 모든 교사들은 1984-85년 동안 한 달에 한 번 있는 훈련 세미나에 참석했고, 하버드(정확하게는 Harvard Summer Institute)에서 4주간의 훈련 과정을 이수했다. 학교에서의 일은 1985년 가을에 시작했다. 나는 콜버그의 초대로 이 학교들을 방문할 기회를 가졌다.

가장 자세히 살펴볼 수 있었던 학교는 시어도어 루스벨트 고등학교였다. 이 학교는 남브롱크스에 위치해 있는데, 소수민족들의 활기찬 지역사회인 한편 가난과 범죄로 얼룩진 지역이다. 내가 방문했을 때, 경찰차들이 계속 학교 앞에 주차되어 있었다. 학교정문은 경찰관들에 의해 보호되고 있었는데, 그들은 나를 검문했고 나의 몸을 금속 탐지기로 샅샅이 훑었다. 내 생각에 건물로 들어가는 모든 사람들은 이 절차를 거쳐야했던 것 같다. 학교 담장 안에서 무장한 경호원들이 학생들이 허가된 지역 내에서만 움직이도록 하면서 끊임없이 순찰을 돌고 있었다. 학교에는 3,400명의 학생들이 있었는데, 그 중에 30%는 흑인, 65%는 히스패닉 그리고 5%는 동아시아(베트남인과 캄보디아인)계였다. 학생들 중에서 400명이 특별한 조력을 필요로 하고 있었다. 500명의 학생들은 영어가 능숙하지 못했고, 600명은 문맹이었다.

이 학교 정의공동체 프로젝트의 핵심은 점심시간 동안 모든 학년 학생들이 참석하는 주간 학생모임이었다. 학생들과 교사들은 모두 자신의 점심식사를 가져왔다. 이 프로젝트에 관계된 정의공동체 위원회와 교사들은 다른 날 점심시간 동안 만났다.

정의공동체 모임이 시작되고 혼란은 대단했다. 하지만 점차 흥분은 가라앉았다. 모임이 시작되었으며 한 학생이 회장으로 뽑혔다. 몇몇 학생들은 반복적으로 교실을 뛰어다니고, 다시 낄낄거림과 불안감이 많은 참여자들 사이에서 시작됐다. 회장은 그의 불안감을 얼굴 찌푸림과 웃음 뒤에 감추려고 애썼다. 나는 학생들이 그러한 모임을 실시하기 위해 얼마나 노력했는지, 학생들에게 자신들이 존중받는다는 느낌을 주기 위해서 교사들이 얼마나 많은 인내와 민감함을 유지했는지를 깨닫기 시작했다. 나는 또한 학생들이 모임을 실시하면서 얼마나 노력했고, 기뻐했는지에 대해 놀랐다. 화자는 더듬거리면서 몇 문장을 말하지도 못했고, 종종 청중석은 웃음소리로 가득했다. 하지만 말을 하고자 하는 의지는 대단했고, 조금의 공격성도 없었다. 나는 학교에서 한 학급을 가르치게 됐는데, 학생들의 호기심의 수준에 놀랐다. 나는 이것이 정의공동체 프로젝트 때문이었는지는 모르겠지만, 유사한 호기심을 시카고 도심지역의 소위 "게토 학교들(빈민가 학교들)"의 몇 군데서 경험했었다.

프로젝트의 첫 해에, 참여 교사들과 학교 행정실로부터 나온 각종 보고서들과 시카고에서 있었던 도덕교육을 위한 모임 기간 동안(1986)의 비디오 기록들을 통해서 학생들의 사회적 행위의 긍정적인 발달을 인상적으로 확인할 수 있었다.

10.3. '학교에서의 민주주의와 교육' 프로젝트(DES)

미국 내 정의공동체 학교들을 방문했던 인상이 너무 강렬해서, 나는 이 방법을 독일의 학교에서도 시도하기 위한 제안서를 가지고 독일의 노르트라인베스트팔렌North Rhine-Westphalia 주의 교육부를 찾아갔다(Schwier, 1987; Lind & Raschert, 1987). 콜버그와 히긴스는 내가 이 아이디어를 진행하는데 도움을 줬다. 장관의 초청으로 그들은 두 학교(뒤른에 위치한 대학 진학 학교인 비르텔토어 김나지움Gymnasium am Wirteltor, 루르의 뮐하임에 있는 종합중등학교)를 방문했고, 교사, 학부모, 그리고 학생들의 질문에 대답을 했다. 위의 사진에서처럼 나는 통역에 도움을 줬다. 2년간의 집중 토론 뒤에 장관은 이 프로젝트를 승인했다. 이 프로젝트는 그 당시로서는 DES라는 제목 하에 다음의 세 학교를 포함하는 정의공동체 프로그램 중에서 가장 큰 프로젝트 중의 하나였다. 세 학교는 앞서 언급한 뒤렌의 비르텔토어 김나지움, 중학교인 랑겐펠트의 요한 구텐베르크 실업학교Johann Gutenberg Realschule, 그리고 햄에 위치한 고등학교Hauptschule in Hamm였다.

우리는 도덕교육에 대한 콜버그주의적 방법들이 특정 종류의 학교에 한정된 것이 아니라는 점을 보여주고 싶었기 때문에, 이러한 세 종류의 학교를 프로젝트에 포함시켰다. 총 400명 이상의 학생들이 DES 프로젝트에 참여했다. 대부분의 학생들을 프로그램의 시작 시에(5학년) 그리고 프로그램의 끝에(7 혹은 8학년) 인터뷰하고 검사하는 것이 가능했다. 한 학교에서는 프로그램이 8학년에서 시작했다.

독일에서의 DES 프로젝트는 미국에서의 정의공동체 프로젝트와 두 가지 측면에서 상이했다.

- 10세에서 14세까지의 더 어린 아이들이 DES 프로젝트에 참여했다. 참여 학교들은 프로젝트가 학교의 학습 분위기에 가장 큰 영향을 끼칠 수 있도록 독일에서 학생들이 중등학교에 입학하는 시기인 5학년부터 개입이 시작되기를 원했다. 나는 정의공동체 프로젝트가 미국에서 더 높은 학년에서만 시작된다는 것을 알았기 때문에 회의적이었다(Power et al., 1989). 하지만 그 당시 연구에서 딜레마 토론이 더 어린 아이들의 도덕적 역량에 긍정적인 영향을 끼친다는 것을 보여주었기 때문에(Lockwood, 1978; Leming, 1981; Lind, 2002), 나의 동료들은 학교들의 요구에 찬성했다. 지

금에 와서 나는 그들이 그랬던 것이 다행이라 생각한다.

- 미국에서의 많은 프로젝트들에서 실시했던 선발 과정은 없었다. 한 학년의 모든 아이들이 이 프로그램에 포함되었다. 참여 학교들은 독일 학교들을 대표했다. DES 프로젝트에서 학생들은 특별히 공부를 잘하지도 부유하지도 않았다.

학교들은 이 시험 프로그램 참여를 선택할 수 있었다. 내 동료들과 나는 각 학교들의 모든 교사들 모임에 프로젝트 설계를 제시했다. 교장과 교사들은 2주간의 토론 기간을 가졌고, 두 번째 모임에서 교사들은 프로젝트의 세부사항에 대해서 질문을 할 수 있었다. 우리는 이번 시도가 약 3년 간 지속되어야 하고, 만약 실패한다면 모든 비난은 나와 나의 동료들의 몫이라고 설명했다. 세 학교의 교사들은 거의 만장일치의 투표로 프로젝트에 찬성했다. 적극적으로 참여했던 교사들에게는 정의공동체 방법과 블래트-콜버그 딜레마 토론을 소개했고, 그에 따르는 관리와 상담을 프로젝트 자문 위원회에서 제공했다. 교사들은 정의공동체와 딜레마 토론의 방법들에 숙달되는데 일 년 가까이 필요했다고 보고했다. 전형적으로 학교들은 정의공동체 모임을 6주마다 실시했다. 참여 학년의 교사들은 적절해 보이는 때마다 딜레마 토론을 운영했다.

DES **프로젝트의 결과들**

독일 학교 시스템을 매우 잘 알았던 동료들은 독일 학교에서 민주적인 공동체를 실시할 가능성에 대해 회의적이었다(Edelstein, 1986; Leschinsky, 1987). 어떤 사람은 불명예스러운 결말에 두려움도 느꼈다. "시간과 노력의 낭비가 될 거에요!"(Spieβ, 1988: 379) 하지만 우리는 교육부의 하위 공무원, 교장, 교사, 학부모, 학생 모두가 보여줬던 관심과 선의에 정말 놀랐었다.

DES 프로젝트의 교육학적이고 실천적인 부분이 시작되기 전 2년간 학교 공무원들, 교사 조합 그리고 다른 이해 당사자들과의 많은 토론 뒤에 나는 목표에 대한 많은 협의를 볼 수 있었다. 동시에 사람들은 모든 수준에서의 상당한 반대를 예상해야 한다고들 했다. 특별히 중요한 문제는 10~14세의 아이들이 딜레마 토론 방법과 정의공동체 방법을 통해서 현격한 학습 결과를 성취할 수 있을까 하는 것이었다. 요즈음은 그런 생각이 당연시 된다. 교육에 대한 인지 발달 접근방식과 구성주의적 접근방식은 유치원 연령의 어린 아이들에게도 효과적이라는 것이 증명되었다(DeVries & Zan, 1994). 하지만 우리가 1980년대 초에 DES 프로젝트를 시작했을 때는 14세 이하의 아이들에게 그러한 접근방식들을 실시하려는 시도는 흔치 않았다. 그 당시의 사람들은 아이들이 도덕적 딜레마들을 합리적으로 토론할 수 있기 전에, 우선 사고의 형식적 조작기에 도달해야 한다고 가정했었다(피아제). 또한 DIT 검사를 사용하는 많은 개입 연구들은 딜레마 토론의 방법이 성인기에 도달하기 전에는 아무런 효과를 보이지 않을 것이라고 보고했다(Schläfli et al., 1986).

DES 프로젝트는 이러한 가정이 틀렸다는 것을 증명했다. 동료들이 경고했던 사항들은 발생되지 않았다. 개별 경우들을 제외하고, 부모들뿐만 아니라 학교 운영 위원회, 참여 학교의 교장, 교사, 학생들의 프로젝트 수용 정도는 우리가 희망했던 것보다 훨씬 더 긍정적이었다. DES 프로젝트는 또한 객관적인 측정에서 좋은 결과들을 산출했다(Lind & Althof, 1992; Lind, 2002). 심지어 10~14세의 아이들이 딜레마 토론을 통한 도덕적 역량의 현저한 증가를 보여주었다. 여기서는 기술적인 이유로 책임판단검사Responsibility Judgment Test(독일어 이니셜은 VUT)가 사용되었는데, 이 검사는 MCT와 유사한 종류로 구성되었다. 절대 효과 크기는 다소 크다. 2년 6개월의 프로젝트 기간 동안 VUT의 평균 C-점수는 17.5에서 28.3으로 증가했다. 치료와 VUT C-점수 사이의 상관성의 관점에서 상대 효과 크기는 r=0.41(d=0.90)이었다. 이 정도 크기의 효과는 대부분의 교육적, 심리학적 개입 연구들에서 보고되는 수치를 넘어선다

(Lipsey & Wilson, 1993). 이 연구 결과는 깁스 등(Gibbs et al., 1992)의 반semi구조화된 SRM을 통해 얻어진 데이터 분석에 의해서도 확인된다(이것은 딜레마 토론과 정의공동체 프로그램의 결합된 효과라는 것을 주의하자).

우리는 DES 프로젝트가 규칙 준수 행위에 미치는 영향에 대한 데이터 또한 얻었다. 우리는 5학년 학생들에게 2년 연속으로 어떻게 그들이 친구들의 사회적 행위를 인지하는지에 대해 물었었다. 우리는 그들의 지각perception이 다른 평가 방법들보다 더 정확한 그림을 우리에게 줄 것이라고 생각했다. 학교 기록들은 내부 정책들로 인해 주로 왜곡되었다. 교사들의 보고서들은 외부 관찰자에게 긍정적 인상을 주고 싶은 그들의 희망을 종종 반영한다. 직접적인 관찰은 매우 시간이 많이 소요되고 비용이 많이 든다. 프로젝트에 참여했던 더 연령이 높은 학생들은 이제 막 입학한 5학년 학생들보다 더 편견이 있었을지도 모른다. 5학년 학생들이 가장 객관적으로 보인다. DES 프로젝트의 첫 해에서 둘째 해까지 5학년 학생들의 지각을 비교한 것은 그들 학교 학생들의 규칙 준수 행위가 몇 가지 측면에서 향상되었음을 보여주었다. 교사들과의 관계가 더 좋아졌고, 학생들의 절도, 무단결석, 공공기물파손, 괴롭힘과 같은 규칙 위반의 비율이 줄어들었다. 게다가 그들은 학교생활에 참여할 기회들이 상당히 늘었다고 보고했다. 하지만 다른 학생들과의 관계에서는 변화가 없었는데, 아마 그들이 5학년 수준으로 특별히 발표되지 않았기 때문일 것이다(Lind, 2002).

학생들의 입장에서 나와 동료들은 DES 프로젝트에 대한 대부분의 긍정적인 피드백을 수용했다. 초기 단계에서 학생들은 모든 것을 '단지 올바르게' 실행하려고 노력하는 교사들이 제시하는 교수 계획에 엄격히 따랐고, "딜레마 토론"을 실행하는 것을 그들의 의무라고 여겼을 때 불만 섞인 반응을 보이기도 했다. 교사들은 이런 경험을 통해 배웠고, 딜레마 토론의 사용을 그들의 정규 수업에 맞춰 더 나은 방식으로 조정했다.

프로젝트 초기에, 학부모와 학교의 관계에 대한 두려움이 매우 컸다. 과연 그들이 프로젝트를 승인할까? 학생들은 미성년자였기 때문에 학교 책임자는 모든 학부모에게 프로젝트에 대해 알려주었고, 몇 차례는 과학위원회의 대표자들이 정보 공지 세션을 준비하기도 했다. 그러나 내가 아는 한 학부모들은 예외 없이 이 프로젝트를 환영했다. 실제로, 학부모의 관심은 대체로 매우 높았다. 사고를 자극하는 질문들과 딜레마 토론 방법에 대한 더 깊은 통찰력을 얻고자하는 열망이 있었던 것이다. 한 학생의 아버지는 사고력을 키우고 문제를 상의할 수 있는 기회를 가진 자신의 아들이 부럽다고 말했다. 랑겐펠트 Langenfeld의 학교에서는 학부모를 위해서 저녁에 딜레마 토론 세션을 제공했지만, 그것이 학교의 수업 능력을 초과했을 때에는 취소해야만했다.

우리 과학 위원회는 모든 정의공동체 행사들에 참석했고, 몇 번의 딜레마 토론들을 참관했다. 우리는 교사들의 이 프로젝트에 대한 헌신이 꾸준히 증가하는 것을 관찰했다. 프로젝트가 시작되기 전에 학교에서 어떤 누구도 피어 티칭 peer-teaching(팀 단위 혹은 두 교사들의 강의) 혹은 동료지도를 한 적이 없었다. 빈번한 이질적인 느낌들은 당연한 것이지 예외적인 것이 아니다. 비록 이 프로젝트의 전제조건은 아니었지만, 많은 교사들이 곧 협업을 준비하기 시작했다. 그들은 서로를 초대해서 그들의 교수법 향상을 위해 관찰하고 작업했다. 또 다른 경우에 우리는 이 교사들 중 한명이 연관된 학생-교사 관계의 극적인 향상을 목격했다. 예전에는 상호 반감과 의사소통의 무능력이 지배적이었던 반면에, 갑작스럽게 양측의 행위가 본질적으로 친사회적인 것이 되었다. 프로젝트 끝의 인터뷰에서 많은 교사들은 그들의 교육학적 사고와 행동이 엄청나게 변했다고 보고했다. 그들은 프로젝트의 영향이 학생들보다 자신들에게 훨씬 더 컸다고 생각했다(아래에 제시된 어느 학교 교장의 직접적인 이야기 참조).

내가 랑겐펠트에 있는 학교에 방문했던 동안 있었던 공식적인 시범 프로젝트가 끝나고 10년 뒤에 내가 목격한 것처럼, 첫 도입 이후에 민주적인 정의공동체 집회들은 학교에서 많은 변화들을 이끌어 냈다. 예를 들어 모든

5학년 학생들은 합리적인 의사소통의 규칙들의 초안을 함께 작성하기로 결정했다. 이러한 규칙들은 각각의 학급에서 새로 작성되었고, 교실의 잘 보이는 장소에 게시되었다. 나와 같은 방문객들은 이러한 규칙들이 손으로 적힌 것을 알 수 있었다. 이것은 내가 방문했던 미국과 콜롬비아의 학교들의 모습들과는 달랐는데, 거기서는 인쇄된 "도덕적" 포스터들이 걸려있었다. 그곳에서 이러한 규칙 세트들은 직접 작성된 것이 아니라, 빛나는 종이 위에 미리 제작되고 상업적으로 인쇄되어 있었다. 하지만 학생들은 그것들에 거의 주목하지 않았다. 이와는 대조적으로 DES 프로젝트의 경우, 학생들 사이에서, 학생들과 교사들 사이에서 의사소통 규칙의 협력 개발은 분명히 지속적이고 긍정적인 효과를 가져왔다.

게다가 몇 명의 교사들이 계속해서 딜레마 토론을 그들의 교실에서 실시한다는 사실은 또 다른 지속적인 효과를 의미하는 것이었다. 한 교사는 그녀가 기존의 "표준standard" 딜레마들과 직접적인 교수 경험을 기반으로 한 딜레마 상황에서 만든 새로운 것들을 동등한 정도로 사용했다고 보고했다. 나는 그러한 수업을 관찰했다. 교사는 그녀가 개발한 한 학생에 관한 이야기를 제시했다. 그 학생은 학교 축구팀의 스타인 터키인 급우가 라마단 기간 동안의 금식을 무시하도록 설득해야 했다. 왜냐하면 중요한 축구경기가 다가오고 있었기 때문이다. 이 이야기는 그녀의 반에서 종교적 믿음과 관용에 관한 매우 활발한 토론상황을 만들었다.

DES 영향을 조사하는데 한 학교 교장은 이 프로젝트가 교사들 사이에서 민주적인 분위기를 만들었다고 나에게 추가적인 정보를 제공했다. "승자 신드롬top dog syndrom" 대신 오랫동안 보전된 더 평등주의적("공평한") 의사소통 문화가 나타났다. 학교 교장의 보고서에 따르면, 정의공동체 행사들은 학교에서 엄청난 강도와 헌신을 가지고 실행되었지만 DES 프로젝트가 끝이 나고 난 뒤 곧 포기되어야 했다. 교장은 정의공동체 방법을 잘 운영하고 그것의 교육적 목적을 성취하기 위해서는 학교가 할 수 있는 것보다 더 많은 교육학적 자원들이 필요했다고 지적했다. DES 프로젝트 동안에 학교는 추가적인 교수 시간 할당을 받았지만, 프로젝트가 완성되었을 때 그것은 사라졌다.

1999년에 실행된 다음의 인터뷰에서 그 당시 학교(정확하게 랑겐펠트의 요한 구텐베르크 실업학교Johann Gutenberg Realschule Langenfeld)의 교장이었던 헹크Hans-Werner Henk는 그의 학교가 DES 프로젝트에 참여(1987~1991)했던 것에 대해 회상했다. 교장으로서 그는 이러한 방법들의 효과를 많은 방식에서 경험했다. 나의 질문에 대답하면서 그는 실무자적 관점에서 딜레마 토론과 정의공동체를 평가했다.

질문: 당신 생각에 학생들의 도덕적이고 민주적인 기술들을 증진시키는데 딜레마 토론 방법이 얼마나 유용하다고 생각합니까?

헹크: 매우 적절해 보입니다.

질문: 당신의 학생들은 딜레마 토론을 어떻게 받아들였나요? 딜레마 토론은 무엇을 가져왔나요?

헹크: 그들은 토론을 수업 강화로 보았어요. 토론은 동기부여에 높은 영향을 주었죠. 학생들은 토론하는 법을 배우고, 도덕적으로 "더 약하고", "더 강한" 논증들에 대한 통찰력을 얻었죠.

질문: 개인적으로 이 방법에서 무엇을 얻었나요? 그리고 당신의 동료들과 학생들, 부모들 혹은 다른 사람들은 뭐라고 보고했나요?

헹크: 나는 이 방법을 수업강화와 "더 나은 아이"를 위한 교육으로 평가하게 됐습니다. 나는 내 자신의 입장을 점검할 수 있었습니다.

질문: 당신 스스로 딜레마를 개발했나요?

헹크: 네.

질문: 당신이 새로운 딜레마를 개발하는 데 얼마나 많은 노력이

들었나요?

헹크: 딜레마를 개발하는 데 들인 노력은 잘 준비된 한 차시 수업에 들어간 노력의 정도와 같습니다.

질문: 어떤 딜레마들을 사용하셨나요?

헹크: "빨간 고양이"(루이제 린저Luise Rinser), "예스맨과 노맨"(베르트 브레히트Bert Brecht), "호텔에서의 저녁"(지그프리트 렌츠Siegfried Lenz)

질문: 기존의 것들과 비교해서 새로운 딜레마들을 얼마나 자주 사용하셨나요?

헹크: 일대일의 비율로요.

질문: 교실에서 제시하기 전에 새로운 딜레마들을 테스트해 보시나요? 만약 한다면, 어떻게?

헹크: 아니오, 나는 미리 테스트 할 기회가 없습니다.

질문: 얼마나 자주 딜레마 토론 방법을 사용하시나요?

헹크: 일반적으로 6개월에 두 번 정도요.

질문: 어떤 과목에서죠?

헹크: 내가 주로 가르치는 독일어 과목에서요.

질문: 언제 마지막으로 딜레마 토론을 실행하셨나요?

헹크: 지난 학기예요.

질문: 당신이 이 방법을 자신감 있게 다룰 수 있기까지 얼마나 걸렸나요?

헹크: 1년이요.

질문: 다른 사람들에 의해 지원받은 적도 있나요?

헹크: 네, 동료들과 외부 관리자들에 의해서요.

질문: 이 방법을 빠르게 숙달하기 위해서 필수적인 도움이 무엇

이라고 생각하시나요?

헹크: 동료들과 외부 장학사들이 참석하는 시범수업이요.

질문: 당신은 이 방법을 초보자들에게 가르치거나, 혹은 장학사로서 그들에게 도움을 줄 수 있는 위치라고 느끼시나요?

헹크: 네, 물론이죠.

질문: 정의공동체 방법은 얼마나 유용한 것이라고 생각하시나요?

헹크: 역시나 매우 적합하죠.

질문: 다른 학교들이 정의공동체 방법을 채택하도록 추천하시겠어요?

헹크: 네.

질문: 이 방법에 어떤 어려움이 있나요? 만약 있다면, 어떤 것인가요?

헹크:없습니다.

질문: 얼마나 많은 정의공동체 상황에 참석하셨나요?

헹크: 약 25번이요.

질문: 어떤 역할들이었죠?

헹크: 참여자와 장학사였죠.

질문: 학교에서 정의공동체 접근의 이점은 어디에 있다고 보십니까?

헹크: 학생들에 대한 더 직접적인 영향 그리고 학교생활에 더 직접적인 관여를 통해서, 행동을 위한 단계가 반드시 실행되어야 합니다.

질문: 이 접근방식의 문제점들과 위험들은 무엇입니까?

헹크: 한 가지 분명한 문제점은 정의공동체가 모든 참여자들에

의해서 진지하게, 그리고 의무적으로 받아들여지지 않는다는 것입니다. 또 다른 문제점은 실제로는 불가능한 결정들을 실행하기 위하여 정의공동체를 사용하려는 시도입니다. 정의공동체는 이론적인 게임으로 남아있으면 안됩니다. 학교의 중요한 부분이 되어야 하고, 모든 학생들 혹은 참여자들에게 그 결정들은 반드시 실행되고 필수적인 것이 되어야 합니다.

질문: 정의공동체가 효과를 내기 위해서 어떤 조건들을 학교가 만족시켜야 합니까?

헹크: 분명한 공간적 그리고 기술적 조건들이 보장되어야만 하고, 교사들, 학생들 그리고 부모들 사이에 폭넓은 합의가 있어야만 합니다.

질문: 딜레마 토론을 즐겁게 계속 실행하실 겁니까?

헹크: 네.

질문: 정의공동체 접근들을 계속해서 가능하게 하고 싶으신가요?

헹크: 네.

질문: 처음에 DES 프로그램에 대해서 어떻게 생각하셨나요? 어떤 점이 좋았나요?

헹크: 훌륭하죠. DES 프로젝트는 아이들과 젊은이들을 참된 민주주의에 노출시킬 기회였고, 그들에게 필수적인 가치들을 교육할 기회였으며, 동시에 더 큰 역량으로 이끌 기회였죠.

질문: 당신 생각에 잘 되지 않았던 부분은 무엇인가요?

헹크: (a) 작업을 방해했던 무임승차자, (b) 주정부의 주요 직위자로부터의 지지의 결핍

질문: 오늘날의 DES 프로젝트를 어떻게 평가하시겠습니까?

헹크: 노르트라인베스트팔렌North Rhine-Westphalia의 전도유망한 기

회로서 다시 제공되어야 합니다. 왜냐하면 지금의 학교들은 지금까지 보다 더욱 무기력한 문제의 시기에 직면하고 있기 때문입니다.

독일에 있는 다른 주들은 현재 이 접근방법을 그들의 교사 훈련 커리큘럼에 채택하고 있다(Zentrum Rheinland-Pfalz, 1995; Bovet & Huwendiek, 1994; Bavarian State Ministry, 2008). 추가적으로 많은 학교들과 개인 교사들은 DES 프로젝트를 알게 되었고, 적어도 이론상으로는 이 방법들을 그들의 교육학적 과정에 포함시켰다. 딜레마 토론과 정의공동체에 대한 적절한 교사 훈련을 위한 시간이 아직은 무르익은 것 같아 보이지 않는다.

10.4. 학교에서의 정의공동체 방법의 효과들

정의공동체 방법이 도덕적 역량을 증진시킬 수 있는가? 다른 효과는 어떤 것을 가지고 있는가? 정의공동체 방법의 효과성은 널리 연구되어 왔다. 그러나 결과를 평가할 때, 단지 몇 가지 연구만이 학생들의 도덕적 역량을 콜버그의 혼합된 측정도구인 MJI를 활용하여 측정했고, 어떤 연구도 MCT를 사용하지 않았다는 것을 명심할 필요가 있다. 우리는 정의공동체 프로그램이 종종 딜레마 토론을 실행했기 때문에 그것의 효과는 온전히 정의공동체의 효과는 아니라는 것 역시 명심해야 한다. 그럼에도 불구하고 초기 평가는 가능해 보인다.

정의공동체 방법은 긍정적인 연구 결과들을 생산해 왔지만, 딜레마 토론방법과 KMDD에 관한 연구 결과만큼 선명하지는 않다. 관찰자들에 의한 주관적인 평가는 객관적인 데이터보다 훨씬 더 낫게 나온다. 확실히 개입을 실시한 학급보다 학교 전체나 적어도 한 학교 규모의 큰 단위 조직의 정의공동체 프로그램의 효능을 평가하는 것은 더 힘들다.

교육가인 라이트풋(Lightfoot, 1983)은 그녀가 방문한 브루클린 고등학교에서 놀라운 변화를 발견했다. 민주적인 요소가 학교에 도입되면서, 학교의 모든 구성원들이 인지하는 합법성의 분명한 증가가 있었다. 그 결과 채택된 규칙들은 다시 한 번 학생들에 의해(교사들에 의해) 더 크게 존중받았다. 매우 흔했었던 폭력도 완전히 사라졌다고 라이트풋은 보고했다. 학생들 사이의 경쟁과 성적에 대한 집착은 상당히 감소했다. 학생들 간에 그들이 익명의 한 무리라는 느낌은 이전 보다 훨씬 약해졌다. 그러나 저자는 자신의 인상을 뒷받침할 체계적인 데이터를 제시하지는 않았다.

그러한 데이터는 히긴스Ann Higgins와 그녀의 동료들에 의해 사용가능하게 됐다. 그들은 정의공동체 학교들의 도덕적 분위기에 관한 비교 연구를 실시했다. 그들의 연구에는 학교 내의 학교인 전체 브루클린 고등학교뿐만 아니라 클러스터 학교인 케임브리지 고등학교도 포함됐다.

그들의 연구 결과에서 볼 수 있듯이, 정의공동체 프로젝트는 블래트-콜버그의 딜레마 방법과 유사한 인지적-도덕적 발달에 높은 양성효과를 가져왔다. 변화는 콜버그의 연간 단계척도에서 약 1/4 수준에 이르렀다(Higgins et al., 1984: 82). 이 효과는 대단한 것이다. 그러나 다른 정의공동체 프로젝트들은 도덕적 역량의 증진에 관해 오직 낮은 효과나 심지어 부정적인 효과를 보여주었다(Power et al., 1989; Lind, 2002).

학생들의 다원론적 무지pluralistic ignorance가 감소했다는 점 역시 주목해야 한다(Higgins, 1987). 다른 학교 학생들보다 정의공동체 학교들의 학생들이 그들의 친구들이 친사회적으로 행동할 것이라고 믿으며(80% 대 40%), 그들의 친구들이 실제로 친사회적으로 행동할 것이라고 신뢰하였다(60% 대 30%). 정의공동체 학교들은 다원론적 무지, 다시 말해 타인에게 존재하는 유익함에 대한 신뢰의 결핍을 줄이는 데 성공한 것으로 보인다(다원론적 무지의 개념의 설명은 제4장 참조).

정의공동체 학교들의 경우, 50%의 학생들이 학교 규칙을 준수하는 것에 대한 개인적인 책임을 인지하는 반면에, 다른 학교들의 학생들은 단지 5~12% 정도만이 그러하다는 것은 권한위임을 장려하는 관점에서 적절해 보이는 사실이다. 유사하게 규범집행의 문제에 대한 토론에서, 학생들은 대부분 스스로 '사회적'이고 집단적으로 동의된 기준들을 지향했는데(평균적으로 그들은 파워Clark Power의 "집단성-등급"에서 11점을 받았다(Higgins et al., 1984: 87). 다른 학교의 대다수 학생들에게서 나타나듯이 신뢰와 정의에 대한 단지 '개별적인' 명시 규범들에(집단성-등급=4) 대해서만 동의하지는 않았다. 이 그룹 지향은 공동체에 대한 더 큰 명시적 평가에서도 반영된다. 물론 이러한 결과들이 단지 정의공동체 접근방법에만 그 원인이 있다고 할 수는 없다. 교사들의 헌신, 학교의 소규모 환경, 학생들의 개방성 그리고 딜레마 토론의 경험과 같은 것들 역시 분명히 중요한 역할을 한다.

10.5. 대규모 고등학교 및 대학교에서의 정의공동체

학교생활에서 정의공동체를 실행하는 시도의 초기 단계에서 공동체를 숫자적으로 제한하는 것은 필수적이었다. 함께 하는 결정에 대해 학생들에게 전가되는 책임의 정도는 의도적으로 낮게 유지됐다. 관리 용이성manageability과 친숙함은 모든 새로운 접근방식에서 예상되는 어려움들을 건설적으로 다루기 위한 중요한 조건들이다. 몇 가지 측면에서 정의공동체 접근 방식은 단지 소규모 학교들 혹은 학교의 소규모 단위들에서만 실현 가능하다고 고려됐었다. 최근에는 소규모 시범 단위들에 대한 접근 방식과 경험들이 점차적으로 전체 기관의 학교생활 속으로 녹아 들어가고 있다. 1981년 이후로 브루클린 고등학교는 정규 학교생활에 정의공동체의 요소들을 취해오고 있다. 정기적인 전체 모임들이 실시되는데, 그 속에서 전체 학교의 관심사항들에 대한 투표가 진행되고, 특별

위원회들을 위한 대표들이 선출된다. 가장 중요한 위원회는 소위 공정성 위원회Fairness Committee이다. 이 위원회는 학교 제도에 의해 결정되고, 학교 위원회를 구속하는 훈육 문제들을 다룬다. 시간이 지남에 따라, 예전에 교장이 다루었던 다른 의무들도 그러한 위원회들과 총회Town meeting로 넘어가게 됐다(Higgins, 1987; Power, 1986; Power et al., 1989; Oser & Althof, 1992; 아래의 Gehrig의 보고서 참조).

'학교 내의 학교' 모델(정의공동체 방법으로 활동하는 더 작은 규모의 학교 단위와 정의공동체 방법의 개별적 요소들로 활동하는 대형 학교로 구성)은 뉴욕 북부의 압도적인 백인 인구를 가진 부유한 도시인 스카즈데일과 뉴욕시에서의 학교 실험들을 따랐다. 스카즈데일 대안학교SAS: Scarsdale Alternative School는 60년대의 대안학교 운동으로 개설된 학교이다. 이런 경우에 흔히 그러하듯이 교직원들의 통합이 깨져있었다. 그들은 일반적으로 그들이 원하지 않는 것들에만 동의해야만 했다. 이러한 상황에서 학교는 학교 내에 정의공동체 방법을 실행하기로 결정했다. 이 특별한 학교의 교사들이 나중에 내가 위에서 보고했던 브롱크스에 있는 루스벨트 학교에서의 정의공동체를 만드는데 도움을 주었다.

브롱크스에 있는 두 학교의 상황에 대해 특정한 교육적 문제들을 정의공동체 방법을 통해 해결하기를 희망했던 큰 기관들은 걱정하고 있었다. 브롱크스 과학고등학교는 엘리트 학교로서 높은 수행 요구, 경쟁적인 압력과 실패에 대한 두려움이 학교생활을 압도적으로 지배하고 있었다. 루스벨트 고등학교는 전형적인 빈민가 학교로서 학교생활은 폭력, 공공기물파손, 학습에 대한 혐오로 특징되는 곳이었다. 두 학교에서 모델 그룹은 뉴욕 주 교육부의 지원으로 1985년 여름 교사들과 학생들로 이루어진 소규모 그룹으로 시작했다. 단지 일년 뒤에 학교는 "정의공동체"를 학교의 나머지 구성원 모두에게로 확대 실시했다.

고등교육에서의 정의공동체 방법

정의공동체 방법은 산발적으로 고등교육에 도입됐다. 사십년 전 휘틀리John Whiteley는 정의공동체(일명 "시에라 프로젝트")를 어바인Irvine에 있는 캘리포니아대학교의 학생 기숙사에서 성공적으로 설립했다(Whiteley, 1982). 저자가 최근에 방문하고 내린 결론은, 이 프로그램이 오늘날까지 성공적으로 계속되고 있다는 것이다. 학생들의 새로운 환경에 대한 빠른 적응과 동료 학생들에게서 도움과 조언을 발견할 수 있는 능력은 이 프로젝트가 기여한 것들 중 하나이다. 정기적으로 일정 잡힌 모임에서는 개인적인 문제들만 다루어지지 않고, 일반적인 관심사와 정치적, 기술적technical 문제들도 역시 다루어진다. 휘틀리에 따르면 많은 전직 시에라 홀Sierra Hall 멤버들은 졸업 후 오랜 뒤에도 정의공동체와 연락한다고 한다(Whiteley & Yokota, 2014).

10.6. 정의공동체 방법 확장하기

학교 교장인 게릭Heidi Gehrig은 그녀의 동료들과 함께 소위 '분쟁 지역 학교'를 변화시켜 대표적인 우수 학교로 발전시켰다. 그들의 노력 덕분에, 그녀와 동료들은 유명한 스위스의 페스탈로치 상을 수상했다. 학교를 변화시키기 위하여 그들은 고부담 시험이나 제재 방식에 의지하지 않는 대신, 개별화된 학습, 혼합-연령 학습 그룹, 딜레마 방법 그리고 민주적 모임과 같은 진보된 교육방법에 의지했다. 그녀의 경험을 바탕으로 게릭은 지금 스위스에 있는 상트갈렌 교육대학교University of Education of St. Gallen에서 가르치면서, 학교들이 정의공동체 방법과 다른 교수법들을 실행하는데 도움을 주고 있다. 다음 부문에서 그녀는 이 책의 독자들과 그녀의 경험과 전문 지식들을 공유한다.

90년대 후반에 알토프와 오저는 정의공동체 방법을 스위스에 있는 학교들에 적용하기 시작했다. 그 이후로 학교들은 이 방식을 계속해서 선택하고 있다. 요청하자마자 그들은 학교 외부의 응답자들로부터 설립 단계뿐만 아니라, 실행 단계에서도 지원을 받을 수 있다. 격년마다 정의공동체 학교들의 대표들과 함께하는 모임이 루체른에 있는 교육대학교에서 열린다. 정의공동체 주제들에 대한 기조 발표들 이후에, 참여자들은 원탁토의 모임에서 만나 그들의 성공, 질문, 성공을 위한 전제조건들, 그리고 장애물들에 대해 토론한다.

교사가 그들의 수업에서 딜레마 토론을 사용하기를 원하는 경우에, 그들은 학교 경영진의 동의나 지원 없이 그렇게 할 수도 있다. 그들은 과목에 상관없이 그들 수업에서 학교 과목과 딜레마 토론을 결합할 수 있다. 하지만 정의공동체 방법의 성공적인 적용을 위해서 그들은 전체 학교 공동체의 동의와 자발성, 학교에서의 민주적인 환경, 수업에서의 구체적인 인정과 참여문화, 책임을 지는 다양한 기회들과 함께하는 삶을 확보해야만 한다. 학교 경영진, 교사와 학생들은 자신들의 의견을 제시하게 된다.

모든 학교 발달 과정들이 그러하듯, 학교 경영진은 중심적인 역할을 한다. 첫 단계에서 프로젝트에 관한 최고의 의사결정을 위한 기반을 제공하는 교육일정이 조직된다. 학교 경영진은 공간적, 인사적 그리고 재정적 자원들과 같은 제도적 조건들이 적절하게 만족되는지를 보장한다. 학교 경영진은 정의공동체 방법과 함께하는 작업을 위한 학교의 결정사항을 준비하고, 광범위한 지원을 보장한다. 학교 경영진은 목표, 지표, 기획, 실행, 기록 그리고 업무평가의 개발에 관해 운영 위원회를 지원한다. 정의공동체를 "정의공동체 조직 및 발표[Roll-out]"와 "정의공동체 효과성 평가"의 두 영역으로 분리하는 것은 가치 있는 일이다.

첫 정의공동체를 위해 관련된 모든 사람들에 동기부여를 하는 것은 큰 문제가 되지는 않는다. 까다로운 것은 그것을 지속시키는 것이다. 학교 경영진은 학교 혹은 학생회가 우려를 할 때(예를 들면 정의공동체가 실제로 성취하려는 것이 무엇인가요? 두 시간의 수업을 이 방법에 쏟아 부을 가치가 정말 있나요?), 특히 많은 질문을 받는다. 이와 같은 질문들을 진지하게 받아들이고, 교사와 학생들에게 이러한 형태의 학생 참여의 중요성과 그들 모두가 정의공동체와 함께 성취한 것들을 다시 보여주는 것은 학교 관리자에 달려있다. 이러한 형태의 관여는 정의공동체와 함께하는 작업에 교육적 불꽃을 재점화하고, 정의공동체가 공동 의사결정 및 책임감 증진과 함께 참된 학생참여를 할 수 있도록 보장하는 데 책임이 있다.

모든 교사들은 정의공동체가 운영되도록 도와야만 한다. 모든 수업과 과목시간이 포함된 연간 시간표 일정에서 정해진 기간 동안 적어도 일주일에 2시간씩 정의공동체를 위한 일정이 잡히게 되며, 교사들이 이를 동의하는 것으로부터 시작된다. 게다가 교사들과 학생들이 가진 다음과 같은 질문들에 명확히 답을 제시하는 것은 필수적이다. "참여는 무엇을 의미합니까? 참여의 한계는 어디입니까?(Achermann & Gehrig, 2011)" 각각의 교사들은 교실과 학교 공동체에서 민주적인 학교 문화를 위해 자신의 역할을 해 줄 것을 요청 받는다. 학생들의 권리는 학교에서 그 해의 주제가 될 수 있다. 함께 생활하기 위한 규칙들은 학생들과의 대화를 통해 효과를 낼 수 있다. 교사와 학생들, 그리고 권위적인 양육 태도 사이의 눈높이를 맞추는 것은 삶의 방식으로서의 민주주의의 예를 만드는 데 필수적인 전제 조건이다. 물론 교실에서의 가르침과 공존은 민주적으로 이루어져야 한다. 예를 들면, 아래와 같다.

- 오전 동아리: 오전 동아리 모임에서 아이들은 자신에 대해 말하기, 적극적인 듣기, 타인에 대한 관심 보이기, 그리고 공감과 같은 민주적이고, 사회적-상호작용적인 기술들을 먼저 학습한다. 아이들이 오전 동아리를 진행한다.
- 딜레마 명료화 및 토론: 이 단계에서 아이들은 타인의 관점 존중하기, 관

점 변화하기, 반대주장 이해와 수용과 같은 도덕적-숙고적 기술들moral-reflective skills을 발달시킨다. 정의공동체에서 소그룹 토론은 초기 단계에서 딜레마를 명확하게 한다.

- 교실 의회: 교실 의회에서 아이들은 그들 자신의 의견을 형성하고 그것들을 보장하는 방법, 타인의 의견을 존중하는 방법, 합의를 찾는 방법 혹은 다수의 결정을 존중하고 수용하는 방법과 같은 추가적인 정치적, 참여적 기술들을 발달시킨다. 물론 학생들이 교실 의회를 진행한다. 교실 의회에서 함께 생활하기를 위한 규칙들과 공동체를 위한 노력들이 고정적으로 의제 속에 반영된다. 교실에서 교사와 함께하는 협동 과정에서 발생하는 갈등들은 '폭력 없이Without Fists'와 같은 적절한 비폭력적인 갈등해결 전략들을 통해 교실 의회 밖에서 솔직하게 다뤄진다. 만약 이러한 해결책들이 성공하지 못한다면, 그것들은 교사와 학생들에 의해 의제에 포함된다. 여기서 교실은 조력자 시스템helper system으로 간주된다.
- 수업에서의 참여: 수업에서 학생들은 수업계획서 상의 학습과정 및 성과, 프로젝트 학습, 그리고 학습의 평가에 참여할 수 있는 기회를 받게 된다. 조직, 방법, 내용 그리고 사회 문제의 차원에서 교실을 개방함으로써, 아이들은 관심 혹은 발달에 기반을 둔 개별 혹은 소집단 활동에 참여할 수 있는 기회를 얻게 된다.
- 정의공동체를 위해 제안 가능한 주제들: 학생들로 하여금 모든 사람들에게 영향을 미치고 흥미로운 최근 문제들을 확인하는데 도움을 주기 위하여, 교사들은 이런 주제들을 토론 주제로 끊임없이 설정하는 것이 중요하다.
- 참여: 각 학생들에게 발언권을 주는 것은 또한 각자에게 "발언권이 있다"는 것을 보장하는 것이다. 200명 이상의 아이들로 구성된 학교 공동체에 의견을 말하는 것은 용기뿐만 아니라 적절한 언어 역량도 요구한다. 교사들은 아이들이 교실의 소그룹 속에서 혹은 교실 전체에서 매일 여러 번 구두로 자기 자신을 표현할 기회를 보장한다. 언어 기술들은 성공적인 참여

를 위한 필수적인 전제조건이다.

- 사회적 유대의 유지: 학생들이 그들의 급우들을 잘 알게 되고 신뢰 관계를 형성해 나가게 되는 동안에 준비 그룹, 소그룹, 그리고 학교 공동체로 구성되는 정의공동체를 위한 특정한 사회 조직들은 반드시 유지되어야 한다. 예를 들어 한 주에 대한 전반적인 소개, 교실 수업 외의 발표, '정오 / 학교 전체 / 한 주간'의 축하 행사와 같이 교실 밖에서 정기적으로 이러한 다른 사회적 조직들 내에서 만나는 것은 바람직하다. 정의공동체를 위해 따로 예정된 시간이 이러한 목적들을 위해 사용될 수 있다.
- 준비 그룹의 학생 구성원들은 소그룹 원탁회의를 위한 적절한 과업들을 결정할 수 있고, 교사들의 지도에 의해 지원받는다. 이러한 교사는 준비 그룹의 모임에서 해결책을 제시하지 않도록 조심하고, 오히려 "스쿠터를 타고 학교에 오고 싶을 때, 우리는 무엇을 고려해야 하나요?", "여러분들 생각에 우리는 이것을 어떻게 다루어야 하나요?", "누가 우리를 더 도와줄 수 있나요?", "학교 밖의 어떤 전문가들에게 우리는 연락을 취할 수 있나요?"와 같은 질문을 하도록 한다.
- 추후 교육 모임들에서 교직원들은 "수업 시간에 학생들로부터 주제에 관한 어떠한 제안도 없을 때 나는 어떻게 해야 하는가? 제안 사항들이 비현실적일 때(학교에서의 수영장) 이들의 토론에 대한 즐거움을 빼앗지 않고 나는 어떻게 해야 하는가? 너무 긴장하거나, 너무 긴장하지 않거나, 그룹 토론을 방해하는 아이들을 나는 어떻게 다루어야 하는가?"와 같은 질문들을 받는다.

모든 아이들은 정의공동체에 참여한다. 정의공동체에 참여하기 위한 어떤 특정한 입학 기준도 없다. 처음에는 많은 아이들이 정말 긴장하지만, 그들은 시작부터 전체 그룹에 속해있고, 항상 그러하다. 그들은 유치원과 초등학교를 마치고 정의공동체에서 의견을 말하기까지 8년을 보냈다. 처음의 한두 해 동안,

그들은 위원회에서 그들 옆에 앉아서 그들이 참여할 수 있도록 보장하는 멘토를 할당받는다. 학생들은 집단 수업에서 종종 동갑인 친구들과 무리를 짓는데, 대단히 중요한 수업에서는 4-5년까지 연령의 다양성이 존재하기도 한다. 정의공동체의 소그룹 토론에서는 4-12년이라는 넓은 연령 범위가 특별한 어려움이 될 수 있다. 하지만 동시에 사회적, 도덕적 발달에 있어서 추가적인 학습과 경험의 영역 또한 존재한다. 학교 공동체에서의 토론과 참여는 반드시 학습되어야 하고, 그것들의 효과성은 모든 학생들에 의해 경험되어야 한다. 사회적·상호작용적, 도덕적·숙고적, 그리고 참여적인 정치적 기술들은 교실에서 학습되고 정의공동체에서 더욱 발달된다.

질문이 남아있다. "그것이 성취하는 것은 무엇입니까? 수반되는 작업과 딜레마 토론을 위해 훈련된 리더들은 한 번의 딜레마 토론이 참여자들의 사회적, 도덕적 발달에 긍정적으로 영향을 준다는 것을 이미 알고 있다. 지적했듯이 정의공동체와 함께 하는 노력의 효과성은 다양한 요소들에 달려있다. 정의공동체와 함께 하는 노력은 단지 참여만을 포함하지 않고, 공존과 공동체 형성을 위한 책임감의 수용과 숙고 역시 포함한다. 정의공동체는 분명히 가치가 있다. 한 학교에서 초등학교 저학년 아이들이 다음과 같은 관심 사항을 제시했다. "몇몇 중간 수준에 있는 아이들이 저녁 독서 행사에서 부모들이 책을 읽는 동안에 정숙하지 못했다. 그들은 가만히 있지 않고, 부모들을 방해하기도 했다. 우리는 그 행위가 부모들은 물론 우리에게도 부적절한 것이라고 생각한다. 우리는 정의공동체에서 같이 이것에 대해 토론하기 원한다." 이 주제가 다수의 아이들에 의해 다음 번 정의공동체를 위한 주제로 채택됐다. 그 뒤에 부모들은 정의공동체의 결론에 따라 아이들로부터 사과의 편지를 받았다. 또 다른 학교는 정의공동체와 함께 했던 노력 덕분에 스위스에서 아동 친화적인 환경을 위해 수여되는 페스탈로치 상금(20,000 스위스 프랑)을 받았다. 이러한 지표들은 정의공동체의 평가와 효과성을 증명한다. (게릭의 보고서)

제11장

KMDD 교사들을 어떻게 훈련시킬 것인가?

좋은 소식: 내가 위에서(3장) 보여줬듯이 어린 아이들을 포함하여 모든 사람들은 높은 도덕적 이상들을 가진다. 그러므로 교사들은 가치를 전달하거나 누군가를 도덕적인 관점에서 '개종시킬' 필요는 없다.

더 좋은 소식: 매년 90분 길이의 KMDD 세션 한두 번으로 학생들의 도덕적 역량의 현저한 증가를 성취할 수 있다.

나쁜 소식: 높은 도덕적 이상으로는 충분하지 않다. 우리는 또한 갈등과 문제들을 이러한 도덕적 이상들을 기반으로 평화적으로 해결할 수 있는 능력을 발달시켜야 한다. 다시 말해 폭력, 속임수 그리고 강압 대신 숙고와 토론을 통해서 말이다.

더 나쁜 소식: 이 능력은 나이가 들면서 저절로 발달하지 않는다. 이 능력은 반드시 학습되어야 하고, 이 학습은 특별히 훈련받은 교사들에 의해 제공되는 특정한 학습 환경을 필요로 한다.

우리가 인생에서 마주치는 도덕적 딜레마들(또한 갈등, 문제, 막힘, 엉망진창, 골칫거리, 곤경, 궁지, 역경, 절망적인 상황, 진퇴양난 등으로도 알려진)을 피할 수는 없다. 하지만 폭력, 속임수 그리고 강압들은 우리가 그것들을 적절하게 다룰 수 있는 방법을 학습한다면 피할 수 없는 것들이 아니다. 칸트가 "Sapere Aude!"(역자 주: 네 자신의 지성을 사용할 용기를 가져라)라고 외쳤던 것처럼, 사람들에게 생각할 용기를 가지라고 호소하는 것만으로는 충분하지 않다. 포르텔레G. Portele는 교육적 조언인 "당신은 원해야 한다thou shalt will"를 역설이라고 불렀다(Portele, 1978). 오히려 우리는 사람들이 그들의 도덕적 역량을 개발해서, 스스로 도덕적이길 원하고, 폭력, 거짓말, 강압에 의지하려는 충동을 느끼지 않을 수 있도록 돕기 위해 모든 것을 해야만 한다. 우리가 이러한 것들을 원칙적으로는 거부하지만, 이러한 수단과 연관된 곤란함을 종종 마주하지 않는가?

그래서 도덕교육은 교사들에게 두 배의 도전을 요구한다. 그들은 그들 자신의 도덕적 역량을 증진시켜야만 하고, 또한 어떻게 다른 사람들의 도덕적 역량을 증진시킬 수 있는가에 대해 학습해야만 한다. 따라서 도덕적 역량은 사람이 학습할 때에만 성공적으로 가르쳐질 수 있다.

- 이론과 방법 정리하기
- 학습자들에게 그들의 도덕적 감정들을 인지하고 말할 수 있는 기회를 제공하기
- 학생들의 학습을 방해하지 않도록 물러나 있기
- (자신과 다른 사람들의) 도덕적 감정들 다루기

효과적인 교사들은 비록 비의도적 혹은 비의식적일지라도 교사로서의 그들의 역할이 그들에게 부여하는 내재된 권한 때문에 그들이 어떤 (언어적 혹은 비언어적) 표현들로 학습자들의 도덕적 역량 발달을 방해할 수 있다는 것을 안다. 나는 나의 첫 KMDD 세션 중 하나의 비디오 녹화를 몸서리치게 기억한다. 비록 내가 엄격하게 중립성을 유지하려고 애썼지만, 내 표정에서 내가 토론의 어느 쪽을 내심 지지하는지를 분명하게 볼 수 있다!

그러므로 교사들이 그들의 사회적인 권위로 인해 참여자들의 학습 과정을 방해하지 않도록 보장하기 위하여, 교사들의 활동은 KMDD의 실행에 필수적인 것으로만 한정된다. 이러한 활동에는 KMDD가 일어나는 공간 준비하기, 시간 계획 관찰하기, 딜레마 스토리 들려주기, 다음 단계들을 말해주기, 그리고 각각의 단계에서 무엇을 할지 말해주기가 포함된다. 한 가지 구성 요소는 규칙이 위반될 때 참여자들에 두 가지 토론 규칙을 상기시키는 것이다. 이러한 높은 정도의 자제력이 처음에는 많은 교사들에 이상하게 보이고, 익숙해지는데

시간이 걸리겠지만, 교사들은 곧 참여자들 사이에서 거의 늘 매우 흥미로운 토론을 들을 수 있는 능력을 높이 평가하게 되고, 전통적인 수업 구조에서 가능한 것보다 참여자들이 더 잘하고 있다는 것을 알게 될 것이다. 추가적으로 교사들은 또한 그들이 특별히 적극적일 필요가 없는 시간 동안 다음 단계를 준비할 수 있다.

11.1. 철저한 훈련의 필요성

다음에 제시되는 몇 가지 사례 연구들은 딜레마 토론이 때때로 믿을 수 없을 만큼의 높은 요구를 교직에 부과하는 것을 보여준다. 이러한 시나리오들이 드물기는 하지만 발생할 수 있으며, 교사들이 적극적으로 이론과 응용을 정리하고 그들 자신의 도덕적 감정들을 통제하는 것이 얼마나 어려운지를 보여줄 수 있다. 첫 두 가지 경우들은 KMDD와 함께 한 나의 경험에서 가져온 것들이고, 세 번째는 수많은 KMDD 세션을 실행한 헤머링의 사례연구이다 (Hemmerling, 2014).

첫 번째 사례에서 나는 "크리스틴의 꿈의 직업Christine's Dream Job"([부록 6-4] 참조) 이야기를 제시했는데, 이것은 낙태라는 주제를 다룬 독일 콘스탄츠 어느 고등학교 11학년 교실에서의 토론이다. 내가 이야기를 들려주자 곧 한 학생이 외쳤다. "낙태는 살인입니다! 우리는 이것을 토론해서는 안 됩니다!" 두 번째 학생이 그녀를 지원했다, "맞아요, 살인입니다." 그 순간 나는 학급의 나머지 사람들과 마찬가지 입장이었을 것이다. 다시 말해 낙태에 대한 그들의 의견보다는 그들이 토론을 거부했다는 사실에 훨씬 놀랐다. 만약 우리가 갈등에 대해 말할 수 없다면, 우리는 어떻게 갈등을 평화적으로 해결할 수 있겠는가? 나는 민주주의의 기본 원리들에 관한 논쟁의 한가운데 있는 나 자신을 갑작스럽게 보았다. 'KMDD 규칙1'인 언론의 자유에 따라서 나는 개입할 수가 없었다. 왜냐하면 학생들은 어떤 사람도 공격하지 않았기 때문이었다. 그들은 그들의 의견을 자유롭게 표현할 권리를 사용하였다. 하지만 그들이 다른 사람들의 기본적인 권리인 표현의 자유에 반해서 말을 한 것이라면, 그들의 표현의 자유에 대한 권리 역시 박탈당한 것이 아닐까? 나는 나의 직감을 따라야 했다. 직감은 나에게 원리를 공격하는 것과 사람을 공격하는 것 사이의 적색선이 앞당겨져야 한다고 말했다. 그렇지 않으면 자유를 제한할 구실을 발견하기 쉽기 때문이다. 나는 참여자들이 이 발언을 어떻게 다루는지 기다리면서 지켜보기로 결정했다. 만약 누군가 도덕적 규칙의 질quality을 그것에 따라오는 성공에 의해 판단할 수 있다면, KMDD는 그때 이러한 관점에서 시험받고 있었다. 학생들은 겁먹지 않았다. 그들은 심지어 이 둘을 설득해서 낙태에 대한 찬반을 이야기하자고 설득할 수 있었다. 나의 개입 없이 말이다.

내가 이 책을 시작할 때 사용했던 두 번째 예 역시 비슷했다. 20년 전 나는 시카고에 있는 일리노이대학교의 한 박사학위 콜로키움의 참여자들에게 "폴 박사Dr. Paul" 이야기를 토론하게 했다. 이 이야기는 응급 의료상황의 경우에 있는 신체조직 제거에 관한 것이다. 한 여성이 3도 피부 화상을 가졌고, 사용 가능한 이식 피부가 없었다. 외과 의사는 젊은 보조 의사 폴에게 방금 치명적인 사고로 죽은 오토바이 운전자의 시체에서 피부를 가져오라고 명령했다.

내가 이야기를 마치자마자 입고 있는 옷으로 보건데 성직자로 보이는 한 나이든 졸업생이 일어서더니 "선생님, 신체조직 제거는 심각한 죄입니다. 우리는 더 이상 이것에 대해 협상할 수 없습니다. 나머지 시간에 우리가 무엇을 해야 할까요?"라고 말했다. 참여자들의 얼굴에는 엄청난 실망감이 표현되었다. 나를 포함하여 대부분의 사람들에게 이 이야기는 토론이 이루어져야 할 의문투성이로 보였다. 하지만 신체조직 제거에 대해 말하는 것조차 죄라는 누군가와 어떻게 이러한 것을 말할 수 있겠는가? 잠깐 동안 조용히 앉아 있던 한 참여자가 대화 속으로 들어오려는 시도를 했다. "존, 살아남기 위해서 기관을 필요로 하는 환자가 당신의 어머니라면 어떡하실 거예요?" 존이 대답했다. "저희 어머니는 자신의 생명을 구하기 위해 결코 죄를 범하시지 않을 겁니다!" 이제 끝났다고 나는 생각했다. 하지만 나는 다시 KMDD 규칙을 고수하기로 했다. 나는 정확하게 내 머릿속에 무슨 생각이 들었는지 모르겠다. 나는 한 가지를 자문했다. "만약 내가 규칙을 어긴다면, 어떻게 참여자들이 규칙을 준수하기를 기대할 수 있을까?" 그래서 나는 아무 말 없이 격려적이고, 친근한 방식으로 사람들을 다시 바라보았다. 이 시간이 끝나지 않을 것처럼 느껴졌다. 나는 어떻게 참여자들이 결국 서로서로 토론을 하게 됐는지, 성직자도 이야기에 대해 함께 토론했는지 기억나지 않는다. 하지만 그럼에도 불구하고, 자신의 도덕적 역량을 다른 사람들과 함께 실행할 수 있는 능력에 대한 증거는 항상 존재한다.

세 번째 예는 다양한 입장의 사람들이 민감한 주제들에 대해 서로 토론할 수 있도록 KMDD가 제공하는 기회와 교사들에 대한 KMDD의 높은 요구들을 보여준다. 이것은 KMDD를 인증 받은 헤머링이 제시한 예이다. 헤머링은 베를린 학교 학생들과 함께 하는 KMDD 세션에서 "16세 소녀 라라"([부록 6-6] 참조) 이야기에 대해 토론했다. 라라는 16세의 소녀로 가난한 나라 출신으로, 그녀는 매우 가난했고 부모는 직업이 없었으며, 이러한 상황에서 한 제약회사로부터 5년 동안 해마다 한 번씩 인공수정 후 그녀의 배아를 회사에 넘겨 필요한 약을 개발하는 데 도움을 달라는 제안을 수용할지에 대해 결정을 내려야 했다.[12)]

헤머링은 이미 KMDD 세션에 대한 경험이 있었지만(Hemmerling, 2014), 그 날처럼 엄청난 도전은 없었다. 학생들 중 몇 명은 독실한 무슬림들이었고,

12) 나는 이 라라 이야기를 약 20년 전에 고등학교 생물 교사들의 연수 때 개발했다. 이 이야기는 아직도 유효한 과학 소재 허구 이야기이다. KMDD 워크숍을 하는 동안, 한 참가자는 라라 이야기가 실제 발생했다는 신문보도 기사를 가지고 온 적이 있다.

소녀들은 머리 스카프를 쓰고 있었다. 아래는 그의 보고서 내용이다.

다음의 보고서는 KMDD 세션의 비디오 녹화영상을 글로 기록한 것이다. 익명성을 보장하기 위하여, 참여자들은 녹화에서 번호를 받았었다. 'Contra'는 라라가 계약서에 서명하는 것에 반대투표를 했던 참여자들을 의미하고, 'Pro'는 결정을 지지했던 학생들을 의미한다. '…' 표시는 토론 중 일시적인 발언 중단을 나타낸다.

일부 참가자들은 이 이야기가 강한 도덕적 감정을 불러 일으켰다고 말했다. 이것은 또한 자세(긴장 또는 불안함)와 변화된 말투(흥분됨, 빨라짐, 음역대가 높아짐)에도 반영되었다. 처음에 응답자는 라라가 제약회사와의 계약에 서명하기로 한 결정에 전적으로 찬성했다. 아래 논의된 내용은 라라의 결정에 반대한 한 소녀로부터 시작된다.

머리 스카프를 한 소녀1(Contra): "사람은 반드시 종교를 고려해야 해. 우리는 왜 사는가? … 신이 우리를 창조했어! … 모르겠어 … (다른 소녀들을 바라본다) … 너희들도 역시 그렇게 생각하지, 그렇지? … 이슬람에서, 이것은 그런 거예요 … 너희들도 역시 그렇게 생각할거야, 내 생각에. (머리 스카프를 한 다른 소녀들을 돌아본다) 사람은 반드시 삶의 이후를 생각해야 해. 나는 라라가 천국에 갈 거라고 생각하지 않아, 오히려 지옥에 가겠지. … 예를 들어 이슬람에서 사람은 다른 사람을 죽여서는 안 돼. 비록 그것이 임신 3개월 이전이라도 말이야. 임신 3개월 이후에는 아이들이 영혼을 가져. 그래서 그것은 더 이상 배아가 아니야. 오히려 하나의 아이이지.

소년1(Pro): 음, 아주 솔직하게, 나는 종교는 부차적이라고 봐.

그래서 그것이 내 아이들이나 내 가족들에게 좋은 것이라면 나는 지옥이라도 가겠어. 자신의 가족을 굶겨 죽이고, 자신은 천국으로 간다? 완전히 이기적인 거야.

소녀2(Contra): 나는 지금 종교에 관해서는 많은 것을 말 못하겠어. 내가 생각하기에 다섯 번의 낙태 뒤에 소녀는 정신적으로 좋지 않을 것 같아. 그녀는 자신의 너무 많은 것을 희생하고, 그녀와 그녀의 가족들이 잘 살도록 보장을 받겠지. 하지만 실제로 그 보장은 그렇게 많은 것들이 아니야. 다시 원점으로 돌아가는 거지.

소년2(Pro): 하지만 라라는 교사가 되기를 원해. 그녀는 자신의 직업에서 많은 사람들을 도울 수 있어. … 그녀는 그러면 기반을 만들 수 있을 거고, 더 이상 시작점에 있는 게 아니지. 가족들이 매일 굶주리는 것을 볼 때, 그녀의 정신건강은 어떨지에 대해서 어떻게들 생각하는지?

소녀3(Contra): 나는 그녀의 가족들이 이 돈을 원할 거라고 생각하지 않아. 그녀가 정말 교사가 되기 위한 교육을 받을 거라는 것 또한 확실치 않아.

소년3(Pro): (머리 스카프를 한 소녀를 바라보며) 너는 이러한 배아들이 아이들이라고 말하는구나. 물론 이러한 것이 없다면, 이 아이들은 여전히 존재하지 않을 거야. 하지만 그들은 존재하지도, 살아있는 것도 아니잖아. 이것들은 존재가 아니야. 그냥 세포 덩어리야. 그것들이 줄기 세포 연구를 위해 사용될 때에는 어떤 신경 시스템도 형성되어 있지 않아. 배아는 어떻게든 독자 생존할 수 없어. 내 생각에 라라는 그것에 대해 양심의 가책을 가지지 말아야 해.

소녀1(Contra): 이 배아로부터 인간이 탄생해. 우리도 똑같아. 우리는 시험 받고, 신은 우리를 시험해. 우리는 우리가 해야 하는 것을 결정하면 돼.

소녀4(Contra): 지목받지 않은 상태에서 발언: 문제는 너의 종교를 위반하지 않고 네가 뭔가 할 수 있는 것이 있는가 하는 것이야. (헤머링은 그녀가 규칙 2번을 어겼다는 것을 다음과 같이 상기시킨다. 네가 지목받았을 때에만 이야기하라.)

소년4(Pro): 네 말이 맞아. 그것은 그녀의 정신에 해를 끼치겠지. 하지만 적어도 그녀는 기회를 가지고 있어. 그녀는 조금 부유해질 거야. 자신의 가족을 도울 수 있고, 교육을 받을 수 있고, 나중에 그녀의 자식들을 부양할 수 있어. 실제로 그녀가 아이를 세상에 데려왔다고 가정해봐, 어떻게 먹여 살릴 수 있지? 우리는 가난하게 사는 것이 어떤 건지 몰라. 너는 가족을 도와줄 하나 뿐인 기회를 가지고 있어. 도덕성이 너의 가족의 생존보다 더 중요한 것이 될 수는 없어.

머리 스카프를 한 소녀1(Contra): 그녀는 천국에 들어갈 유일한 기회를 가지고 있어.

소년3(Pro): 왜 너는 그녀가 지옥에 갈 거라고 생각하니? 네가 그 일이 5명의 아이들을 죽이는 거라고 생각하기 때문에? 더 중요한 것은 사람들이 또한 세포라고 부르는 몇 개의 세포들, 즉 배아는 아직 성숙하지도 않았다는 거야. … 왜 그녀가 그것 때문에 지옥에 가야하니? 그녀가 도와야 하는 그녀의 가족들은 이미 이 세상에 있어. 그들이 계속해서 그러한 환경 속에서 살아가는 게 정말 더 나은 거야? 라라는 심지어 몸을 팔아야 할 수도 있어. 그녀의 가족들을 부양할 수 있다면 그 편이 더 나은 거야? 왜 그녀가 그것 때문에 지옥에 가야하지?

소녀2(Contra): 이 종교적인 이야기에서 벗어나서 말하자면, 몇 명은 오직 종교적이고, 다른 사람들은 그렇지 않아. 종교인들은 비종교인들과 다르게 세상을 보지. 많은 조직들이 낙태에 반대해. 아직 생명의 가능성을 가진 것을 대상으로 연구하는 것에는 뭔가 좋지 않은 것이 그 속에 있음에 틀림없어. … 나에게 이 이야기는 착취로 들려. 가난한 나라에서. 분명히 아무도 그런 실험대상guinea pig이 되고 싶지는 않을 거야. 그런 것들이 비록 합법적일 수는 있어도 옳은 것은 아니야.

소녀1(Pro): 모든 사람들은 스스로 결정해야만 해. 이 문제에 옳고 그름은 없어. 모든 사람들은 그들이 무엇을 원하는지에 대해서 분명히 알아야만 해. 개인적으로, 나는 내 머릿속에서 도덕적인 것으로 간주할 수 없다는 이유로 내 가족을 위험에 처하도록 두지는 않고 싶어. 나에겐 가족이 가장 중요해.

소녀4(Contra): 우리는 그녀의 정신에 대해서 생각하고 있어. 가족을 돕기 위해서 누군가 자신을 희생해야만 할까? 다른 방법들이 역시 있을 거야. 그녀는 혼자서 무엇인가를 할 수 있을 거야.

소년5(Pro): 너는 네가 그녀의 입장이 될 수 있다고 말하는구나. 나는 그렇게 생각하지 않아. 그녀는 가난해. 여기 있는 누구도 그녀의 인생과 비교할 수는 없어. 네가 그것을 진짜로 평가할 수 있기 위해서는 네가 똑같은 수준에서 살아야만 해.

소녀1(Contra): 만약 문제가 정말 그렇게 심각하다면, 그들은 이미 죽었을 거야. 땅에 누운 채로 그렇지?

소년5(Pro): 그녀는 가난해.

소녀1(Contra): 우리에게 사람은 너희와는 매우 다른 무엇인거야. 그들은 종교인이야.

소년5(Pro): 나는 모르겠어. 아라비아에 사형제도나 그러한 것들이 있지 않아? 그들은 항상 전쟁을 해. 그게 배아보다 훨씬 더 나쁜 거잖아. 나는 그게 생명을 더 보호하는 것인지 잘 모르겠어.

소녀5(Contra): 그녀의 가족이 그녀를 거부할지도 모르지. 음, 그녀는 돈을 가졌지만 가족이 없고, 5번의 낙태를 했어. 마을에서 추방당한 여자와 누가 결혼하려고 할까?

소년6(Pro): 내 생각에 그녀의 가족은 이 시련에서, 이 가난에서 벗어나기 위해서 돈을 가지는 거야. 이건 생존을 위한 싸움이야.

소년1(Contra): 난 남아메리카 출신이야. 거기 사람들이 가난하다는 사실에도 불구하고, 그들은 어떻게든 생존해 나가. 그들은 하루하루를 간신히 먹고 살아. 여기와는 다르게. 하지만 그것으로 충분해. 그들은 이곳과 아주 다른 도덕성을 가지고 있어. 여기서 누군가는 종교적이고, 다른 사람들은 그렇지 않아. 상관없어. 내 생각에 종교적인 사람들에게 배아는 단지 몇 개의 세포들이 아니야. 만약 그녀가 자신의 몸에서 배아를 끄집어낸다면, 한 여자의 인생이 바뀌어. 그녀는 다르게 먹고, 다르게 생각하게 돼. 그녀는 다른 사람이 돼. 그리고 단순히 다섯 개의 배아를 포기한다? 글쎄. 분명히 엄청난 위험들이 있기 때문에, 유럽의 국가들에서는 금지되어 있잖아. 나는 이러한 제약회사들이 단지 가난한 나라들에만 간다는 것이 쓰레기 같은 짓이라고 생각해. 그들은 가난한 사람들과 쉬운 게임을 하는 거야. 가난한 사람들은 어쩔 수 없이 돈을 생각하기 때문에… 왜냐하면 그들은 그게 필요하니까. 그들의 도덕성은 점점 더 배경background으로 옮겨가. 비록 그들이 그렇지 않으면 결코 하지 않을 테지만. 만약 그들이 충분한 음식을 가지고 있다면, 그들은 결코 그러한 것을 수용하지 않을 거야. 분명히.

소년6(Pro): 바로 그거야. 네 말이 맞아. 하지만, 그들이 돈을 얻고 나서 도덕성이 다시 그들을 재촉하는 모습을 상상해 봐. 그러면 그들은 다시 삶의 기준을 가지고, 그들의 종교생활을 다시 시작할 수 있어. 그들은 기회를 갖길 원해. 그들은 자신들보다 더 나은 삶을 가질 아이를 가지고 싶어 해. … 나중에 내 아이들이 혹은 내 가족이 희망을 가지는 것이 더 낫지 않아? 비록 나는 무엇인가 잘못된 일을 했다고 생각해서 항상 회개하고, 곤란해 하더라도 말이야.

소녀6(Contra): 결국 그녀는 자신이 한 일에 대해 생각하게 될 거야.

소년6(Pro): 상관없어, 그녀는 그녀의 가족을 도왔어.

(기록 끝)

KMDD 모임이 끝나고 나서도 헤머링은 한 소녀가 라라는 그녀의 결정에 의해 “지옥”에 갈 거라고 말했을 때 개입하지 않기로 결정한 것이 옳은 결정이었는지에 대해서 확신하지 못했다. 그가 느끼기로 학급의 일부는 이 말에 의해 위협받았었다. 그는 독실한 무슬림 젊은이들과 믿음이 거의 없거나 아예 없는 젊은이들, 지지자들과 반대자들이 함께 하는 토론으로 안내하고 싶었다. 그런데 이 대화에 대한 미성숙한 마무리는 위협으로 남는다. 그는 KMDD 규칙들을 고수했어야 했는가, 아니면 그는 더 융통성 있는 방법으로 그들을 다루어야 했는가? 요즘 그는 자신이 KMDD 규칙을 고수한 것에 기뻐한다.

> “회상해 보면, 학생들이 계속해서 문제에 대해 말할 수 있도록, 내가 개입하지 않은 것은 잘한 것 같다. 모임 뒤에 나에게 보고됐듯이, 그러한 문제들은 그 교실에서 이전에 다루어 진 적이 없었다고 한다! KMDD는 학생들을 지치게 하지만 나 또한 지치게 한다. 나는 완전히 지쳤었다. 일 년 뒤에 내가 똑같은 교실에 있게 됐을 때, 학생들은 일 년 전의 “멋진 토론”을 기억해 냈다. 그들은 그러한 주제에 관해 다시 토론하기를 원했다. 면역의 비유가 여기에 적절한 것으로 보인다. 첫 백신접종에서, 당신은 건강이 더 나아진 것처럼 느끼지 못한다. 오히려 약간 아픈 것처럼 느낀다. 백신접종이 실제로 도움이 되었다는 깨달음은 나중에 백신접종을 하지 않은 다른 사람들이 실제로 아프고 당신은 괜찮다는 것을 알았을 때 온다.”

이 모든 세 가지 경우에서, 한 명 이상의 참여자들이 제시된 이야기에 대한 토론을 처음에는 단호하게 거부하고, 토론을 막으려고 시도했다. 그럼에도 불구하고 매번 나머지 참여자들이 최초의 거부 상태에 있는 그들을 토론하게끔 만든다. 교사에 의한 권위가 개입하지 않았음에도 불구하고, 혹은 개입했을 때보다 참여자들의 도덕적 이성이 매번 승리했다.

우리는 개입하지 않았다. 왜냐하면 우리 속에, 헤머링 속에, 그리고 내 속에 있는 이성이 우위를 가졌기 때문이다. 우리들 역시 우리가 토론했던 이야기들과 언론의 자유의 원리들에 대한 개인적인 의견들을 가지고 있다. 우리는 교실에서 이루어지는 대화의 한계를 설정할 교사로서 우리의 책임감과 의무 역시 알고 있다. 우리는 개입해야 할 부담을 느꼈다. 하지만 우리는 민주적 규칙들에 대한 엄격한 준수를 선택했고, 교사로서의 우리의 권한을 사용하지 않는 것을 선택했다. 분명히 언론의 자유 규칙은 대부분의 국가들의 헌법에 그 뿌리를 둔다. 하지만 실제로는 그것이 법(공개적으로 표현될 수 없는 어떤 것들) 혹은 관습에 의해 종종 제한된다. 학교생활을 잘하지 못하는 학생들은 그들의 의견을 자제해야 한다는 추가적인 압력을 느낀다. 왜냐하면 그들은 교사 혹은 친구들에 의한 제재를 두려워하기 때문이다. 그래서 많은 젊은이들에게 "언론의 자유"는 무엇인가 굉장히 이론적인 것이다. KMDD 세션 뒤에 내가 참여자들에게 우리가 토론했던 것과 같은 어려운 문제들에 관해서 이야기한 적이 있는지 물어볼 때, 대개 2/3 이상이 '아니오', '결코 없어요', '친구들 혹은 가족들과도 없어요'라고 답한다. 내가 교사들에게 현대의 학생지향적인 교수법들에 관해서 어떻게 생각하는지를 물을 때, 전부는 아니라도 대부분은 환영한다고 말한다. 하지만 내가 얼마나 자주 이러한 방법들을 사용하는지를 물어보면, 대부분은 사용하지 않는다고 인정한다. 그들은 학생들에게 의견을 말할 여지를 더 주는 것이 결과적으로 교실에서의 상충되는 견해를 이끌어 내게 될 것이라고 두려워한다. 여하튼 그들은 이러한 상황을 잘 다룰 수 없다고 느낀다. 정말 높은 수준의 도덕적 역량을 가진 교사들만이 정기적으로 학생지향적인 방법들을 사용했다(4.6장 참조).

어떠한 대안이 있었을까? 만약 우리 교사들이 권위를 사용했다면, 누구도 민주적인 상호작용이 얼마나 성공적일 수 있는지를 경험하지 못했을 것이다. 그래서 우리는 말없이 두 가지 중요한 메시지를 학생들에게 전달했다. 도덕성은 권력보다 나으며, 언론의 자유는 현실의 기본적인 권리로서, 단지 교사들이 좋게 말하는 그 무엇인가가 아니었다. KMDD 세션 후에 참여자들로부터 오는 피드백에서 우리의 메시지가 제대로 이해됐다는 것을 알 수 있었다. 우리가 엄청난 압력을 견디고, 이러한 상황들에서 침착하게 반응할 수 있었던 것은 오랜 기간의 철저한 훈련을 소화했기 때문이었다는데 헤머링과 나는 동의했다.

교사로서 그러한 상황에서 이성적으로 행동하기 위하여 요구되는 학습경험의 풍성함은 KMDD 교사로서 훈련(교육)의 끝무렵에 헤머링이 쓴 비평에 의해 잘 드러난다.

> "KMDD를 활용하려는 나의 노력을 통해서, 나는 이 방법의 힘을 경험했다. 이것은 나에게 심리학 분야에서 실용적이고 적절한 방법으로 나의 직무분석을 잘 할 수 있는 기회를 주었다. KMDD 교사자격증을 획득하기 위한 훈련 프로그램 기간 동안 나는 이 방법이 얼마나 까다로운지 그리고 얼마나 많은 학습 기회들(교육적 그리고 치료적)을 이것이 포함하고 있는지를 점차적으로 인식하게 되었다. 나는 앞으로 KMDD가 많이 활용되기를 기대한다.
>
> 나의 교수 행위: 처음에 내 자신을 비디오에서 보았을 때, 나는 나의 행위가 KMDD 내에서 이상하고 인위적이라고 느꼈다. 나는 때때로 내가 내 육체 속에 있지 않는 것처럼 느꼈다. 나 자신의

행위를 통제하는 것은 KMDD 교사에게 중요한 요구사항이다. 내가 나의 신체 언어를 통해서 각각의 참여자들에게 친절과 격려를 표현할 수 있을까? 처음에는 내가 매우 집중하고 있었기 때문에 나의 표정이 긴장됐다. 그러고 나서 나는 내 표정을 풀어주려고 시도했다. 딜레마 명료화 단계 동안에 나의 행동들은 때때로 퀴즈 시험처럼 보였다. 어떻게 당신은 권위주의자가 되지 않고 과정을 통제할 수 있는가? 그리고 리더 역할을 하고 있음에도 불구하고 어떻게 사람이 편안하게 있을 수 있는가?

규칙 위반 다루기: 규칙을 다룰 때, 나는 처음부터 빠르고 강력한 위반에 대한 개입이 중요하다는 것을 배웠다. 나는 스스로 명확하게 해야 했다. 나는 규칙 준수를 상기시킬 때, 참여자들에게 명령하고 싶지 않다. 그보다 나는 자신의 주장이 다른 사람들에 의해 경청되어야 한다는 측면에서 화자들의 권리를 보호하고 싶다. 만약 누군가가 처음부터 개입하지 않는다면, 규칙은 엉망이 될 것이다. 나는 규칙을 다룰 때 감정적인 문제를 다루는 법도 배웠다. 나는 행위를 통해 참여자들의 적극적인 경청을 격려하고, 그렇게 함으로써 화자를 지원하는 교사로서의 나의 역할을 보게 되었다. 그리고 규칙 1번(언론의 자유 그리고 존중)을 위반하지 않는 한 언급되는 모든 것이 중요하게 고려되고 들을 만한 가치가 있다.

KMDD와 함께 하는 나의 노력과 포트폴리오 작성을 통해서, 나는 어떻게 참여자들의 행위를 평가해야 하는지를 더 잘 이해하게 되었다. 올바른 결론을 내기 위해서는 이 방법과 함께 하는 경험이 요구된다. 어떤 종류의 분위기가 이 공간 안에 있는가? 특별한 도움을 필요로 하는 소수가 있는가? 다음 단계로의 전환은 언제 이루어져야 하는가? 시간이 지나면서 나는 소음에 집중력을 빼앗기지 않고, 화자에게 완전히 집중하며, 그들의 눈을 바라보고, 그들이 생각하고 말할 수 있도록 격려하는 것들을 학습했다고 생각했다.

훈련: 포트폴리오를 준비하면서 훈련 매뉴얼의 모든 학습 단계들을 검토하고 이해해야 했던 것은 나에게 정말 좋았다. 각 단계들은 서로를 기반으로 구축되며, 전체 속에서 고려되어야 한다. 나는 정교한 차이를 학습했다. 즉 도덕적 용어들은 종종 단지 행위에 따른 후속적인 정당화만을 위해서 사용된다. 당신은 개인이 자신의 상충되는 도덕적 감정들을 인지하고 어떻게 갈등을 해결할지에 대해 명확히 할 때에만 행위에 영향을 줄 수 있다. 그 때에만 합리성이 천천히 등장하는 것이다.

심리학적, 교수학적 원리들: 이러한 원리들에 관한 지식은 그들의 실제적인 실행과 같은 것이 아니다.

비록 다른 사람들이 의견을 달리하거나 적일지라도, KMDD의 목표는 참여자들이 다른 사람들과 갈등의 해결책을 폭력, 속임수 그리고 강압에 의지하는 것 대신 공유된 도덕적 이상들과 원리들 위에 기반을 두게 하는 것이다. 다른 사람들과 자신에 대한 폭력은 종종 개인이 더 이상 통제할 수 없는 강력한 혹은 상충되는 감정들로부터 유발된다. 교사로서 나의 직업은 그러한 도덕적 감정들이 적절하게 표현되는 분위기를 허락하는 것이다. 만약 KMDD의 심리학적, 교수학적 원리들이 실행된다면, 강력한 도덕적 감정들조차도 합리적인(이성적인 그리고 평화적인) 표현을 찾을 수 있고, 다른 사람들에 의해 지각될 수 있다.

도전들 중 하나는 다른 사람들과 함께 하는 대화에서 폭력적으로 되지 않는 것이다. 이 목적을 위해 화자와 청자에 대한 지지가 중요하다. 반대-중립-순응적인 주장들이 제시되고, 경청될 때 그리고 당연히 아무도 공격받지 않을 때에만 참된 생각의 표현과 자유가 있는 것이다. 의견이 다른 쪽을 소중히 여기는 것이 스스로의 발전에 중요한 원천이라는 것을 학습하는 것 역시 KMDD의 중요한 결과로 내게는 보인다. 이것은 엄청난 민주주의적 자산으로 보존되고 증진될 가치가 있다. 만약 사람이 자신의 의견에 대한 지지만을 받기 원한다면(이런 경우가 어디에서 일어날까?), 어떤 현실적인 토론도 가능하지 않다. 그렇게 되면 더 이상의 말하기, 듣기는 없고, 단지 폭력, 속임수 그리고 권력 남용만이 있을 뿐이다.

이론적으로, 내가 생각하기에 나는 견고한 토대 위에 있는 것 같다. 실질적으로 나는 결코 학습을 중단하지 않을 것이다. 매 KMDD 세션이 새롭다. 매 집단들은 약간씩 다르다. 그래서 교사로서 나는 반드시 끊임없는 학습자로 남아야 한다. 내가 KMDD와 함께 작업을 시작한 이래로, 나는 다른 학습방법들이 이러한 심리학적, 교수학적 원리들을 준수하는지 보기 위해 다른 학습방법들을 관찰해 왔다. 또한 KMDD 밖에서의 나의 행위에 관해서도 이러한 원리들은 매우 중요한 것이 되어 왔다."

11.2. 교사들은 이론과 방법을 서로 맞추어야 한다.

헤머링이 위에서 언급했듯이, KMDD 세션을 운영하는 것은 이론과 방법 간의 높은 정도의 일치를 요구한다. 다시 말해서 교육자들이 무슨 목표들을 지지하는지와 어떻게 그들이 실제로 가르치고, 학습내용을 어떻게 평가하는지 사이의 일치를 요구한다. 교사들이 성자가 되거나 특별히 도덕적으로 모범이 되는 존재가 될 필요는 없다. 하지만 그들의 말 뿐만 아니라, 신체 언어도 반드시 그들의 행동들과 일치되어야 한다. 만약 우리 교사들이 KMDD 모임에서 모든 사람들은 그들이 원하는 것을 말하는 것이 허락된다고 선언한다면(다른 사람 혹은 그룹을 평가하거나 판단하는 것을 제외하고, 이것들은 허락되지 않는다. 6장 참조), 우리는 우리의 행위를 통해 이 규칙에 의문을 제기해선 안 된다. 예를 들어 우리의 견해와 맞지 않는 참여자의 발언을 말이나 신체 언어를 통해서 언급한다던지, 혹은 심지어 발언을 금지시키면 안 되는 것이다. 참여자들 역시 그들의 의견이 나중에 교사들에 의해 채점되지 않는다는 것을 확실히 할 필요가 있다. 그러므로 KMDD 세션의 자기평가는 반드시 익명으로 되어야 한다.

이 요구사항은 반복적으로 교사 훈련에도 적용된다. 여기에서도 이론과 방법은 반드시 서로 일치해야 한다. 학생 중심적인 가르침의 방법은 강의만을 통해서 가르칠 수 없다. 교사 훈련과 훈련 세미나 자체가 유망한 교사들에게 자유로운 토론을 위한 기회를 제공할 때에만 민주적인 갈등 해결의 가치는 학습될 수 있다.

11.3. 교사들은 학습자들을 신뢰하고 감정을 다루어야 한다.

효과적인 KMDD 세션은 교사들에게 다른 사람들이 같은 도덕 원리들을 공유하고, 그들이 그들 자신의 도덕적 능력을 발달시키기 원한다는 것을 신뢰할 것을 요구한다. 이것은 교사들이 가능한 한 훈계나 가르치는 것을 자제하고, 학습자들에게 그들 자신의 도덕적 감정들을 인식하고, 그들의 도덕적 감정들과 표현들을 외부의 권위에 영향을 받지 않고 스스로 숙고하고, 수정할 시간과 여유를 준다는 것을 의미한다. 그러한 절제는 종종 교사들에게 쉽지 않다. 교사 훈련 기간에 그들은 마치 그들의 교수님들이 종종 그러했듯이 그들의 학생들보다 지적으로, 도덕적으로 우월하다는 허구적인 인상을 흔히 보여준다. 교사(교수)들이 그들의 학생들보다 나이가 더 많고, 더 오랫동안 교육을 받아온 것은 사실이다. 하지만 그들은 종종 특정 영역에서만 우월할 뿐, 그들은 대개 그들의 학생들과 마찬가지로 이상적인 도덕적 역량과는 거리가 멀다. 그래서 이러한 차이들이 과장되어서는 안 된다. 비록 아이들이 여전히 매우 어리지만,

우리는 그들에게서도 많은 것들을 배울 수 있다.

교사들에게 가장 큰 도전은 아마도 감정과 전략적 지식을 어떻게 다루는지를 배우는 것이다. 우리는 도덕적 문제들을 결정할 때 혹은 다른 사람들의 행위를 판단할 때 우리의 도덕적 감정들에 의지해야 한다. 우리의 도덕적 감정들은 우리의 암묵적인 도덕적 역량의 장소이다. 그러므로 도덕교육의 주요 목표는 사람들에게 그들의 도덕적 감정들을 교육하고, 그들이 그것들에 의지할 수 있도록 돕는 것이 되어야 한다. 이것은 윤리학과 같은 과목들의 과업인 도덕 이론들을 가르치는 것과는 다르다. 교사들은 '감정 지향적인' 교육의 영역에서 철저하게 훈련받은 적이 거의 없다. 그들은 감정이 다소 구조화되고, 다소 결정권을 가질 수 있다는 것을 모른다.

심지어 피아제와 콜버그의 유명한 이론들조차도 도덕적 행위에 대한 개인의 숙고를 압도적으로 다룰 뿐, 직접적으로 그들의 행위와 원동력이 되는 감정들을 다루지는 않는다. 이론가인 골먼(Goleman, 2000) 역시 감정적 개념들과 이의 적용에 더 큰 관심을 가졌고, 직접적으로 감정에는 별 관심을 가지지 않았다. 기거렌처G. Gigerenzer는 사람들이 감정에 근거해서 그들의 결정을 내리고, 의식적인 생각들에 의해 거의 인도되지 않는다는 것을 보여주었다(Gigerenzer, 2007). 그러나 기거렌처와 다른 진화 생물학 지향적인 연구가들(예를 들면 Haidt, 2001; Greene, 2008; Schrader, 2015: 17이후)은 도덕적 감정들은 주로 유전자에 의해 결정되고, 변경되지 않으며, 우리는 그래서 유전자의 수중에 있는 것이라는 인상을 표현했다. 하지만 우리는 그렇지 않다. 도덕적 감정들은 교육에 의해 영향을 받을 수 있다는 점이 심리학적인 연구와 교육적인 연습을 통해 확인되었기 때문에 나는 이 책을 썼다.

도덕교육은 교사들이 어떻게 학생들에게 개인적이고 사회적인 발달을 위한 호의적인 기회들을 제공하는지를 학습할 때에만 성공할 수 있다. 만약 학생들이 숙고와 토론을 통해 교실에서 스스로 학습할 기회를 가진다면, 갈등과 문제에 대한 해결책을 발견하는 것이 훨씬 더 가능하다는 것을 학생들에게 납득시키는 것은 필수적이다. 이것은 수영과 유사하다. 비록 사람들이 물은 물체를 떠받치는 것을 알고, 어떻게 수영을 하는지를 안다고 해도, 두려움은 사람들이 실제로 수영을 시도하는 것을 좌절시키거나 막을 수 있다. 만약 누군가 물이 자신을 떠받치는 것을 경험했다면, 물 위에 있을 수 있는 능력에 대한 자신감은 성장한다. 나는 많은 KMDD 세션에서 사람들이 자신과 의견이 다른 사람들과 진지한 문제들에 대해서 즉각적인 적대감에 직면하지 않고 서로 논쟁할 수 있다는 것을 경험하자마자, 그들이 갈등 규제의 민주적인 형태에 대한 신뢰를 갖는 것을 관찰했다.

11.4. KMDD 교사들을 위한 훈련과 자격증

우리의 경험과 연구는 KMDD와 정의공동체 같은 도덕교육의 효과적인 방법들이 교사들이 이러한 목적들을 위해 철저하게 훈련될 때에만 지속적으로 확립될 수 있다는 것을 보여 준다(Oser & Patry, 1986). 그러므로 나는 KMDD 교사들을 위한 훈련 그리고 자격증 프로그램을 개발해 왔다. 그들이 교육에 쏟는 시간과 금전적인 투자를 보호하고, 이 방법의 남용을 막기 위해서, 단지 자격증이 있는 KMDD 교사들만이 국제적으로 등록된 KMDD 상표를 그들의 업무 홍보를 위해 사용하는 것이 허락된다.

우리의 경험상, 교사가 KMDD를 효과적이고 책임감 있게 사용하기 위해서는 약 120시간 정도의 질 높은 훈련이 필요하다. 여기서 효과적이라는 말은 교사들이 KMDD 세션에서 기대되는 높은 즐거움의 가치를 제공하는 것뿐만 아니라, 학생들의 도덕적 역량을 상당 수준 향상시킬 수 있다는 것을 의미한다. 일반적으로 교사들이 그들 학생들의 도덕적 역량에 상당한 긍정적인 영향을 가지기 위해서는 대체로 수업에서 오랜 기간의 훈련과 연습을 필요로 한다. 심지어 어떤 훈련도 받지 않은 교사들이 KMDD 세션 후에 학생들로부터 긍정적인 피드백을 받을 수 있다. 대부분의 학생들은 그러한 토론을 좋아한다. 그러나 이것이 교사들이 효과적으로 참여자들의 도덕적 역량을 증진시킬 수 있다는 것의 증거를 제공하는 것은 아니다(Koszinoffski, 2006).

책임감 있는 교육이란 딜레마 토론을 수행하는 사람들이 서로 상처받기 쉬운 감정들을 다루고 있다는 점을 인식하는 것을 의미한다. 이 책에서 일관되게 주장해 왔듯이, 도덕적 역량의 기초 부분을 형성하는 참여자들의 도덕적 정서들은 교실에서 자극을 받아 끊임없이 진화될 필요가 있다. 그것을 고려한다면, 그들은 너무 강력하게 자극돼서는 안 된다. 이것은 학습 과정을 중단시킬 것이고, 상황이 나빠진다면 정신적인 방해로 이어질 수도 있다. 교사들은 그들 학생들의 회복탄력성을 평가할 수 있어야만 한다. 교사들은 반드시 그들 학생의 회복탄력성을 평가해야 하지만, 의도적으로 학생들을 압도해서는 안 된다. 교사들은 어떤 참여자도 토론에서 제외되지 않는 방식으로 모임을 준비하고 진행해야만 한다.

자격을 갖춘 KMDD 교사를 위한 훈련은 한 주간의 워크숍 및 세미나, 현장 직무 교육실습(On the Job Training)으로 구성되는데, 이것은 총 약 120시간을 포함하고, 몇 주에 걸쳐 진행될 수도 있다. 워크숍 및 세미나에서 참여자들은 KMDD 모임의 실행을 위해 필수적인 현실적이고 이론적인 기술들을 배운다. 현장 실습 부분에서 그들은 그들 자신의 분야에서 이러한 것들이 일상적인 것이 될 수 있도록 KMDD 훈련 매뉴얼을 사용해서 이러한 기술들을 연습하고 구성하는 법을 학습한다. 훈련은 KMDD 교사로서의 자격인증으로 끝이 난다. 학습 포트폴리오와 후보자들의 "최고의 실습" 비디오가 그 기반이다.

KMDD 교사로서의 훈련은 (3학년 이상의) 모든 종류의 학교 교사들, 모든 학과의 교수들과 강사들뿐만 아니라 사회 복지사들, 청소년 문제 상담사들, 그리고 교육과 가르침에 관련된 모든 전문분야의 전문가들에게 적합하다. 자격인

증은 후보자들의 한 주간의 워크숍-세미나 참여, KMDD 훈련 매뉴얼을 기반으로 한 그들의 실습, 학습 포트폴리오, 그리고 편집 없는 "최고 실습 비디오"를 통한 그들의 교수 능력의 증거를 기반으로 한다.

나는 동료들과 가상 현장실습, 모임 참여, 문헌 연구들을 기반으로 딜레마 토론과 정의공동체의 방법을 실행하기 위한 훈련을 성공적으로 잘 마친 교사들을 안다. 일부 경우에 입상한 프로젝트들도 등장했었다. 하지만 다른 일부는 그들이 너무 큰 감정적 스트레스와 시간 압박이라는 고통을 겪었고, 그들의 참여 정도가 초기와 달라졌을 때 프로젝트가 거의 진행되지 않았다고 보고했다. 이것은 콜버그의 묘사를 연상시킨다.. 다시 말해, 이러한 교사들의 노력은 지속 가능한 것이 아니었다. 그러한 프로젝트의 성공은 그것을 만든 사람들에게 달려있다. 여러 해에 걸쳐 KMDD를 성공적으로 사용해 온 헤머링은 그가 훈련과 자격 과정에서 많은 것을 얻었다고 책 앞부분에서 보고한다.

내가 교사들과 함께 그러한 프로젝트 실패에 대한 이유에 대해 대화를 나눌 때, 그들은 그 원인을 동료들 사이의 동기의 결핍, 부모와 학생들 및 학교 당국으로부터의 지원 부족과 같은 다른 것들에서 찾는다. 그들은 이것에 대한 더 깊은 근원적인 이유가 자신을 포함한, 관련된 모든 사람들의 역량 부족이라는 것을 거의 깨닫지 못한다. KMDD와 정의공동체를 학습하고, 효과적으로 실행하기 위해서 요구되는 교육의 양은 빈번하게 과소평가된다.

11.5. 학문적인 가르침의 혜택들

KMDD 세션은 KMDD 교사들의 경험에서 볼 수 있듯이, 이것을 사용하는 교사들의 교수 역량에도 영향을 끼친다. 교사들은 KMDD에 대한 그들의 긍정적인 경험들을 고려해 볼 때, 학생들의 개인적인 책임에 대한 그들의 확신이 증가했고, 그리하여 그들의 교과 교육에서 이 방법의 더 많은 부분들을 채택하기 시작했다고 보고한다. 그들은 자기주도적인 학습과 교과 과정에 포함된 주제 토론의 더 큰 영역을 학생들에게 점차 많이 제공하였다.

나는 대학 교수로서 비슷한 학습과정을 거쳐 왔다. 내가 초기에 경험한 것처럼, 나의 시간과 에너지의 많은 부분이 참여자 출석 확인, 학습 수행 검사, 그리고 훈육에 사용되었다. KMDD 세션과 함께 나는 또 다른 길이 있음을 보게 되었다. 나는 나의 통제적인 행위가 학생들 사이에서 내가 통제 하에 두려고 애썼던 정확하게 바로 그 행위를 생산했던 것을 인식하게 되었다. 내가 학생들이 학습에 대한 더 큰 책임감을 가지기를 원했을 때, 학생들은 그들의 학습에 대한 책임감을 더 적게 느꼈다(Kohn, 1999). 물론 나의 세미나들이 학생들의 학습 동기의 결핍에 대한 유일한 이유는 아니었다. 분명히 많은 교사들, 동료들, 그리고 몇몇 부모들 역시 무엇을, 어떻게, 그리고 어떤 목적을 위해 학습해야 한다는 것을 학생 자신들이 결정한다는 느낌을 학생들이 가지도록 기여했다.

나는 내 세미나들을 개정해서 학생들이 나의 KMDD 세션에서 보여줬던 것과 유사하게 동기부여 되는 것이 가능할지 궁금했다. 그러나 그러한 변화는 쉽지 않았다. 각각의 세미나에서 자신의 지식을 이해하고, 응용하며, 그것에 책임을 질 적절한 기회들을 개발하기 위해서 나는 한두 학기가 필요했다. 나는 (나 혹은 학생에 의한) 이론 강의를 위한 시간 역시 훈련 과정의 20% 이하로 제한했다. 당연히 그러한 수업에서 교사들과 학생들이 전통적으로 함께 사용하는 대부분의 시간은 낭비된다. 참여자들은 이론적 지식에 대한 공부를 집에서 혼자 문헌들을 읽으면서 혹은 소그룹에서 할 수 있다. 나는 대부분의 세미나 시간을 시연, 소그룹에서의 훈련 작업, 그리고 함께하는 토론을 위해 떼 놓았다. 이러한 모임들 뒤에 참여자들은 이론적 지식 획득을 위한 준비가 잘 되어 있었다. 그들은 관련되었던 것들에 관해 전문가들이 말해야만 했던 것을 학습할 동기가 높이 부여되어 있었다. 게다가 그들은 그들의 입장을 표현하고, 비판적으로 이론들을 평가했던 문제들에 대한 탄탄한 기초적인 이해를 가지고 있었다. 나는 이러한 개정 과정을 매 결과의 주기적인 객관적 자기평가를 통해서 점검했다. 각 세미나의 전후에 나는 모든 참여자들에게 MCT와 함께 하는 짧은 검사를 완성하는 것과 행사에 대한 추가적인 질문들 몇 개를 완성해 달라고 부탁했다(Lind, 2011c). 참여자들은 이 익명 검사에 전반적으로 높은 수용을 보여 주었다.[13] 약간의 시간이 흐른 뒤에 내가 특별한 KMDD 세션을 수행하지 않았음에도 불구하고, 새로운 세미나 형태가 효과를 보이며 참여자들의 도덕적 역량의 큰 증가를 이끌어 냈다(Lind, 2015a). 이러한 세미나들에서 나는 누구에게도 학습을 위해 "동기를 부여해" 줄 필요가 없었다. 그들은 스스로 그렇게 됐다. 반면에 세미나의 끝 무렵에, 나는 참여자들이 (파트너와 데이트를 하는 것과 같은) 그들의 다른 의무들을 너무 태만히 하지 않도록 몇몇 참여자들의 학구열에 제동을 걸어야 했다.

11.6. 정의공동체 확립하기

노르트라인베스트팔렌의 DES 프로젝트 경험과 스위스의 정의공동체 학교들과 함께한 오저[Oser], 알토프[Althof], 게릭[Gehrig]의 사례에서 제시된 바와 같이(10.4장 참조), 학교에서 정의공동체를 확립하는 것은 학교 장학, 행정, 교사와 학생들에게 많은 요구를 하게 된다(Lind & Raschert, 1987; Lind & Althof, 1992; Lind, 2002; Oser & Althof, 2001).

학교 장학: KMDD 방법과는 달리, 정의공동체는 학교의 조사

13) 자기 평가를 위한 시간 절약을 위해, Kristian Scholz와 나는 온라인 프로그램 ITSE(Improvement of Teaching through Self-Evaluation)를 개발했다(http://www.uni-konstanz.de/ag-moral/evaluation/itse_home.htm). 이 프로그램은 HTML, JavaScript, 그리고 PHP 등을 활용해서 개발되었다.

단 그리고 교육 당국자들이 자원과 도구들에 대한 계획에 동의하고 지지할 때에만 학교에서 확립될 수 있다. 사실상 이 방법은 학교 조사단, 교장, 개별 교사들의 통제 하에 있는 학교생활에 관한 의사결정 과정에 학생들과 교사들이 참여하고 공유할 것을 요구한다. 관련된 당사자들은 반드시 어떤 의사결정 권한이 정의공동체 총회에 부여될지를 미리 명확하게 해야 한다. 학교 조사단과 교육부는 자원들을 제공함으로써 정의공동체의 확립을 각각 별도로 지원해야만 한다. 우리의 경험상, 정의공동체는 풀타임의, 직업적으로 자격을 갖춘 조직이 있을 때에만 효과를 낼 수 있다. 학교의 크기에 따라, 절반 혹은 그 이상의 교수 업무가 필수적이다. 다른 기관들에서의 정의공동체의 확립을 위한 전제조건도 유사하다.

학교 행정: 정의공동체는 학교 관리자들의 지원 없이는 거의 확립될 수 없다. 정의공동체의 확립과 작업에는 추가적인 시간이 소요되고, 추가적인 교사 인력이 요구되며, 비용이 소요된다. 그러나 정의공동체 프로그램은 학교의 성공에 기여할 수 있다. 이 방법을 신뢰하는 학교 교장들은 DES 프로젝트에 참여했던 헹크Hans Werner Henk(10.4장 참조)의 예에서 볼 수 있듯이, 새롭고 풍요로운 경험들을 가진다. 또 다른 학교에서 DES 프로젝트 도중에 학교 교장이 바뀌었다. 몇 주 뒤에, 새로운 교장은 정의공동체를 통해 새 학교에 더 쉽게 적응했다고 설명했다. DES 프로젝트를 하는 모든 세 학교들은 미국에서 실행된 것과 같이 정의공동체를 나이가 많은 학생들 혹은 학생회(학교 내의 학교) 부분으로 제한하는 것에 반대했다. 교직원들은 이것이 정의공동체의 민주적인 원리들과 상반되는 것이라고 느꼈기 때문에 제한을 거절했다.

교사: 교장들이 그러했듯이 교사들도 역시 정의공동체에 그들의 권한의 일부를 넘겨준다. 비록 그들이 이제 많은 사람들 중에 단

하나의 투표권만을 가지고 있다고 말할지라도, 이 상황에서 교사들은 그들이 처해있는 상황에 대해 잘 알 수 있도록 신중하게 준비해야만 한다.

우리는 참가 학교들에 다음과 같이 제안했다.

- 프로젝트는 시간적 한계가 있다. 프로젝트는 기껏해야 3년간 지속된다. 그러고 나서 프로젝트를 평가하고, 지속 여부는 학교 측과 상의해야 한다.
- 학교에 두 가지 방법들이 도입되고, 학교는 프로젝트 기간 내내 프로젝트 관리자들에 의해 조언과 관리를 받는다.
- 프로젝트 관리자들은 딜레마 토론과 정의공동체가 비효과적인 것으로 증명되면, 자신들만이 책임을 지고, 학교나 개별 교사들에게 책임을 묻지 않는다는 것을 약속한다.

이러한 분명한 지침들은 교직원들에게 만장일치의 지지를 제공하여 프로젝트에 대한 동의를 하는데 확실하게 기여했다. "내가 맡은" 학교에서 몇 명의 교사들은 투표에서 기권했다. 우리가 그들의 의심을 완전히 없애줄 수는 없었다. 하지만 프로젝트에 반대표를 던진 사람은 없었다. 프로젝트는 첫 해에 가장 낮은 학년인 5학년과 함께 시작했다. 매년 프로젝트는 새로운 학년 다섯 반을 포함하면서 확대되었다. 그래서 모든 교사들이 프로젝트를 위한 적극적인 참여자로서 필요하지는 않았다. 딜레마 토론을 실시하고, 정의공동체 모임의 준비와 실행에 관련됐던 적극적인 교사들은(9장) 프로젝트 도중과 마지막에 상담을 받았다. 그들은 그룹 인터뷰에서 그들의 경험에 대해 질문을 받는 평가에도 역시 포함되었다. 이미 지적했듯이, 프로젝트에 참여한 교사들의 경험은 일관되게 긍정적이었고, 그 결과 끝에 가서는 모든 교직원들이 DES 프로젝트의 지속을 원했다. 프로젝트는 부모들과 학생들로부터도 지속적으로 긍정적인 반응들을 받았고, 영향 연구들impact studies의 결과도 매우 긍정적이었지만, 당시의 주정부는 프로젝트가 계속되기를 원하지 않았다. 그 이유는 아직 공개되지 않고 있다. DES 교사들은 자신들의 방식으로 이 프로젝트를 계속 실행하려고 애썼다. 그들 중에 많은 사람들이 딜레마 토론을 그들 수업의 핵심 부분으로 삼았고, 전국의 다른 학교들에서 오는 초대에 기꺼이 부응해서 그들의 경험과 방법들을 공유했다. 그래서 이웃의 라인란트팔츠Rheinland-Pfalz 주州가 이 방법을 교사 교육 교과과정에 적용한 일도 있었다.

학생들: 내가 아는 한, DES 프로젝트에서 정의공동체 방법은 10세 아이들(5학년들)에게 처음으로 실시되었다. 교장과 교사들은 우리가 이것을 시도해야 한다고 설득했다. DES 프로젝트의 성공은 그들이 옳았다는 것을 증명했다. 나는 정의공동체 성공의 중요한 이유가 학생들의 도덕적 역량이 각 교실에서 실시된 딜레마 토론에 의해서도 역시 증진되었다는 사실 때문이라고 믿는다. 정의공동체 프로젝트 이전과 도중에 학생들의 도덕적 역량을 향상시키기 위한 KMDD 세션들을 추가적으로 실시해서 학생들이 "현실적인" 문제들에 대한 토론에 더 잘 준비되게 하는 것은 언제나 바람직하게 보인다.

제12장

자주 하는 질문들

도덕 발달과 도덕교육에 대한 일반적인 질문들

Q. 이 책(『도덕적 민주적 역량 어떻게 기를 것인가』)은 "어떻게 도덕성을 가르칠 것인가"(원서명: *How to Teach Morality*)를 다루고 있습니다. 도덕성은 정말 "가르칠 수" 있습니까? 다른 저자들이 서술하듯이, 도덕성은 양육되거나 육성될 필요가 있다고 말하는 것이 더 낫지 않을까요?

☒ 나는 이 질문에 대해 오랫동안 생각해 왔고, 동료들과 많은 토론을 했습니다. 그렇습니다. '양육하기' 그리고 '육성하기'와 같은 용어들은 가르침, 다시 말해 도덕 발달을 위한 학습 기회들의 자극을 제공하는 것에 대해 내가 의미하는 것을 잘 묘사합니다. 하지만 나는 우리가 용어들을 계속 바꾸더라도 얻는 것은 별로 없다고 생각합니다. 그 대신 우리의 가르치는 방식을 바꾸는 것이 더 생산적이라고 생각합니다. 이것은 그렇게 나쁜 용어는 아닙니다. 가르치는 것은 교사가 하는 것 혹은 해야 하는 것이지요. 교사라는 직업에 대한 우리의 이해가 바뀌었기 때문에, 가르침이라는 의미도 그와 함께 바뀌었습니다. 아직 오래된 가르침 방식을 고수하는 사람들은 이 책의 제목을 오해할 지도 모르겠습니다. 만약 이러한 오해 때문에 내 책을 읽어 본다면, 그들은 곧 '도덕성 가르치기'가 오늘날 무엇을 의미해야 하는지를 알게 될 것입니다.

Q. 이 책에서 사용되는 '도덕성'이라는 용어도 다른 학자들이 말하는 바와 다르다고 보아야 하나요? 이 책은 '도덕적 정향'과 '도덕적 역량'이라는 두 가지의 용어를 사용하고 있는데, 이 두 가지는 항상 명확히 구분되어야만 하

는가요?

A. 예전에, 스위스의 유명한 교육자 페스탈로치는 좋은 교사로서 당신은 반드시 당신의 학생들을 그들의 발달 단계에서 만나야만 한다고 말했습니다. 내 생각에 이것은 좋은 글쓰기에도 역시 적용되는 것 같습니다. 잠재적인 독자들은 두 가지 측면들의 구분 혹은 '도덕적 역량'과 같은 개념을 잘 모를 것입니다. 그들이 내 책을 읽을 때 비로소 이 구분이 얼마나 중요한 것인지를 이해하게 되고, 이에 따라 행동할 것이라고 확신합니다. 만약 내가 '도덕적 역량'이라는 용어를 사용했다면, 대부분의 독자들은 "아, 나의 개인적인 도덕성을 방해하는 또 다른 방식!"이라고 생각했을지도 모릅니다. 내 책을 읽고 나서, 독자 여러분들은 도덕적 역량을 측정하기 위하여 내가 나의 기준 또는 사회적 기준이 아니라 사람들 자신의 도덕적 지향들을 기준으로 사용한다는 것을 확실히 알게 될 것입니다. 나는 내재적인 도덕적 원리들을 기반으로 문제와 갈등을 해결할 그들의 능력을 육성하는 것에 관심이 있습니다.

Q. 그래서 우리는 학생들에게 도덕적 지향들이 아니라 도덕적 역량을 육성해야 하는 겁니까?

A. 그렇습니다. 도덕교육에서 '지향'에 초점을 맞추지 않아야 하는 두 가지 중요한 이유가 있습니다. 첫째, 필요가 없습니다. 핵심적인 도덕적 지향들은 보편적입니다, 다시 말해 모든 사람들은 그것들을 가지고 있습니다. 둘째, 민주주의 사회에서 정부는 국민들의 도덕적 지향들을 존중하고, 그것들을 바꾸려는 시도를 해서는 안 되는 의무가 있습니다.

Q. 도덕적 역량이 정서 지능과 같은 것입니까?

A. 두 가지 용어 사이에 중복되는 부분이 있습니다. 도덕적 역량이라는 개념

은 정서를 포함하고, 지능이 정서와 상관없다는 생각을 거부합니다. 도덕적 갈등들은 대부분 본질적으로 정서적인 것들이고, 언어적인 지능만으로는 해결되지 않습니다. 하지만 능력은 대부분 정확한 정서적인 용어 속에서 정서 지능이라는 제목 하에서 논의됩니다. 도덕적 역량은 다소 암묵적인 tacit 능력입니다.

Q. 판단과 행위는 어떻게 관련되나요?

A. 그것은 판단과 행위가 무엇을 의미하는지에 달려 있습니다. 만약 행위적인 의도("나는 이 상황에서 도움이 되고 싶다")가 "판단"이라는 용어를 사용할 때를 의미된다면, 연관성은 종종 낮습니다. 행위의 실행은 의도만이 아니라 다양한 다른 요소들에 의지합니다. 그래서 이 질문은 맥락이 명확해질 때에만 말이 됩니다. 관찰 불가능한 과정이 "판단"이라는 용어로 이해된다면 이 질문은 역시 연구 불가능합니다. 이것은 믿음faith의 문제입니다.

Q. 콜버그와 다른 사람들은 종종 도덕적 역량은 당신이 관찰할 수 없는 것이라고 말합니다. 단지 특별히 훈련된 평가자들만이 복잡한 방식으로, 예를 들면 긴 인터뷰에서 사람들의 반응들이 모일 수 있을 때 도덕적 역량을 결정할 수 있었다고 합니다.

A. 콜버그와 그의 동료들은 그들의 평가 방법을 "이상적-전형적"이라고 불렀고, 그것을 다음과 같이 설명합니다. "이상적이고 전형적인 방법은 … 많은 양의 다소 질적인 인터뷰 자료의 관찰을 기반으로 하고, … 근본적인 것으로 가정되지만, 관찰은 불가능한(!) 내용 요소 하나가 다른 요소들과 양립 가능하게 만드는 '구조' 때문에 서로 '이해 가능한' 관계를 가지는 다양한 요소들의 공동 존재를 찾는다. 그리하여 이것은 일관되게 해석될 수 있는 실증적 일관성을 선택하고 강조하려는 동시적인 자발성willingness, 그리고 새로

운 경험적 패턴이 나타나는 것으로서 관찰과 해석의 원리를 수정하고 혁신하려는 자발성에 관여한다(Colby, Kohlberg, et al., 1987: 326).”

콜버그와 동료들은 도덕적 역량을 측정하는 이 굉장히 난해한 방법을 제시하는데, 이것은 그들의 평가 매뉴얼 시작부에 묘사한 그들의 실제적인 의도와는 상반됩니다. “우리는 현실적인 도덕 판단에 관심이 있다. … 그것은 사람들이 현실적인 도덕적 결정에 직면할 때 차이를 만든다(Colby et al., 1987: 8).” 하지만 만약 무엇인가가 현실적 (“실제적”) 이라면, 그것은 역시 관찰 가능합니다. 만약 그것이 관찰 불가능하다면, 그것은 관찰의 대상이 될 수 없습니다.

인터뷰 자료를 통한 평가 매뉴얼은 평가자에게 “이해 가능한” 방식으로 나타난다고 가정되는 관찰 불가능한 구조들의 확인을 위한 지시사항을 포함하지 않습니다. 또한 판단 행위를 평가하기 위한 지시사항도 포함하지 않습니다. 오히려 평가자는 매뉴얼에 있는 제시된 개인의 인터뷰 반응의 샘플을 비교해야 하고, “가장 적절한” 단계 가치를 부과할 것을 지시받습니다. 때때로 인터뷰는 주제 그룹(“이슈”)에 대한 선명한 적합도를 제공하지 않습니다. 그런데 평가자는 이것이 얼마나 모호할 수 있는지에 상관없이 반드시 평가적 가치를 부여해야만 합니다(Colby et al., 1987: 181).

Q. 하지만 콜버그 역시 한 개인의 도덕 판단의 구조를 실증적으로 수집하는 것은 가능하지 않다고 말합니다. 왜냐하면 “순수하게 실증적인 유형 분류 체계”는 “사람들 사이의 연관성에 대한 하나의 단일한 구조-요인 분석”을 통해서만 확인될 수 있기 때문입니다(Kohlberg, 1981: 326).

A. 개인의 판단 구조들이 한 그룹의 사람들에 대한 데이터 분석으로 감지될 수 없다는 것은 사실입니다. 개인 판단의 분석을 위한 그룹 데이터는 무의미합니다. 하지만 사람들의 도덕적 역량에 대한 결론을 내기 위한 개별 사

람들의 행위 구조를 측정하는 실증적인 방식이 없다는 것은 사실이 아닙니다. MCT의 방식으로, 우리는 그것이 정말 가능하다는 것을 보여줍니다(4장 참조).

Q. 당신은 이 책에서 "측면들"과 "구성요소들" 사이의 구별에 대해서 상세히 말합니다. 이 구별이 왜 그렇게 중요합니까? 당신이 제3장에서 서술했듯이 이 구별은 매일의 대상들에 대해서 모든 사람들에게 선명합니다. 아무도 다음과 같은 문장은 수용하지 않으려 할 것입니다. "나는 공의 무게를 잘라내려고 가위를 사용해." 사람은 공에서 구성요소만을 자를 수 있지, 비록 "무게"가 어떤 "것"을 의미하는 명사임에 불구하고 무게와 같은 특성을 자를 수는 없는 거지요.

A. 맞습니다. 하지만 심리학에서는, 많은 사람들이 명사로 표현되는 어떤 것이라도 '것', '물건', '물건의 구성요소'라고 믿으려는 유혹을 받습니다. 그래서 많은 사람들이 도덕성, 지향들, 역량 그리고 정신과 같은 "것들[things]"이 서로 서로 분리될 수 있는 실제의 것들 혹은 인간의 구성요소라고 믿습니다.

여기에서 우리는 우리의 언어가 우리를 속이게끔 합니다. 이 범주의 오류는 길버트 라일(Ryle, 1949)이 이름 붙였듯이 거짓된 병치로 이끕니다. 라일은 위대한 철학자 데카르트에 의한 신체와 정신의 거짓된 병치를 이것의 예로 듭니다. 데카르트는 정신이 인간 신체의 한 구성요소이고, 두뇌의 어딘가에 위치하며, 뇌의 송과선에 의해 신체와 연결된다고 믿었습니다. 그는 (a) 두뇌 자체가 신체의 부분이고(그래서 그는 이것은 '신체-신체 문제'라고 이름 지었어야 했다), (b) 정신은 도덕성과 지능과 같이 인간의 구별되는 특성이지만 분리 가능한 물건 혹은 '것'이 아니라는 것을 깨닫지 못했었죠. 도덕성에 관한 '정서적인' 이론과 '인지적인' 이론, '배려'와 '정의', '흄과 칸트', 그리고 '길리건과 콜버그' 사이의 주장되는 적대감과 같은 더 많은 거짓된 병치들은 이 범주 오인에 의해 야기된 것으로 보입니다. 대부분의 경우에 이러한 저자들은 정서와 인지, 배려와 정의에 대한 거짓된 실체화 때문에만 부분적으로 비난받습니다. 종종 그들의 해석자들은 구성요소적 관점을 과장하는 것을 통해 이것에 기여해 왔습니다. 이 토론에 더 깊이 연관되기 위해서는 또 다른 책 한권이 필요할 것입니다. 중요한 것은, 만약 우리가 도덕심리학에서 진보하기를 원한다면 우리는 반드시 측면들과 구성요소들 간의 구별을 분명하게 해야만 합니다.

Q. 도덕교육은 행위적 문제를 가진 학생들에게만 필요한 겁니까?

A. 제 생각에 도덕적 역량의 증진으로 혜택을 입지 못할 사람은 거의 없을 겁니다. 우리는 일상에서 "행위적 문제들"을 가진 사람들을 만납니다. 그들이 이미 상대적으로 단순한 문제들에 압도되어 있는 것으로 보았을 때, 몇몇 경우들은 충격적입니다. 하지만 높은 도덕적 역량을 가진 사람들도 그들을 압도할 수 있는 딜레마들에 직면할 수 있습니다. 그래서 그들은 도덕적 역량의 증진으로 추가적인 혜택을 받을 수 있습니다.

Q. 배운 사람이 노동자 보다 '더 도덕적'일까요? 나는 전혀 그렇게 믿지 않습니다. 부패하거나 범죄를 저지른 지식인들도 역시 있습니다.

A. 일반적인 교육의 범위는 도덕적 역량의 수준과 강력한 연관성을 보여줍니다. 하지만 이 부분에서 교육의 질이 중요합니다. 그래서 우리는 몇몇 나라들에서 도덕적 역량과 교육 정도의 수준 사이에 단지 낮은 혹은 희박한 연관성만을 발견합니다. 추가적으로 이것은 단지 통계적인 관계만을 보여줍니다. 다시 말해 이것은 모든 개개인들에게 적용되는 것이 아니라 단지 대다수의 사람들에 적용되는 것입니다.

Q. 토론을 잘하는 좋은 학생들은 딜레마 토론을 잘 다룰 거라고 생각합니다.

골치 아픈 학생들은 또 다른 문제가 아닐까요?

A. 이 방법은 “좋은” 학생들과 “좋은 학급들”만을 위해 의도되지는 않습니다. KMDD는 모든 학생들에 효과적이라는 것이 증명되어 왔습니다. 문제가 있는 나약한 학생들 역시 두 가지 딜레마 토론의 두 가지 기본적인 규칙들을 빠르게 학습합니다. 때때로 그들은 주장할 때 더 열심히 노력해야 하지만 그들은 놀라운 향상을 보여줍니다.

Q. 저는 젊은이들 사이에서 딜레마 토론은 별 효과가 없고, 성인들에게는 분명한 효과가 있다는 글을 읽었습니다.

A. 정반대의 경우입니다. 딜레마 토론은 10세에서 16세까지의 청소년들에게 효과적입니다(Lind, 2002 참조). 하지만 이것은 성인들과 더 어린 아이들에게도 역시 똑같이 효과적입니다. 이 잘못된 정보는 도덕적 역량을 전혀 측정하지 않고 다만 도덕적 태도들을 대신 측정하는 연구들에서 나온 결과들입니다. 이러한 연구들에서 그러한 방법의 효과는 일반적으로 훨씬 낮고, 성인들에게서만 감지됩니다. 이것은 놀라운 일이 아닙니다. 왜냐하면 딜레마 토론은 능력을 증진시키려는 의도를 가지고 있지, 가치체계에 영향을 끼치려는 의도는 없기 때문입니다.

Q. 소녀들이 소년들보다 더 낮은 도덕성 수준을 가지고 있다는 것은 사실입니까?

A. 이 편견은 종종 반박되어 왔습니다(Lind et al., 1987). 소녀들과 소년들은 성과 관련된 문제들, 예를 들면 낙태와 군 복무와 같은 문제들에 대한 관점에서 다릅니다. 하지만 얼마나 그들이 잘 판단하고 토론할 수 있는가라는 문제는 성에 달려있지 않고, 다른 요소들, 특히 교육의 질에 달려있습니다. 소녀들이 더 낮은 수준의 도덕적 역량을 가지고 있다는 편견은 아마도 소녀

들이 소년들보다 더 낮은 교육 수준을 가지고 있다는 연구들로부터 나왔을 겁니다.

Q. KMDD와 정의공동체 방법 외에 다른 도덕교육 방법들도 있지 않습니까?

A. 그렇습니다. 분명하게 효과적이거나 그것들의 효과성이 체계적으로 검토되지 않았기 때문에 이 책에서는 다루지 않았지만, 사람들을 도덕적으로 교육하려는 시도를 위한 많은 방식들이 있습니다. 비효과적인(혹은 역효과를 낳는) 방법에는 보상과 처벌이 포함됩니다. 그러한 방법은 규범 순응의 강화를 가능하게 하지만, 분명히 자기결정적인 도덕성을 강화할 수는 없습니다. 이러한 성격을 가진 방법들이 전하는 메시지가 있다면, 보상과 처벌을 주는 데 권한을 가진 사람이 또한 무엇이 옳고 그른지를 결정한다는 점입니다.
실제 도덕적 역량을 증진시키는지는 분명하지 않지만, 도덕적 역할 모델 방법(Damon & Colby, 2015) 혹은 긍정 심리학(Seligman et al., 2005)과 같이 다수의 추종자를 가진 방법들도 역시 있습니다.

가치명료화와 도덕적 소설 혹은 이야기 읽기와 같은, 도덕교육에 대한 다른 접근방법들은 비효과적이라는 것이 증명되었습니다. 가치명료화의 경우, 그러한 활동들이 도덕적, 인지적 능력들의 발달을 자극할 것이라는 것이 본래 희망이었습니다. 하지만 이러한 방법들은 추상적인 "가치들"을 토론하는 것이 도덕적 정서와 결정에 대한 검사와 같지 않다는 사실을 간과합니다. 따라서 끝내 두드러진 효과들은 나타나지 않았습니다(Leming, 1981). 도덕적 메시지를 전달하기 위해 쓰인 도덕적 이야기들을 읽는 방법은 유사하게 비효과적입니다(Narvaez et al., 1997; Leming, 2000).

KMDD에 관한 질문들

Q. 딜레마 토론은 효과가 있나요?

A. 그렇습니다. 블래트-콜버그의 딜레마 방법이 매우 효과적이라는 것이 확인되어 왔습니다(Lind, 2002; 8장 역시 참조). KMDD는 더 큰 효과 크기를 기록하면서, 훨씬 더 효과적입니다. 그러나 우리는 효과가 교사 훈련의 질에 달려있다는 점을 잊어서는 안 됩니다.

Q. 실제 이야기가 가상적인 이야기보다 더 낫습니까?

A. 제 경험상, 허구의 주인공들을 가진 "가상적인" 이야기들이 실제 사람의 결정에 관련된 이야기들보다 더 효과적입니다. 가상적인 이야기들은 실제 사람들이 관련되는 상황과는 반대로 가르침에 있어 최적화될 수 있기 때문에 더 효과적입니다. 수집된 증거를 기반으로 보면, 이야기에 대한 참여자들의 흥미는 이야기 내용의 중요성과 얼마나 흥미롭게 제시되어지는지에 달려 있습니다.

Q. 딜레마 토론 방법이 다른 방법들과 직접적으로 결합될 수 있습니까?

A. 그렇습니다. 몇 가지와는 결합이 가능한데, 모든 방법들과 결합되지는 않습니다. 딜레마 토론은 도덕 문제에 관한 진지한 숙고를 허락해야 합니다. 이 방법은 장난스러운 토론, 토론 대회 혹은 역할극과는 직접적으로 결합되어서는 안 됩니다. 왜냐하면 이러한 방법들은 KMDD의 효과를 저해할 위험이 있기 때문입니다. 예를 들어 토론 대회에서 무엇인가 사실이 아닌 것을 주장하는 것이 도움이 되기도 합니다. 하지만 이것은 높은 도덕적 역량의 증거가 아닙니다. 역할극 동안에 개인들은 자신이 실제로 가진 도덕적 입장과 다른 도덕적 정서들을 유발하는 상상적인 입장을 취합니다.

Q. 이 방법에서 바뀌거나 변경될 수 있는 것은 무엇입니까?

A. 이 문서에서 사용되는 중요한 목표들과 가르침의 원리들만 고수된다면, 각 분야 혹은 영역, 연령 그룹과 교육 목표의 요구사항들을 반영하기 위해서 KMDD의 맥락 내에서 몇 가지 변화들이 시도될 수 있습니다. 하지만 교사들이 수정을 시도하는 부분에 대한 충분하게 확고한 기반을 가질 때까지는 "정통적인" 형태로 먼저 적용하는 것이 바람직합니다. 변화 사항들은 항상 MCT와 함께하는 사전-사후 측정들에 의해 모니터링되어야 하고, 이 방법의 학습 효과를 줄여서는 안 됩니다.

Q. 얼마나 자주 교사들이 KMDD 모임을 실행해야 합니까?

A. 엄격한 규칙은 없습니다. 제가 알기로는 한 해에 한두 번의 모임이 측정 가능한 결과들을 성취하는 데 충분해 보입니다. 이것만으로도 전반적인 학교 생활과 관련해서 성공적이었습니다(교장 헹크의 인터뷰 참조, 10.3장). 더 많은 모임을 가지면, 추가적인 도덕적 역량의 증가는 점점 더 낮아집니다. 학생들과 교사들 역시 이 방법을 지겨워 할 수 있습니다. 게다가 사회에서 함께 생활하는 민주적인 방식을 장려한다는 관점에서, 선별된 몇 사람보다는 가능한 많은 사람들의 도덕적 역량을 증진시키는 것이 더 낫습니다.

Q. KMDD는 참여자들의 합리성을 강화하고 그들의 정서성을 줄이려고 노력합니까?

A. 절대로 그렇지 않습니다. KMDD는 이 두 가지 측면들의 더 나은 통합을 목표로 합니다. 도덕적 정서와 도덕적 역량 둘 모두 인간의 행위에 매우 중요합니다. "의분[義憤]", "도덕적 죄책감" 혹은 "공감"과 같은 도덕적 정서들이 너무 강하게 되면, 문제가 될 수 있습니다. 그러면 그것들이 사고 과정과 토론을 방해합니다. 다른 사람들에 대한 폭력과 자신에 대한 폭력은 사람들이

통제하지 못하는 그러한 강력한 혹은 상충되는 감정들 때문에 종종 일어납니다. KMDD 세션의 참여는 사람들이 그들의 감정들을 표현하거나 "육성"하는 데 도움을 주는 것으로 보입니다. 그러므로 KMDD 세션은 서로에게 적대적인 정서들(감정들)과 재치들을 쏟아내는 게 아니라, 이 두 가지를 개발하고, 통합하는 것입니다.

Q. 살면서 다른 사람들과 반대되는 자신의 주장을 해야 할 필요가 있는데, 학생들이 도덕적 역량을 연습하는 것이 바람직할까요?

A. 어떤 경우에는 다른 사람들과 반대되는 자신의 주장을 펼쳐야만 하는 것이 인생의 한 부분입니다. 하지만 경쟁은 단지 우리의 존재의 작은 부분만을 결정합니다. 오히려 번영, 복지 그리고 평화는 다른 사람들(심지어 적들)과 협동할 수 있는 우리의 능력, 그리고 가능한 모든 사람들에게 이익이 되고 해결책들이 가능한 오래 지속될 수 있는 방식으로 갈등을 협상하고 해결할 수 있는 우리의 능력에 더 크게 달려 있습니다(Kohlberg, 1992). 이 모든 것들은 우리가 어떻게 이러한 목표들을 성취할 수 있는지를 학습할 때, 다시 말해 우리가 높은 도덕적 역량을 가질 때에만 성취 가능합니다.

Q. 혼란을 피하기 위해서 자기주도적인 토론(탁구 경기에서 공을 주고 받기 하는 방식)을 토론자를 지정해서 진행하는 것이 더 낫지 않을까요?

A. 지난 20년 동안 저는 KMDD 모임을 여러 많은 문화권에서 다양한 배경을 가진 참여자들과 실시해 오고 있습니다. 모든 모임은 탁구식 규칙을 사용했습니다. 혼란의 징조를 본 적은 결코 없습니다. 몇몇 토론들은 매우 활발했을지라도, 모든 토론들은 질서정연했습니다. 때때로 참여자들은 탁구식 규칙을 잊어버립니다. 하지만 제가 그들에게 상기시키기도 전에, 종종 다른 참여자들이 그렇게 하죠. 제 경험상 학생 참여자들이 많은 교사들보다 더 공정

하기도 합니다. 그들은 아직 발언하지 않은 누군가가 손을 들고 있는지를 보기 위해 가끔 주위를 둘러보고 그들을 지명하죠. 가끔 두 명의 참여자들이 다른 사람들을 고려하지 않고, 서로를 반복적으로 지명할 수도 있죠. 그러면 교사는 그들의 주의를 아직 발언하지 않고 손을 들고 있는 다른 사람에게로 옮길 수가 있죠. 하지만 교사들이 너무 일찍 개입하면 안 됩니다. 이어지는 모임에서 참여자들은 빈번하게 문제를 토론하면서 자기규제를 합니다.

Q. 또래로부터 오는 압력 때문에 나오는 진실하지 못한 반응을 방지하기 위해서 참여자들이 익명으로 투표하도록 하는 것이 낫지 않을까요?

A. KMDD의 주요 학습 목표들 중 하나가 대중 속에서 공개적으로 자신의 의견을 나타내는 능력을 양성하는 겁니다. 그래서 공개 투표 제도는 이 방법의 중요한 요소입니다. 몇몇 참여자들은 그들이 어떻게 결정할지를 확신하지 못하거나, 자신의 의견을 공개적으로 표현했던 것에 대한 부정적인 과거 경험 혹은 그룹의 친구들이나 리더들과의 갈등을 피하고 싶어서 투표에 혐오감을 가지기도 합니다. 참여자들이 KMDD에 처음 참여한다면 투표를 하는 동안 한 손으로 눈을 가리게 하거나, 익명으로 투표를 하는 것도 도움이 됩니다. 하지만 제 경험상 참여자들이 투표를 하지 않는 경우는 드뭅니다. 대부분의 참여자들은 늦더라도 같은 교사와 함께 하는 두 번째 KMDD 세션에서는 투표에 대한 거리낌을 가지지 않습니다.

Q. 이야기들이 종종 꽤 흑백논리 방식으로 되어 있습니다. 주인공들의 결정에 더 많은 대안들을 추가하는 게 낫지 않을까요?

A. 우리는 인생에서 그러한 단순한 대안들을 가진 상황에 직면하죠. 의사가 말기의 여성에게 진통제의 과다복용을 처방할 것인가 안할 것인가와 같이요.

“상당히 죽은”이라는 것은 가능하지 않습니다.

KMDD 이야기의 결론에 대한 주된 이유는 교훈적인 기반에서 나옵니다. KMDD의 학습 효과에 관해 가장 중요한 부분은 이야기가 그 자체가 아니라, 그 뒤에 이어지는 의견이 상반되는 두 그룹들 간의 토론입니다. 만약 결론이 열려있거나 결정에 대한 두 가지 이상의 대안들이 존재한다면 이러한 토론은 일어나지 않습니다.

Q. 저는 딜레마 토론을 시도해 봤는데, 전혀 효과가 없었어요. 저는 이야기를 나누어주고 말했죠. “이것을 읽어 보세요. 그리고 토론하세요.” 학생들은 저를 바라만 보고 있었죠.

A. 저는 이해가 됩니다. 훈련받지 않은 교사들의 손에 있는 딜레마 스토리들은 좋아도 비효과적이고, 만약 이 이야기들이 매우 강력한 도덕적 감정들과 참여자들 사이에서 적대적인 토론을 유발한다면 잠재적으로는 문제가 될 수 있겠죠. 만약 참여자들이 이 모임은 교과과정에 의한 의무적인 것이고 자신들에게 학습기회를 제공하려는 의도가 없다고 느낀다면, KMDD 세션 역시 비효과적일 것입니다.

Q. 제가 딜레마 토론을 적용하는 것이 허가되기 전에 자격증을 따야하나요?

A. 아닙니다. 모든 사람들은 어느 시점에 경험을 얻어야 합니다. 그래서 훈련받는 사람들도 훈련 모임과 자격증 프로그램 중에 몇 번의 KMDD 세션을 수행합니다. 하지만 그들은 KMDD 트레이너와 대학 관리자들에 의해 지원을 받습니다. 만약 당신이 자격증을 취득하지 않았다면, 당신의 교육을 홍보하는데 “KMDD” 상표를 사용하는 것은 허락되지 않습니다.

Q. 어디에서 KMDD에 관한 최신 개발사항들을 알 수 있을까요?

A. 정기적으로 업데이트 되는 KMDD 웹사이트(http://www.uni-konstanz.de/ag-moral)에 방문하면 됩니다. 또한 KMDD 이메일 리스트에 등록할 수도 있는데, 당신은 관련된 모든 행사들과 훈련에 관한 정보를 받을 수 있습니다.

Q. 참여자들이 토론에서 극단적인 보수적, 성차별주의자 혹은 인종차별주의자적인 언급을 할 때 교사들은 개입할 수 있거나 개입해야만 합니까?

A. 이것은 어려운 질문입니다(11.1장의 예들 참조). KMDD의 기본적인 규칙은 참여자들이 그들의 의견을 자유롭게 표현할 수 있지만, 다른 사람을 판단(평가)하는 것은 허락되지 않는다는 것입니다. 다시 말해 개인들은 KMDD 세션에서 다른 사람들을 부정적으로(혹은 긍정적으로) 자격을 주거나, 평가해서는 안 됩니다. 만약 KMDD 세션에서 어떤 사람들이나 그룹의 사람들이 판단(평가)을 받는다면, 교사는 반드시 개입해야 합니다. 교사는 반드시 정중하되, 단호하게 "지금 KMDD의 규칙 1번이 위반됐습니다."라고 설명해야 합니다.

내가 KMDD 세션을 실시한 20년 이상의 기간 동안, 이 규칙을 알려야만 했던 필수적인 경우는 단 한 번이었습니다. KMDD와 같이 틀이 잡히고, 구조화된 방법이 제공된다면 심지어 매우 논쟁적인 토론들도 서로에 대한 존중을 보여주면서 잘 진행됩니다(11.1장 참조).

제 경험에 의하면, 교사는 첫 번째 규칙에 대한 위반이 일어날 때 참여자에게 상기시켜야 합니다. 왜냐하면 방관은 규칙 위반의 증가를 유발할 수 있는데, 이는 결국 멈추기 힘듭니다. 만약 교사가 후속 규칙 위반 후에 개입을 한다면, 학생들은 이렇게 질문할 것입니다. "왜 선생님은 나에게만 상기시키죠? 왜 선생님은 다른 학생들에게는 상기시키지 않고 넘어가는 거죠? 제가 싫은 가요?"

Q. KMDD 세션에서는 왜 해결책이 없는 이야기들만 토론하나요?

A. 비록 부정확하긴 해도, 공통된 주장이 한 가지 있습니다. 주인공들이 의사결정에 어려움을 겪는 이야기들이 선택되는 것은 사실입니다. 그렇지 않으면 딜레마는 성립될 수 없을 것이고, 이야기는 토론할 흥미로운 것이 안 됩니다. 하지만 딜레마가 해결될 수 있는가 없는가에 관한 질문은 대답될 수 없습니다. 이것은 우리 자신이 해결을 시도하기 전에는 확실히 알 수 없습니다.

빈번하게 KMDD 세션은 시작할 때만큼이나 논쟁적으로 끝이 납니다. 다시 말해 해결책에 대한 일치가 부족한 상태로 끝나는 거죠. 하지만 참여자들은 이것이 KMDD의 목적이 아니라는 것을 이해합니다. 내가 세션의 마지막에 참여의 혜택이 무엇이었는지를 물으면, 많은 학생들은 한 가지 혜택을 받은 결과를 볼 수 있습니다. "저는 이 문제에 대한 많은 상이한 의견들이 존재한다는 것을 배웠습니다." "만약 제가 정말 그러한 상황을 만난다면, 그것을 다룰 준비가 더 잘 될 것으로 느낍니다." "우리는 서로 싸우는 것 대신 분별력 있게 토론하는 것을 배웠습니다." "몇 가지 문제들은 제게 훨씬 더 명확해졌습니다." "저는 몇 가지 반대 주장들이 흥미롭다는 것을 발견했습니다."

Q. 교사는 토론에서 학생들의 지식이 부족할 때, 놓치고 있는 정보를 제공하거나 잘못된 정보를 수정해줘야 합니까? 교사는 이 지점에서 개입해야 합니까?

A. 아닙니다. 비록 교사가 대답이 사실상 잘못됐고, 자신이 정확한 정보를 안다고 확신할지라도, 개입하지 않는 것이 KMDD 세션의(그리고 그 장소에서!) 학습목표 달성을 위한 최선의 방법입니다. 그렇지 않으면 누가 옳고 그

른 것을 결정할 권리를 가졌는지에 대한 소모적인 토론이 진행될 수 있고, 이것은 이 경우의 도덕적 측면에서 벗어나는 일입니다. 만약 참여자들이 실제적인 문제를 함께 해결할 수 없다면, 교사는 모임의 끝에 "이 문제는 과목 수업에서 더 다루어져야 합니다."라고 지적할 수 있습니다. 나는 X에 대해서 제시된 것이 사실인지 모르겠습니다."). 혹은 참여자들이 문헌이나 인터넷 검색을 참고해서 질문을 연구할 수도 있습니다. 어쨌든 교사가 참여자들의 의견을 평가하는 일은 피해야 합니다. 더 중요한 것은 교사들은 참여자들이 토론에 참여했다는 것에 매우 즐거웠다는 것을 보여줘야 합니다.

Q. 특정 그룹에 맞추기 위해서 KMDD에 어떤 변화들이 허락됩니까? 이것의 효과성이 유지되기 위해서 바뀌면 안 되는 것은 무엇입니까?
KMDD 세션은 별 문제 없이 기간이 단축될 수 있습니까?

A. 안 됩니다.

Q. 연장될 수도 있습니까?

A. 그렇습니다.

Q. 참여자들은 KMDD 세션을 위해 특별히 준비되어야 합니까?

A. 아닙니다.

Q. 참여자들은 다양한 연령대이거나 이질적일 수도 있습니까?

A. 네, 그러한 구성이 참여자들에게 더 흥미로운 토론을 만들고, 현대 사회의 기능[functioning]을 위해 중요합니다. 교사들은 다양한 그룹들과 함께 하는 이런 종류의 모임들을 위해 훨씬 더 잘 준비되고, 훈련되어야 합니다.

Q. 모임의 끝에 참여자들은 딜레마에 대한 정확한 해결책에 동의해야만 합니

까?

A. 전혀 그렇지 않습니다. 그들은 합의에 이르러 끝낼 수도 있지만, 이것은 의무적인 것이 아닙니다. KMDD의 목표는 사람들에게 어떤 해결책을 설득하는 것이 아니라 그들에게 해결책을 찾고, 다른 의견들을 관용하는 권한을 부여하는 것입니다. 이것이 평화롭고, 비폭력적인 사회가 작동하는 방식입니다.

정의공동체 방법에 관한 질문들

Q. 우리는 모든 결정들을 학생들의 투표를 통해 내려야 합니까? 만약 학생들이 기존의 규정들을 위반하는 무엇인가를 학교 행정에 요구한다면 어떻게 하실 겁니까?

A. 물론 누군가가 학교 총회에서 토론의 대상이 되는 어떤 교칙이나 규정을 만들 수는 있습니다. 하지만 원칙적으로 학교는 교칙과 규정을 위반하는 결과를 초래할 사항을 투표에 부쳐서는 안 됩니다. 누군가 미리 학생들에게 결정을 위한 한계가 어디인지를 설명해야 합니다. 만약 모든 학교 구성원들이 참석한 모임에서 내려진 결정이 학교 행정에서 재고 뒤에 무효화되면 민주적인 공동체라는 아이디어는 심각한 차질을 겪게 됩니다.

Q. 아이들은 대개 성인들 보다 더 강력한 문장들을 사용합니다. 이것이 지나친 결과를 초래하지 않을까요?

A. 제가 아는 한, 이 접근 방법을 사용했던 학교 실험에서 과도한 판단들은 없었습니다. 오히려, 외부 관찰자들은 제안들의 합리성의 수준뿐만 아니라 많은 학생들의 열정적인 참여에도 불구하고, 총회에서의 정중함의 수준에 놀

랐다고 반복적으로 말합니다. 뒤렌의 구텐베르크 고등학교에서 그러한 모임에 참석했던 한 국회의원은 독일 의회의 국회의원들이 학생들의 모습을 따르기 원한다고 그 뒤에 내게 말했습니다.

Q. 여기 우리 학교에서는 교사 몇 분만이 참여하려고 합니다. 나중에 참여를 덜 원하는 동료 교사들을 설득해야 하는 경우에 정의공동체를 제대로 실행할 수 있을까요?

A. 우리의 프로젝트 '학교에서의 민주주의'(10.3장; Lind & Raschert, 1987)에서 우리는 처음에 학교들 중 몇 곳만을 설득해서 참여하게 할 수 있을 것이라고 생각했습니다. 하지만 거의 모든 학교들이 참여를 원하거나 적어도 프로젝트에 대한 공감적인 반응을 나타내는 것을 발견하고 매우 기뻤습니다.

아마도 우리가 강조했던 다음과 같은 몇 가지 요소들이 다른 프로젝트들과는 달리 높은 수용도를 가져오는 데 기여한 것 같습니다. (a) 학교에 제공된 두 가지 선택 가능한 교육 훈련 날짜에 대한 철저한 정보의 제공. 거기서 질문을 할 기회를 가지고 일반적인 우려들을 제거할 수 있었음, (b) 검사 기간에 대한 분명한 시간적 한계, 전체 팀의 재승인에 의해서만 계속될 수 있었음, (c) 실행되는 방법들이 관찰 하에 있다는 점의 명료화, 학교 자체는 전혀 관찰되지 않음. 정의공동체의 영향은 단지 학교의 한 부분으로만 제한되지 않을 것이다. 학교 교직원, 특히 교장과 행정실의 전체의 지지, 헌신 그리고 선의 없이 정의공동체를 실행하는 것은 거의 불가능하다. 몇 분의 교사들이 정의공동체 행사들을 조직하는 데 도움을 제공해야 하는 것도 역시 필수적이다(이 분들은 다른 의무들에서 해방된다). 우리의 경험상 학교의 모든 구성원들이 반드시 평등하게 프로젝트에 관여해야 하는 것은 아니다. 하지만 모든 사람들이 평등하게 정보를 제공받아야하고, 프로젝트에 참여할 수 있는 평등한 기회를 가져야 한다.

Q. 우리는 누군가가 도덕적으로 행동할 수 있도록 어떻게 자극할 수 있을까요?

A. 정답은 간단하지만 어렵습니다. 종종 사람들의 용기를 꺾지 않는 것으로도 충분합니다. 전부는 아니지만 대부분의 사람들은 그들의 유전자에 도덕적 이상들이 코드화되어 있습니다. 그러나 사람들은 너무 자주 이런 말을 듣습니다. "문자 그대로 받아들이지 마라!" "너는 좀 더 느긋하게 사물을 바라봐야 한다!" "너 그리고 너의 도덕성!" 하지만 질문이 "우리는 사람들이 정말 원하는 만큼 도덕적인 모습이 되도록 어떻게 도울 수 있을까요?"라면 대답 역시 힘들어집니다. 이것은 거의 모든 사람들에게 상당한 난제입니다. 너무 자주 우리는 모든 상상 가능한 결정들이 도덕적으로 잘못됐고, 우리가 상상할 수 있는 어떤 결정도 우리 자신의 도덕 원리들에 위반된다는 상황에 빠진 우리의 모습을 발견합니다. 그러한 상황들을 대처하기 위해 노력하는 것은 종종 숙고, 그리고 다른 사람들과의 대화 속에서 해결책을 발견하는 우리의 능력을 크게 요구합니다. 여기서 독자들은 당신의 친구인 사람들이 해결책을 찾을 시간을 주고, 인내심 있는 토론 파트너로서 그들 곁에 서 있음으로써 큰 도움을 제공할 수 있습니다. 때때로 그들이 당신에 의해 판단(평가) 받고 있다는 느낌 없이 개인적인, 정치적인, 도덕적인 문제들과 같은 인생의 중요한 것들에 대해서 당신과 말을 할 수 있다는 것만으로도 이미 그들을 돕고 있는 것입니다.

도덕 심리학, 교육 그리고 윤리학에 관한 질문들

Q. KMDD의 가치 기반은 무엇입니까? 많은 부모들, 교사들 그리고 참여자들이 도덕교육은 그들이 공유하지 않는 가치를 암묵적으로 전달할 수 있다고 두려워합니다.

A. 나도 이런 걱정을 합니다. 다른 접근법들을 읽다보면 도덕적 이상을 가진 사람들은 드물기 때문에 이러한 이상들이 그들에게 반드시 전달되어야 한다는 인상을 받습니다. 하지만 누구에 의해서죠? 저자들의 가치들은 독자들의 가치들보다 더 정당합니까? 나는 도덕교육에 관한 많은 책들을 읽어 왔는데 그 속에서 저자들이 어떤 가치들을 가르칠 필요가 있고, 이것이 어떻게 행해져야 하는지에 대해 장황하게 주장하는 것을 봅니다. 저는 가치나 도덕성을 가르쳐야할 필요성에 대해 잘 모르겠고, 이러한 방법들이 효과가 있고 더 나은 세상을 만든다는 설득력 있는 증거를 본 적도 없습니다. 그것이 제가 KMDD를 개발한 이유입니다. 이 방법의 목적은 사람들이 그들 자신의 도덕적 이상들과 가치들 혹은 뭐라고 이름 짓건 간에 그것에 따라 살 수 있는 능력을 배양하는 것이지, 그들이 저의 이상 혹은 다른 사람들의 이상에 따라 살도록 하는 것이 아닙니다.

하지만 물론 KMDD 역시 가치 기반은 가집니다. 저자인 나는 모든 사람들과 같이 자유, 평등 그리고 사람들 사이의 평화로운 협동과 같은 기본적인 도덕 원리들을 공유합니다(몇몇 정신적으로 장애가 있는 사람들은 예외로 하고). 특히, 나는 도덕적 역량과 그것의 가르침을 소중히 생각합니다.

Q. 하지만 누구나 역량을 배양하는 것을 원하지 않나요? KMDD가 특별한 것은 무엇입니까?

A. 저는 도덕교육에 대한 많은 다른 접근 방법들을 살펴 왔습니다. 블래트와

콜버그의 딜레마 토론 접근 방법을 제외하고는 도덕성의 역량 측면을 발달시키는데 초점을 맞춘 것은 거의 보지 못했습니다. 많은 책들에서 당신은 역량과 발달에 대해 어떤 언급도 볼 수 없을 것입니다. 몇몇 저자들은 역량이라는 용어를 사용하지만, 그것을 정의하지 않거나 혹은 사람들이 생각할 수 있는 모든 것을 포함하는 일반적인 방식으로 정의합니다. 이것은 대부분의 저자들의 관심이 무엇이 현실적인 문제인지, 왜 여러분이 도덕적 역량이 필요한지, 즉 (a) 많은 도덕 원리들이 연관되고, 도덕적으로 완벽한 결정이 불가능한 상황에서 의사결정을 내리고, (b) 구체적인 상황에서 도덕 원리가 의미하는 것이 무엇인지에 대해 혼자 또는 다른 사람들과 협상하는 것으로부터 벗어나려는 것으로 보입니다. 무엇이 해결책인가? 무엇이 자유인가? 얼마나 많은 불평등이 도덕적으로 정당화될 수 있는가?

Q. 도덕교육에는 많은 접근 방법들이 있습니다. 어떤 것이 효과적으로 작용하는지 제가 어떻게 알 수 있을까요?

A. 아주 좋은 질문입니다. 그리고 저는 왜 도덕 심리학자들과 교육 영역에서 이 질문을 더 자주 제기하지 않는지, 비판적인 검토를 할 수 있는 대답에 대한 더 많은 주장들을 다루지 않는가에 대해 궁금합니다. 여기에서는 이 질문에 대해 광범위하게 논할 수 없습니다. 연구가이자 교육자로서 내 직업에서 도움이 된다고 발견한 간단한 대답들을 드리겠습니다.

(a) 도덕교육에 대한 어떤 접근 방법이 기반을 두는 이론들은 간단하고 쉬워야 합니다. 간단하다는 것이 읽기 쉽다는 것을 항상 의미하지는 않습니다. 하지만 만약 모든 독자들이 열심히 노력한다면 표현된 생각들을 쉽게 이해할 수 있고, 비판적으로 검토할 수 있을 것입니다. 중세 철학자 오컴 William of Ockham(1287–1347)이 쓸데없이 개념들을 늘리지 말라고 요구한 것처럼 말이죠. 이 모토는 자연과학이 성공적으로 되는 데 도움을 줬습

니다. 반대로 도덕교육에 관한 책들은 엄청난(대부분 정의되지 않은) 개념들로 꽉 차있습니다. 그들은 단순함 대신 "복잡함"을 이론 구성의 목표로 설교합니다. 사람들은 저자들 자신이 말하고 있는 것이 과연 무엇인지를 알고 있는지 궁금해 합니다. 나는 두 가지 개념이면 충분하다는 결론을 내렸습니다. 도덕적 지향과 도덕적 역량입니다. 이것들과 나의 접근 방법을 설명하기 위해 필요한 몇 가지 추가적인 부수적 개념들은 이 책의 용어사전에 정의되어 있습니다.

(b) 만약 저자가 실행한 도덕교육의 성공을 설명하기 위해 "통계적 유의성"이라는 용어를 사용한다면, 사람들은 조심해야 합니다. 이 말보다 도덕심리학과 교육의 진보를 더 방해하는 개념은 없습니다. 이 말은 무엇인가 의미 있고, 중요하며, 효과가 크다는 평가가 실제로는 전혀 그런 의미를 담고 있지 않을 수 있다는 것입니다. 연구의 표본 크기가 충분히 클 경우, 표본 크기가 적정한지는 상관없이, 그 차이 혹은 변화를 수치상으로는 확인할 수 있다는 것을 의미합니다. 더 상세한 부분은 4장을 참조하세요. 새로운 이론의 "성공"을 위한 마지막 기준은 "이 이론이 정치적, 경제적인 힘이 없이도, 도덕교육의 효과적인 방법들과 교사 훈련을 가능하게 하는가?"라는 것입니다. 이 책에서 내가 보고했듯이 KMDD를 어떻게 사용하는가에 대해 학습한 교사들은 이것을 계속 사용하기 위하여 동기부여가 되거나, 강요될 필요가 없습니다. 그들은 즉시 이 방법의 교육적 가치를 보고 느낍니다. 왜냐하면 한 번의 모임 혹은 몇 번의 90분 세션만으로 눈에 띄는 효과가 나타나기 때문입니다. 반면에 다른 많은 프로그램들은 작은 효과가 성취되기 전에 30시간 혹은 그 이상의 적용 시간을 요구합니다. 좋은 연구 기반 외에, 이 성공을 위한 중요한 부분은 다른 프로그램들에서 종종 무시되는 철저한 교사들의 훈련입니다.

(c) 여러분이 "행위"에 관해서 읽을 때, 여러분은 저자들에게 그들이

정말 말하고 있는 바가 무엇인지를 물어야 합니다. 이것은 단순한 용어처럼 보이지만, 혼란스러울 수 있습니다. 한 편으로는 저자들이 종종 단순히 "행위하려는 의도"(이러한 상황에서 도와주시겠습니까?)를 의미할 때도 있습니다. 우리 모두가 알고 있듯이 도우려는 의도는 실제로 돕는 것과 같지 않습니다. 다른 저자들은 행위가 사람들이 자기 보고하는 것을 뜻한다고 봅니다. 하지만 우리 모두는 다른 사람들의 행위에 관해서뿐만 아니라 자기 자신의 행위에 관한 보고들이 왜곡된다는 것을 압니다. 과학자들에 의한 행위의 "객관적인 관찰" 역시 그들의 외재적인 기준들에 의해 종종 왜곡됩니다. 더 상세한 부분은 4장을 참조하세요. 반면에 많은 도덕 심리학자들은 설문지에 대한 대답과 같은 언어적 행위들을 비행위적인 것으로 여깁니다. 그래서 그들은 MCT가 행위적 실험이라는 사실을 쉽게 간과합니다. 한 번 생각해 봅시다. 심지어 정통 행동주의의 창시자인 왓슨도 그러한 구별을 거부했습니다(Watson, 1970). 그러나 그는 심리적인 성향들을 객관적으로 연구하는 것은 가능하지 않다고 섣불리 생각했기 때문에, 그의 행동주의는 비극적으로 실패했습니다. 피아제와 콜버그는 이 결론을 수용하지 않았고, 도덕적 성향들을 연구하기 위한 적절한 방법으로 임상 인터뷰 방법을 제안했습니다. 제 생각에 이 방법의 문제는 인터뷰하는 사람들의 주관성이 아니라, 편견의 여지를 너무 많이 남겨둔 채점 방식의 주관성입니다. 객관적인 MCT는 이 문제를 해결했습니다. 이것과 함께 도덕적 역량은 객관적인 기반 위에서 내재적인 기준들에 의해 구조적으로 측정될 수 있습니다.

(d) 새로운 접근 방법은 지금까지 성취되어 온 것에 기반을 두어야 하고, 이미 알고 있는 것을 재차 다시하기 위해 노력을 허비하면 안 됩니다. 이것은 우리가 전임자들이 생각했던 것을 무비판적으로 수용해야 한다는 것을 의미하지 않습니다. 이것은 우리의 생각이 어떤 실질적인 진

보를 이루었는지를 알기 위해서는 우리가 항상 우리 자신의 사고와 그들의 사고를 비교함으로써 우리의 사고를 검사해야 한다는 것을 의미합니다.

이것은 매우 많은 시간이 걸리는 노력을 필요로 합니다. 하지만 이러한 노력들은 정말 자세하게 들여다봐야하는 접근 방법의 선택에 있어 나의 첫 두 가지 대답들(a와 b)을 적용할 때 의미 있는 것이 됩니다. 이 책을 읽고 나서 알겠지만, 몇 가지 접근 방법들과 소크라테스(플라톤), 스피노자, 칸트, 피아제, 하버마스 그리고 콜버그와 같은 몇 명의 저자들은 탁월합니다. 이런 저자들의 글이 항상 읽기 쉽지는 않고, 모순과 일관되지 않은 사고가 없지는 않습니다(저는 어떤지?). 하지만 우리가 그들의 글에서 오류를 발견할 때조차, 우리는 그들의 글이 그러한 오류를 감지할 만큼 충분히 분명했다는 사실을 반드시 인정해야 합니다. 그들의 사고는 저 자신의 생각들을 개발하는 데 엄청나게 기여했습니다. 저는 많은 집중적인 토론의 기회를 가졌던 콜버그에게 큰 빚을 졌습니다. 그는 집중적으로 저의 지혜를 빌리려고 했고, 좋은 대답 없이는 저를 가게 내버려 두지 않았습니다. 그것이 제가 지속하고 있는 저의 작업에 대한 적극적인 관심이 되었습니다. 저는 신콜버그학파Neo-Kohlbergian가 아닙니다. 저는 그를 정신적인 리더로 생각하지 않으며, 위대한 과학자라고 봅니다. 그는 지난 세기의 가장 창조적이고 적절한 심리학자들 중 한 명이었습니다. 그를 통해 저는 도덕학moral science이 민주주의와 평화를 조성하려는 최고의 방식을 위한 끊임없는 노력이라는 것을 배웠습니다. 저는 존경하는 독자들도 역시 이 노력에 참여하기로 결정하신 것을 기쁘게 생각합니다.

Q. 도덕성에 관해서 사람들을 위해 당신이 가진 실용적인 조언이 있을까요?

A. 저는 동서양의 지혜로운 사람들로부터 얻은 조언 몇 가지를 가지고 있습니다.

- 대접받고 싶은 대로 남을 대접하라! 나에게 이 말은 무엇보다도 다른 사람들이 부도덕한 무엇인가를 했다고 우리가 느낄지라도 우리의 첫 번째 사고가 그들은 사악하다는 것이 되어서는 안 된다는 것을 의미합니다. 우리는 제재를 먼저 생각해서는 안 됩니다. 오히려 부정행위자들이 대개 잘못을 의도하지 않았다는 것을 먼저 생각해야 합니다. 그들이 먼저 거칠지 않은, 분명하고, 단호한 방식으로 깨달아야만 한다는 것을 먼저 생각하세요.

- 다른 사람들을 단순히 수단으로만 대하지 말고, 항상 목적으로 대하세요. 물론 문지기들은 당신을 위해 문을 열어줍니다. 그것이 그들의 직업입니다. 하지만 문지기도 역시 사람입니다. 제가 생각하는 특정한 경우에서는 그 분도 역시 두 소녀의 아버지였고 좋은 화가였습니다. 그는 다른 사람들이 없는 자정 무렵, 나에게 그의 그림들을 보여주었습니다. 저는 보고타에 있는 한 연립주택에서 저의 친구를 기다리는 동안에 그와 대화를 나누었습니다. 다른 사람이 문에 접근하자마자 그는 재빨리 그의 그림을 치우고는 문을 열기 위해 달려갔습니다. 그는 일할 때 그림을 그리면 안 된다고 제게 말해주었습니다.

- 다른 사람들로부터 배우고 스스로 생각하라! (칸트)

부록

[부록 1] 도덕적 역량 검사 도구(MCT)

[부록 2] KMDD 세션의 9단계

[부록 3] KMDD 세션을 위한 관찰지

[부록 4] KMDD 세션 기록

[부록 5] KMDD 워크숍

[부록 6] KMDD를 위한 교육적인 딜레마 스토리들

[부록 7] 관련 용어

[부록 1] 도덕적 역량 검사 도구(MCT)

〈노동자의 딜레마〉

한 공장에서는 명확한 사유도 없이 해고를 당한 일부 노동자들은 관리자가 CC-TV를 통해 그들을 불법적으로 감시했다고 생각하고 있다. 한편 관리자는 감시한 일이 없다고 강하게 부인하고 있다. 그 해고 노동자들은 노동조합을 통해서 관리자의 불법 행위에 대응하려고 해도 명확한 증거가 없어서 그렇게도 할 수 없었다. 이들을 돕기 위해 해고되지 않은 동료 노동자 두 명이 관리자의 사무실에 무단으로 들어가서 증거가 될 만한 녹화테이프를 훔쳐 나왔다. **이 내용과 관련하여, 아래의 ①, ②, ③번 질문 모두에 대해 해당칸에 √ 표시를 해주세요.**

① 귀하는 그 노동자들의 행동에 대해 어떻게 생각하십니까?

전혀 동의하지 않는다		←	→		적극 동의한다	
- 3	- 2	- 1	0	1	2	3

② 다음은 노동자들의 행동이 옳다는 판단의 근거들이다. 이에 대해 귀하는 어느 정도 수용할 수 있는지 점수를 부여해 주세요.	동의 안함			←	→				동의함
	-4	-3	-2	-1	0	1	2	3	4
1. 그들은 회사에 어떠한 손실도 끼치지 않았다. (1*)									
2. 공장 관리자가 먼저 법을 무시했으므로, 이로 인해 두 노동자들은 법과 질서를 유지하기 위해 그러한 행동을 했다. (4)									
3. 대부분의 다른 노동자들이 그들의 행동에 지지를 했고, 많은 사람들이 그들의 행동에 대해 기뻐했다. (3)									
4. 사람들 사이의 신뢰와 각 개인의 존엄성은 공장의 자치 규정보다 더 중요하다. (6)									
5. 공장 관리자가 먼저 부당한 행동을 했기 때문에, 두 노동자가 문을 부수고 들어간 행위는 정당화될 수 있다. (2)									
6. 두 노동자들은 공장 관리자의 불법적인 행위를 폭로할 길을 찾지 못했기 때문에, 차선책으로 그러한 행동을 선택했다. (5)									

③ 다음은 노동자들의 행동이 옳지 않다는 판단의 근거들이다. 이에 대해 귀하는 어느 정도 수용할 수 있는지 점수를 부여해 주세요.	동의 안함			←	→				동의함
	-4	-3	-2	-1	0	1	2	3	4
7. 만약 모든 사람들이 두 노동자들처럼 행동하게 된다면, 공장 내 법과 질서가 위협받게 될 것이다. (4)									
8. 재산소유권과 같은 기본적인 권리는 보다 보편적이고 명백한 원칙들에 근거하지 않고서는 함부로 침해될 수 없다. (6)									
9. 본인이 해고되는 위험을 감수하면서까지 다른 사람의 일에 관여하는 것은 지혜롭지 못하다. (2)									
10. 두 노동자들은 마땅히 합법적인 수단을 찾아야만 했다. 그들의 성급한 행동은 심각한 법률 위반이다. (5)									
11. 두 노동자들이 교양 있고 정직한 사람으로 평가받으려면, 물건을 훔치는 죄를 저질러서는 안 된다. (3)									
12. 두 노동자들은 본인들이 해고된 것이 아니기 때문에, 녹화 테이프를 훔칠 이유가 없다. (1)									

주: '*'표시의 ( ) 속의 숫자는 콜버그 도덕 발달 단계(유형)를 말함.

〈의사의 딜레마〉

말기 암 선고를 받은 한 여성이 있다. 이로 인해 그녀는 아무런 희망도 없이 하루하루를 살고 있다. 그녀는 끔찍한 고통에 시달렸고, 점점 허약해졌다. 모르핀과 같은 진통제를 너무 많이 투여하여, 거의 죽음에 이를 지경이었다. 이러한 고통의 와중에 그녀는 의사에게 단번에 죽을 만큼 모르핀을 투여해 달라고 간절히 요청했다. 그녀는 의사에게 자신은 더 이상 고통을 견뎌낼 수 없고 어차피 얼마 살지 못할 것이라고 말했다. 의사는 법률에 위배됨에도 불구하고 그녀의 간청을 들어주기로 했다. **이 내용과 관련하여, 아래의 ①, ②, ③번 질문 모두에 대해 해당칸에 √ 표시를 해주세요.**

① 귀하는 의사의 행동에 대해 어떻게 생각하십니까?

전혀 동의하지 않는다		←——→			적극 동의한다	
- 3	- 2	- 1	0	1	2	3

② 다음은 의사의 행동이 옳다는 판단의 근거들이다. 이에 대해 귀하는 어느 정도 수용할 수 있는지 점수를 부여해 주세요.	동의 안함	←——→							동의함
	-4	-3	-2	-1	0	1	2	3	4
1. 의사는 자신의 양심에 따라 행동을 했다. 그렇기 때문에 그 여자가 처한 특수한 상황은 환자의 생명을 연장해야 하는 의사의 의무에 결코 위배되지 않는다. (6)									
2. 오직 의사만이 그녀의 간청을 충족시켜 줄 수 있는 유일한 사람이었고, 그렇기 때문에 의사의 행위는 그녀의 소원을 존중한 결과였다. (5)									
3. 의사는 단지 그녀의 소원을 들어주었을 뿐이고, 그로 인해 발생하는 좋지 않은 결과에 대해 염려할 필요는 없다. (1)									
4. 여성은 어차피 암으로 인해 죽게 될 것이기 때문에, 그 의사가 그녀에게 진통제를 과다하게 투여한 것은 그렇게 심각한 문제는 아니다. (2)									
5. 의사는 결코 법률을 위반하지 않았을 뿐만 아니라 어느 누구도 그 여자의 생명을 구할 수 없었다. 그 의사는 단지 그 여성의 고통 시간을 단축시켰을 뿐이다. (4)									
6. 의사의 동료 의사들도 대부분 그와 같이 결정했을 것이다. (3)									

③ 다음은 의사의 행동이 옳지 않다는 판단의 근거들이다. 이에 대해 귀하는 어느 정도 수용할 수 있는지 점수를 부여해 주세요.	동의 안함	←——→							동의함
	-4	-3	-2	-1	0	1	2	3	4
7. 의사는 동료의사들의 신념과 반대되는 행동을 했다. 만약 동료의사들이 안락사(환자의 고통을 덜어주기 위해 인위적으로 목숨을 끊는 것)에 반대했다면, 의사는 그 여성의 간청을 들어주면 안 되었다. (3)									
8. 비록 누군가가 엄청난 고통으로 인해 죽음을 원할지라도, 생명을 지켜야 하는 의사의 본분을 망각해서는 안 된다. (5)									
9. 생명을 보호하는 것은 모든 사람들의 최상위의 도덕적 의무이다. 우리 인간이 안락사와 살인을 구별할 수 있는 명백한 도덕적 기준을 갖고 있지 않으므로, 어떤 사람의 생명을 직접적으로 끊는 행동을 해서는 안 된다. (6)									
10. 의사는 이 일로 인해 엄청난 어려움을 겪었다. 실제 다른 사람들도 이미 그와 같은 행동을 했다는 이유로 중대한 처벌을 받은 적이 있다. (1)									
11. 의사가 좀 더 여유를 갖고 기다리면서 그 여성의 죽음에 개입하지 않았더라면, 이 문제를 해결할 수 있었을 것이다. (2)									
12. 의사는 법률을 위반했다. 즉 안락사가 불법행위라는 것을 알았더라면 그 요청을 거절했어야 했다. (4)									

출처: 한글 검사 도구는 다음의 최초 표준안에서 일부 자구를 수정한 것임. 박균열, "도덕적 판단력 도구 MJT의 한국적 표준화 연구", 『윤리연구』, 제94호, 한국윤리학회, 2014, pp.249-275.

[부록 2] KMDD 세션의 9단계

날짜: 학년/연령대:

학교: 선생님:

보내는 사람: 받는 사람:

딜레마 스토리:

특별한 관찰사항(필요하다면 뒷면을 사용하세요).

세션 시작 전에 계획된 시간을 추가하세요. 필요하다면 세션 중에 수정하세요.

분	계획	수정	수업활동	교사 참고사항
0			X의 딜레마 스토리를 구두로 제시하세요.	분명하고 천천히 설명한다.
5			-하위 질문과 함께 제작된 딜레마 양식 배부 -학생들에게 혼자 조용하게 생각해보라고 당부 -나중에 토론할 기회가 있다고 공지	-메모할 시간을 충분히 준다. -다른 참여자들을 방해하지 않는다.
10			-전체 참여자들 앞에서 이야기에 문제나 딜레마가 조금이라도 포함되어 있는지를 명확하게 한다. -무엇이 딜레마라고 생각하는가?	모든 관점들과 인지된 측면들이 언급되도록 하세요.
20			-첫 번째 투표: X가 옳은 행동을 했는가, 아니면 옳지 못한 행동을 했는가? 손을 들어보라. -모든 참여자들에게 투표하게 한다: "실제 삶에서 우리는 흔히 선택을 해야만 한다."	-투표 결과를 칠판 혹은 스크린에 기록한다. -만약 투표를 원하지 않는 사람이 있다면, 그들에게는 다른 임무(예: 판서 등)를 부여한다.
25			-투표에 따라 반을 두 개의 그룹으로 나눈다. -3-4명으로 구성된 소그룹을 형성하게 한다. -주인공의 결정에 대한 그들의 입장을 지지하는 주장들을 모으게 한다.	-소그룹들이 3명 미만이 되지 않도록 하고, 4명을 초과하지 않도록 유의한다. -필요하다면 참여자들에게 다른 그룹으로 옮길 수 있도록 기회를 준다.
35			-학급 전체의 찬반 토론 -두 가지 기본 규칙을 설명한다.	-칠판에 토론을 메모할 조교를 뽑는다. -참여자들에게 #1 규칙은 힘들 수도

			#1 무슨 말을 해도 좋지만, 다른 사람을 부정적 혹은 긍정적으로 판단하면 안 된다. #2 주고받기식(탁구경기방식): 마지막에 말한 사람이 상대편에서 응답자를 고른다. -선생님은 규칙을 위반할 때만 개입한다.	있다고 공지한다. 규칙의 첫 번째 위반 시에 반드시 개입해야 한다(기다리면 안 되고 즉각 개입해야 함). 친절하게 상기시켜야 한다. 절대 고함치거나 벌을 주어서는 안 된다.
65			-제일 매력적인 반대 주장 선정하기: 학생들에게 다시 한 번 3-4명으로 구성된 소그룹을 형성하게 한다. -상대편의 주장들을 평가하게 한다: 어떤 주장이 제일 매력적인지 질문한다.	부정적인 대답들이 나오면 부드럽게 개입한다. "자 이제 다른 팀에 대해 긍정적으로 말할 기회를 가져야 합니다."
70			-반 전체 앞에서 모든 참여자들이 한 명씩 그들이 가장 맘에 드는 반대주장을 보고하게 한다. -개인별로 투표하게 한다.	-우선 어느 한 그룹부터 먼저 시작한다. -상대방에게 좋은 평가를 해보라고 얘기한다.
76			-결선 투표: "토론 뒤에, 이제 어떻게 투표할 거예요?"	칠판 혹은 스크린에 투표를 기록하세요.
80			-이 세션에서 무엇을 배웠나요? -그것은 가치가 있었나요? -이전에 이와 유사한 문제에 대해서 토론한 적이 있었나요?	이 부분을 위해 적어도 10분은 할애하라.
90			수업 종료	

주: 어떤 부분도 생략하면 안 됩니다. 만약 시간제한이 있다면, 선생님은 시간을 수정해서라도 어떤 단계도 생략되지 않도록 해야 합니다. KMDD를 적용하기 전에, KMDD 교사 훈련을 받을 것을 강력하게 추천합니다. http://www.uni-konstanz.de/ag-moral

[부록 3] KMDD 세션을 위한 관찰지

관찰자의 이름:	학교, 학년:
날짜:	교사:
보내는 사람:	받는 사람:
딜레마 스토리:	

지시사항: 한 그룹의(아래의 회색 영역) 관찰을 위해 다음의 측면들 중 하나를 선택하세요. 당신의 관찰내용을 주어진 부호를 사용해서 5분 간격으로 기록하세요. 각 관찰마다 한 줄만 사용하세요.

✓	부호	
활동 ☐	A0	수업에 아무도 관심을 보이지 않음
	A1	단지 몇 명만 관심을 보이고, 참여함(대답을 하고, 질문을 하세요)
	A2	학급 인원 절반 이상이 관심을 보이고, 참여함
	A3	모두 혹은 거의 모두가 관심을 보이고, 몇 명이 참여함
	A3+	모두 혹은 거의 모두가 관심을 보이고, 거의 모두가 참여함
존중 ☐	R0	다른 학생들이 말하는 것에 아무도 주의를 기울이지 않음
	R1	몇몇 학생들은 경청하지만, 모두는 아님
	R2	절반 이상의 학생들이 경청함
	R3	전체 혹은 거의 전체의 학생들이 경청함
	R3+	전체 혹은 거의 전체의 학생들이 경청하고, 다른 학생들에게 인용됨

관찰 그룹 (하나만 표시하세요):

☐ 전체 그룹 ☐ 처음에는 활발하지 않은 참여자들

☐ 찬성 그룹 ☐ 반대 그룹 ☐ 기타: ______________________

분	부호	메모(전체 세션 토론이 시작되면 작성하세요)
5		
10		
15		
20		
25		
30		

주: 관찰 기준은 다른 것으로 대체될 수 있습니다. 하지만 너무 많이 대체해서는 안됩니다.

[부록 4] KMDD 세션 기록

딜레마 스토리:
참여자들의 교육수준:
소속 기관:
주소:
선생님 이름: 일시:
특별한 메모:

흑판 / 스크린

찬성 투표:	1.	2.		반대 투표:	1.	2.	
칠판에 기록된 주장들							
참여자들에 의한 질문들:							
참여자들이 무엇을 배웠다고 말했는가?							
어떤 관찰자들이 참여했는가? 동료인가? 외부인인가?							
코멘트의 내용은 무엇인가?							

[부록 5] KMDD 워크숍

※ 당신 자신의 교육적 딜레마 스토리를 3단계로 써 보세요.

<table>
<tr><td>단계①: 다음의 조언을 먼저 읽으세요.</td><td>단계②: 당신의 이야기를 여기에 쓰세요.</td></tr>
<tr><td>1. 짧게! 당신의 이야기는 오른쪽 공간에 알맞아야만 합니다(단계②).
2. 친구에게 말하듯이 당신의 이야기를 하세요. 쉬운 언어를 사용하세요
3. 가상의 주인공을 만드세요(딜레마를 겪는 주인공). 그 혹은 그녀의 이름을 언급하세요. 현실의 인물을 사용하세 마세요.
4. 단 한 명의 주인공 X만 있어야 합니다. 만약 다른 사람들을 언급해야 한다면, 그들에게 “그의 선생님”, “그녀의 어머니”와 같은 일반적인 묘사를 사용하세요.
5. 부담: X는 어떤 시간 안에 결정을 내려야 하는 부담을 갖고 있습니다. 기다림과 같은 쉬운 방법이나, 기술적인 해결책을 기대할 수는 없습니다.
6. 어떻게든 X는 딜레마에 빠져서 결정하기 쉽지 않음을 보여줍니다. 예를 들어 그 혹은 그녀가 “망설이거나” “숙고한다” 등
7. 이야기는 반드시 어떤 선택에 대해 찬성 혹은 반대의 분명한 결정으로 마무리되어야 합니다(질문이나 X의 결정 결과에 대한 정보로 끝나서는 안 됩니다). 청중들로부터 팽팽한 투표 결과를 얻기 위해서 X가 주류에 반대되는 결정을 하도록 허용하세요.
8. 검토: 당신의 이야기에서 뺄 부분이 있는지 철저하게 검토하세요. 짧을수록 좋습니다.</td><td>주인공 (X)의 이름: (당신의 머릿속에 있는 사람의 진짜 이름을 사용하지 마세요! 이름 혹은 성과 이름을 제시하세요.)

이것이 그 혹은 그녀의 문제이다: (곤경, 진퇴양난, 궁지, 딜레마, 역경... ...; ‘딜레마’라는 단어를 조심해서 쓰세요)

결정: X는 ~을 하기로 결정했다.</td></tr>
<tr><td colspan="2">단계③: 당신의 학습 파트너에게 물어보세요. X가 딜레마에 처했다고 생각하세요? 이 이야기에서 그게 느껴지나요? □ 네, 분명하게 □ 네, 약간 □ 아니오
왜 X는 망설였지요? 무엇이 그 혹은 그녀의 머릿속에 떠올랐다고 생각하세요.</td></tr>
</table>

주: ‘교육적인’ 딜레마 스토리는 듣는 사람들이 딜레마를 느끼고, 그것에 대해 생각하며 토론하게 자극하는 이야기입니다.

[부록 6] KMDD를 위한 교육적인 딜레마 스토리들

다음의 교육적인 이야기들은 KMDD 세션들을 위하여 개발되어 왔다. 모두 여러 번 수정되었고, 임상을 기반으로 계속적으로 수정될 것이다. 나는 적절한 훈련 없이 KMDD 세션을 실시하지 않을 것을 권고한다. 세션 동안에 강력한 도덕적 정서들이 발생할 수도 있는데, 이것들이 잘못 다루어지면 참여자들에게 해를 끼친다. 나는 교사들이 참여자들의 필요에 적합하고, 교과과정에 맞는 그들 자신의 딜레마 스토리들을 개발할 것을 또한 추천한다. 이 목적을 위하여, 당신은 이전 페이지에서 딜레마 스토리를 작성하는 것에 대한 지침을 확인할 수 있다. 더 상세한 부분은 6장에서 볼 수 있다. 아래에 제시된 설명은 몇 가지 중요한 원리들을 보여주지만, 필요 이상의 집중적인 연구를 제공하지는 않는다.

이후 페이지들에서 소개하는 이야기들뿐만 아니라 여러분 자신의 이야기도 여러 방식으로 변환될 수 있다.

- 주인공의 성: 참여자들이 특정한 문제에 관한 성 역할을 토론하기 위하여 자극되어야 할 때.
- 비행의 심각성(훔쳐간 물건의 가치, 피해의 규모 등)
- 결정의 방향: 만약 주인공들의 결정에 호의적인 주장들이 너무 많으면, 모든 혹은 거의 모든 참여자들이 한 방향으로 투표할 수도 있고, 논쟁적인 토론을 위한 전제조건인 찬반 그룹이 만들어지지 않을 수도 있다. 대체로 가장 흥미로운 토론은 주인공이 법과 상식에 반하는 결정을 할 때 유발된다. KMDD 교사는 그러한 행위와 그것에 대한 적합한 이유를 야기하는 토론에 적합한 이야기를 제시해야 한다.
- 전체 이야기가 다른 나라, 다른 근무 환경, 혹은 다른 시대로 바뀔 수 있다. 이것은 참여자들이 도덕적 정서의 수준을 최적의 학습 영역 내에 유지할 수 있는 기회를 KMDD 교사에게 제공한다(6장 참조).

▶ 주인공: 주인공은 항상 그들의 이름 혹은 이름과 성으로 소개되어야 한다. 이름은 자주 언급되어야 한다. 다른 등장인물들은 이름이 아니라 그들의 범주 혹은 역할로 이름 붙여져야 한다(예: "친한 친구" 혹은 "탐정").

[부록 6-2] 수잔의 쇼핑

수잔은 친한 친구와 백화점에서 윈도우 쇼핑을 하고 있다. 그들은 서로 다른 드레스들을 살펴본다. 그녀는 친구가 탈의실에서 손에 블라우스를 가지고 있는 것을 본다. 잠시 뒤 그녀는 친구가 탈의실 밖으로 나오는 것을 본다. 친구는 손짓으로 오라고 하더니, 그녀의 코트 안에 블라우스를 잠깐 보여주고는 재빨리 가게를 나간다. 수잔이 가게를 나가려고 할 때, 가게 보안요원이 그녀를 붙잡는다. 수잔은 단지 친구와 가게에 함께 온 것뿐이었다. 그 보안요원은 그 여자가 누구인지 말해 달라고 하면서, "그 여자가 블라우스를 훔쳤어요. 당신은 그녀의 이름을 말해야 해요. 그렇지 않으면 당신은 절도범죄를 도운 혐의로 처벌받게 될 겁니다."라고 위협했다. 수잔은 몹시 당혹스러워 하며 망설인다. 결국 그녀는 자신의 친구 이름을 말하지 않기로 결정한다.

수잔에게 이 결정은 얼마나 어려웠다고 생각하는가? (숫자로 표시할 것)

매우 쉬움 0 +1 +2 +3 +4 +5 +6 매우 어려움

그렇게 생각한 이유는 무엇인가? 한번 적어보세요.

▶ 제목: 제목은 이야기를 확인하기 위해 필요하다. 교사가 제목을 참여자들에게 읽어 줄 필요는 없다. 문제 혹은 딜레마를 제시하지 말라. 문제 혹은 딜레마는 항상 보이는 사람의 눈에 존재하는 것이다

▶ 주인공의 상황은 빠른 결정을 요구해야 하고, 이 결정은 지연될 수 없다.

▶ 주인공의 행위는 그들이 딜레마를 겪고 있다는 것을 보여줘야 한다. 이후 그들이 어떤 딜레마를 느꼈는지에 대해 학급에 질문할 수 있다.

▶ 이야기는 반드시 분명한 결정으로 끝나야 한다. 그러고 나서 그 결정이 옳았는지 혹은 틀렸는지에 대해 학급에 질문할 수 있다.

[부록 6-1] 숀은 소녀들을 좋아하지 않는다. 하지만…

숀은 10살이고, 소녀들을 좋아하지 않지만, 한 소녀는 좋아한다. 그는 오늘 저녁에 있을 그의 생일 파티에 그녀를 초대하고 싶다. 하지만 그는 그녀를 감히 초대할 수가 없다. 그는 다른 친구들이 "숀은 사랑에 빠졌데!" 라고 놀릴까봐 두렵다. 숀은 그녀에게 말하려고 애쓴다. 하지만 쉬는 시간 동안 다른 친구들이 그녀의 주변에 가득하고, 학교에서는 휴대폰이 허락되지 않기에 그는 휴대폰을 집에 두고 왔다. 숀은 몰래 그녀에게 쪽지 편지를 보내서 방과 후에 만나고 싶다고 말한다. 방과 후, 그녀가 자신에게 다가오는 것을 보면서, 그의 심장은 미친 듯이 뛰기 시작한다. 그는 돌아서서 도망쳐 버린다.

어떻게 생각하는가? 도망치는 결정은 숀에게 쉬웠을까? 어려웠을까?
(숫자로 표시할 것)

매우 쉬움 0 +1 +2 +3 +4 +5 +6 매우 어려움

그렇게 생각한 이유는 무엇인가? 한번 적어보세요.

[부록 6-2] 수잔의 쇼핑

수잔은 친한 친구와 백화점에서 윈도우 쇼핑을 하고 있다. 그들은 서로 다른 드레스들을 살펴본다. 그녀는 친구가 탈의실에서 손에 블라우스를 가지고 있는 것을 본다. 잠시 뒤 그녀는 친구가 탈의실 밖으로 나오는 것을 본다. 친구는 손짓으로 오라고 하더니, 그녀의 코트 안에 블라우스를 잠깐 보여주고는 재빨리 가게를 나간다. 수잔이 가게를 나가려고 할 때, 가게 보안요원이 그녀를 붙잡는다. 수잔은 단지 친구와 가게에 함께 온 것뿐이었다. 그 보안요원은 그 여자가 누구인지 말해 달라고 하면서, "그 여자가 블라우스를 훔쳤어요. 당신은 그녀의 이름을 말해야 해요. 그렇지 않으면 당신은 절도범죄를 도운 혐의로 처벌받게 될 겁니다."라고 위협했다. 수잔은 몹시 당혹스러워 하며 망설인다. 결국 그녀는 자신의 친구 이름을 말하지 않기로 결정한다.

수잔에게 이 결정은 얼마나 어려웠다고 생각하는가? (숫자로 표시할 것)

매우 쉬움 0 +1 +2 +3 +4 +5 +6 매우 어려움

그렇게 생각한 이유는 무엇인가? 한번 적어보세요.

[부록 6-3] 탐과 그의 절친한 친구

탐은 정말 어떻게 해야 할지 모른다. 그는 파티가 끝나고 그의 친구에게 너무 많이 마셨으니 집까지 운전하지 말라고 했다. 하지만 그 친구는 그의 말을 듣지 않았다. 그들은 집으로 오는 길에 중앙선을 침범했고, 차 한 대와 접촉했다. 그들은 계속 갈 수도 있었지만, 그 차가 길을 벗어나더니 전복되는 것을 백미러로 보았다. 탐은 친구에게 멈추고 도와주라고 다그쳤다. 하지만 친구는 그러지 않았다. 다음 날 아침, 탐은 뉴스에서 그 차의 운전자가 아주 나쁜 상태라는 것을 들었다. 그 운전자는 죽을 수도 있으며, 경찰은 목격자를 찾고 있는 중이다. 탐은 그의 친구에게 경찰에 전화하라고 재촉한다. 하지만 그의 친구는 그에게 누구에게도 말하지 말아달라고 부탁한다. 그는 아픈 부모와 자신의 동생들을 부양하기 위해 반드시 필요한 트럭 운전사로서의 직업을 잃을 지도 모른다. 탐은 불안하다. 그는 어떻게 해야 하는가? 마침내 그는 목격자로 나서지 않기로 결심한다.

어떻게 생각하는가? 탐에게 이 결정은 얼마나 어려웠을까? (숫자로 표시할 것)

매우 쉬움 0 +1 +2 +3 +4 +5 +6 매우 어려움

그렇게 생각한 이유는 무엇인가? 한번 적어보세요.

[부록 6-4] 크리스틴의 꿈의 직업

크리스틴의 꿈은 실현될 것 같았다. 그녀는 어렸을 때 해외의 국제기관에서 근무하는 것을 꿈꿨었다. 단지 몇 달만 있으면, 그녀는 번역사로서 석사학위를 취득할 것이다. 또한 그녀의 배우자는 이미 해외에서 훌륭한 연구 직책을 제안 받았다. 하지만 그녀는 지금 임신 중이다. 그녀는 항상 아이들을 갖고 싶었지만, 지금은 아니다. 그녀는 우선 자신의 연구를 마친 후에 직업을 가지고 싶다. 만약 그녀가 아이를 낳는다면, 그녀는 직업을 갖기 어려울 것이고, 병원치료를 위해 집에 머물러야 할 것이다. 그녀의 배우자는 그 제안을 거절할 수 없다고 하며 그녀도 함께 가기를 원한다. 그녀의 부모들은 종교인이고 낙태를 강력하게 반대한다. 그녀는 곧 결정해야 한다. 그녀는 잠 못 드는 밤을 보낸다. 결국 그녀는 아이를 포기하기로 결정한다.

크리스틴에게 이 결정은 얼마나 어려웠다고 생각하는가?(숫자로 표시할 것)

매우 쉬움 0 +1 +2 +3 +4 +5 +6 매우 어려움

그렇게 생각한 이유는 무엇인가? 한번 적어보세요.

[부록 6-5] 빌의 멋진 생각

빌은 큰돈을 벌 수 있었다. 하지만 그의 결정은 옳았을까? 그는 정보 과학을 공부한다. 학점을 모두 이수했지만, 논문과 씨름하고 있다. 그는 일을 해서 생활비를 벌어 스스로 먹고 살아야 했기 때문에 시간이 부족하다. 갑자기 그는 모든 것이 바뀌어서 상황이 더 나아질 수 있는 기회를 갖게 된다. 그의 친구가 그에게 논문을 수정해 달라고 부탁한 것이다. 그의 친구는 재미로 공부한다. 공부를 마치고 나면, 그는 먼 나라에 있는 자기 집으로 돌아갈 것이다. 그의 친구 부모는 부자다. 그들은 이미 아들에게 좋은 직업을 구해 주었다. 빌이 그의 친구의 논문을 읽을 때, 그는 전율을 느꼈다. 분명히 그의 친구는 상당히 가치 있는 알고리즘을 발견한 것이다. 빌은 그 때 기막힌 아이디어가 떠올랐다. 그는 이 알고리즘을 사용하여 어떤 프로그램을 적어서 그것을 소프트웨어 회사에 제공한다. 그리고 그는 그것이 마치 자신의 것인 척 한다. 시연은 매우 성공적이었고, 만약 그 회사에 "그의" 알고리즘을 사용하게 한다면, 그는 연봉이 높은 직업을 제공받게 된다. 빌은 그 날 저녁에 잠을 잘 이룰 수 없었다. 다음 날, 빌은 계약서에 서명하기로 결정한다.

이 결정은 빌에게 쉬웠을까? 어려웠을까? (숫자로 표시할 것)

매우 쉬움	0	+1	+2	+3	+4	+5	+6	매우 어려움

그렇게 생각한 이유는 무엇인가? 한번 적어보세요.

[부록 6-6] 16세 소녀 라라

라라는 16세이고, 가난한 나라에서 산다. 그녀는 훈련을 받지 못했고, 직업을 얻을 수도 없다. 이미 많은 실업자들이 있기 때문이다. 심지어 그녀의 부모들도 직장이 없으며, 그녀의 동생들은 일해야 하고, 학교에 갈 수가 없다. 어느 날, 한 의사가 그녀에게 와서 그녀가 큰 제약회사 그룹에서 근무한다고 말한다. 그들은 생명을 구하는 신약을 개발하기 위해 배아 줄기 세포가 필요한 실정이다. 라라는 큰돈을 벌 수 있고, 그 돈으로 전체 가족을 부양할 수 있으며 교사가 되기 위한 교육을 받기에도 충분하다. 그 대신 그녀는 5년 동안 해마다 한 번씩 인공수정을 해서, 회사에 그녀의 배아를 넘겨주어야 한다. 그녀는 매우 당혹스럽다. 라라는 이틀간 생각할 시간을 달라고 요구한다. 마침내, 그녀는 계약서에 서명한다.

라라에게 이 결정은 얼마나 어려웠다고 생각하는가? (숫자로 표시할 것)

매우 쉬움 0 +1 +2 +3 +4 +5 +6 매우 어려움

그렇게 생각한 이유는 무엇인가? 한번 적어보세요.

[부록 6-7] 잭 밀러의 사업성 높은 발견

잭 밀러는 기자회견에 사장과 함께 하라는 요구를 받는다. 잭은 화학자이고, 큰 비료회사의 개발부서의 장이다. 최근에 그 회사는 엄청난 손실을 입었다. 수백 명을 해고할 계획이 세워져 있었다. 자신의 위치도 위기에 처해 있다. 그와 아내 그리고 세 명의 아이들은 이제 막 새로운 집으로 이사했다. 잭은 기자회견에서 그의 발견이 회사를 다시 흑자로 전환시킬 수 있다고 말해야 했다. 하지만 그는 새로운 제품이 엄청난 양의 유독성 쓰레기를 만들 것이라는 점도 역시 발견했다. 잭은 이 사실을 그의 사장에게 말했지만, 사장은 쓰레기의 온전한 처리를 거절했다. 처리 비용은 모든 이익을 상쇄할 것이고, 회사가 공장 문을 닫는 것을 막지 못 할 것이다. 그들은 인근 강에서 쓰레기를 몰래 처리할 것이며, 잭은 누구에게도 이에 대해 말해선 안 된다. 한 기자가 잭을 보면서 신제품에 어떠한 부작용이 있는지를 묻는다. 잭은 무엇을 말할지 고민한다. 그는 심각한 부작용이 있다는 것을 인정하기로 결정한다.

이 결정은 잭이 내리기에 쉬운 것이었을까? (숫자로 표시할 것)

매우 쉬움 0 +1 +2 +3 +4 +5 +6 매우 어려움

그렇게 생각한 이유는 무엇인가? 한번 적어보세요.

[부록 6-8] 어니스트와 샬럿의 아이

어니스트와 샬럿 로젠버그는 둘 다 30대이다. 그들은 그들의 물류회사를 통해 꽤 많은 돈을 벌었다. 하지만 그들은 꽤 행복하지 않으며, 그 이유가 단지 키가 작기 때문이 아니다. 그들이 어렸을 때, 그들은 많은 괴롭힘을 당했다. 하지만 지금 그들은 교회 공동체에서 존중받는 구성원들이다. 이보다 그들은 아직 아이를 가질 수 없어서 행복하지 않다. 어니스트와 샬럿은 인공수정의 조언을 위해 병원에서 상담을 받는다. 검사 뒤에, 의사는 그들에게 두 배로 좋은 소식을 전한다. 그들이 아이를 가지는 데 도움을 줄 수 있고, 심지어 그들의 유전자(DNA)를 바꾸어서 그들의 아이가 정상적인 신장으로 자랄 수도 있다고 한다. 새로운 발견들이 이것을 가능하게 한다. 법으로도 허용된다. 어니스트와 샬럿은 고민을 위해 며칠의 시간을 요구한다. 마침내 그들은 DNA 조작을 위한 동의 서약서에 서명한다.

어니스트와 샬럿이 DNA 조작에 동의하는 것이 얼마나 어려웠을까? (숫자로 표시할 것)

매우 쉬움 0 +1 +2 +3 +4 +5 +6 매우 어려움

그렇게 생각한 이유는 무엇인가? 한번 적어보세요.

[부록 6-9] 판사 스타인버그

헨리 스타인버그는 다른 나라의 고등법원 판사이다. 그는 주말을 즐길 준비가 되어있다.

하지만 한 시간 전에, 정보기관의 장이 그에게 테러 조직이 폭탄테러를 계획하고 있다는 증거를 가지고 있다고 말했다. 그들은 많은 사람들을 죽일 계획이며, 잔인하기로 유명하다. 정보기관은 그들의 리더들 중 한 명을 붙잡았는데, 어린 여성이다. 그러나 그녀는 아무런 말도 하지 않는다.

정보기관은 심하게 압박한다. 테러는 언제라도 일어날 수 있다. 그는 판사에게 그녀가 말을 하도록 고문을 할 수 있게 해달라고 부탁한다.

헨리는 기관장에게 생각할 시간이 필요하다고 말했다. 그리고 전화하겠다고 했다.

시간이 되었을 때, 그는 용의자 고문 허가를 내주기로 결정한다.

이 결정이 헨리 스타인버그에게 쉬웠을까? 어려웠을까? (숫자로 표시할 것)

매우 쉬움 0 +1 +2 +3 +4 +5 +6 매우 어려움

그렇게 생각한 이유는 무엇인가? 한번 적어보라.

[부록 6-10] 존의 첫 번째 임무

존은 젊은 경제학자이며, 주 정부에서 근무한다. 그는 최근에 결혼했고, 한 명의 아이가 있다. 사실 그는 그의 첫 직업에 만족한다. 어제 그의 상사는 그에게 그 주에 있는 장애인들을 돕기 위한 큰 프로젝트의 평가를 맡겼다. 하지만 그는 이 임무가 싫다. 마감일이 이번 주말이다. 존이 올바른 판단을 내리기 위해 충분한 데이터를 수집하는 것은 불가능하다. "걱정하지 마" 그의 상사가 그에게 말했다. "할 수 있는 만큼의 데이터만 수집해, 그리고 빈 공간은 가상의 데이터로 채워 넣어. 만약 우리가 마감일을 넘기면, 자금은 다른 주로 넘어갈 거야, 그 자금은 우리와 너를 위해 꼭 필요한 거야. 만약 네가 이 일을 계속하고 싶다면 말이지." 지난 밤 존은 잠을 잘 수가 없었다. 마침내 그는 가상의 데이터를 사용하기로 결정한다.

존이 이 결정을 내리는 것이 얼마나 어려웠을까? (숫자로 표시할 것)

매우 쉬움 0 +1 +2 +3 +4 +5 +6 매우 어려움

그렇게 생각한 이유는 무엇인가? 한번 적어보라.

[부록 7] 관련 용어

정서적 측면

이것은 자극이나 사건의 패턴에 대한 한 개인의 반응 패턴에서 나타나는 것으로 '행동의 지향(내용)'을 가리킨다. 관련 개념으로는 도덕적 태도, 가치, 동기 등이 있다.

인지적 측면

이것은 자극이나 사건의 패턴에 대한 한 개인의 반응 패턴에서 나타나는 것으로 '역량(구조)'을 가리킨다. 도덕적 역량을 참조하라.

주제정의형 도덕적 판단력 검사 도구(DIT)

DIT는 제임스 레스트(1979; 1986)에 의해 개발되었다. DIT P-점수는 "도덕적 결정을 내리는 과정에서 원리화된 도덕적 고려들에 주어진 상대적인 중요성으로 해석된다(Rest, 1979: 101)." "P-점수는 피험자가 '원리화된' 항목들(5, 6 단계들의 항목들)을 가장 중요한 것으로 고려하는 정도를 나타낸다(Rest & Narvaez, 1991: 234)."

도덕적 행위의 이중측면 모델

도덕적 행위는 두 가지 측면들에 의해 정의되고 묘사된다. 도덕적 지향과 도덕적 역량이 그것이다. 이러한 행위의 측면들은 반드시 서로 분명하게 구별되어야 한다. 왜냐하면 이것들은 본질적으로 다르며 반드시 다르게 측정되어야하기 때문이다. 이것들은 상이한 기원을 가지며, 교육과 치료요법에서 다르게 다루어질 필요가 있다.

하지만 이 측면들은 서로 분리되거나 행위로부터 분리될 수는 없다. 이것들은 구성요소가 아니다.

인용문구: "행위가 그것의 인지적인 측면에서 연구될 때, 우리는 그것의 구

조(structures)에 관심을 가진다. 행위가 정서적인 측면에서 고려될 때, 우리는 그것의 에너지론(혹은 경제학)에 관심을 가진다. 이 두 가지 측면들이 단일한 한 가지 측면으로 환원될 수 없는 반면에, 서로 분리할 수 없고 상호보완적이다. 이런 이유로, 우리는 ... ... 이것들 각각의 발달에서 현저한 유사성을 발견한다(Kohlberg, 1958: 21)."

"일련의 도덕성에 관한 형식적인 기준의 관점에서 도덕적 행위, 태도 혹은 개념의 체계적이고 일반적인 관찰은 ... ... 한편으로는 '도덕적 지식이나 신념'과 다른 한편으로 '도덕적 행위나 동기' 간에 통상적인 간단한 구별을 넘나든다. 왜냐하면 도덕적 행위나 태도는 순수하게 인지적인 혹은 순수하게 동기적인 기준에 의해 정의될 수 없기 때문이다(Kohlberg, 1958: 18)."

도덕적 행위의 이중 층위 모델

이 모델은 도덕적 행위의 이중 측면 모델에 의해 설명되는 '사고와 행위의 무의식적인 층위'와 '언어적 추론과 숙고의 의식적인 층위'로 구성된다. 여전히 어떻게 이 두 가지 층들이 관련되는지는 대체로 알려져 있지 않다. 피아제는 이렇게 가정한다. "아이의 언어적 사고는 의식으로의 진보적인 이동, ... 혹은 행동에 의해 형성된 스키마에 대한 의식적인 자각으로 구성된다. 그러한 경우에 언어적인 사고는 단순히 구체적인 사고보다 뒤쳐진다(Piaget, 1965: 117)."

도덕 발달에 관한 교육이론

나는 도덕 발달의 유전적 이론들(타고난 도덕성, 발달 단계의 불변의 계열성) 그리고 사회화 이론들(문화, 하위문화, 국가 혹은 종교적 도그마들에 의한 도덕적 성향들의 각인)에 대한 대안으로 도덕적 민주적 역량을 설명, 예측 그리고 양성하기 위하여 도덕 발달에 관한 교육이론을 제안해 왔다(Lind, 2002). 이론의 핵심 가정들은 다음과 같다.

1. 기본적인 도덕적 지향들은 타고나는 것이고, 가르칠 필요가 없다.

2. 도덕적 역량은 태어나면서 기본적인 것으로 존재하지만, 인생에서 조우하는 도덕적 과제들의 어려움과 복잡함에 대처하기 위해 반드시 발달되어야 한다.

3. 도덕적 역량은 도덕적 과업들(예를 들면, 딜레마, 문제, 갈등, 곤란함 등)에 대처하는 것을 통해서 성장한다. 비록 이러한 과업들이 힘들긴 하지만, 과도하게 어렵지는 않다. 만약 이러한 것들이 과도하게 어렵거나 정서적으로 장애가 있고, 어떠한 지원도 제공되지 않는다면, 학습은 일어나지 않는다. 이러한 과업들을 회피함으로써, 장차 도덕적 학습은 방해 받을 수도 있다.

4. 현대의 산업화된 사회에서 아이들을 위한 도덕 학습 기회들은 빈약해져왔기 때문에, 그러한 기회들은 학교, 대학 그리고 대중 매체와 문화 행사들을 포함하여, 다른 교육 기관들에 의해 제공되어야만 한다.

KMDD

KMDD는 도덕적·민주적 역량을 양성하기 위한 방법으로, 게오르그 린트Georg Lind에 의해 1990년대에 개발되었다(Lind, 2008b; 이 책 역시 참조). KMDD는 딜레마 토론에 대한 블래트-콜버그 방법(KBM)에서 성장했지만, 몇 가지 새로운 특징들과 변화들을 가지고 있다. KMDD 모임은 90분 동안 지속되고(KBM은 45분), 단지 하나의 딜레마 스토리만을 다루며(KBM은 4-5개의 이야기), 더 높은 단계의 모델링을 수반하지 않는다(KBM은 "+1 전략"). 이야기에 의해 자극 받은 참여자들의 도덕적 감정들을 참여자들이 인식하고, 말로 표현하기 위한 5분간의 침묵을 포함하며(KBM에는 없음), 교실에서 딜레마를 명료화하기 위한 10분이 포함되어 있고(KBM에는 없음), 참여자들이 이야기에 나오는 주인공의 결정에 투표하게 된다(KBM은 알 수 없음). 또한 소그룹에 논쟁적인 토론을 위한 준비시간을 허락하고(KBM에는 없음), 찬반 토론 기회를 가지며(KBM에는 없는 듯), 탁구식 규칙을 통해 자기절제를 가지고(KBM은 단지 교사들에 의한 조정만 있음), 상대 그룹에 의해 제시된 최고의 이유를 선정한다(KBM에는 없음). 그런 다음 최종 투표를 하며(KBM에는 없음), 참여자들이 그들의 학습 성과에 대해 KMDD 교사에게 피드백을 제공하는 시간을 풍부하게 제공한다(KBM에는 없음).

도덕적 자아의 이중 층위 모델

	정서적 측면	인지적 측면
윤리적 숙고 (의식적 층위)	표현된 윤리적 원리들	윤리적 판단력과 추론
명시적인 도덕적 행위 (무의식적 층위)	행위에서 드러나는 도덕적 지향	행위에서 드러나는 도덕적 역량

도덕적 역량

도덕적 역량은 폭력, 속임수 그리고 강압을 사용하는 대신, 보편적인 도덕적 원리들을 기반으로 숙고와 토론을 통해 문제와 갈등을 해결하는 능력으로 정의된다. 도덕적 역량은 한 개인의 명백한 행위에서 드러나고, 객관적으로 측정될 수 있다(MCT 참조). 그 사람은 자신의 도덕적 역량을 인식하면 안 된다. 이 개념은 도덕적 판단 능력, 도덕적 추론 혹은 윤리적 역량과 혼동되지 않아야 한다. (관련 개념들: 도덕적 구조, 도덕적 인식)

도덕적 역량 검사 도구(MCT)

MCT는 측정도구로서, 알려진 자극 패턴에 대한 한 개인의 반응 패턴, 다시 말해 주인공에 대한 그들의 수용 정도에 대해 판단된 주장들에 대한 반응 패턴에서 나타나는 도덕적 지향들(태도, 가치)과 도덕적 역량(구조)이라는 도덕적 행위의 두 가지 기본적인 측면들을 우리가 동시에 측정하는 것을 가능하게 한다. MCT는 예전에 MJT로 명명되었고, 독일에서는 Moralisches Urteil-Test(MUT)로 불렸었다.

추가 읽기 자료: Lind(2008b)

독일어: Moralische Kompetenz-Test(MKT)

도덕적 판단 역량

콜버그는 도덕적 판단 역량을 "(예를 들면 내재적인 원리들을 기반으로) 도덕적인 결정과 판단을 내리는 능력과 그러한 판단들에 일치해서 행동하는 능력"으로 정의했다(Kohlberg, 1964: 425).

도덕적 판단력 인터뷰 검사 도구(MJI)

MJI는 원래 콜버그에 의해 자신의 도덕적 행위의 인지 발달론적 "단계 이론"을 기반으로 개발되었다(Kohlberg, 1958). 이것의 목적은 청소년들과 성인들의 도덕 판단력의 발달 단계를 측정하려는 것이었다. 다시 말해 "기본적인 도덕 개념들과 태도들의 상호 관련된 발달"이었다(Kohlberg, 1958: 1). 거기서 그는 "도덕성은 ... ... '도덕적 원리들을 가지는 것'으로 이 원리들은 규칙들의 선택과 배치, 그것들에 대한 지적인 해석 그리고 일상적인 상황에서의 외적인 순응보다는 어려운 상황에서의 그것들에 대한 내적인 순응을 포함한다(Kohlberg, 1958: 3)."고 정의했다. "표준적인 도덕 판단력 인터뷰 검사도구는 실험 대상자가 할 수 있는 가장 향상된 추론을 건드리려는 시도를 한다. ... ... 우리는 매우 적은 격차는 예외로 하고 '이 가장 높은 단계'의 이러한 사고가 꽤 내재적으로 일관되고, 매우 다양한 내용을 아우르는 구조화된 전체를 형성할 것으로 예상한다. 다시 말해 초기에 제시되는 단계 특성들은 비록 도덕적 판단력에서의 수행은 아닐지라도 역량을 특징짓는다(Colby et al., 1987: 8; MJI의 중요한 평가를 위해서는 Lind,

1989b).” MJI의 척도는 1-6의 범위이며, 도덕적 성숙도 점수[MMS]는 100에서 600까지의 범위이며, 편중 평균 점수[WAS: Weighted Average Score]는 역시 100에서 600까지의 범위이다. 후자의 점수들은 일시적으로 100에서 500까지로 제한된 적이 있다. 왜냐하면 저자들의 말에 따르면 지금까지 “6 단계”에 해당하는 피험자들이 아무도 확인되지 않았기 때문이다.

도덕적 지향

도덕적 지향은 개인이 자신의 반응 패턴에서 표현하는 선호되는 도덕적 원리이다. 콜버그의 단계 이론 내에서 각각의 도덕 발달의 단계는 어떤 도덕적 지향에 의해 특징지어진다(Kohlberg, 1976). 린트의 도덕적 역량 검사 내에서 이러한 도덕적 지향들은 검사 항목들(주장들)에 의해 나타난다.

관련된 개념들: 도덕적 내용, 가치, 태도, 동기

도덕적 딜레마

도덕적 딜레마는 개인이 하나 이상의 그의 도덕 원리들을 위반하지 않고는 문제를 풀 수 없는 하나의 상황이다.

“+1 전략”

블래트-콜버그의 딜레마 토론 방법의 틀 내에서, 이 “전략”은 교사가 그들의 학생들의 도덕적 추론 능력보다 한 ‘단계’(도덕적 추론의 6 단계 가운데) 상위의 주장들을 제시함으로써 학생들의 도덕적 추론 발달을 자극할 것을 요구한다. 하지만 이 요구는 블래트-콜버그 방법의 사용자들에 의해 비판받아 왔다(Berkowitz, 1981; Oser & Althof, 1992). 무엇보다도 이 전략은 실용적이지 않다. 왜냐하면 이것은 교사가 먼저 모든 학생들의 콜버그식 도덕 발달의 단계를 평가하고, 개별 학생들을 위해 많은 “+1” 주장들을 준비할 것을 요구하기 때문이다. 이 전략은 또한 콜버그가 고수하는 피아제 학파의 학습 이론과도 양립하지 않는다. 피아제는 학생들이 적극적인 학습자가 되어야 하고, 그들의 도덕적 감정들을 기반으로 그들 자신의 주장들을 구성해야 한다고 가르쳤다.

로렌스 워커(Walker, 1983)는 '더 높은 단계'의 주장들뿐만 아니라 반대 주장들에 직면하는 것도 똑같이 도덕적 역량을 잘 자극한다는 것을 실험적으로 보여주었다. 그러므로 "+1 전략"은 불필요한 것이 되었다. KMDD 세션 동안에 교사는 학생들이 그들 자신의 주장들을 구성하도록 허용하기 위해 개입하지 않는다.

도덕적-인지적 분절

도덕적-인지적 분절은 개인이 딜레마를 풀기 위하여 자신의 이성을 사용하는 것 대신, 종교, 이데올로기, 군사적 명령 혹은 직업윤리와 같은 외재적인 권위에 판단의 책임을 전가함으로써 딜레마 상황에서 자신의 도덕적 역량을 낮추는 것을 의미한다.

조작적 정의: MCT에서 도덕적-인지적 분절은 두 가지 검사("노동자의 딜레마"와 "의사의 딜레마")에서 C-점수의 차이가 8점 이상일 경우로 정의된다.

추가 자료: Wakenhut(1982); Lind(2000d); Senger(2010); Bataglia & Schillinger(2013).

도덕적-정서적 분절

도덕적-정서적 분절은 어떤 상황에서 자신의 도덕적 지향들을 바꾸는 것을 의미한다. 도덕적-정서적 퇴행은 지금까지는 드물게 관찰되어 왔다. 몇몇 참여자들은 '도덕적 과소평가'를 위한 인터뷰에서 그들의 도덕적 지향들을 "실제보다 낮게" 가장하는 것으로 보인다.

이것은 그들이 요구하는 도덕적 원리 혹은 이상들이 실제로 다른 딜레마 맥락들에 따라 다르게 나타나는 것을 보여주는 도덕적 지향의 상이한 패턴과는 구별되어야 한다.

관련 개념들: 적절한 판단, 차별화된 판단

인용 문구: "정의 개념은 우리의 도덕성 기준들이 적용될 수 있는 상황들과 태도의 범위를 정해 줌으로써 도덕성의 개념을 구체화하는 데 도움을 준다. 이것은 또한 '도덕적 원리' 개념을 고정된 언어적인 공식 이상의 무엇인가로 범위를 정하는데 도움을 준다(Kohlberg, 1958: 15)."

참고문헌

Achermann, E. & Gehrig, H. (2011). *Altersdurchmischtes Lernen. Auf dem Weg zur individualisierenden Gemeinschaftsschule.* Bern: Schulverlag.

Aghbal, A. (2004). Personal communication of MJT/MCT data from Morocco (N=1010).

Agurto, M., Bravo, J. C., Elguerta, A., Larrea, R., Miranda, A., Rarodi, E., Salas, J. M. Vukusich, A., & Llanos, S. (2014). Moral Competence of Physician in two Hospitals Centers. Presentation at the 8th International Symposium "Moral Competence" in Konstanz, July 2014.

Althof, W. (2015). Just community sources and transformations: A conceptual archaeology of Kohlberg's approach to moral and democratic education. In: B. Zizek, B., D. Garz, & E. Nowak, eds. *Kohlberg revisited*, pp.51–90. Amsterdam: Sense.

Anderson, N. H. (1991). Moral-social development. In: N. H. Anderson, ed., *Information Integration Theory*, Volume III: Developmental, pp.137–187. Hillsdale, NJ: L. Erlbaum.

Anderson, N. H. (1996). *A functional theory of cognition.* Hillsdale, NJ: L. Erlbaum Associates.

Apel, K.-O. (1990). *Diskurs und Verantwortung. Das Problem des Übergangs zur postkonventionellen Moral.* Frankfurt: Suhrkamp (Original 1988).

Avetisyan, M. (2007). Personal communication of MJT/MCT data of Armenian students (N=119).

Barber, B. (1984). *Strong democracy: Participatory politics for a new age.* Berkeley, CA: University of California Press.

Barber, B. (1992). *An aristocracy of everyone. The politics of education and the future of America.* New York: Ballantine Books.

Bargel, T. (2010). Reglementiert und eingeengt? Werte und Einstellungen der Studierenden heute. *Forschung & Lehre* 7/10, pp.484–486.

Bargel, T., Markiewicz, W. & Peisert, H. (1982). University graduates: Study experience and social role - Empirical findings of a comparative study in five European countries. In: M. Niessen & J. Peschar, eds., *Comparative research on education*, pp.55–78. Oxford: Pergamon.

Bataglia, P. U. & Schillinger, M. (2013). Moral segmentation in studies with the Moral Judgment Test* in Brazil. In: E. Nowak, D. Schrader & B. Zizek., eds., *Educating competencies for democracy*, pp.71–82. Frankfurt am Main: Peter Lang Verlag.

Bataglia, P. U. (2009). A Validação do Teste de Juízo Moral (MJT)* para diferentes culturas: O Caso Brasileiro (Moral Judgment Test (MJT). Adaptation for different cultures: Brazilian Case.) *Psicologia: Reflexão e Crítica*, 23(1), pp.83–91.

Bataglia, P. U., Agati, M. M., Siva Torres, S., Zanoni Crivelaro, D. B., Oliviera, D. D., & Lencione Quevedo, T. (2002). The development of moral competence and religious commitment in Brazil. Paper presented at the Meeting of the Association for Moral Education, Chicago, Nov. 2002.

Bataglia, P. U., Schillinger, M., & Lind, G. (2007). Multicultural issues in civic education: moral competence and citizenship in Brazil. Paper presented at the meeting of the Association for Moral Education, in New York, pp.15–17, 11.2007.

Bayrisches Staatsministerium für Unterricht und Kultus, ed. (2008). *Werte machen stark. Praxishandbuch zur Werteerziehung*. Augsburg: Brigg Verlag.

Belfield, C. & Levin, H. M. (2013). The cumulative costs of the opportunity gap. In: P. L. Carter & K. G. Welner, eds., *Closing the opportunity gap*, pp.207–216. New York: Oxford University Press.

Bergmann, R. (2007). Konstanzer Methode der Dilemmadiskussion – ein neuer Ansatz. In: *Kompass. Herausgegeben vom Katholischen Militärbischof für die Deutsche Bundeswehr*, Ausgabe 05/07, pp.8–11.

Berkowitz, M. W. (1981). A critical appraisal of the 'plus–one' convention in moral education. *Phi Delta Kappan*, March, pp.488–489.

Biggs, D. & Colesante, R. (2015). The Moral Competence Test: An examination of validity for samples in the United States. *Journal of Moral Education*, 44(4), pp.498-516.

Blasi, A. (1980). Bridging moral cognition and moral action: A critical review of the literature. *Psychological Bulletin*, 88, pp.1-45.

Blatt, M. & Kohlberg, L. (1975). The effect of classroom moral discussion upon children's level of moral judgment. *Journal of Moral Education*, 4, pp.129-161.

Bloom, B. S., Engelhart, M. D., Hill, W. H., Furst, E. J. & Krathwohl (1956). *Taxonomy of educational objectives*. Handbook I: Cognitive domain. New York: McKay.

Bovet, G. & Huwendiek, V., eds. (1994). *Leitfaden Schulpraxis*. Berlin: Cornelsen.

Brabeck, M. (1984). Ethical characteristics of whistle-blowers. *Journal of Research in Personality*, 18(1), pp.41-53.

Broughton, J. M. (1978a). Criticism to the developmental approach to morality. *APA: JSA catalog of selected documents in Psychology*, 8, MS. 1756. Washington, DC: Microfilm.

Broughton, J. M. (1978b). The cognitive-developmental approach to morality: A reply to Kurtines and Greif. *Journal of Moral Education*, 7, pp.81-86.

Brown, G. W. & Held, D., eds. (2010). *The cosmopolitanism reader*. Cambridge, UK: Polity Press.

Brugman, D. (1996). Moralische Urteilskraft in der Praxis der Wirtschaftsprüfung. *Forum Wirtschaftsethik*, 4(2), pp.4-9.

Brunswik, E. (1955). Representative design and probabilistic theory in a functional psychology. *Psychological Review*, 62, pp.193-217.

Bundesministerium der Verteidigung (2010). *Innere Führung. Selbstverständnis und Führungskultur der Bundeswehr*. Berlin: Bundesministerium der Verteidigung.

Campbell, D. T. (1963). Social attitudes and other acquired behavioral dispositions. In: S. Koch, ed., *Psychology: A study of a science*, pp.94-172. New York: McGraw-Hill.

Campbell, D. T. (1976). Assessing the impact of planned social change. Occasional papers #8. Social research and public policies: The Dartmouth/OECD Conference, Hanover, NH, Dartmouth College, The

Public Affairs Center.

Carr, P. R., Thomas, P. L., Porfilio, B. J., & Gorlewski, J. A., eds. (2016). *Democracy and decency. What does education have to do with it?*, Scottsdale, AZ: Information Age Publishing.

Carver, R. P. (1993). The case against statistical significance testing, revisited. *Journal of Experimental Education*, 61(4), pp.287–292.

Çiftçi, N. (1997). Personal communication of MJT/MCT data from Turkish students (N=368).

Çiftçi, N. (2001). Ahlâkî Yarki Testi MUT'un Teorisi ve Türkçe Versiyonunun Geçerligi. *Kuram ve Uygulamada Egitim Bilimerli*, 1/2, Aralik 2001, pp.295–321.

Codding, J. & Arenella, A. (1981). Creating a 'Just Community': The transformation of an alternative school. *Moral Education Forum*, winter 1981.

Cohen, J. (1988). *Statistical power analysis for the behavioral sciences*, (2nd edition). Hillsdale, NJ: Erlbaum.

Cohen, J. (1994). The earth is round (p < .05). *American Psychologist*, 49 (12), pp.997–1003.

Colby, A. & Kohlberg, L. (1984). Invariant sequence and internal consistency in moral judgment stages. In: W. M. Kurtines & J. L. Gewirtz, eds., *Morality, moral behavior, and moral development*, pp.41–51. New York: John Wiley & Sons.

Colby, A., Kohlberg, L. et al. (1987). *The measurement of moral judgment*, vol. I . New York: Cambridge University Press.

Colesante, R. & Biggs, D. (2002). A test of the dual aspect theory of moral judgment competence. Unpublished manuscript.

Colesante, R. (1997). Personal communication of MJT/MCT survey data from the United States of America (N=107).

Comunian, A. L. & Gielen, U. P. (2006). Promotion of moral judgment maturity through stimulation of social role–taking and social reflection: an Italian intervention study. *Journal of Moral Education*, 35 (1), pp.51–69.

Cottone, M. (2015). Rethinking presumes knowledge of the law in the regulatory age. *The Tennesse Law Review*, 83, pp.137−166.

Dahrendorf, R. (1965). *Bildung ist Bürgerrecht*. Hamburg: Nannen−Verlag.

Darwin, Ch. (1966). *Die Abstammung des Menschen*[The descent of man]. 2nd edition, 1871. Stuttgart: Kröner Verlag.

DeVries, R., & Zan, B. (1994). *Moral classrooms, moral children. Creating a constructivist atmosphere in early education*. New York: Teacher College Press.

Dewey, J. (1964). *Democracy and education*. New York: The Macmillan Company.

Dewey, J. (1968). *Problems of Men*. New York: Greenwood Press.

Duriez, B. & Soenens, B. (2006). Religiosity, moral attitudes and moral competence: A critical investigation of the religiosity−morality relation. *International Journal of Behavioral Development*, 30(1), pp.76−83.

Durkheim, E. (1961). *Moral education: A study in the theory and application of the sociology of education*. New York: Free Press (Original 1902).

Edelstein, W. & Fauser, P. (2001). *Demokratie lernen und leben*. Heft 96, Materialien zur Bildungsplanung und zur Forschungsförderung. Bund−Länderkommission, Bonn.

Edelstein, W. (1986). Moralische Intervention in der Schule. Skeptische Überlegungen. In F. Oser, R. Fatke & O. Höffe, eds., *Transformation und Entwicklung*. Frankfurt: Suhrkamp, pp.327−349.

Edelstein, W. (1992). Development as the aim of education - revisited. In: F. Oser, A. Dick, & J. Patry, eds., *Effective and responsible teaching*, pp.161−172: San Francisco, CA: Jossey−Bass.

Ehman, L. H. (1980). The American school in the political socialization process. *Review of Educational Research*, 50, pp.99−119.

Emler, N, Palmer−Canton, E., & James, S. (1998). Politics, moral reasoning and the Defining Issues Test: A reply to Barnett et al. *British Journal of Social Psychology*, 37, pp.457−476.

Emler, N., Renwick, S. & Malone, B. (1983). The relationship between moral reasoning and political orientation. *Journal of Personality and Social Psychology*, 45, pp.1073−1080.

Fauser, P. & Muszynski, H., eds. (1988). *Lebensbezug als Schulkonzept.* Weinheim: Juventa.

Feitosa, H. & Rego, S. (2012). Competência de juízo moral dos estudantes de Medicina: um estudo piloto. [Moral judgment competence of medical students: a pilot study.] *Brazilian Journal of Medical Education*, 0177, 2012.

Feitosa, H., Rego, S., Bataglia, P. U., Sancho, K. F. C., Regor, G., & Nunes, R. (2013). Moral judgment competence of medical students: a trans-cultural study. *Advances in Health Science Education.* DOI 10.1007/s10459-013-9449-5.

Freud, S. (2002). *Civilization and its discontents.* London: Penguin (Original 1930).

Gibbs, J. C., Basinger, K. S. & Fuller, R. (1992). *Moral Maturity: Measuring the development of sociomoral reflection.* Hillsdale, NJ: Erlbaum.

Gidion, J., Rumpf, H. & Schweitzer, F., eds. (1987). *Gestalten der Sprache.* Weinheim: Beltz.

Gielen, U. (1986). Moral reasoning in radical and non-radical German students. *Behavior Science Research*, 20, pp.71-109.

Gigerenzer, G. (2007). *Gut Feelings: The Intelligence of the Unconscious.* New York: Penguin.

Gilbert, S. (1997): How to handle teens: Blueprint for parents. *International Harald Tribune*, 11.9.1997.

Glanzer, D., Nipe, G. & Lind, G. (2007). Does cross-cultural experience foster moral judgment competence in college students? Poster presented at the meeting of the Association for Moral Education, New York, Nov. pp.15-17, 2007.

Glasstetter, S. (2005). Moralerziehung nach Lawrence Kohlberg - Die Auswirkungen der Just-Community in einem geschlossenen Heim für delinquente Jugendliche.[Moral education according to Lawrence Kohlberg - The effect of just community in an institution for delinquent juveniles.] Diploma (master) thesis, Dept. of Psychology, University of Landau.

Goleman, D. (1995). *Emotional intelligence*. New York: Bantam Books.

Gommel, M. & Kessler, H. (2006). Medical ethics seminar, moral judgment competence, and authoritarianism. Study group ethics in medicine, University Ulm.

Green, B. (1954). Attitude measurement. In: G. Lindzey, ed., *Handbook of social psychology*, Bd. I., pp.335－369: New York: Addison－Wesley.

Greene, J. D., Nystrom L, Engell A., Darley J., & Cohen J. (2004). The neural bases of cognitive conflict and control in moral judgment. *Neuron* 44, pp.389－400 doi:10.1016/j.neuron. 2004. 09.027.

Greene, J. D. (2008). The secret joke of Kant's soul. In: W. Sinnott－Armstrong, ed., *Moral psychology*. Volume 3: The neuroscience of morality: Emotions, brain disorders, and development, pp.39－79. Cambridge, MA: The MIT Press.

Haan, N., Smith, M. B., & Smith, J. (1968). Moral reasoning of young adults: Political－social behavior, family background, and personality correlates. *Journal of Personality and Social Psychology*, 10, pp.183－201.

Habermas, J. (1976). *Rekonstruktion des historischen Materialismus*. Frankfurt: Suhrkamp.

Habermas, J. (1981). *Theorie des kommunikativen Handelns*. Frankfurt: Suhrkamp.

Habermas, J. (1990). *Moral consciousness and communicative action*. Cambridge, MA: MIT Press. (Originally published 1983.)

Haidt, J. (2001). The emotional dog and its rational tail: A social intuitionist approach to moral judgment. *Psychological Review*, 108, 4, pp.814－834.

Haidt, J. (2007). The new synthesis in moral psychology. *Science*, 316, pp.998－1002.

Hamlin, J. K. (2013). The origins of human morality: Complex socio－moral evaluations by preverbal infants. In: J. Decety & Y. Christen, eds., *Research and perspectives in neuroscience*, pp.451－474. Cham, CH: Springer International.

Hamlin, J. K., Wynn, K., & Bloom, P. (2007). Social evaluation by preverbal infants. *Nature*, 450, pp.557-560.

Handziska, M. (2001). Personal communication of MJT/MCT data from Macedonia (N=198).

Hartshorne, H. & May, M. A. (1928). *Studies in the nature of character.* Vol. I: Studies in deceit, Book one and two. New York: Macmillan.

Haste, H. (1985). Trying to be morally right – or morally left: testing the relationship between moral reasoning and political orientation. Paper presented to the International Society for Political Psychology (ISPP), Washington, June 1985

Hegazi, I. & Wilson, I. (2013). Medical education and moral segmentation in medical students. *Medical Education*, 2013, 47, p.102.

Heidbrink, H. (2010). Moral judgment competence and political learning. In: G. Lind, H. A. Hartmann& R. Wakenhut, eds., *Moral judgment and social education*, pp.259-271. Edison, NJ: Transaction Publishing.

Helkama, K., Uutela, A., Pohjanheimo, E., Saliminen, S., Koponen, A., & Rantanen-Vantsi, L. (2003). Moral reasoning and values in medical school: a longitudinal study in Finland. *Scandinavian Journal of Educational Research*, 47, 4, pp.399-411.

Hemmerling, K. (2014). *Morality behind bars - An intervention study on fostering moral competence of prisoners as a new approach to social rehabilitation*. Frankfurt: Peter Lang.

Hemmerling, K., Scharlipp, M. & Lind, G. (2009). Die Konstanzer Methode der Dilemma-Diskussion für die Bildungsarbeit mit Risikogruppen. In: K. Mayer, & H. Schildknecht, eds., *Handbuch Dissozialität, Delinquenz und Kriminalität - Grundlagen und Methoden der professionellen Arbeit mit Menschen mit abweichendem Verhalten*, pp.291-302. Zürich: Schulthess Juristische Medien.

Hepach, R., Vaish, A., & Tomasello, M. (2012). Young children are intrinsically motivated to see others helped. *Psychological Science*, 23, 967, pp.967-972. Download: http://pss.sagepub.com/content/239/967.

Higgins, A. (1980). Research and measurement issues in moral education interventions. In R. Mosher, ed., *Moral education. A first generation of research and development*, pp.92-107. New York: Praeger.

Higgins, A. (1987). Förderung der moralischen Urteilsfähigkeit in der Schule? [Fostering moral judgment ability in the school?] Zur schulpraktischen Erprobung des 'Just Community'-Ansatzes in den USA. In: G. Lind & J. Raschert, eds., *Moralische Urteilsfähigkeit. Eine Auseinandersetzung mit Lawrence Kohlberg über Moral, Erziehung und Demokratie*, pp.54-72. Weinheim: Beltz.

Higgins, A. (1995). Educating for justice and community: Lawrence Kohlberg's vision of moral education In: W. M. Kurtines & J. L. Gewirtz, eds., *Moral development: An introduction*, pp.49-81. Boston: Allyn & Bacon.

Higgins, A., Power, C. & Kohlberg, L. (1984). The relationship of moral atmosphere to judgments of responsibility. In W. M. Kurtines & J. L. Gewirth, eds., *Morality, moral behavior and moral development*, pp.74-106. New York: Wiley.

Higgins-D'Alessandro, A. (2015). Lawrence Kohlberg's legacy: Radicalizing the educational mainstream. In: B. Zizek, D. Garz & E. Nowak, eds., *Kohlberg revisited*, pp.27-50. Amsterdam: Sense Publisher.

Höffe, O. (2012). Kants Kritik der praktischen Vernunft. Eine Philosophie der Freiheit. München: Beck.

Holzer, E. (2015). Welcoming opposition: Havruta learning and Montaigne's The art of discussion. *Journal of Moral Education*, 44, 64-80.

Jackson, P. W. (1967). *Life in the classroom*. New York: Holt, Rinehard & Winston.

Jefferson, Th. (1940). *Letters* (arranged by W. Whitman). Eau Claire, WI: E.M. Hale.

Jung, W. H., Prehn, K., Fang, Z., Korczykowski, M., Kable, J.W., Rao, H. & Robertson, D. (submitted). Moral judgment competence and brain connectivity: a resting state fMRI study.

Juul, J. (2012). *Raising competent children: A new way of developing relationships with children*. Summer Hill, Australia: A Rockpool book.

Kahne, J. & Lee, N. (2013). Different pedagogy, different politics: High school learning opportunities and youth political engagement. *Political Psychology*, 34(3), pp.419-441.

Kahne, J. & Middaugh, E. (2009). Democracy for some: The civic opportunity gap in high school. In: J. Youniss, & P. Levine, eds., *Engaging young people in civic life*. Nashville, TN: Vanderbilt University Press.

Kant, I. (1775/1993). *Lectures on ethics*. New York: Cambridge University Press.

Kant, I. (1784). Was ist Aufklärung? [What is enlightenment?] Berlinische Monatsschrift. Dezember 1784, pp.481−494. Download from: http://www. columbia.edu/acis/ets/CCREAD/etscc/kant.html

Kant, I. (1785). Fundamental Principles of the Metaphysic of Morals [Grundlegung der Metaphysik der Sitten.] Fundamental Principles of the Metaphysic of Morals. Download from Gutenberg Projekt: https://www. gutenberg.org/ebooks/5682

Kant, I. (1797). *The metaphysics of moral*[Die Metaphysik der Sitten]. Indianapolis: Bobbs−Merrill.

Kant, I. (1824). Idea of universal history on a cosmopolitan plan. *London Magazine*, July to December 1824, Vol X, pp.384−393. Re−printed:

Kant, I. (1991). *Toward eternal peace*. In: *Political writings*. 2nd Edition, edited by Hans Reiss. Cambridge, UK: Cambridge University Press. (Originally published 1795).

Kant, I. (2010). Idea of universal history with a cosmopolitan purpose. In: G. W. Brown & D. Held, eds., *The cosmopolitanism reader*, pp.17−26. Cambridge UK: Polity Press. (Original published 1784).

Keasey, C. B. (1973). Experimentally induced changes in moral opinions and reasoning. *Journal of Personality and Social Psychology*, 26, pp.30−38.

Keller, M. (1992). Soziales Verstehen und moralisches Urteilen im Kindesalter. In: F. Oser & W. Althof, eds., *Moralische Selbstbestimmung. Modelle der Entwicklung und Erziehung im Wertebereich*, pp.196−198. Stuttgart: Klett.

Kodwani, D. & Schillinger, M. (2009). Ethics to accountants: Challenges of a global qualification. Presentation at the international conference “Can morality be taught?” University of Konstanz, Germany, July, pp.27−31,

2009.

Kohlberg, L. & Candee, D. (1984). The relationship of moral judgment to moral action. In: L. Kohlberg, ed., *Essays on moral development*, Vol. II, The psychology of moral development, pp.498–582. San Francisco: Harper & Row.

Kohlberg, L. & Kramer, R. (1969). Continuities and discontinuities in childhood and adult moral development. *Human Development*, 12, pp.93–120.

Kohlberg, L. (1958). The development of modes of moral thinking and choice in the years 10 to 16. University of Chicago, dissertation.

Kohlberg, L. (1964). Development of moral character and moral ideology. M. L. Hoffman & L. W. Hoffman, eds., *Review of Child Development Research*, Vol. I, pp.381–431. New York: Russel Sage Foundation.

Kohlberg, L. (1967). Moral and religious education and the public schools: A developmental view. In: T. Sizer, ed., *Religion and public education*, pp.164–183. Boston, MA: Houghton–Mifflin.

Kohlberg, L. (1975). Moral education for a society in moral transition. *Educational Leadership*, October 1975, pp.46–54.

Kohlberg, L. (1976). Moral stages and moralization: The cognitive–developmental approach. In T. Lickona, ed., *Moral development and behavior: Theory, research and social issues*. New York: Holt, Rinehart & Winston, pp.31–53.

Kohlberg, L. (1979). Foreword. In: J. R. Rest, *Development of judging moral issues*, pp.vii–xvi. Minneapolis: University of Minnesota Press.

Kohlberg, L. (1981). *The meaning and measurement of moral development*. The Heinz Werner Lecture Series, vol. 13. Worcester, MA: Clark University Press.

Kohlberg, L. (1984). *Essays on moral development*, Vol. II. The psychology of moral development. San Francisco, CA: Harper & Row.

Kohlberg, L. (1985). The Just Community approach to moral education in theory and practice. In: W. M. Berkowitz& F. Oser, eds., *Moral education: Theory and application*, pp.27–87. Hillsdale, NJ: Erlbaum.

Kohlberg, L. (2010). Foreword. In G. Lind, H. A. Hartmann & R.

Wakenhut, eds., *Moral judgment and social education,* pp.xv–xvii. Rutgers, NJ: Transaction Books.

Kohn, A. (1992). *No contest. The case against competition.* Boston, MA: Houghton Mifflin.

Kohn, A. (1999). *Punished by rewards. The trouble with gold stars, incentive plans, A's, praise, and other bribes.* Boston: Houghton Mifflin.

Koszinoffski, R. (2006). Überprüfung der pädagogisch–didaktischen Lehrkompetenz von Lehrpersonen bezüglich der Konstanzer Methode der Dilemma–Diskussion. Diploma thesis, Dept. of Psychology, University of Konstanz.

Krathwohl, D. R., Bloom, B. S. & Masia, B. B. (1964). *Taxonomy of educational objectives.* Handbook II: Affective domain. New York: McKay.

Krebs, D. L. & Rosenwald, A. (1977). Moral reasoning and moral behavior in conventional adults. *Merrill Palmer Quarterly,* 23, pp.77–87.

Krech, D. & Crutchfield, R. S. (1948). *Theory and problems of social psychology.* New York: McGraw–Hill.

Kriauciuniene, R. (2012). Moral orientations of foreign language students (in Lithuania). Presentation at the Symposium "Moral competence education and global democracy" in at the University of Konstanz, July pp.27–27, 2013.

Kuhn, D. (1991). *The skills of argument.* Cambridge: Cambridge University Press.

Kuhn, D., Langer, J., Kohlberg, L. & Haan, N. (1977). The development of formal operations in logical and moral judgments. *Genetic Psychological Monographs,* 95, pp.97–188.

Kukolja Taradi, S. (2014). Stagnation of moral competence development of medical students: A cross sectional study in Croatia and Bosnia–Herzegovina. Presentation at the 8th International Symposium "Moral competence and conflict resolution", in Konstanz, July 31 – Aug. 1, 2014.

Kurtines, W. M. & Gewirtz, J. L. (1991b). Moral education from the perspective of psychosocial theory. *Handbook of moral behavior and development*, pp.289–315. Hillsdale, NJ: Erlbaum.

Kurtines, W. M. & Gewirtz, J. L. (1995). Moral development: an introduction. In: W. L. Kurtines & Gewirtz, J. L., eds., *Moral development: an introduction*. Needham, MA: Allyn & Bacon.

Kurtines, W. M. & Gewirtz, J. L., eds. (1991a). Introduction. *Handbook of moral behavior and development*. Volume 1: Theory. Hillsdale, NJ: Erlbaum.

Kurtines, W. M. & Greif, E. B. (1974). The development of moral thought: Review and evaluation of Kohlberg's approach. *Psychological Bulletin*, 81, pp.453–470.

Kurtines, W. M. (1990). Moral education from the perspective of psychosocial theory. Paper presented at the Annual Conference of the Association for Moral Education, Notre Dame.

Kurtines, W. M., Mayok, E., Pollard, S. R., Lanza, T. & Carlo, G. (1991b). Social and moral development from the perspective of psychological theory. In: W. M. Kurtines & J. L. Gewirtz, eds., *Handbook of moral behavior and development*, pp.315–330. Volume 1: Theory. Hillsdale, NJ: Erlbaum.

Leming, J. S. (1981). Curricular effectiveness in moral values education: A review of research. *Journal of Moral Education*, 10, pp.147–164.

Leming, J. S. (2000). Tell me a story: an evaluation of a literature-based character education program. *Journal of Moral Education*, 29, pp.413–427.

Lenz, B. (2006). Moralische Urteilsfähigkeit als eine Determinante für Drogenkonsum bei Jugendlichen [Moral competence as a determinant of drug consumption of juveniles.]. Diploma (master) thesis, University of Konstanz, Dept. of Psychology.

Lerkiatbundit, S., Utaipan, P., Laohawiriyanon, C. & Teo, A. (2006). Randomized controlled study of the impact of the Konstanz method of dilemma discussion on moral judgment. *Journal of Allied Health*, 35(2), pp.101–108.

Leschinsky, A. (1987). Warnung vor neuen Enttäuschungen - strukturelle Hindernisse für eine Schule der Gerechten Gemeinschaft. *Die Deutsche*

Schule, 79, pp.28–43.

Levy–Suhl, M. (1912). Die Prüfung der sittlichen Reife jugendlicher Angeklagter und die Reformvorschläge zum § 56 des deutschen Strafgesetzbuches [The examination of moral maturity of accused juveniles]. Zeitschrift für Psychotherapie, pp.232–254.

Liaquat, A. W. (2012). Moral Judgment Test (MJT) in Urdu: Translation and validation. *Ethics in Progress*, 2(2), 2012. (*New name: MCT) (N=403).

Liaquat, A. W. (2013). Effect of dogmatic religiosity and educational environment on moral judgment competence. Unpublished dissertation, Dept. of Psychology, International Islamic University Islamabad.

Lightfoot, S. L. (1983). *The good high school. Portraits of character and culture*. New York: Basic Books.

Lind, G. & Althof, W. (1992). Does the Just Community program make a difference? Measuring and evaluating the effect of the DES project. *Moral Education Forum*, 17, pp.19–28.

Lind, G. & Nowak, E. (2015). Kohlberg's unnoticed dilemma - The external assessment of internal moral competence? pp.139–154. In: B. Zizek, D. Garz & E. Nowak, eds., *Kohlberg revisited*. Rotterdam: Sense Publisher.

Lind, G. & Raschert, J. (1987). *Moralische Urteilsfähigkeit* [Moral judgment ability] *Eine Auseinandersetzung mit Lawrence Kohlberg über Moral, Erziehung und Demokratie*. Weinheim: Beltz (mit Beiträgen von L. Kohlberg, A. Higgins, G. Nunner–Winkler, F. Oser und G. Lind).

Lind, G. & Schumacher, K. (1998). Mehr Praxisbezug im Studium? Auswertung einer Befragung von LehrerInnen und Lehramtsstudierenden in der Region Konstanz. University of Konstanz, Dept. of Education.

Lind, G. & Wakenhut, R. (2010). Testing for moral judgment competence. In G. Lind, H. A. Hartmann & R. Wakenhut, eds., *Moral judgment and social education*, pp.79–105. Rutgers, NJ: Transaction.

Lind, G. (1978). Wie misst man moralisches Urteil? Probleme und alternative Möglichkeiten der Messung eines komplexen Konstrukts. In G. Portele, ed., *Sozialisation und Moral*, pp.171–201. Weinheim: Beltz.*

Lind, G. (1982). Experimental Questionnaires: A new approach to personality research. In A. Kossakowski & K. Obuchowski, eds., *Progress in Psychology of Personality*. Amsterdam: North-Holland, pp.132-144.

Lind, G. (1985). Inhalt und Struktur des moralischen Urteilens. Dissertation, University of Konstanz. Download from http://kops.uni-konstanz.de/handle/123456789/11305.

Lind, G. (1986a). Cultural differences in moral judgment competence? A study of West and East European university students. *Behavior Science Research*, 20, pp.208-225.

Lind, G. (1986b). Parallelität von Affekt und Kognition in der moralischen Entwicklung. In F. Oser, W. Althof & D. Garz, eds., *Moralische Zugänge zum Menschen - Zugänge zum moralischen Menschen*, pp.158-179. München: Kindt.

Lind, G. (1987). Moral competence and education in democratic society. In G. Zecha & P. Weingartner, eds., *Conscience: An interdisciplinary view*, pp.93-111. Dordrecht: Reidel.

Lind, G. (1989a). Die Entwicklung moralischer Gefühle durch Vernunft und Dialog. [The development of moral feelings through reasoning and dialogue.] In: G. Lind & G. Pollitt-Gerlach, eds., *Moral in 'unmoralischer' Zeit. Zu einer partnerschaftlichen Ethik in Erziehung und Gesellschaft*, pp.7-32. Heidelberg: Asanger.

Lind, G. (1989b). Essay review: 'The measurement of moral judgment' by Anne Colby, Lawrence Kohlberg. *Human Development*, 32, pp.388-397.

Lind, G. (1989c). Moralische Entwicklung in betrieblichen Organisationen. [Moral development in industrial organizations]. In: H. Steinmann & A. Löhr, eds., *Unternehmensethik*, pp.299-314. Stuttgart: Poeschel.

Lind, G. (1993). Moralerziehung als demokratische Bildung. [Moral education as democratic formation]. *Politisches Lernen*, 2, pp.20-26.

Lind, G. (1995). What do educators know about their students? A study of pluralistic ignorance. In R. Olechowski & G. Svik, eds., *Experimental research on teaching and learning*, pp.221-243. Frankfurt, New York: Peter Lang.

Lind, G. (2000a). Moral regression in medical students and their learning environment. *Revista Brasileira de Educacao Médica*, 24(3), pp.24-33.

Lind, G. (2000b). Are helpers always moral? Empirical findings from a longitudinal study of medical students in Germany. In A. L. Comunian & U. Gielen, eds., *International perspectives on human development*. pp.463-477. Lengerich: Papst Science Publishers.

Lind, G. (2000c). The importance of role-taking opportunities for self-sustaining moral development. *Journal of Research in Education*, 10 (1), pp.9-15.

Lind, G. (2000d). Off limits. A cross-cultural study on possible causes of segmentation of moral judgment competence. Presentations at the AERA Conference. New Orleans.

Lind, G. (2002). *Ist Moral lehrbar? Ergebnisse der modernen moralpsychologischen Forschung* [Can morality be taught? Findings from modern moral-psychological research]. Berlin: Logos-Verlag.

Lind, G. (2006a). Das Dilemma liegt im Auge des Betrachters. [The dilemma lies in the eyes of the beholder.] Zur Behandlung bio-ethischer Fragen im Biologie-Unterricht mit der Konstanzer Methode der Dilemmadiskussion. *Praxis der Naturwissenschaften. Biologie in der Schule*, Jan., 1/55, pp.10-16.

Lind, G. (2006b). Perspektive "Moralisches und demokratisches Lernen" [Perspective 'moral and democratic learning']. In: A. Fritz, R. Klupsch-Sahlmann & G. Ricken, eds., *Handbuch Kindheit und Schule. Neue Kindheit, neues Lernen, neuer Unterricht*, pp.296-309. Weinheim: Beltz.

Lind, G. (2006c). Teilhabe an der Argumentationsgemeinschaft als Ziel der Bildung: Die Konstanzer Methode der Dilemma-Diskussion. In: E. Grundler & R. Vogt, eds., *Argumentieren in Schule und Hochschule. Interdisziplinäre Studien*, pp.167-175. Tübingen: Stauffenburg.

Lind, G. (2007). Gewissen lernen? [Can conscience be learned?] In: A. A. Bucher, ed., *Moral, Religion, Politik: Psychologisch-pädagogische Zugänge*. Festschrift für Fritz Oser, pp.101-112. Berlin: LIT Verlag.

Lind, G. (2008a). Teaching students to speak up and to listen to others: Cultivating moral democratic competencies. In: D. E. Lund & P. R. Carr, eds., *Doing democracy and social justice in education: Political literacy for all students*, pp.319-335. New York: Peter Lang.

Lind, G. (2008b). The meaning and measurement of moral judgment competence - A dual-aspect model. In: D. Fasko & W. Willis, eds., *Contemporary philosophical and psychological perspectives on moral development and education*, pp.185-220. Cresskill, NJ: Hampton.

Lind, G. (2010a)*. The theory of moral-cognitive development: a socio-psychological assessment. In G. Lind, H.A. Hartmann & R. Wakenhut, eds., *Moral judgment and social education*, pp.21-53. Rutgers, NJ: Transaction Books.

Lind, G. (2010b)*. Attitude change or cognitive-moral development? How to conceive of socialization at the university. In G. Lind, H. A. Hartmann & R. Wakenhut, eds., *Moral judgment and social education*, pp.173-192. Rutgers, NJ: Transaction.

Lind, G. (2010c)*. Growth and regression in cognitive-moral development of young university students. In: C. G. Harding, ed., *Moral dilemmas and ethical reasoning*, pp.99-114. Rutgers, NJ: Transaction.

Lind, G. (2010d). Amerika als Vorbild? Erwünschte und unerwünschte Folgen aus Evaluationen. *Pädagogik*, 10/10, pp.40-45.

Lind, G. (2010e). Gewalt und Krieg als niedrigste Stufe der Konfliktbewältigung. [Violence and war as the lowest stage of conflict resolution.] In: *Ethics in Progress Quarterly*, 1(1), http://ethicsinprogress.org/?p=135

Lind, G. (2011a). Editorial: Moral competence and the democratic way of living. *Europe's Journal of Psychology*, 7(5), pp.569-596.

Lind, G. (2011b). Verbesserung des Unterrichts durch Selbstevaluation. [Improvement of instruction through self-evaluation.] Ein Plädoyer für unverzerrte Evidenz. In: J. Bellmann & T. Müller, eds., *Wissen, was wirkt. Kritik evidenzbasierter Pädagogik*, pp.173-195. Wiesbaden: VS-Verlag für Sozialwissenschaften.

Lind, G. (2014). Moralische Kompetenz und globale Demokratie. In: M. Tiedemann & J. Rohbeck, eds., *Philosophie und Verständigung in der pluralistischen Gesellschaft. Jahrbuch für Didaktik der Philosophie und*

Ethik, Band 14, pp.192−211. Dresden: Thelem.

Lind, G. (2015a). *Moral ist lehrbar. Wie man moralisch−demokratische Kompetenz fördern und damit Gewalt, Betrug und Macht mindern kann.* Berlin: Logos Publisher.

Lind, G. (2015b). Favorable learning environments for moral competence development - A multiple intervention study with nearly 3.000 students in a higher education context. International Journal of University Teaching and Faculty Development, 4(4). (Download: https://www.novapublishers.com/catalog/product_info.php?products_id=53411)

Lind, G., Grocholewska, K. & Langer, J. (1987). Haben Frauen eine andere Moral? [Do women have another morality?] Eine empirische Untersuchung von Studentinnen und Studenten in Österreich, Deutschland und Polen. In L. Unterkirchner & I. Wagner, eds., *Die andere Hälfte der Gesellschaft. Soziologische Befunde zu geschlechtsspezifischen Formen der Lebensbewältigung*, pp.394−406. Wien: Verlag des Österr. Gewerkschaftsbundes.

Lind, G., Sandberger, J.−U. & Bargel, T. (2010)*. Moral competence and democratic personality. In G. Lind, H. A. Hartmann & R. Wakenhut, eds., *Moral judgment and social education*, pp.55−77. Rutgers NJ: Transaction Books, second edition.

Link, L. & Lind, G. (1988). *Verantwortlichkeit und soziales Verhalten in der Schule*. University of Konstanz.

Lipsey, M. W. & Wilson, D. B. (1993). The efficacy of psychological, educational and behavioral treatment. Confirmation from meta−analysis. *American Psychologist*, 48, pp.1181−1209.

Lockwood, A. (1978). The effects of value clarification and moral development curricula on schoolage subjects: A critical review of recent research. *Review of Educational Research*, 48, pp.325−364.

Lohmann, J. (2015). Zusammenführen, was zusammengehört. SchulVerwaltung 2/2015, pp.4-7.

Lupu, I. (2013). Moral competence and dogmatic religiosity. In: E. Nowak, D. Schrader & B. Zizek., eds., *Educating competencies for democracy*, pp.379-390. Frankfurt am Main: Peter Lang Verlag.

Mansbart, F.-J. (2001). Motivationaler Einfluss der moralischen Urteilsfähigkeit auf die Bildung von Vorsätzen. Diploma thesis, University of Konstanz, Dept. of Psychology.

Marshall, S. L. A. (1947). *Men against fire*. New York: William Morrow.

Mauermann, L. (1988). Ethische Grundlagen aktueller angloamerikanischer Erziehungskonzepte. In C. Günter et al., eds., *Ethik und Erziehung*, pp.141-170. Stuttgart: Kohlhammer.

McFaul, M. (2004). Democracy promotion as a world value. *The Washington Quarterly*, 28(1), Winter 2004-05, pp.147-163.

McNamee, S. (1977). Moral behavior, moral development and motivation. *Journal of Moral Education*, 7(1), pp.27-31.

Mestvirishvili, N. (2010). Personal communication of MJT/MC/ data from Georgia (N=158).

Milgram. S. (1974). *Obedience to authority*. New York: Harper Colophon.

Milojevic, M. (2013). Personal communication of MJT/MCT data (N= 185) from Serbia.

Ministerio de Educación Nacional de Colombia (2004). Objetivos de la discusión de dilemas. *Altablero*, No. 27, Febrero-Marzi 2004. http://www.mineducacion.gov.co/1621/article-87285.html (April 4, 2016).

Mischel, W., & Shoda, Y. (1995). A cognitive-affective system theory of personality: Reconceptualizing situations, dispositions, dynamics, and invariance in personality. *Psychological Review*, 102, pp.246-268.

Montesquieu, Baron de (1752). The sprit of laws. (Translation by Thomas Nugent.) Source: http://www.constitution.org/cm/sol.txt.

Moses, M. S. & Rogers, J. (2013). Enhancing a nation's democracy through equitable schools. In: P. L. Carter & K. G. Welner, eds., *Closing the opportunity gap*, pp.207-216. New York: Oxford University Press.

Moskowitz, G. B.. Gollwitzer, P. M., Wasel, W. & Schaal, B. (1999). Preconscious control of stereotype activation through chronic egalitarian goals. *Journal of Personality and Social Psychology*, 77, 1, pp.167-184.

Mouratidou, K. (2000). Personal communication of MJT/MC data from Greece.

Mouratidou, K., Chatzopoulos, D., & Karamavrou, S. (2007). Moral development in sport context: Utopia or reality?, *Hellenic Journal of Psychology*, 4, pp.163-184.

Narvaez, D., Bentley, J., Gleason, T., & Samuels, J. (1997). Moral story message comprehension: Similarities and differences in third and fifth graders and adults. Paper presented at the Convention of American Educational Research Association, April 1997, Chicago.

Neiman, S. (2009). *Moral clarity. A guide for grown-up idealists.* Princeton, NJ: Princeton University Press.

Nowak, E. & Lind, G. (2009). Mis-educative martial law - The fate of free discourse and the moral judgment competence of Polish university students from 1977 to 1983. In: M. Zirk-Sadowski et al., eds., *Between complexity of law and chaos of order: Philosophy of law in the era of globalization.* Torun, Poland: Adam Maszalek.

Nowak, E. (2009). Personal communication of MJT/MCT data from Polish students (N=370).

Nowak, E. (2013a). *Experimental ethics.* Münster: LIT-Verlag.

Nowak, E. (2013b). Democracy begins in the mind. Developing democratic personality. In: E. Nowak, ed., *Experimental ethics,* pp.141-155. Münster: LIT-Verlag.

Nucci, L. (1995). Moral development and character formation. In: H. J. Walberg & G. D. Haertel, eds., *Educational psychology: effective practice and politics.* Berkeley, CA: McCutchan.

Nussbaum, M. (2010). Patriotism and cosmopolitanism. In: G. W. Brown & D. Held, eds., *The cosmopolitanism reader,* pp.155-162. Malden MA: Polity Press.

Oser, F. & Althof, W. (1992). *Moralische Selbstbestimmung. Modelle der Entwicklung und Erziehung im Wertebereich.* Stuttgart: Klett-Cotta.

Oser, F. & Althof, W. (2001). Die Gerechte Schulgemeinschaft: Lernen durch Gestaltung des Schullebens, pp.233-268. In: W. Edelstein et al., eds., *Entwicklungspsychologie und pädagogische Praxis.* Weinheim: Beltz Verlag.

Oser, F. & Patry, J.-L. (1986). Interventionsstudien für sozial-kognitive

Kompetenz: Beispiele und theoretische Überlegungen zur Transformations-Validität. *Unterrichtswissenschaft*, 14, pp.254-268.
Oser, F. (1986). Moral education and values education: The discourse perspective. In: M. C. Wittrock, ed., *Handbook of research on teaching*. New York: Macmillan, pp.917-941.
Oser, F., Althof, W., & Higgins-D'Alessandro, A. (2008). The Just Community approach to moral education: system change or individual change. *Journal of Moral Education*, 37(3), pp.395-415.
Pädagogisches Zentrum Rheinland-Pfalz (1996). *Wertevermittlung in der Schule, Texte zur Theorie und Praxis der Moralerziehung*, Band 1. Bad Kreuznach: Verlag Pädagogisches Zentrum.
Park, G. Y. (2011). Personal communication of MJT/MCT data from South-Korean students (N=486).
Penn, W. (1990). Teaching ethics - A direct approach. *Journal of Moral Education*, 19(2), pp.124-138.
Phillips, L. (1967). The competence criterion for mental health programs. In: P. E. Cook, ed., *Community psychology and mental health*, pp.229-235. San Francisco: Holden Day.
Piaget, J. (1965). *The moral judgment of the child*. New York: Free Press.
Piaget, J. (1976). The affective unconscious and the cognitive unconscious. B. Inhelder & H. H. Chipman, eds., *Piaget and his school*, pp.63-71. New York: Springer.
Piaget, J. (1981). *Intelligence and affectivity: Their relation during child development*. Palo Alto, CA. Annual Reviews (Original 1954).
Pinker, S. (2011). *The better angels of our nature*. New York: Viking.
Pircher-Verdorfer, A. & Weber, W. (2016). Examining the link between organizational democracy and employee's moral development. *Journal of Moral Education*, 45(1), pp.59-73.
Pittel, S. M. & Mendelsohn, G. A. (1966). Measurement of moral values: a review and critique. *Psychological Bulletin*, 66, pp.22-35.
Polanyi, M. (1966). *The tacit dimension*. New York: Doubleday & Company.
Portele, G. (1978). "Du sollst das wollen!" Zum Paradox der Sozialisation. ["You should want this!" On the paradox of socialization.] In: G.

Portele, ed., *Sozialisation und Moral*, pp.147−168. Weinheim: Beltz.

Power, F. C. (1986). Demokratische und moralische Erziehung in einer großen öffentlichen High School. In F. Oser, R. Fatke & O. Höffe, eds., *Transformation und Entwicklung*, pp.297−324. Frankfurt: Suhrkamp.

Power, F. C. (2013). Education for justice and peace: the just community approach to moral education. In: C. S. Hutz & L. K. de Souza, eds., *Estudos e pesquisas em psicologia do desenvolvimento e da personalidade: uma homenagem a Angela Biaggio*, pp.63−78. Sao Paulo: Casa de Psicologo.

Power, F. C., Higgins, C. & Kohlberg, L. (1989). *Lawrence Kohlberg's approach to moral education*. New York: Columbia University Press.

Precht, R. D. (2010). *Die Kunst, kein Egoist zu sein. Warum wir gerne gut sein wollen und was uns davon abhält*. München: Goldmann.

Prehn, K. (2013). Moral judgment competence: A re−evaluation of the Dual−Aspect Theory based on recent neuroscientific research. In: E. Nowak, D. Schrader, & B. Zizek, eds., *Educating competencies for democracy*. pp.9−22. Frankfurt Peter Lang.

Prehn, K., Wartenburger, I., Mériau, K., Scheibe, C., Goodenough, O. R., Villringer, A., van der Meer, E. & Heekeren, H. R. (2008). Influence of individual differences in moral judgment competence on neural correlates of socio−normative judgments. *Social Cognitive and Affective Neuroscience*. 3(1), pp.33−46.

Rego, S., Palacios, M., Martins, C. D., Bataglia, P., Silva de Oliveira, M., & Bernardino, M. (2011). Avaliação da competência moral entre estudantes de medicina e ambiente de ensino na graduação em medicina: estudo comparativo entre três escolas - Resultados parciais ll.

Reiman, A. J., & Thies−Sprinthall, L. (1998). *Mentoring and supervision for teacher development*. New York: Longman.

Reinhardt, S. (1980). Moralisches Urteil im politischen Unterricht. *Gegenwartskunde*, 29 (4), pp.449−460.

Reinhardt, S. (2015). *Teaching civics*. Leverkusen: Barbara Budrich Publishers.

Rest, J. R. & Narváez, D. (1991). The college experience and moral development. In W. M. Kurtinesm& J. L. Gewirtz, eds., *Handbook of moral behavior and development*. Volume 2: Research, pp.229−245. Hillsdale, NJ: Erlbaum.

Rest, J. R. & Thoma, S. J. (1985). Relation of moral development to formal education. *Developmental Psychology*, 21, pp.709−714.

Rest, J. R. (1979). *Development in judging moral issues*. Minneapolis: University of Minnesota Press.

Rest, J. R. (1984). The major components of morality. In W. M. Kurtines & J. L. Gewirtz, eds., *Morality, moral behavior, and moral development*. pp.24−38. New York: Wiley.

Rest, J. R. (1986). *Moral development. Advances in research and theory*. New York: Praeger.

Rest, J. R., Narváez, D., Bebeau, M. J. & Thoma, S. J. (1999). *Postconventional moral thinking. A Neo−Kohlbergian approach*. Mahwah, NJ: Erlbaum.

Richter, F. (1989). *Worte wachsen langsam* [Word grow slowly]. Aus dem Herbst 1989. Dresden: Christoph Hille.

Roberts, D. H. & Koeplin, J. P. (2002). Impact of cognitive moral judgment ability on knowledge of red flags. *Research on Accounting Ethics*, Volume 8, pp.125−143.

Robles, V. (2009). Estudio comparativo entre el cuestionario del juicio moral CJM y El Cuestionario De Problemas Socio−morales Gerenciales y Empresariales CPSGE.

Rosenberg, S. W. (1995). Against neoclassical political economy: A political psychology critique. *Political Psychology*, 16, pp.99−136.

Roth, H. (1971). *Pädagogische Anthropologie*. Hannover: Schroedel.

Ryle, G. (1949). *Concept of Mind*. Chicago: Chicago University Press.

Saeidi−Parvaneh, S. (2011). Moral, Bildung und Religion im Iran [Morality, education, and religion in Iran]. Zur Bedeutung universitärer Bildung für die Entwicklung moralischer Urteils− und Diskursfähigkeit in einem religiös geprägten Land. Doctoral dissertation, Dept. of Psychology, University of Konstanz. Download: http://kops.ub.uni−konstanz.de/volltexte/2011/13107/

Scheurer, H. (1993). *Persönlichkeit und Kriminalität. Eine theoretische und empirische Analyse*. Regensburg: S. Roderer Publisher.

Schillinger, M. (2006). *Learning environments and moral development: How university education fosters moral judgment competence in Brazil and two German-speaking countries*. Aachen: Shaker-Verlag.

Schillinger, M. (2013). Verifying the Dual-Aspect Theory: A cross-cultural study on learning environment and moral judgment competence. In: E. Nowak, D. Schrader & B. Zizek., eds, *Educating competencies for democracy*, pp.23-46. Frankfurt am Main: Peter Lang.

Schläfli, A., Rest, J. R. & Thoma, S. J. (1986). Does moral education improve moral judgment? A meta-analysis of intervention studies using the Defining Issues Test. *Review of Educational Research*, 55, pp.319-352.

Schrader, D. (2004). Intellectual safety, moral atmosphere, and epistemology in college students. *Journal of Adult Development*, 11(2), pp.87-101.

Schrader, D. (2015). Evolutionary paradigm shifting in moral psychology in Kohlberg's penumbra. In: B. Zizek, D. Gary & E. Nowak, eds., *Kohlberg revisited*, pp.7-26. Amsterdam: Sense Publisher

Schreiner, G. (1987). Schule als "moral democracy"? Zu neueren amerikanischen Versuchen, in Schulen Demokratische Gemeinschaften einzurichten. *Die Deutsche Schule*, 79, pp.13-27.

Schumann, B. (2007). "Ich schäme mich ja so!" Die Sonderschule für Lernbehinderte als "Schonraumfalle". Bad Heilbrunn: Klinkhardt.

Schwier, H. (1987). Einleitende Bemerkungen zu Schule und Erziehung des Kultusministers von Nordrhein-Westfalen. In G. Lind & J. Raschert, eds., *Moralische Urteilsfähigkeit: Eine Auseinandersetzung mit Lawrence Kohlberg über Moral, Erziehung und Demokratie*. Weinheim: Beltz.

Sen, A. (1999). Democracy as a universal value. *Journal of Democracy*, 10 (3), pp.3-17.

Senger, R. (2010). Segmentation of soldiers'moral judgment. In G. Lind, H. A. Hartmann & R. Wakenhut, eds., *Moral judgments and social education*, pp.221-242. New Brunswik, NJ: Transaction Publisher.

Shaver, J. P. (1993). What statistical significance testing is, and what it is not. *Journal of Experimental Education*, 61, pp.293–316.

Sherif, M. & Sherif, C. (1969). *Social Psychology*. New York: Harper & Row.

Simmel, G. (1989). *Einleitung in die Moralwissenschaft*. Frankfurt: Suhrkamp. (Originally published 1892).

Simon, S. B., Howe, L. W., & Kirschenbaum, H. (1972). *Values clarification. A handbook of practical strategies for teachers and students*. New York: Hart Publ. Company, Inc.

Slováčková, B. & Slovacek, L. (2007). Moral judgment competence and moral attitudes of medical students. *Nursing Ethics*, 14(3), pp.320–328.

Slováčková, B. (2001). Moral competence and moral attitudes of students at the Medical Faculty of Charles University in Hradec Králové. Univerzity Karlovy v Hradci Králové. In: *Psychiatrie*, roc. 5, c. 2, 2001, pp.74–79, clánek puvodní.

Speicher, B. (1994). Family patterns of moral judgment during adolescence and early childhood. *Adulthood Developmental Psychology*, 30, pp.624–632.

Spieß, W. (1988). *Aufnahme pädagogischen Wissens in der Kultusverwaltung*. Neue Sammlung, pp.378–386.

Spinoza, B. (1670). *Tractatus theologico–politicus* [Theological–political treatise].

Sprinthall, N. A., Sprinthall, R. C. & Oja, S. N. (1994). *Educational psychology. A developmental approach*. Sixth edition. New York: McGraw–Hill.

Sprinthall, N.A., Reiman, A.J. & Thies–Sprinthall, L. (1993). Role–taking and reflection: promoting the conceptual and moral development of teachers. *Learning and Individual Differences*, 5(4), pp.283–299.

Sullivan, R. J. (1989). *Kant's moral theory*. New York: Cambridge University Press.

Thoma, S. J. (1984). Do moral education programs facilitate moral judgment? A meta–analysis of studies using the Defining Issues Test. *Moral Education Forum*, 9(4), pp.20–25.

Tienken, C. H. & Zhao, Y. (2013). How common standards and standardized testing wider the opportunity gap. In: P. L. Carter & K. G. Welner, eds., *Closing the opportunity gap*, pp.111-122. New York: Oxford University Press.

Tocqueville, A. de (1835 and 1840). *Democracy in America*. Translated by Henry Reeve. New York. Project Gutenberg: Volume I, https://www.gutenberg.org/ebooks/815; Volume II. https://www.gutenberg.org/ebooks/816.

Trechera, L. (1996). Personal communication of MJT/MCT data from Spain (N=100).

Tuboro, J. (2003). Personal communication of MJT/MCT data from Philippines (N=1232).

Turiel, E. (1983). *The development of social knowledge, morality and convention*. New York: Cambridge University Press.

Turiel, E. (2002). *The culture of morality: social development, context and conflict*. New York: Cambridge University Press.

Waal, F. de (2006). *Primates and philosophers: How morality evolved*. Princeton, NJ: Princeton University Press.

Wakenhut, R. (1982). Lebensweltliche Moral und moralische Segmentierung bei Unteroffizieren der Bundeswehr. In: P. Klein, ed., *Das strapazierte Rückgrat. Unteroffiziere der Bundeswehr*, pp.309-327. Baden-Baden, Germany: Nomos Verlagsgesellschaft.

Walker, L. J. (1983). Sources of cognitive conflict for stage transition in moral development. *Developmental Psychology*, 19, pp.103-110.

Walker, L. J. (1995). Sexism in Kohlberg's moral psychology? In: W. M. Kurtines & J. L. Gewirtz, eds., *Moral development: an introduction*, pp.83-107. Needham, MA: Allyn & Bacon.

Walks, B. (1994). Moral judgment development of South Dakota public school administrators. Dissertation, University of South Dakota, EDD.

Wang, J, Hilliard, L. J., Hershberg, R. M., Bowers, E. P., Chase, P. A., Champine, R. B., Buckingham, M. H., Braun, D. A., Gelgoot, E. S. & Lerner, R. M. (2015). Character in childhood and early adolescence: models and measurement. *Journal of Moral Education*, 44, 2, pp.165-197.

Wasel, W. (1994). Simulation moralischer Urteilsfähigkeit. Moralentwicklung: eine kognitiv-strukturelle Veränderung oder ein affektives Phänomen? [Simulation of moral judgment competence.] Diploma (master) thesis. University of Konstanz, Dept. of Psychology.

Wasel, W. (1997). Wir können auch anders: Willentliche Kontrolle stereotypen Denkens. [We have options: Preconscious control of stereotypical thinking.] Doctoral dissertation. University of Konstanz, Dept. of Psychology.

Watson, J. B. (1970). *Behaviorism.* New York: Norton (Originally published 1924).

Weber, F. (2006). Wie kommt die Moral ins Kind? Welche Moral ist richtig? [How does morality get into the child? Which morality is right?] Vortrag des niedersächsischen Landesbischofs am 15. 3. 2006 im Brauschweiger Klosterforum. http://www.landeskirche-braunschweig.de/uploads/tx_mitdownload/Moral_-_Kind.pdf (4.4.16)

Weimer, K. (2010). Personal communication of MJT/MCT survey data from Sweden.

Welch, D. A. (1993). *Justice and the genesis of war.* New York: Cambridge University Press.

Weyers, S. (2005). *Moral und Delinquenz. Moralische Entwicklung und Sozialisation straffälliger Jugendlicher.* Weinheim: Juventa.

Whiteley, J. M. & Yokota, N. (2014) *Character and community during the college years: The rationale. Monograph,* Center for the study of the freshman year experience. University of South Carolina.

Whiteley, J. M. (1982). *Character development in college students.* Vol. I., Schenectady, NY: Character Research Press.

Wischka, B. (1982). Moralisches Bewusstsein und Empathie bei Strafgefangenen [Moral consciousness and empathy in prisoners]. Diploma (master) thesis. University of Konstanz, Dept. of Psychology.

Wren, Th. (1991). *Caring about morality: Philosophical perspectives in moral psychology.* Cambridge, MA: MIT Press.

Wuttke, J. (2007). Uncertainties and bias in PISA. In: S. T. Hopmann, G.

Brinek & M. Retzl, eds., *PISA zufolge PISA*, pp.241–264: Berlin: LIT–Verlag.

Yang, S. & Wu, H. (2011). A research in China based on the Moral Judgment Test. *Journal Ethics in Progress Quarterly*, 2011, 2, pp.69–80.

Ylen, M. (2000). Personal communication of MJT/MCT data from Finland (N=198).

Youssef, F. (2010). Personal communication of MJT/MCT data from Trinidad–Tobago (N=310).

Zimbardo, P. G. (2008). *The Lucifer effect. How good people turn evil*. London: Rider.

Zizek, B., Garz, D. & Nowak, E., eds. (2015). *Kohlberg revisited*. Amsterdam: Sense.

Zöpel, C. (2016). Bildung in der Weltgesellschaft, die eine Wissensgesellschaft ist. [Education in the world society, which is a society of knowledge.] In: H.–G. Rolff & J. Teichert, eds., *Schulleitung in der Wissensgesellschaft*, pp.39–73. Weinheim: Beltz–Juventa.

주: 현재 사용되고 있는 MCT(Moral Competence Test)는 2014년 이전에는 영어로 MJT(Moral Judgment Test)였고, 독일어로 MUT(Moralisches Urteil–Test)였다. 따라서 참고문헌에서 '*' 표시한 자료는 현재의 MCT와 무관하지 않다. 이들 대부분의 자료들은 다음 주소에서 다운로드 받을 수 있다. http://www.uni–konstanz.de/ag–moral/b–liste.htm

역자 후기

독일의 콘스탄츠대학에서 은퇴한 게오르그 린트 교수님에 의해 집필된 이 책은 처음에는 독일어로 2015년도에 출판되었으며, 그 이듬해인 2016년도에 영어로 출판되었다. 이 번역본은 영어로 출판된 책을 기준으로 작업이 이루어진 것이다. 이 책에서는 도덕적, 민주적 역량이 중요한 이유와 이를 발달시키기 위한 교육 방법, 그리고 더 나아가서 교육 현장에서 이러한 접근의 적용 효과를 객관적으로 측정하기 위한 방법을 포괄적으로 제시하고 있다. 이와 같이 이 책은 도덕적, 민주적 역량 발달에 대한 이론과 실천을 모두 포함하고 있으며, 이러한 장점은 특히 우리나라 초·중등 및 대학의 도덕·윤리교육, 인성교육 및 시민교육의 현실 개선에 큰 시사점을 줄 수 있을 것이라고 생각한다.

내(박균열)가 게오르그 린트 교수님을 만나게 된지는 2010년으로 거슬러 올라간다. 2003년부터 2007년까지 국방대학교 안보문제연구소에서 근무하는 동안 자기보고식 안보의식 측정의 한계점을 인식하고, 의식의 구성 알고리즘이 숨겨져 있는 조사도구를 찾기 시작했다. 그 과정에서 시카고 대학의 국가 자부심 측정도구(National Pride), 그리고 조나선 하이트(Jonathan Haidt)의 도덕적 기반이론(Moral Foundation Theory) 등을 접하게 되었다. 그런데 이러한 도구들은 국제적으로 신뢰도와 타당도가 확보된 혹은 입증된 도구라고 할 수는 있어도, 개인의 도덕성을 측정하는 데는 한계가 있다고 판단했다. 그리고 얼마 후 주관식으로 된 콜버그의 MJI를 객관식으로 발전시킨 레스트의 DIT를 알게 되었다. 마침 이 도구는 문용린 서울대 명예교수님이 한국형 표준화를 완료한 바가 있어서 많은 시사점을 얻을 수 있었다. 이 도구도 마지막 부분에 가서 가

중치를 부여하는 방식, 즉 각 딜레마 스토리별 12문항에 자신이 응답한 점수를 재확인해서 점수를 부여하는 방식을 가지고 있다는 점에서 자기꾸밈(self-faking)을 완전히 극복할 수 없는 아쉬움을 가지고 있었다.

이런 여정 속에 발견한 도구가 바로 린트 교수님의 도덕적 역량 검사도구MCT: Moral Competence Test이다. 2014년까지는 도덕적 판단력 검사 도구MJT: Moral Judgment Test라는 이름으로 알려졌었는데, 이는 아마도 '역량' 개념을 강조하기 위한 조치로 보인다. 린트 교수님은 독일 학생들의 민주시민역량을 제고하기 위해 콘스탄츠 딜레마 토론 방법KMDD: Konstanz Method of Dilemma-Discussion이라는 수업방식을 고안하였고, 그 수업의 효과성을 측정하기 위해 콜버그의 이론을 한층 더 발전시켜서 MCT를 완성하게 되었다. 이 도구에 대한 한국형 표준화연구는 한국연구재단의 지원을 받아 이루어졌고, 린트 교수님께 원자료(raw data)를 직접 넘겨서, 독일어판과 영어판과 동등한 타당도를 가진 도구로 인정받게 되었다(박균열, "도덕적 판단력 도구 MJT의 한국적 표준화 연구", 『윤리연구』, 제94호, 한국윤리학회, 2014: 249-275). 이후 이러한 MCT의 한국형 표준화 연구 결과는 다양한 연구에 적용되고 있다(박균열·이상호, 『공직자 청렴판단력 측정도구 개발』, 국민권익위원회 청렴연수원, 2016).

린트 교수님과 번역자들은 2012년도 중국의 난징사범대학에서 개최된 세계도덕교육학회(AME) 연차학술대회에서 같이 만나게 되었다. 이때 나(박균열)는 이미 린트 교수님을 두 번 만난 적이 있었지만, 정창우 교수님은 초면이었다. 귀국 후 번역을 위해 린트 교수님께 협조를 부탁드렸더니 정창우 교수님을 역자로 반드시 포함해야 한다는 요청이 있었다. 아마도 두 분이 잠시 동안의 대화 속에서 상호간의 학문적 내공을 확인하지 않았나 생각한다. 공역자인 정창우 교수님은 개인적으로는 동향 후배이기는 하지만 학문적으로는 윤리교육학 분야에서 명실공히 최고의 학자로서 언제나 많은 가르침을 주고 계신다. 정교수님이 맡으신 부분이 산술적 반이라고 하나 실제로는 그 이상이다.

최근 「인성교육진흥법」 개정 작업이 진행되면서 인성 역량과 시민적 역량 간 통합적 관점이 주목을 받기 시작했는데, 도덕적, 민주적 역량 개념을 담고 있는 이 책은 실제로 인성 역량과 시민적 역량을 유기적으로 연결한 대표적인 연구 사례에 해당하기 때문에 앞으로 우리 교육의 개선을 위해 기여하는 바가 자못 클 것으로 기대된다.

끝으로 이 번역서의 완성도를 높이기 위해 노력해 준 경상대학교 대학원 박사과정의 전찬영 선생과 공역자인 서울대학교 정창우 교수님의 대학원 지도학생들에게 고마움을 표하며, 또한 좋은 책으로 엮어준 양서각 신대영 사장님과 신동해 대리님의 도움에 감사의 말씀을 드린다.

2017년 여름
진주 가좌골에서
역자를 대표하여 박균열

저자 소개 | 게오르그 린트(Georg Lind)

게오르그 린트(Georg Lind) 교수는 제2차 세계대전 직후인 1947년에 태어났다. 그는 독일의 하이델베르크대학에서 심리학 석사학위를 받았고, 이후 콘스탄츠대학에서 사회과학 박사학위를, 아이히쉬퇴트-잉골슈타트 가톨릭대학에서 철학박사학위를 받았다. 도덕성에 대한 관심은 그가 나치 독재정권의 잔혹한 행위들에 관해 학습했을 때인 청소년기로 거슬러 올라간다. 이러한 일이 다시 일어나지 않도록 우리는 어떻게 예방할 수 있을까? 우리는 도덕성, 평화 그리고 민주주의를 어떻게 발전시킬 수 있을까? 이 책은 이러한 물음들에 대한 그의 대답을 담고 있다. 린트 교수는 오랫 동안 독일의 콘스탄츠대학교 심리학과에서 학생들을 가르쳤다. 그는 미국 시카고의 일리노이대학교와 멕시코 몬테레이대학교, 그리고 독일 훔볼트대학교의 객원 교수를 역임했다. 그는 브라질, 칠레, 중국, 콜롬비아, 멕시코, 폴란드, 스위스, 그리고 미국에서 특별강연을 했다. 린트 교수의 더 많은 출판물, 훈련과 자격증 제공에 관한 추천서들과 정보는 그의 웹사이트(http://www.uni- konstanz.de/ag-moral)(독일어, 영어 그리고 스페인어로 운영됨)에서도 확인할 수 있다.

역자 소개

박균열 교수는 경상대학교 윤리교육과에 재직 중이다. 대한변호사협회 법관 및 검사평가특별위원회 위원을 맡고 있으며, 국가보훈위원을 역임한 바 있다. 주로 정치윤리 분야를 가르치고 연구하고 있다. 또한 콘스탄츠대학에서 린트 교수가 주관한 KMDD 심포지움에 두 차례 참가한 바 있으며, KMDD 교사 자격증을 획득했다. 주요 저서로는 *Community, Ethics and Security on the Korean Peninsula*(공저), 『도덕판단력 측정』(공저), 『안보관련 교과서 연구』, 『국가안보와 군대윤리』(공저), 『평화안보와 가치교육』, 『국가윤리교육론』 등이 있고, 주요 역서로는 『음악윤리학』, 『인간안보』(공역), 『심리치료와 상담의 윤리학』(공역), 『공감과 도덕발달』(공역), 『윤리탐구공동체교육론』(공역), 『다문화주의 윤리학』(공역) 등이 있다.

정창우 교수는 서울대학교 윤리교육과에 재직 중이다. 국가인성교육진흥위원과 서울대학교 인성교육연구센터장을 맡고 있으며, 국회인성교육실천포럼 자문위원과 국가교육과정기술자문회의 교육과정 연구위원을 역임했다. 진로·인성 스토리텔링 교과서인 『나, 미래를 디자인하다』(2014)와 중등학생용 인성교육 지도자료인 『마음아람 프로젝트』(2015) 및 『안다미로 프로젝트』(2016) 개발 책임자로 참여하였다. 또한 고등학교 『윤리와 사상』, 『생활과 윤리』, 『통합사회』, 『인문학적 상상여행』, 『인문학적 감수성과 도덕적 상상력』 과목의 교과용 도서 개발 책임을 맡았다. 주요 저서로는 『인성교육의 이해와 실천』, 『교사, 인성교육을 생각하다』(공저), 『도덕교육의 새로운 해법』, 『도덕과 교수학습방법 및 평가』(공저), 『도덕과 교육의 이론과 쟁점』, 『질문하는 십대, 대답하는 인문학』(공저), *Critical Perspectives on Values Education in Asia*(공저), *Teacher Effectiveness*(공저) 등이 있고, 주요 역서로는 『도덕발달의 이론과 적용』, 『도덕철학과 도덕교육』, 『도덕심리학과 도덕교육』, 『무엇을 위해 살 것인가』(공역), 『도덕·가치교육을 위한 100가지 방법』(공역), 『정의와 배려』(공역), 『실패하는 학교』(공역), 『날마다 만나는 10분 윤리 동화』(공역), 『다문화주의 윤리학』(공역) 등이 있다.